KB075477

전체주의 시대경험

후지따 쇼오조오 지음

전체주의의 시대경험

이순애 엮음 · 이홍락 옮김

창비

'후지따'라는 지적재산의 공유를 위하여

후지따 쇼오조오는 1994년에 직장암 수술을 받지만 이후로도 건강은 회복되지 않고, 결국 2003년 5월 28일 폐렴에 의한 호흡부전으로 세상을 떠나고 말았다. 당시 그의 나이 75세였다.

언론을 통해 후지따의 죽음이 전해지자 많은 사람들이 후지따를 회고했고, 잡지『미스즈(みすず)』『겐다이시소오(現代思想)』등이 특집을 꾸렸다. 한국 언론으로는『중앙일보』가 일본어판을 통해 이 소식을 전했다. 또한 생전에 가깝게 지냈던 이들이 '후지따 쇼오조오를 추모하는 모임'을 만들고 극단 '카제(風)'(후지따가 이 극단의 이름을 지었다)가 추도공연을 마련하기도 했다. 이 책의 초판에서 후지따를 소개해주었던 이이다 타이조오는『마이니찌신문(每日新聞)』에 '후지따를 추도함'이라는 글을 실으며 '시대와의 격투 끝에 맞은 후지따의 장렬한 전사'(『전후 정신의 한줄기 빛(戰後精神の光芒)』, 미스즈쇼보오みすず書房 2006)라고 썼다. 이 표현이 결코 과장이 아님은 이 책에 수록된 글에서도 읽어낼 수

있으리라 생각하지만, 그를 만났던 경험을 바탕으로 나 역시 확실히 증언할 수 있다. 처음 후지따와 만나 이야기를 나누는데 불과 몇분도 지나지 않아 '아, 이 사람은 뭔가 다르다' 하고 느꼈던 것을 지금도 선명하게 기억하고 있다. '평화롭고 풍요로운' 고도의 자본주의사회 일본에서 후지따가 혼연하게 자아내던 냉엄함은 보일 듯 말 듯했으나 재일조선인에게서도 찾아보기 힘들 정도로 박력 있는 것이었다. 그것은 매일매일 스스로에게 끊임없이 질문을 되풀이하는 자만이 소유할 수 있는 표정으로 결코 작위적으로 지을 수 없는 그런 것이었다. '투쟁하는 후지따'였지만 재일조선인에게는 한없이 부드러웠다. 재일조선인 1세들의 역사와 고난을 알고 있었기 때문이리라.

후지따가 이루어놓은 업적에 관해서는 이미 『후지따 쇼오조오 저작집』(전10권, 미스즈쇼보오 1997), 『후지따 쇼오조오 대화 집성』(전3권, 미스즈쇼보오 2006), 『후지따 쇼오조오 선집』(헤이본샤平凡社 2010) 등이 간행되어 그 전모가 거의 정리되어 있다.

지금까지 사상사가로서의 후지따에 관한 연구가 몇편 발표되었는데, 여러 논점 중에서도 마루야마 마사오(丸山眞男)와의 관계가 중점적으로 논의되었다. 후지따와 마찬가지로 마루야마 문하의 한 사람인 타까바타께 미쩌토시(高畠通敏)는 '시대와 격투를 벌인 자유로운 정신 사상사가 후지따 쇼오조오 씨를 추도함'(『아사히신문(朝日新聞)』 2003년 6월 9일)이라는 글에서 다음과 같이 말했다.

"후지따는 스승으로 경애하였던 마루야마 마사오의 궤적으로부터 자연스럽게 벗어나 독자적인 길을 구축했다. 마루야마가 사상사가로서의 임무를 대표적인 지식인의 인식틀 분석에 한정하고 1960년대 안보투쟁 이후에는 일본의 현대에 관한 발언을 접고 대학 연구실로 돌아가

시대를 뛰어넘은 일본 사상의 원형을 찾는 아카데믹한 일에 집중한 데 반해, 후지따는 1970년대에 대학을 떠나 재야의 한 지식인으로서 시대의 사상적 과제를 정면에서 파고들며 발언을 계속했다."

위의 글에서는 후지따와 마루야마 사이의 활동상의 분기점이 시사되고 있다. 대학에 적을 두지 않고도 '아카데믹한 일'은 할 수 있겠지만 처음부터 후지따는 한번도 학회에 소속된 적이 없었다. 1970년대를 전후한 시기에 후지따는 "(약간은 전설화된) 철저한 '연구의 재정립'에 착수"한다(이찌무라 히로마사市村弘正「해설」,『후지따 쇼오조오 선집』). 그리고 그같은 "광적이기까지 한 후지따의 사상적 여정"(미야무라 하루오宮村治雄「어떤 보편주의자의 전후경험」,『시소오(思想)』 2003년 9월호)에 이르는 후지따의 어떤 전기(轉機)가 새로운 관점에서 다루어지고 있다.

이 새로운 관점이란『후지따 쇼오조오 저작집』가운데 한권으로 정리된, 최초로 공간된 논고인『이단론 단장(異端論斷章)』이 "후지따의 사고 형식의 변화를 확인하기 위한 '잃어버린 고리'"(이찌무라 히로마사, 위의 글)였다는 주장으로 달리 말하면 "1970년대 이후 '고도성장기'가 진행되는 가운데에서 '정신사적 고찰'의 결정적인 비약을 향한 사상적 과정을 비로소 구체적으로 알게 하는 것"(미야무라 하루오「해제」,『이단론 단장』)임이 판명되었기 때문이다.『이단론 단장』은 원래『근대 일본사상사 강좌』제2권으로, 마루야마 마사오, 이시다 타께시(石田雄)의 글과 함께 간행될 예정이었으나 "후지따가 세상을 떠남으로써"(이시다 타께시『미스즈』 1998년 9, 10월호) 중단되었던 것이다.

마루야마와 후지따, 이 두 사람과 오래전부터 교분이 있었던 쯔루미 슌스께(鶴見俊輔)는『전후 정신의 한줄기 빛』에 관한 서평을 쓰면서 제목을 '마루야마와 후지따 쇼오조오의 근저에 공통되는 것'이라 하고 두 사람의 미묘한 관계를 구체적으로 묘사했다. 그는 후지따 자신이 중심적 역할을 했던 '사상의 과학 연구회'에서 탈퇴한 후의 삶의 방식과 그를 비롯해 일본을 대표하는 지식인인 마루야마에게서조차 이탈해가는 듯한 후지따의 발걸음을 "일본의 현상에 대한 그의 마지막 투쟁"이며 "쇠퇴해가는 사회에 대해 그 사회의 원초적 조건을 제시함으로써 강력하게 재고를 호소한 후지따 쇼오조오의 최후 단계의 사상"(『론자(論座)』 2006년 6월호)이라고 기술했다.

후지따가 "일본사회의 원초적 형태와 그것의 성립조건을 고대 중세로 거슬러 올라가서 탐구하고자"(류우사와 타께시龍澤武 「한 편집자의 『무엔(無緣)·쿠가이(公界)·라꾸(樂)』까지」,[1] 『아미노 요시히꼬 저작집(網野善彦著作集)』 제8권의 월보) 하여 '연구의 재정립'을 시도한 것은 그 때문이었으며 그 결실이 『정신사적 고찰(精神史的考察)』이고 『전체주의의 시대경험』이었던 것이다.

그리하여 후지따의 그 '마지막 투쟁'은 다음과 같은 자세로 이루어졌다.

"우리는 그런 돌멩이가 되자, 모퉁이 돌이라도 괜찮다. 그냥 돌멩이로 좋은 거다. 조각을 새기지 않은, 동상 같은 건 될 수 없고, 비석도 아닌, 그냥 길가의, 하지만 길 가는 사람에게 방향을 알려줄 수 있는, 그런 모퉁이 돌이 되면 좋겠다"(1979년에 쓴 후지따의 글, 『법학신보(法學新報)』

---

1) 『무엔(無緣)·쿠가이(公界)·라꾸(樂)』는 1978년에 출판된 아미노 요시히꼬의 책이다. '무엔'은 '도피성'과 같이 어떤 영역으로 들어가 공권력이 미치지 않도록 연을 끊는다는 뜻이고, '쿠가이'는 '입회권'과 같이 '무엔'의 원리가 적용되는 공적 장소를, '라꾸'는 '往生樂土', '樂─樂座' 같은 표현에서 알 수 있듯이 규제가 완화된 자유로운 상태를 뜻한다. 결국 이 세가지 개념은 유토피아를 떠올리게 하는, 거의 동일한 원리를 나타내는 일련의 언어라 할 수 있다.

2008년 10월).

이런 경력에 비추어보면, 엘리뜨 중의 엘리뜨인 후지따가 택한 마지막 자화상은 '길가의 돌멩이'였다.

마지막으로 덧붙이면, 실제의 후지따는 "어딘가 분명히 쾌활함이 있었"(스즈끼 료오지鈴木了二『미스즈』 2003년 10월호)고 "그 사람됨의 바탕에 조금은 희귀한 순수함과 단순한 원시적 소박함이 깔려 있었던"(후지따 쇼오조오의 아내 후지따 하루꼬藤田春子, 같은 책) 사람이었다. 그런 후지따의 인품을 보여주는 에피소드를 소개하는 것으로 이 글을 맺고자 한다.

"중학교에서부터 교칙을 까다롭게 들먹이기 시작하고 관리주의가 운위되던 시절의 일이다. 과거에 '자유와 진보의 기풍'을 자랑하던 호오세이대학法政大學에서도 시대의 추세와 보조를 맞췄던 것인지, 아니면 거기에 말려든 것인지 확실하지는 않지만 2월의 대학입시를 맞아 사전에 시험감독자들에게 '양복에 넥타이, 수수한 양장으로'라는 회람이 돌았던 모양이다. 후지따 씨도 시험감독을 하게 되었는데, 시험 당일 집에 있는 옷 중에서 가장 빨간 스웨터를 입고 그 위에 레인코트를 걸쳐 겉으로는 말쑥하게 차려입은 듯 꾸미고 시험장에 도착해서는 입고 있던 레인코트를 벗어던지고 새빨간 스웨터 차림으로 쫄랑거리고 다녔던 모양이다"(혼도오 아끼라本堂明『꿈이 없던 계절의 노래(夢ナキ季節ノ歌)』, 카게쇼보오影書房 2011).

한국에서는 1998년 이 책의 초판이 간행된 후『전향의 사상사적 연구』『천황제 국가의 지배원리』『정신사적 고찰』 등이 추가로 번역·출

8

판되었다. 이들 저작은 "단지 사상사 연구의 성과를 넘어서 전후 일본이 후세에 남긴 지적 재산"(야마무로 신이찌山室信―『아사히신문』 1999년 5월 16일)이라는 평가를 받는 것들이다. 많은 한국인들에게 읽혀지기를 간절히 바라는 바다. 이렇게 후속 번역된 책과 이 책 초판의 일부 내용이 중복되므로, 기존에 수록되었던 글 중 6편(「천황제」「'쇼오와'란 무엇인가―원호 비판」「전후 논의의 전제―경험에 관하여」「이탈의 정신―전후 경험에 대한 단상」「신품문화―반짝거리는 소여」「이론인의 형성―전향론의 전사」)이 빠지게 되었다.

이순애

재일조선인의 눈으로 본 후지따 쇼오조오

일본에서 후지따 쇼오조오는 '현대 일본 최후의 사상가'로 일컬어질 정도의 지식인이지만, 한국에서는 지금도 무명이나 다름없다. 1945년 패전을 거치면서 일본사회 일부에서 본격적으로 시작된, 그때까지의 역사에 대한 반성 위에서 이루어진 진지한 시행착오가 한국에서는 거의 소개되지 않았기 때문이라 생각된다. 비록 소수이나 제국주의와는 엄연히 구분되는 일본의 "또 하나의 전전(戰前)"(「전후 논의의 전제」)에 사고의 뿌리를 둔 이 같은 모색은 한국에서 바라보는 것보다 훨씬 더 확고하고 근본적이며 배울 만한 점이 적지 않게 포함된 지적 경험이다. 한민족에게는 일본이 부정적인 이미지의 국가라 할지라도 그 내부에서 엄중한 내재적 비판이 전개되어왔다는 사실 자체를 간과해서는 안 된다. 이는 우리가 소리 높이 외치는 '반일'의 질적 수준과도 미묘하게 연관되는 점이기 때문이다.

후지따는 일본의 지식인들 중에서도 상당히 독특한 존재다. 후지따가 과작(寡作)한 점은 널리 알려진 일이지만, 1950년대 이후로 쓰인 그의 글이 '비범한 눈빛' '이론적 박력' '논리의 강인성'이 내재되어 있다는 평을 받는다면, 그의 존재양식과 관련해서는 '외로움' '고독의 영역으로의 퇴거' '이탈' 등의 표현이 사용된다. 그가 '이단자'로 불리기도 하는 것은 이 때문이다. 하지만 일본인들로부터 이단으로 간주된 그 장소는 지리적으로 보면 이민족(異民族) 사회 안에서 차별을 받아온 고립무원의 재일조선인 민중의 주거지와 매우 가까웠다. 물론 후지따 외에도 재일조선인 문제에 양심적으로 대처해온 일본 지식인들이 있었다. 그 같은 유형·무형의 연대가 없었더라면 재일조선인은 지금까지 버티지 못했을 것이다. 하지만 후지따만큼 자신의 인식과 존재 그리고 정념의 절박한 존재양식을 통해 재일조선인의 영혼에까지 다가서려 했던 지식인은 드물었다. 지적 권위, 권력에 가장 가까이 있으면서도 재일조선인의 사회적 신분과 마찬가지인 '임시공'으로 떨어질 위험까지도 마다하지 않은 그였다. "번지르르하게 이름을 파느니 매춘을 하는 쪽이 더 고귀하다고 소생은 생각한다"(「문화 면에서의 저항감각의 풍화」)고 내뱉으면서.

후지따는 우리의 일본인관을 갖가지 형태로 뒤흔든다. 그는 재일조선인 '민족'의 정신적인 존립기반 그 자체를 꿰뚫어보았다. 우리가 '재일조선인의 영혼 부분', 즉 후지따가 말하는 "정신의 밑바닥에 숨어서 작동하는 진실의 영위"(「신품문화」)를 파악하는 데 실패해왔음을 말이다. 오늘날 재일조선인 문제에서 쟁점으로 부각된 일본에서 태어난 재일조선인 세대의 문제란, 단적으로 말하면 바로 그 실패의 연장선 위에 있는 것이다. '민족적 주체성의 확립' 등 경직된 이념형과는 다른, 겉으로는 알 수 없는 서민들의 숨겨진 자각, 후지따가 시사하는바 "'아직 형상화되지 않은' 풍요로움"을 파악하는 데 실패한, 학력사회 일본의 권위구조(대학서열 등)를 내면화한 2세 인텔리 '민족엘리뜨'들의 1960년대적 운동논리가 재일(在日)세대의 미래를 담보하는 태반 자체를 잃게 한 일은 어쩌면 당연한 귀결이다.

후지따는 나치에게 조국을 빼앗긴 아도르노(T. W. Adorno)의 불안정한 미국 망명생활에서의 정신적 입지점을 그 내면 속으로 파고들어 예리하게 읽어내는 작업을 통해 '어머니 대지'의 상실감이 촉발하는, 사유행위의 동력원이 된 "역설적 '충동의 지반'"(「비판적 이성의 서사시」)의 탄생과 그 프로세스가 지닌 의미를 꿰뚫어본 일본인이다. 후지따의 이 같은 해석은 재일조선인에게 중대한 의미를 지니며, 필자가 그에게서 재일조선인에 대한 이해가 있다고 느끼는 까닭도 바로 이런 섬세함 때문이다. 그는 우리에게 지난날 식민지 종주국에서 이질적인 존재로 살아온 조선인이 조선인이어야 하는 소이(所以)의 '바탕'과 멸시를 받으면서 살아온 민족의 '막다른 곳에서의 건전함'이 도대체 무엇인지를 무언중에 묻고 있다. 재일조선인 나름의 '충동의 지반'의 발견·구축에 실패하면 일본사회 속으로 용해될 수밖에 없을 것이고 그 결과 남는 것은 형해화한 '민족'뿐일 것이다. 그것은 차별당하는 민족의 동화과정의 실질적인 최종형태라고 말할 수 있다. 그리고 여기서 우리에게 던져진 질문의 최대 요점은 재일조선인이 일본에 살게 된 역사적 경위가 "몸과 마음 전체로 행하는 사물과의 교섭"(「어떤 상실의 경험」)을 이루는 경험이 되었는지, 아니면 단지 "은밀히 자신의 존재를 주장하는"(「전후 논의의 전제」) 정도의 체험에 불과한 것이었는지에 있다. 후지따의 아도르노 해석이 우리에게 가르쳐주는 것은 그것이 전신적인 경험으로서 존재한다면 그 경험이 필연적으로 내포하게 될 "내면적 결정(結晶)의 숨겨진 핵심"

을 잡아내라는 것이다. 경험을 곱씹을 수 있는 힘만이 '충동의 지반'을 형성할 수 있기 때문이다.

『한줌의 도덕』(*Minima Moralia*)에서 상징적으로 표현된 아도르노의 인식활동을 "남의 일이 아니"라고 느낀 후지따는 「비판적 이성의 서사시」라는 글을 '미완'이라는 말로 끝냈다. 말로 다할 수 없는 계시적 공감이 있었던 게 아닐까 생각되는데, 그후 1980년대에 들어 발표된 일련의 글들은 그 '미완'의 속편으로서의 의미를 묵시적으로 표현한 것이리라. '사물과 인간과의 관계가 근본적으로 변해버렸다'는 사실을 다룬 「신품문화」, '20세기적 황폐'로 잃게 된 것들에 대한 고찰을 통해 잔잔한 고요함을 전하는 「어떤 상실의 경험」, "20세기는 전체주의를 낳은 시대다"라는 구절로 시작되는 「전체주의의 시대경험」 등 '경험' 또는 '경험의 소멸'을 하나의 주제로 삼았다. 이와 더불어 후지따는 일본이 그 내면에 독자적으로 끌어안고 있는 상실감의 심연을 응시했다.

1960년 반(反)안보투쟁에 직접 참여하며 "전후 15년은 결코 헛되지 않았다"라는 평가를 내렸던 그는 70년대에 들어 "나아갈 길이 완전히 막혀버린 사회", 80년대에는 "혈색은 좋으나 죽어 있는 사회"라고 말하기에 이른다. 그 기간 동안 일본사회를 사로잡은 것은 말할 것도 없이 비약적인 경제성장이었다. 물질적인 풍요를 구가하는 일본사회는 점차 중류의식에 젖어들게 되는데 그 결과의 하나가 "삶의 초점을 잃어버린" 현실이었다. 지식인층을 향해서는 1965년에 이미 「'논단'에서의 지적 퇴폐」를 통해 풍자적이면서도 날카롭게 지적했는데 그로부터 10년 뒤에는 "문화 면에서의 저항감각의 풍화"를 지적했다. "절망을 거부하는 것만으로도 힘에 겹"다고 쓴 후지따가 그 시점에서 선택한 길은 저항방법이나 '저항감각' 그 자체의 궤도수정이 아니라 자기 자신 속에 엄연히 존재하는 '저항감'을 더욱 깊이 파고들어가는 것이었다. 절망이 불러오는 몰락을 살아냄으로써 '몰락의 경험'을 얻고 거기서 경험의 재생 또한 기대한다는 것이다. 말하자면 필사적인 되살아남이다. 다시 말해서 역설적인 '충동의 지반'의 탄생이다. 몰락한 것은 반세기 전에 그가 묘사한 신생 일본이라는 유토피아였다. 이렇게 오늘날의 경제대국이 낳은 한 사람의 걸출한 저항자는 압도적인 시류와의 고투 끝에 심한 상처를 그 몸과 마음에 새겨가게 된다.

지금까지 후지따의 일본사회 비판을 질적으로 넘어설 만한 비판이 재일조선인 속에서는 제기된 바 없다. 그것은 오늘날 재일조선인에 의한 일본사회에 대한 비판이 띠기 쉬운 표면성과 위약성(틀에 박힌 방식)이라는 즉결적 측면보다는 오히려 후지따의 자민족 비판에 비길 만한 재일조선인 스스로에 대한 내재적 비판이 부재함을 거꾸로 비추고 있다고밖에 볼 수 없다. "번지르르하게 이름을 파는" 것이나 은밀하게 계산된 "자기 상품화" 같은 것도 이미 일본인만의 문제가 아니다. 일본비판이 우리들의 역량을 높이지 못하는 이유 중의 하나다.

단 후지따가 조선 문제나 재일조선인 문제를 정면에서 직접적으로 다룬 글은 없다. 그의 글은 오로지 일본사회 그 자체에 초점이 맞추어져 있다. 하지만 후지따가 재일조선인 문제에 관여할 때 그가 취한 방식은 흡사 뼈를 깎는 듯한 수(手)작업 바로 그것이었다. 개인적인 사정의 토로 따위를 스스로에게 허용하지 않았던 강직한 후지따가 "할 수만 있다면 사라져버리고 싶다"라고 처음으로 약한 소리를 입 밖에 낸 것도 재일조선인과 관련된 어느 집회에서였다. 필자는 오랜 뒤에나 그러한 내용의 글을 읽고는 절로 가슴이 메었다. 우리는 후지따에게 고뇌의 피난처가 될 수 없었다.

14

이 책을 통해 후지따 쇼오조오의 글을 처음 접하게 될 한국인 독자는 아마도 지금까지 볼 수 없었던 일본을 만나게 되리라. 번역할 글을 선택하는 과정에서는 이것이 최초의 한글번역임을 고려하여 마땅히 소개되어야 할 귀중한 글이라 할지라도 한국의 일반 독자들이 읽기 힘들법한 것들은 빼기로 했음을 밝혀두는 바다. 나머지 글들도 속간되기를 간절히 바란다.

이순애

| 차례 |

제1부 전체주의의 시대경험

제2부 당사자 우위의 원리

일러두기

1. 이 책은 1998년 창비(당시 창작과비평사)에서 출간한 『전체주의의 시대경험』의 개
   정판이다. 미스즈쇼보오(みすず書房)에서 출간한 '후지따 쇼오조오 저작집(藤田省三
   著作集)' 중 『전체주의의 시대경험(全體主義の時代經驗)』과 『전후정신의 경험(戰後精神
   の經驗)』(1, 2)에서 선별한 글을 재배치해 옮긴 선집으로, 초판에서 6편의 글('개정판
   서문'의 내용 참조)이 제외되면서 부의 구성도 총 6부에서 5부로 조정되었다.

2. 각 글의 발표시기와 지면을 밝혔고, 각주 중 저자의 원주는 * 로 옮긴이의 주는 번호
   로 처리했다. 단 원문 해석 등 간단한 옮긴이의 주는 본문 내 작은 글씨로 처리했다.

3. 원문의 강조점은 고딕체로 반영했다.

4. 고유명사의 경우 최대한 원음표기를 살리려 했다.

제1부 전체주의 시대 경험

『전체주의의 시대경험』 서문

  이 책에 실린 모든 글들은 출판을 위해 써 모은 것이 아니다. 오히려 그 반대다. 1982년 헤이본샤(平凡社)에서 『정신사적 고찰(精神史的考察)』이라는 다소 과장된 제목의 책을 냈을 때 '내 자신의 의지로 책을 내는 것은 이것이 마지막'이라 생각했고, 책의 내용도 '고도성장'을 거쳐 '전후(戰後)사회'로부터 큰 변화를 이룩한 '현대 일본사회'에서 어떠한 사고방식과 접근법*이 필요한가에 대해 문제를 제기한다는 생각이었다. 또 이후 현대사회가 안고 있는 기본적인 문제와 그에 대한 비판적

■ 『전체주의의 시대경험(全體主義の時代經驗)』, 미스즈쇼보오(みすず書房) 1995, i~vii면.
 * 여기서 말하는 '현대사회'에서 필요한 '사고방식과 접근법'이란 이른바 '전후사회' 속에서 이루어진 영위(營爲)들 간의 일관성과 대응성, 비판성과 현대성, 원리성과 적중성, 대면(對面)감각과 역사감각 등의 복합체를 가리킨다. 그리고 '전후사회'나 '현대사회'는 일본의 이른바 '전후사(戰後史)' 속의 두 단계이며, 말할 필요도 없이 이 둘은 역사적 존재로서의 '인류사'와 마찬가지로 역사적 존재로서의 '일본사회사'에 속한다.

인 접근법의 큰 줄기가 변하는 일은 없을 것이라 믿었으므로, 더이상 책 같은 공식적인 형태로 무언가를 쓰지는 않을 작정이었다. 좀 건방지게 들리겠지만, 지금부터(1980년대 이후) 말하려는 것은 모두 시사적으로든 암시적으로든 이미 그 책 어딘가에 써놓았다는 '자부심' 같은 것도 있었다.

이런 연유로 나는 갈수록 제도화되고 경직되어가는 '학계'에서 어떤 위치를 차지하려는 생각은 꿈에도 품지 않았다(당초 청년시절부터 그런 체질이었다. 학문도 없는 주제에 흔히 말하는 '학자'들의 사교계를 경멸했던 것이다. 특히 그 고상한 체하는 '했노라' 식의 말투로 상징되는 것들을).

그처럼 제도화된 오늘날 일본의 '학자세계'(실제로는 직업적인 대학 교수들의 세계)에도 진지하게 재고해보려는 기운이 없는 것은 아니다. 그러나 그들은 첫째로 자신들을 그 제도 속에 끌어넣어준 선배, 즉 은인들의 경향에 대해 엄격한 비판을 하지 못한다(특히 일본의 좁은 인재그룹 속에서는). 둘째로 그들이 그런 제도 속에서 '학문'이라는 이름의 직업에 종사하고 있는 한 그들이 공간(公刊)하는 일이라는 면에서 '일개 독서인'이나 탈'조직인적(組織人的)' 사색자가 되기란 극히 어려운 일이다. 작은 특수사회에서 '황가(皇家)의 살아 있는 유훈(遺訓)'이 있는 이상 가급적 이를 거스르지 않고 적당히 우회하는 형태로, 그 '진지하게 재고해보려는 기운'은 발휘·실현되게 마련이다.

상징적 천황제 사회*에서 이해나 비판은 그 같은 현세적 배려하에서

---

* '천황제 국가'와는 구별하여 쓴 개념이다. 국가를 구성하는 인간과는 전혀 다른 보통의 서민이 편성되어 '천황제 사회'가 만들어지고, 그 집합적 권위라고 하는 조건하에서만 비로소 '익찬(翼贊)체제'(일본형 전체주의)가 생기게 되는 경위에 관한 상세

'상식'적인 원려(遠慮)를 통해서만 발휘된다.

사상구조적 측면에서 보면, 그것은 요컨대 과거의 일에 대한 '존경에 가득 찬 내재적 이해'와 그 일에 대한 '현대적 필요에 따른 **엄격한 비판적 검토**'를 구별하지 못하게 하며 그 때문에 양자를 양립시키거나 결합시키는 일은 불가능해진다. 하지만 이 양자의 양립과 결합이야말로 유행이나 평판에 결코 좌우되지 않는 진정한 이해인 것이다.

'전전·전후 사회'로부터 유전자를 물려받았으면서도 근본적인 대변화를 이룩한(그 변화의 크기와 깊이는 2차대전에서의 패배 및 그 직후의 변화보다도 큰 것임에 틀림없다) '현대사회'가 그 전 시대에 이루어진 '일'에 대해 반드시 지녀야 할 태도는 이전 시대의 것들에 대한 이해와 비판, 존경과 엄격함의 구별·양립·결합일 것이다.

이른바 '학문사회'에 관한 이야기로 되돌아가보자. 제도화된 '학계 안'에서는 '진지한 관심'도 그처럼 왜곡될 수밖에 없으므로, 베스트셀러 저술가로 성공하기 위해서는 의식적으로 '학자세계'로부터 일단 벗어나서, 말하자면 '예능적인 센스'에 가까운 태도로 '학자세계'에 잠입

한 사항은 전부터 논의를 해봐야겠다고 생각하여 준비하고 있었으나 게으른 탓으로 실현하지 못했다. 그처럼 의도로만 그친 생각의 흔적이 『천황제 국가의 지배원리(天皇制國家の支配原理)』에 약간 남아 있다. 요컨대 '천황제 국가'와 '천황제 사회'는 다른 것이며 국가를 담당하는 자 쪽이 가끔은 공정하고 관대한 판단을 보였다─다시 말해서 열광주의와는 거리가 멀었다─는 점은 기억해두어도 손해볼 일은 없을 것이다. 책임이 가져다주는 평형감각이나 판단의 공정성을 거기서 볼 수 있기 때문이다. 일본의 경우에는 벼락부자처럼 갑자기 국가 담당자가 되었기 때문에 그 같은 점이 충분히 반영되고 있다고는 할 수 없을지라도, 끝도 없이 뛰어오르는 대중적 열광보다는 낫다. 단 다른 한편에서 특권의식이나 그 밖의 권력감이 보통 이상으로 나타나기는 하지만 말이다. 그리고 이제는 더 말하고 싶지 않으나 실은 이들 양자 간에도 상호 관련이 있다.

하는 경향이 나타난다. 이에 관해 논평을 하자면 끝이 없다.

이런 성향이 현대 일본의 이른바 '지식인'의 주된 존재방식이다. 그리고 나는 그 어느 쪽에도 속하고 싶지 않다. 나는 일개 서생일 뿐이며 느끼고 생각하는 사람의 하나일지언정 '학계'와도 '예능적인 센스'와도 전혀 관계를 맺고 싶지 않은 것이다.

게다가 지금 우리 노부부는 둘 다 병을 얻은 상태여서 나의 '최만년(最晚年)'은 '최악'의 상황에 빠져 있다. 그럼 이 상황에서 나는 '시시포스'식으로 가야 할 것인가 '도망책'을 강구해야 할 것인가, 그도 아니면 이 두 양극을 일치시키는 방책을 찾아내야 할 것인가. 어느 쪽이든 지금 내게 가장 필요한 것은 '수용(acceptance)의 철학'이다. 내게 필요한 것은 끝없이 출렁거리면서 다양한 움직임을 보이는 파도와도 같은 정신, 즉 몽떼스끼외(C. Montesquieu)가 말한 'ondoyant et divers'다. 그 말에 담긴 '살아 움직이는 평형감각과 상호 관심과 관계'야말로 현대 전체주의에 대해서도 최대의 이물질임에 틀림없다.

실은 이 책은 내가 직장암으로 입원하기 전에 '손질'을 마치고 출판하기로 되어 있었다. 다시 말하면 1981년 이후로 나는 글쓰기를 사양해 왔는데 『사상의 과학(思想の科學)』이라는 잡지의 긴급한 청탁이라면서 '손위의 벗'인 쯔루미[1] 씨가 직접 '거절을 허용치 않는 장시간 전화'로 집필을 요구해왔던 것이다. '사실상 강요'에 가까운 청탁이었다. 끈질긴 간청 끝에 내가 얻을 수 있었던 것은 기껏해야 의뢰받은 제목을 다른 것으로 바꾸는 정도였고, '손위의 벗'과의 우정을 깨지 않는 이상 쓰

---

1) 鶴見俊輔(1922~): 철학자, 사상비평가. 1946년 '사상의 과학 연구회' 발족에 참여했고, 후지따 쇼오조오와는 『공동연구 전향』 등의 작업을 함께했다.

지 않을 도리가 없었다. 그런 일이 몇번인가 있어서 『사상의 과학』에 20~30매 정도의 글이 몇편 실리고 말았다. 그리고 그 글을 어떤 이들이 인용하는 바람에 학계에 알려지게 되었다. 이렇게 된 바에야 차라리 '공간(公刊)'을 해두는 편이 '사후에도 안심'할 수 있겠다 싶어서 입원하기 전까지 '손질'을 마칠 작정으로 미스즈쇼보오(みすず書房)의 카또오(加藤) 씨와 약속을 했던 것이다. 그러나 '손질'은 통증 때문에 예상외로 시간이 걸렸다.

퇴원도 했고 수술한 지는 이미 11개월이 지났건만 아직도 집필에 필요한 집중이 가능할 만큼 몸이 회복되지 않고 있다. 카또오 씨가 오기로 한 일요일 아침에 서둘러서 20~30분 정도 마구 갈겨쓰는 것이 내가 할 수 있는 한도였고 지금도 상태는 여전하다. 이것이 일이 늦어지고 또 늦어져서 오늘까지 오게 된 이유다.

나는 평균수명이라든가 투병정신 같은 말에 동의할 수 없다. 살아 있는 것에는 각기 '수명'이라는 것이 있는 법이고 예순일곱이나 되었으면 암으로 죽더라도 지극히 당연한 일이라 할 것이다. 우리는 그 '수명', 다시 말해서 '개체의 차(差)'와 '살아 있는 것의 개별성'을 '수용'해야 한다. 그것이야말로 앞의 몽떼스끼외의 말이 대변하듯 전체주의의 방해물이 되는 이물질의 양성·실현·보급에 공헌하는 길이라 할 것이다. 이물질투성이의 전체주의란 정의상 모순이며 성립될 수 없다. 하지만 의술의 세계에서도 '진찰'과 동시에 '치료방법'이 '일관작업'으로 정해져 있고 '동의서'는 동의하지 않는 경우를 전제하지 않는 하나의 '행정'절차에 불과하며, 한편으로는 우리 사회 전체의 세태에도 문제가 있는데 과연 '수명'대로 살다가 죽을 수 있는 사람이 오늘날 얼마나 있을까? 거기에도 오늘날의 '전체주의'의 한 형태가 반영되어 있는 것이다. 삶과 죽음에 대해 어떤 태도를 취하는 것이 좋을까? 현대적 유형의 체제로서의 '전체주의'하에서는 그런 것까지도 문젯거리가 되는 것이다.

1994년 10월 5일
후지따 쇼오조오*

---

* 내 책임하에 글을 발표하는 것은 이것으로 마지막이다. 이 책에서 주로 힘들여 '손질'을 한 부분은 「전체주의의 시대경험」이다. 이 글은 처음에 쓸 때는 내가 말하고자 하는 이론적인 틀을 시사적(示唆的)으로나마 표현했다고 생각했는데 이번에 다시 읽어보면서 이미 지금은 '시사'가 더이상 독자들에게 통하지 않는다는 것을 깨달았다. 그래서 명확하게 설명해둘 생각으로 '손질'을 시작했으나 앞에서 밝혔던 사정 때문에 어떤 부분은 엉성한 '대학 일학년용의 강의조'가 되기도 하고 어떤 부분은 어눌한 '건조한 개념'의 연속으로 끝나 결국 내 문장의 리듬을 살리는 것조차 실패하고 말았다. 그 대신 혹시 '일사천리'로 흐르는 내 리듬을 살리지 못한 만큼, 거꾸로 하다못해 '억양' 같은 것이라도 있었으면 싶지만 그것을 바라는 것도 주제넘는 짓일 게다. 안타깝지만 몸이 최후의 집중력을 잃고 나니, 신체적 조건이 언어구사와 얼마나 밀접한 관련이 있는지를 잘 알겠다. 하지만 때는 이미 늦었으니 무엇을 할 수 있으랴!
—그러니 앞으로 내가 의견을 공표할 때는 대담자의 호의에 힘입어 정리·문장작성에 관한 모든 것에 대해서 그분의 '책임'하에 할 수 있기를 바란다.

오늘의 경험
저지하는 힘 가운데서

오늘날의 사회는 정신적 성숙이 어려운 상황에 처해 있다. 온몸이 통째로 소속되는 보육기관이 계단처럼 쌓아올려진 형태로 사회구조가 조성되어 있어서 성숙의 모태인 자유로운 경험을 하기 어렵기 때문이다. 하나의 보육기(保育器)로부터 다른 보육기로 옮겨질 때에는 지나치게 격렬한 경쟁시험이 주어지는데, 그 '시험'은 관료기구의 특징인 문서주의 원칙에 따라 서식이 이미 정해진 필기시험으로 특정한 일면의 능력만을 묻는다. '취직' 후의 승진시험도 특정하고 단편적인 업무능력이나 '사내(社內)'라는 특정한 장에서의 행동양식을 점검하는 데 지나지 않는다. 정년퇴직 후의 보육기 선택에 이르러서는 '지폐'라는 종이의 제출량만이 '통과의례'적인 시험 역할을 한다. 또 그들 보육기 속에서는 한 사람 한 사람이 모두 지나칠 정도로 일하고 지나칠 정도로 활동을 하

■『사상의 과학(思想の科學)』1982년 9월.

지만 오직 그 캡슐 속에 들어가 있어야만 비로소 작은 안정과 풍요가 보장되도록 획일화되어 있으므로, 근로나 고생의 유무와 상관없이 정신세계에서는 사회기관의 대부분이 보육기화되어 있다. 현대의 압도적인 '중류의식'은 아마도 이러한 보육기 내에 존재하고 있다는 사실의 다른 표현일 것이다. 일단 거기에 들어가기만 하면 쫓아내는 일은 없으니까 기본적인 보증은 확보했다고 생각하게 될 것이고, 그 대신 보육기 자체가 위험해졌을 때에는 보육기에 대한 맹렬한 '충성'과 '헌신적인 응원'이 시작될 것이다. 보육기의 향방이 개개인의 존립을 전적으로 좌우한다고 여기기 때문이다.

이런 식으로 짜인 사회에서 한 사람 한 사람을 평가하는 것은 미리 정해진 일성한 주형을 만족시키는 능력의 유무에 관해서일 뿐이므로 사물과의 자유로운 만남에서 시작하여 사물이나 사태와 상호교섭할 '경험'을 가질 기회가 크게 제한되어 있다. 서식이 정해진 필기시험에서 전형적으로 나타나듯 오늘날의 시험에서 예상을 벗어난 사태는 원칙적으로 벌어지지 않는다. 이론상으로는 만점을 받을 수 있는 것이 이런 종류의 시험의 특질이기에 가능목표인 완벽한 답안에 도달하기 위한 경쟁이 일어나게 되는 것이다. 예상 밖의 것이란 이쪽의 무능의 표현일 뿐이며 시험 본래의 속성에서 생겨나는 것은 아니다.

경험이 부과하는 시험과의 결정적인 차이가 여기에 있다(경험은 미리 정해져 있지 않다는 바로 그 점 때문에 경험인 것이며 '신의 섭리'나 '천명'으로서 피안의 세계의 주인에 의해서만 미리 필연화되고 인간세계에서는 '자유'롭게 일어날 수밖에 없는 것이다). 이렇게 서식도 정해져 있고 완벽한 해답도 정해져 있어서 원리상의 예측 불가능성이 배제된 시험이 인생의 경과를 덮고 있는 데에 현대사회 고유의 '선험주의'

의 온상이 있다. 이 선험주의란 자신을 시험하는 문제의 성격을 그 문제와 만나기 전에 미리 완전하게 알고 있어야 한다(혹은 알고 있는 것이 하등 이상하지 않다)는 정신태도다. 이래 가지고서는 '문제'라는 것은 이름뿐이고 문제 본연의 특성은 추호도 지닐 수 없게 된다. 이는 '시험'이라는 말이 더이상 전인격적 시련이라는 의미를 지니지 않게 되었다는 바로 그 점과 대응관계를 이룬다.

사물은 원래 사람 쪽의 자의적인 의도를 넘어선 독립적인 타자이기 때문에 물건이라든가 일이라든가 하는 식으로 불리며 그것과의 만남과 교섭을 통해 우리들은 경험을 하게 되는 것인데, 현대의 '선험주의'는 사물의 그러한 타자성을 아예 인정하지 않고 자신에게 나타나는 문제는 모두 사전에 완전히 통제할 수 있을 거라고 생각하는 것(물건이나 일에 대한 가공할 만한 전체주의!)이므로 그러한 의식의 틀 내에서는 사물과의 사이에 경이로움이나 고통을 수반하는 상호교섭이 일어날 여지가 없다. 그러한 여지가 없을 뿐만 아니라, 미지의 통제 불가능한 것과의 만남 그 자체가 예측능력의 부족을 입증하는 부끄러운 사태로 간주된다. 그리하여 '만능 계측기'를 지향하는 태도에서는 경험의 기회 그 자체를 자진해서 거부하며 경험을 쌓는 것을 적극적으로 회피하고 그 대신 경험보다 뛰어난 것으로 간주된 전적으로 합리적인 '상정'이나 '프로젝트' 제작으로만 몰려가는 경향이 생겨난다. 거기에는 설계된 '경험의 대용품'이 경험 그 자체보다도 더 비싸게 매겨지는 이상하고 불손한 가치관이 존재한다.

그러나 선험적인 '설계도'의 완벽한 합리적 체계성을 뽐내려 하면 할수록 그 '설계도'가 사물과의 접촉에 의해 부딪쳐 깨질지도 모른다는 두려움과 불안이 작용하게 된다. 여기서 다시 경험회피를 향한 동력을 획득한다. 그 능동적 회피의 귀결은 소속기관의 보육기회를 점차 '주체적'으로 촉진하는 것이리라. 그러나 사물의 위협을 받지 않고 '계측능력'이 높음을 계속해서 뽐내며 이를 통해 허위의 자기확인을 유지하고 그럼으로써 안정과 조그만 풍요를 유지하는 것이라면, 그 상태는 어떤 사회학자가 말한 '안락에의 자발적 예속' 바로 그것이다(리처드 쎄넷)[1]. 인류가 걸어온 갖가지 예속정신의 역사 속에서 노예주라든가 여타 인간적 대립자와의 관계를 통하지 않고, 경험을 회피하기 위해 현재 자신의 안락한 상황에 자발적으로 예속되는 것은 지금까지는 없던 새로운 형태의 예종(隷從)이다. 그러한 상태를 사회적으로는 혈색 좋게 죽어 있는 상태라 말해도 좋을 것이다. 운동도 살하고 힘들여 머리도 쓰며 일도 잘하지만, 대립적 타자──경쟁자는 같은 목표를 향해 경합하는 자이지 사회구조상의 대립자는 아니다. 그것은 '집안싸움'에 지나지 않는다──와의 상호관계를 살아가지 않는 한, 사회형성 면에서 볼 때 그것은 시체나 다름없다. 그리고 이 역설적인, 볼이 통통하게 살진 시체야말로 현대판 건강의 지배적인 형태가 아니겠는가.

그러나 말할 것도 없이 거기서는 자유로운 경험만이 가져다줄 수 있는 '성년'으로의 비약은 생기지 않는다. 경험 속에서는 사물과의 만남·충돌·갈등에 의해 자의(恣意)의 세계는 동요하고 균열이 일어나며 희망적인 관측은 흔들리고 욕구는 혼돈 속에 내던져져 그 혼돈이 초래하는 괴로운 시련을 거치면서 욕구나 희망이 재편성된다. 정신의 '성년식'은

---

1) Richard Sennett(1943~): 미국의 사회학자. 뉴욕대와 영국 런던정경대 사회학과 교수로 있다.

그렇게 개별적인 경험 속에서 그때그때 되풀이되며 그 같은 재생의 반복을 거침으로써 비로소 단련된 정신적 가치와 사상적 목표가 확고하게 뿌리내리게 된다.

단순히 희망적 관측이 깨어질 뿐이라면 그것은 필기시험의 결과발표를 통해서도 체험할 수 있다(그리고 그것만이라도 없는 것보다는 있는 편이 낫지만). 그러나 거기에는 사물의 성질이나 규모, 형태 그리고 양상 등의 새로운 개입이 없으므로 욕구세계에서의 혼돈은 일어나지 않는다. 혼돈에 대한 공포만이 이전의 것 그대로 남아 있을 뿐이다. 거기서 앞서 본 방어적 회피의 움직임이 생겨난다. 하지만 정신의 '성년식'이란 혼돈의 고통(고난)의 한복판에서 사물의 제반 특징을 직시하고 그것을 몸으로 체험하며, 손아귀에 들어오지 않는 독립적인 타자인 사물이 전하는 바를 자신의 의도의 세계 속에 끌어들여 자기와 사물의 세계 간의 상호제약을 거침으로써 양자의 통합을 내부적으로 달성하는 일이다. 그리하여 그 같은 통합이 이루어지는 (혹은 지향되는) 곳에서는 근본적인 가치의 포기나 권력에 대한 내면적인 굴복 또는 표면적 상황에의 편승은 일어나지 않는다. 사물과의 직접적인 갈등을 끊임없이 경험하고 그것을 통해서 가치의 재생이 되풀이되고 있기 때문이다.

이렇게 해서 정신의 확립이 이루어진다면, 그 생성과정을 보증하는 조건은 무엇보다도 우선 자신을 뒤흔들어놓는 사물에 대하여 스스로를 열어놓는 일일 것이다. 바꾸어 말하면 사물에 의해 흔들릴 것을 환영하는 마음가짐이 필수적이다. 사물 혹은 사태에 대한 이 개방적인 태도야말로 자유로운 경험의 기본조건이며, 동시에 자신의 동요에 대한 개방적인 태도이기도 하다는 점에서 경험에 대한 자세가 지닌 의지적 성질이 드러난다. 이처럼 현대의 '중류의식'이 자기 심층에 간직한 '안락에 대한 자발적 예속'의 자세를 불안해하고 두려워하며 저항하는 일이야말로 사물에 대한 정신의 개방이며 뒤흔들리는 것을 환영하는 태도다. 이를 거부하는 태도는 경험에 대한 회피공작을 낳고 그 회피공작이 지극히 합리적인 체계적 망상과 허위의식을 만들며 그것이 자기도취에 찬 거짓 자기확인을 가져온다는 점은 이미 말한 바와 같다. 바로 그 일련의 정신적 경향이 사물의 세계에 대한 현대의 침략성을 조장하는 것이다.

이에 반해 자신을 초월한 절대적 타자인 사물과 대면하여 고통을 수반하는 그것과의 교섭을 기피하지 않는 정신은 지배성이나 영도감(領導感) 및 침략성과는 반대되는 '자유'의 튼튼한 기초가 된다. 자유의 근본적인 성질은 자신이 시인하지 않는 사고방식의 존재를 수용하는 데 있겠지만, 자신을 원초적인 혼돈 속으로 되돌려놓는 절대적인 타자와의 상호교섭조차 꺼리지 않는 태도가 그 같은 상대적 타자에 대한 자유로 귀결되는 것은 극히 자연스러운 일이다. 더불어 그러한 자유가 동요될 수밖에 없는 조건이 갖추어졌을 때——결코 양보할 수 없는 근본적인 가치의 대립 상황에서는 그러한 조건은 부분적으로라도 반드시 출현한다——그때 자유의 정신이 거기서 스스로를 확보하고 재생산하는 기지는 절대적 타자인 사물과의 상호교류의 장이다. 다시 말하면 양보할 수 없는 대항 상황에 처한 경우에도 그 상황 자체를 경험할 필요가 있는 하나의 사태로 간주하는 안목을 버리지만 않는다면 전면 대립을 거쳤을 때 초래되기 쉬운 경직된 후유증은 생기지 않을 것이다.

이처럼 경험의 중시와 자유의 정신은 서로 떼어내기 어려운 하나의 정신현상이다. 그러나 경험을 통해 생기는 것은 자유의 정신만이 아니다. 인간존재의 기본적 특질인 역사성의 인지 또한 거기서 생겨난다. 추상적인 자의가 사물과의 만남과 교류를 거치면서 의도대로 통하지 않게 될 때, 바로 그 의도와 결과의 차이에서 '역사의 간지(奸智)'가 구체성을 띠면서 발견된다. 이리하여 만사가 예측대로 움직이는 것이 정상이고 그렇지 않은 경우는 고장으로 간주되는 기계의 세계와 인간행위의 세계 사이의 질적인 차이가 여기서 비로소 충분히 인식된다. 기계나 기구로 화한 세계에는 자동적인 회전이 있을 뿐 역사란 없다. 거기서는 낡아지는 것은 있어도(다시 말해서 비능률화는 있어도), 의도와 결과의 차이라는 사극(史劇)을 통해서 끊임없이 처음으로 되돌아가고 그렇게 함으로써 자기 내부로부터 가치를 재생해나가는 갱신(更新)의 경험은 있을 수 없다. 경험이 그 주요 계기의 하나로 삼은 혼돈의 경과란 다른 면에서 보면 이 '차이'라는 역사성의 다른 표현에 지나지 않는다. 그리하여 정신의 '성년식'에서 완성의 요소로서의 통합은—사물로부터 전해지는 것과 스스로의 의도와의 상호제약을 거친 통합은—이러한 역사(차이의 드라마)를 소화하는 데서만 생겨날 수 있었던 것이다. 이리하여 인간의 특질로서의 역사성을 우리 신변에서 생기는 구체적인 사건을 통해서 인지하는 것과 경험을 살아낸다는 것은, 이 또한 별개의 것이 아닌 한쌍의 정신현상이었던 것이다.

되풀이되는 이야기지만, 이처럼 자의에 방해가 되는 것을 기꺼이 환영하고 그것과 갈등을 내포하는 교섭을 하려는 열린 태도와 고통을 수반하는 '차이'의 사극을 소화함으로써 근본적인 가치의 통합적 재생을 부단히 행하는 것, 이것이 바로 되풀이해야만 할 정신의 '성년식'인 것이다. 그렇다고 한다면 오늘날 우리 자신을 감싸며 일반화되고 있는 '안락에 대한 자발적 예속'이—명확하게 의식하기 어려운 향수적(享受的) 자세로 나타나는 그 비굴의 최신 형태가—경험을 거부함으로써 정신적 '성년식'에 커다란 장벽으로 작용하고 있음은 명백하다 할 것이다. 현대 특유의 보수성이나 반동성의 사회적·정신적 기초가 거기에 있다. 거기서는 독립 불패의 자유로운 야당정신은 자라기 어렵기 때문이다. 덧붙여 말하면 오늘날의 정치적 야당을 야당정신을 담은 그릇이라고 말하기 어려운 것도 이러한 사정과 깊은 관련이 있을 것이다.

그러면 도대체 우리는 어떻게 해야 할까? 먼저 이 같은 경험의 거부와 배제, 회피가 전체적인 사회기제로 생겨나 존재하고 있다는 전대미문의 사태가 다름 아닌 우리 자신의 생활환경으로서 쉽사리 제거할 수 없는 형태로 자리 잡고 있음을, 고통을 회피하지 않고 느끼고 인식해야 할 것이다. 경험의 소멸이라는 '최후의 경험'을 하면서 살아가고 있으니 말이다. '최후의 경험'이라는 다소 과장된 표현을 썼다고 해서 그것이 꼭 인류사가 이로써 경험을 최종적으로 상실해버려서 다시는 되돌릴 수 없다는 의미는 아니다. 그런 것은 아니지만 '경험의 소멸'에 가까운, 다시 말해서 비유적인 그것의 죽음은 상징적인 의미에서 '말기', 즉 '최후'의 경험임에는 틀림없는 것 아닌가. 그리고 대체로 다양한 모든 경험 가운데서도 가장 선명하고 전형적인 경험—즉 '경험 중의 경험'—은 최초의 경험과 최후의 경험 그리고 재생의 경험이다. 탄생과 죽음과 부활은 삼대 경험인 동시에 모든 경험의 삼대 핵이기도 하며 모든 경험이 그 세가지 경험의 핵을 비유적인 모형의 형태로 포함한다. 오히려 그것들을 포함함으로써 모든 경험은 경험일 수 있는 것이다. 그러므로 우리는 지금 삼대 경험 중 커다란 것 하나를 미증유의 규모—개인적 규모에서가 아니라 전사회적 규모—로 경험하고 있는 셈이다. 개인적인 규모가 아닌 만큼 자신의 경험으로 자각하기도 어렵고 스스로 좌우하기도 어려우므로, 당연히 운명적인 성격이 강하나 운명과의 감당하기 어려운 갈등이야말로 정신적인 격투의 전형이기도 한 것이다. 우리는 오늘날 생각지도 않게 그 같은 행운의 기회를 맞았다.

물론 운명과의 격투에서는 상대가 상대인 만큼 패배와 실패가 반드시 찾아오게 마련이다. 그러므로 오늘날의 경험의 주요 형태는 몰락이고 도산이고 패배이며 실패다. 성공이나 벼락부자, 온실 속에서의 상승 또는 편승…… 같은 것들 속에서 경험은 거의 찾아오지 않는다. 이미 살펴봤듯 그것이 바로 철저히 기구화된 사회의 특징이다. 바로 그 때문에 우리가 현대의 위기가 가져다준 '최후의 경험'을 충분히 경험하기 위해서는 그 같은 대(大)경험의 원자인 작은 '실패'나 '계산 착오'나 기구주형으로부터의 '밀려남' 등을, 유쾌하지 않다고 해서 망각의 저편으로 밀쳐버리지 말고 소중히 보관하여 그것이 말하는 바를 충분히 음미해야만 할 것이다. 어느 시대나 실패는 소중한 경험이지만 오늘날만큼 '패배'나 '실패'가 중요한 때는 과거 어느 시대에도 없었다. 오늘날에는 경험의 존재 여부가 거기에 달렸기 때문이다.

'최후의 경험'을 소중히 생각하고 살아갈 때 인류사를 보는 눈이나 세계에 대한 응답의 어떤 확실한 방향이 나타나게 될 것이다. 다시 말해서 신석기시대의 식량생산 혁명 이래의 문화사적 대변동의 결과 '인간 전사(前事)의 종말'이 찾아올지도 모르는 근본적 위기의 한복판에서 '경험의 소멸'을 경험한 자의 눈으로 보면, 하나하나의 물질이나 생활양식이나 모든 인간의 보편적인 경험은 문명사가 시작된 이래 오늘날(종말의 장)에 이르기까지 한 묶음의 문명시대를 통해서 그간 어떠한 역사를 거쳐왔는가라는 각도에서 성찰될 것이다. 현대의 '미네르바의 올빼미'는 그렇게 날기 시작한다. 그리고 그렇게 성찰될 때 역사는 지나간 과거의 단계로서가 아니라, 또한 단순한 추체험(追體驗)의 대상으로서도 아닌, 이제 새삼스럽게 경험해야 할 사물로 가득 찬 장이 될 것이다. 사물 각각의 태곳적 형태와 그것의 역사적 변주곡은 아직도 우리의 정신 속에서 소화되지 못했다. 그리고 지금은 그것들을 음미해야 하는 순간이다. 그러지 않으면 사회의 재생을 위한 기본 요소는 의식되지 못한 채로 끝나버릴 것이다. 그렇게 되면 거꾸로 인간사회는 정말로 종말을 맞게 될 것이다. 이리하여 사물과의 교류는 그 커다란 영역—문명사의 개시부터를 한 묶음의 시대로 본다면 점점 더 커져가는 영역—을 우리에게 지금 새삼 지시하고 있다고 봐야 한다. 오늘날의 성공과 그것이 초래하는 자기도취를 거부하고 소멸·실패의 계열에 속하는 '최후의 경험'을 고통스럽게 경험하려는 자 앞에는 의외로 드넓은 지평을 지닌 새로운 경험의 영역이 펼쳐져 있다.

  그러나 이 길은 현대의 대다수 사람들의 눈에는 틀림없이 어리석은 길로밖에 보이지 않을 것이다. 하지만 그것이 인간경험의 재생을 담당했던 인류사적 응답의 방법인 한 그 길을 걷는 자들 가운데서 움직일 수 없는 사회적 존재로서의 정신적 야당이 생겨날 것임에 틀림없다. 그 같은 움직일 수 없는 작은 존재는 바깥에서 움직일 수 없는 것인 만큼 오히려 대다수를 움직이는 요인이 될 수 있다.

나르시시즘으로부터의 탈각

물질로 가는 길

1

생활 속 '공적(公的)' 부분으로서의 사회적 행동의 대부분이 사전에
외부로부터 주어진 어떤 결정이나 규칙에 따라 어쩔 수 없이 이루어지
는 '공식적인 임무'의 성격을 띠게 되면 사람들의 관심은 자연스레 기
존의 사회관계와는 다른 곳으로 향하기 시작한다.

이럴 때 '다른 곳'으로 향하는 관심이란 예전에는 신이나 피안 따위
에 귀의하는 방향을 찾는 것이 일반적이었다. 그리고 그 같은 현세적인
사회관계로부터의 종교적인 초월이 많은 사람들에게 보급될 때 그것은
결과적으로 귀의자 사이에 별도의 사회(또 하나의 현세)가 생겨남을 의
미했다. 그러나 오늘날에는 그러한 초월의 방향이 일반적이지 않고 오

■『사상의 과학』1983년 8월.

히려 거꾸로 '자아' 쪽으로 자발적인 관심이 수렴되는 것이 지배적인 경향이다. 세계의 메커니즘이 밝혀져버림으로써(또는 밝혀진 것으로 치부되어버림으로써) 신비스러운 원인 같은 것은 상상조차 할 수 없는 상황이 되어버리면 '세속화'가 관철되어 종교적인 초월은 좀처럼 나타나기 어렵다. 게다가 모든 생활 재료를 대량생산·대량유통의 거대 체계에 의존할 수밖에 없는 오늘날에는 '고래 배 속에' 꼴깍 삼켜져버린 상태라는 점을 모든 이들이 알고 있으므로 예외적인 소수를 제외하면 '다른 곳'으로 향하기 시작한 자연스러운 관심의 표적은 거의 자동적으로 자아에, 그리고 '나에게' 맞춰진다. 이리하여 현대의 시대적 국면은 정신적인 면에서는 '대중적 규모의 자아의 시대'를 이룬다.

2

그러나 자아에의 수렴이라 하더라도 오늘날의 그것은 자아를 사고의 과제로 삼아 의심의 대상으로 다루지는 않는다. 데까르뜨적인 지적 회의도 아니며, 예술적 상상의 영역에서 데까르뜨적 회의에 비견되었던 '리어왕'의 물음도 아니다. '나는 과연 무엇인지 누가 가르쳐다오'라는 리어왕의 물음은 '리어왕의 그림자'라는 어릿광대의 대답에 의해 그 물음이 지닌 자기부정성을 명백히 한다. 존재하는 그 무엇이 아니라 텅 빈 껍데기에 불과하지 않는가라는 통렬한 의문을 자신에게 되던지는 것이다. 반면 오늘날 자아에게로 집중된 관심은 그러한 현존하는 자신에 대한 부정성을 지니지 않는 것이 일반적이다. 데까르뜨나 '리어왕'과 다를 뿐만 아니라 전전 일본의 '사소설(私小說)'이 보여주었던 '나(私)'에 대한 태도와도 다르다. 주지하다시피 전전의 '사소설'에서도 '나'는 문제투성이로 다루어졌고, 군더더기를 빼버린 간결한 문장은 '나'에 대한 태도의 엄격함을 나타내는 것이기도 했다.

이렇게 현존하는 자아를 의문의 대상으로 삼는다는 것은 『방법서설』(*Discours de la méthode*)이 일찍이 논했듯 '학교'나 지배적 사회로부터 '내가 받아들인 것'들에 의해 내 속에 스며든 일체의 허위나 편견을 의심과 사고를 통해 '제거하고자' 하는 행위를 의미했다. 그 결과 아니 오히려 그러한 행위 자체로서 이미 그 자아는 개개의 사물을 즉물적(卽物的)으로 식별하는 존재가 된다. 이처럼 자아를 의문의 도마 위에 올리기를 주저하지 않는 자아는 정신적 드라마의 핵심이며, 거기서 발생하는 '사물에 입각한' 식별행위는 허위를 듬뿍 품은 현존 세계로부터 허위를 낱낱이 벗겨내고 사물의 자연스럽고 진정한 모습을 드러내어 드디어는 '자연학'과 '새로운 세계'를 발견하기에 이른다. 이 같은 세계상의 극적 전환은 그야말로 '또 하나의 현세'의 창작이었다. 동시에 '또 하나의 초월'이기도 했다. 그 과정은 한걸음 한걸음 돌다리를 두드려 건너듯 천천히 진행되었지만, 그 진행이 완만했던 만큼 단번에 이루어지는 폭발적인 속단과 달리 한층 더 근본적인 세계상의 전환을 가져왔다.

그러나 오늘날 '문명사회'에서 일반적인 자아에의 수렴은 그 같은 세계의 재구성을 향한 정신의 드라마를 내포하지 않는다. 거기 있는 것은 의문의 대상으로서의 자아가 아니라 그 자체가 목적이 되는 자아이며, '허위를 내포한 자아를 부정하는 자아'가 아니라 현재 존재하는 자아를 소중히 여겨 그대로 긍정하면서 가능하다면 어디까지나 그것을 연장시켜가려는 자아다. 허위에 가득 찬 자아를 무의 상태로 환원함으로써 '자연이성'의 자아를 확립해가는 대화적인 자아가 아니라 오로지 기존의 자아를 진위가 한데 얽힌 그대로 소중히 보존할 수만 있다면 그 형태를 유지한 채로 조금이라도 더 확장시키기를 바라는 그런 자아인 것이다. 다시 말하면 주어진 욕구의 충족을 일삼는 심리학적 자아이며, 이때 작용하는 '이성'이란 주로 충족의 손익을 산정하는 계산이다. 손익계산서가 오늘날의 '이성'이란 말인가!

3

생산자로서의 측면(즉 사물의 자연과 직접 대면하는 측면)을 방대한 기구적 체계 속에 흡수시켜버린 탓에 그 체계 속에서 가루 상태로 흩날리게 된 존재가 유일하게 남은 소비 측면에서만 자신의 활동을 안전하게 발휘하려고 할 때, 거기서 발생하는 자아 지향은 앞에서 말한 대로 욕구의 만족을 향한 자기내적 운동이 될 수밖에 없다. 이렇게 되는 사회적 근거는 충분하다. 그리고 어느 누구도 이 근거로부터 완전히 자유로울 수는 없다. 그러나 이같이 근거가 있다고 해도, 그러한 자아 지향이 나르시시즘이라는 질병을 구조적 성질로서 안고 있다는 사실을 간과해서는 안 되리라.

오로지 자아의 만족만을 추구하는 태도를 어떤 정신의학은 나르시스의 유래와는 별도로 일반화하여 '나르시시즘'이라 부르는 모양이지만, 그것의 유래와 이러한 태도 사이에는 분명 구조적인 유사성이 있다. 샘에 비친 자신의 모습을 연모하는 태도의 근저에는 사태의 성격상 아무리 시간이 지나도 그 모습을 품에 안을 수 없는 데서 오는 욕구불만과 불안의 잠재적 고조가 숨어 있다. 마찬가지로 현재 있는 그대로의 '자아'를 온전히 긍정하고 그러한 욕구의 만족만을 일편단심 추구할 때에도 자족보다는 불만과 불안이 끊임없이 맴돈다.

구체적인 사물과 대면하는 관계 속에서 살고 있는 자아는 사물 그 자체의 한계를 자신의 욕구의 한계로 자연스럽게 인식한다. 모든 지각(知覺)형식을 통해 종합적으로 사물의 한계를 스스로 알게 되므로 거기서 오는 자제력은 도덕적인 명령에 의한 외부로부터의 제한 같은 것과는 달리 극히 자연스러운 내부로부터 우러나는 자족이 된다. 그러나 대량 생산과 대량유통 및 대량소비의 기구 속에 침몰하여 사물과의 관계를 상실한 제품 음미기(吟味器)로서의 자아가 발하는 욕구는 줄 끊어진 연처럼 무한정해지고 만다. 사물의 한도를 스스로의 모든 지각을 통해서 안으로부터 납득하는 자연의 제어기를 지니지 않은 상태다. 소비의 자아에 가해지는 제한은 사물과의 상호관계가 아니라 돈이라는 이름을 지닌 '인쇄된 종잇조각'의 보유한도뿐이다. 그 '기호'의 명령만이 욕구에 대해 금지를 명령한다. 도덕적인 금령(禁令) 대신 자유자재로 유통되는 종잇조각의 기호가 전자와 마찬가지로 외부로부터 금지령을 내리는 것이다. 이리하여 극히 당연하게도 욕구불만은 일어날 수밖에 없다.

그리고 숙명적으로 불안정한 성격을 지니고 있어 오히려 더욱 용의주도하게 자아방위를 위한 장치를 만들어내려 한다. 자신에게 지나친 위협이나 겁을 줄 가능성을 가진 자, 즉 '타자'는 그것이 사람이든 물건이든 또는 일이든 간에 갑작스럽게 맞닥뜨릴 일이 없도록 아예 멀리한다. 자신을 캡슐 속에 집어넣어버리는 것이다. 이렇게 해서 고치 같은 '가정'이 만들어지고 위화감을 제거한 '온순한 친구'가 그 주변에 배치된다. '타자'와의 대면적인 상호교섭으로서의 경험은 이런 식으로 주도면밀하게 배제된다.

그러나 무균상태의 온실로부터 세계의 사물을 제멋대로 선별하여 자신에게 딱 들어맞는 것만 골라서 쓰는 태도가 횡행하는 곳에서 세계는 어떻게든 변형될 수밖에 없다. 거기서의 세계는 그 자체로서 존재하는 물(物)이 아니라 오로지 소비되기 위해서, 그리고 그렇게 될 때까지만 일시적으로 존재하는 가상물에 지나지 않게 된다. 거기에 가로놓여 있는 것은 리어왕의 허깨비처럼 '세계의 허깨비'로만 끝나지 않는, 물건 목록으로까지 폄하되어버린 세계다. 우리를 둘러싼 현대적 나르시시즘은 그 속에 이러한 세계상을 감추고 있다.

4

오늘날 일본 전역에 만연한 '기술대국'이라는 자기도취나 남북 각지의 산을 부당하게 헐값으로 사들이면서 '일본에는 총면적의 6할이 넘는 삼림이 있다'라고 자랑하는 태도나 바다와 초원에서 남획해온 상품 더미를 가까이에 두고 있음을 우리의 '풍요로움'이라 착각하여 만족하는 모습 등은 결국 제품의 발생 과정이 물질의 내부에만 존재하는 '숨겨진 차원'이 되어 직접적으로 지각되지 못하는 데서 온다. 그러한 점에서 볼 때 이러한 현상은 '생산의 사회관계'가 은폐되어 제품 그 자체가 독립적으로 활보함으로써 그것이 지니는 소비상의 아름다움이 마술적인 매력을 마음껏 뽐내는 '제품의 물신숭배'의 표현에 다름 아니다. 이렇게 한결같이 긍정적인 자아가 행하는 만족 추구는 그 같은 '물신숭배'를 촉진하는 정신적인 요인은 될지언정 그것에 제동을 걸지는 못한다. 이리하여 자아의 나르시시즘은 집단적 나르시시즘의 기반을 이룬다. 자신이 불안정한 만큼 한층 더 집단적인 자기도취에 빠져들게 되는 것이다.

일상생활의 틀 속에 우리 자신을 끌어들이는 이 같은 상황이 바람직하지 않다면 우리는 어떻게 해야 할까? '에너지 절약'을 위한 자제나 일상사의 '자연'을 회복하는 일도 필요하겠지만 근본적으로는 자아의 재편이 이루어져야 한다. 나르시시즘의 자아를 대신해 '타자'에 대해 생각하는 자아가 되살아나야만 한다. 오래된 문구를 흉내내서 말하면 '나는 타자에 관해 생각한다. 고로 나는 존재한다'가 절대적으로 필요하다. 물론 '타자'란 자신 이외의 어떤 물건이기도 하고 일이기도 하고 사람이기도 하고 동물이기도 하며…… 그것들 하나하나의 총칭에 다름 아니지만, 그와 동시에 '낯선 자'로서 그것들 모두와 접하는 것—그러한 방법적 태도—까지도 포함한다.

모든 것에 대해서 '서로 낯선 관계'에 있는 자는 '처음 보는 자'가 흔히 보이는 미심쩍어하는 눈으로 마치 '기이한 것'을 보듯이 사물을 들여다본다. 정신없이 들여다보는 그 같은 주시에는 멍한 '방심'과 '망연자실'이 포함되어 있으며 동시에 들여다보는 물체에 대해서는 '극도의 각성'을 하게 된다. 그럴 때 사물을 수단으로 취급할 때에는 전혀 보이지 않던 '사물의 가려진 차원'에까지 눈길이 닿게 되며 사물의 자연을 그것 자체에 입각하여 발견하게 된다. 따라서 '사물에 대해 생각함'은 바로 그 사물에 대해 '친밀한 자에서 전혀 낯선 자로 돌아가는 것'이다. 잘 길들여 자신의 소비수단으로 삼으려는 것이 아니라 처음 만나는 존재를 접하게 된 상황이 내포하는 '기묘한 의심'을 자신의 것으로 만드는 일이다. 그러한 무(無)의 의식상태, 이 세상의 경계선으로 되돌아와 선 상황이 바로 '타자를 그것에 입각해서 생각하는' 것이다.

그런 상황에서는 자신이 안고 있는 기대, 불안, 두려움, 기쁨 등의 감정들 또한 '낯선 사람'이 처음 보는 것에 대해 갖는 신기함으로 들여다보게 되며 바로 거기서 자신의 내부를 무구히 해석하는 자아가 발생한다. 그리고 이러한 자아가 지닌 백치와도 같은 '방심' '망연자실' '낯선 사람'의 호기심이 초래하는 '극도의 각성'하에서 나르시시즘이 생길 여지는 없다.

그러나 그러한 자아를 낳는 길은 예전에 데까르뜨가 보여준 바와 같이 완벽한 확실성을 가지고 걸을 수 있는 길은 아니다. 모든 사람이 '고래 배 속에' 갇혀 살고 있는 오늘날에는 '낯선 자'의 시선에 관해 깊은 통찰을 행한 바로 그 사상가 본인이 이미 금세기 전반에 위기의 상황을 유머를 섞어 지적했듯이, '나는 가끔 생각한다. 고로 나는 가끔 존재할' 수 있을 뿐이다(뽈 발레리Paul Valéry). 그러나 데까르뜨적 확실성과 항상성을 상실한 채 이따금 되돌아와 숨을 돌리는 간헐적인 존재가 되어버린 '나'이기는 하지만, 그렇게 약간은 우스꽝스러운 간헐적인 존재가 가져다주는 제동·억제 작용은 무시해도 좋을 정도로 보잘것없는 것이 결코 아니다. 그러므로 적어도 나르시시즘에 가속이 붙지는 않는다. 사물에 관해 생각하는 간헐적인 존재와 마주칠 때마다 나르시시즘은 중단되어 다시 출발할 수밖에 없기 때문이다.

그리고 만약 그 간헐적인 존재가 늘어나서 그 간헐성의 발생빈도가 잦아진다면 그것들의 상호집합의 결과, '타자'의 존재를 확인하고 우리 밖에 서 있는 사물의 자연스러운 세계를 소생시키며 그것을 향해 마음을 비우고 대면하는 '우리'가 될 수 있을지도 모른다. 그때의 '우리'야 말로 사려깊은 우리의 사회를 이룰 것이다. 그때에는 "눈이 펄펄 내립니다/사람은/그 아래서 살고 있는 것이랍니다"라고 일찍이 우리에게 겸허함이 무엇인지를 가르쳐주었던 어느 산마을 소년의 감수성이 우리 사회의 공통항으로 되살아날 것이다. 그리고 그 사회는 '고래 배 속'의 이물질이 되어 얼마간의 가능성을 책임지게 될 것이다.

'안락'을 향한 전체주의

충실감을 되찾기 위하여

1

억제라고는 찾아볼 수 없는 오늘날의 '고도 기술사회'를 밑받침하는 정신적 기초는 무엇일까? 다시 말하면 멈출 줄 모르고 점점 더 '고도화' 되는 기술개발을 한층 더 촉진하고, 그로부터 생겨나는 광대한 설비체계나 완결된 장치, 최신제품을 그 밑에 숨겨진 피해를 돌아볼 겨를도 없이 기꺼이 수용하는 생활태도는 과연 어떤 마음상태에서 나오는 것일까? '따라잡자, 앞지르자'에서 '더더욱 앞지르자'로 이어지는 국제경쟁심 같은 것 외에도, 절대 간과해서는 안 될 하나의 공통된 동기가 이러한 생활태도의 밑바탕에서 계속 작동한다.

그것은 우리에게 조금이라도 불쾌한 감정을 불러일으키거나 고통을

<hr>

■『사상의 과학』 1985년 9월.

가하는 것은 모조리 없애버리고 싶은 마음의 끊임없는 움직임이다. 고통이나 불쾌감을 피하려는 자연스러운 태도를 두고 하는 말이 아니다. 오히려 거꾸로 불쾌감을 회피하는 행동이 필요없도록 반응으로서의 불쾌감을 일으키는 원천(자극) 그 자체를 없애버리고 싶어하는 동기에 대해서 말하는 것이다. 고통이나 불쾌감을 피하려는 자연스러운 태도는 그때그때의 구체적인 불쾌감에 대응하는 각각의 판단과 궁리와 행동을 일으킨다. 통상적인 의미에서의 회피를 거부하려 고집부리는 것 또한 불쾌감을 피하는 하나의 방법이다. 그래서 어떤 회피방법이 당면한 고통이나 불쾌감에 대한 가장 바람직한 대책인지는 당면한 불쾌감이 어떤 성질의 것인지에 대한 나름의 판단과 자신이 바람직하다고 여기는 삶의 방식에 대한 기대, 그리고 그 위에서 자신이 해낼 수 있는 사유(작전) 및 행동능력에 의해 비로소 결정된다. 거기에는 개별적이고 구체적인 상황에서의 개별·구체적인 생명체의 식별력, 생활원칙과 지혜 그리고 행동 등이 구체적인 개별성을 지닌 채 한데 모여 있다. 다시 말하면 거기에는 사태와의 상호교섭을 의미하는 경험이 존재한다.

이에 반해 불쾌감의 근원을 일제히 전면적으로(뿌리째 뽑아*) 제거하고픈 마음은 각기 그 모습과 정도를 달리하는 개별적인 고통이나 불쾌감을 그때그때의 상황에 따라 정면에서 대결하려 하지 않고 아예 그 대면의 기회 자체를 없애버리려 한다. 불쾌감이라는 생물적 반응을 불러일으키는 근원 자체를 모조리 없애버리려는 것이다. 거기에는 불쾌한 사태와의 상호교섭이 없을 뿐만 아니라 그런 사태와 관계가 있는 사

---

* 이것이야말로 모든 형태의 전체주의 지배의 근본적인 특징으로, 인종·계급 등의 말살로부터 '해충구제'의 '대량화학적 통제'(mass chemical control, 줄리언 헉슬리Julian Huxley의 표현)에까지 미친다.

물이나 자연현상을 뿌리째 뽑아버리고픈 욕구가 있다. 무서울 정도로 자의적이고 야만적이라 하지 않을 수 없다.

과거의 군국주의는 문화가 다른 사회의 사람들을 일소·섬멸하는 데 일말의 주저함도 보이지 않았다. 그리고 고도성장을 이룩한 오늘날의 사적 '안락'주의도 불쾌감을 초래하는 모든 것에 대한 무차별적인 일소·섬멸을 기대한다. 이 양자에 공통적으로 흐르고 있는 것은 아마도 불쾌한 사회 또는 일과 마주치거나 상호교섭하기를 두려워하며 그 같은 두려움을 스스로 인정하는 것 또한 피하고자 오만한 겉모습 뒤로 두려움을 숨기려 드는 마음일 것이다.

2

오늘날의 사회는 불쾌감의 근원 그 자체를 추방하려 한 결과 불쾌감이 없는 상태로서의 '안락', 다시 말해서 어디까지나 괄호 속에 든 단지 일면적인 '안락'을 우선적인 가치로 추구하게 되었다. 그것은 불쾌감과 짝을 이루는 것으로 생명체 내에서 불쾌감과 공존하는 쾌락이나 평안과는 전혀 이질적인, 불쾌감의 결여태인 것이다. 그리고 그 같은 결여태로서의 '안락'에 얼마나 공헌할 수 있는가라는 기준만으로 인생의 갖가지 가치들을 취사선택하게 되었다. '안락'이 가장 간절히 바라는 목표가 되었다는 것은 이를 두고 하는 말이며 '안락에 대한 예속상태'가 나타나고 있다는 것도 마찬가지다. 휴식은 곧 일시적인 해방으로 연결되며 그것이 즐거움이나 평안함이라면 결코 예속상태로 연결되지는 않는다.

물론 안락 그 자체가 나쁜 것은 아니다. 뭔가에 대한 인내를 내부에 숨기고 있는 평안일 경우에 그것은 가장 바람직한 생활태도의 하나이 기까지 하다. 가치로서의 자유가 지닌 첫번째 특성, 즉 타인을 자유롭게 하여 자발성 발현을 용이하게 해주기 때문이다. 그러나 어떤 자연적인 반응이 결여된 상태로서의 '안락'이 다른 모든 가치를 지배하는 유일한 중심가치가 될 때는 사정이 달라진다. 그것이 일상생활 가운데서 한시 도 잊을 수 없는 목표가 되고 나면 마음속의 자족적인 평안함은 소멸하 고 오히려 '안락'에 대한 광적인 추구와 '안락' 상실에 대한 초조한 불 안이 마음속에 가득하게 되는 것이다.

이처럼 능동적인 '안락에의 예속'은 '초조한 불안'을 필연적으로 내 포한 채 오늘날의 특징적인 정신상태를 만들어냈다. '평안을 상실한 안 락'이라는 미증유의 역설이 여기서 나타난다. 그것은 '니힐리즘'의 일 종이기는 하지만, 심연과 같은 포용력으로 타자를 참고 받아들이는 평 정한 허무정신과는 반대로, 다른 모든 가치를 자신의 수하에 지배하면 서 일종의 자연반응적 결여상태를 끝없이 추구한다는 점에서 전혀 새로 운 유형의 '능동적 니힐리즘'이라 불러도 좋을 것이다.

3

평안을 잃고 배회하는 '안락에의 예속'이라는 심상치 않은 정신상태 가 우리 속에 자리 잡을 때, '안락에의 예속' 그 자체가 예삿일이 아닌 만큼 그것이 우리 속에 자리한 상태에서는 뭔가 일이 벌어지고야 말 것 이다. 그 댓가는 어느정도일까? 우리가 정신적인 면에서 치러야 할 손 실(비용)은 과연 무엇일까? 인간을 주의 깊게 관찰한 선구적인 동물행 동학자들이 가르쳐준 바에 따르면 그 비용은 '기쁨'이라는 감정의 소멸이다.

필요한 물건을 획득하고 과제 또는 목표를 달성하기 위해서는 피할래야 피할 수 없는 길이 있고, 그 길을 걷는 과정은 많든 적든 불쾌하거나 괴롭고 고통스러운 일과 같은 시련을 포함하게 마련이다. 그리고 그같은 어느정도의 불쾌하고 고통스러운 시련을 견디고 극복하여 그 과정을 벗어났을 때, 그때 획득한 그것은 단순한 물건에 그치지 않고 성취의 '기쁨'까지 수반한다. 이렇게 해서 물건은 우리가 그것에 대해 의미를 부여하기에 충분한 어떤 관계를 지닌 것으로 자각된다. 다시 말하면 상호교섭 상대로서 경험을 갖게 하는 물질이 되는 것이다. '오오모노누시노카미'(大物主の神, 일본 나라 현 오오미와 신사에서 모시는 신의 이름)라든가 '모노가따리'(物語, '이야기'라는 의미)라 불리는 것들에서의 '모노(物)'는 그저 단순한 물질이 아니라 다양한 모습과 질로써 우리들의 정신에 작용을 가하는 물(物)이다. 그리고 성취의 '기쁨'은 그 같은 정신작용 중 하나의 극치다.

이에 반해 단지 한가지 효용만을 위해 사용되는 경우의 물질은 평면적이고 단일한 모습과 단 한가지 성질만을 보여줄 따름이다. 그것은 일체의 포함성(包含性)을 결여하고 있다. 아마도 그것은 '사용가치'의 극한적 형태라 할 수 있으며 우리는 그저 필요에 따라 그것을 쓰다가 버리면 그만이다. 상호교섭을 가질 여지는 이미 없다. 완성된 제품에 의해 영위되는 생활권이 경험을 낳지 못하는 것은 이러한 성격에 연유한다 하겠다.

따라서 그러한 단일한 효용을 지닌 '물질'을 손에 넣었을 때 그것이 우리에게 불러일으키는 감정은 일종의 '향수(享受)'의 즐거움이다. 물론 향수의 즐거움 자체는 결코 나쁜 것이 아니다. 눈이 펑펑 돌 정도의 빠른 속도로 쓰고 버리기를 반복하는 행태와는 무관한, 평정을 유지할 수만 있다면 그것은 분명 소중한 생활태도 중 하나다. 거기서는 사물에 대해 여유를 지니고 음미하는 태도, 다시 말해서 일종의 경험적인 태도가 생겨난다. 당연히 시간의 과잉 단축도 과잉 낭비도 없다. 그러므로 다음 일에 대한 준비가 순조롭게 그 속에서 축적된다. 이렇게 하여 향수의 즐거움은 고생이 예상되는 다음 도정을 기꺼이 걸어가고자 하는 태도로 연결된다. 이렇게 볼 때 그것이 '인조이'(enjoy)라 불리는 넓은 의미에서의 기쁨 중 하나가 되는 것도 당연하다고 납득할 수 있다. 이리하여 연속선상의 한쪽 끝에 극복의 '기쁨'이 존재하게 된다.

그러나 쓰고 버리기를 계속하는, 단일 효용을 '향수'하는 즐거움은 그 같은 자연스러운 접속을 내포하지 않는다. 그 성격으로 볼 때 당연한 일이겠지만 그것은 단지 일회적인 '향수'에 지나지 않는다. 다음 순간에는 또다른 일회적인 '향수'가 찾아올 뿐이다. 시간은 분절되어 그 어떤 연속성도, 결실도 가져오지 않는다. 그리하여 괴로움과도 기쁨과도 결합되지 않는 향수의 즐거움이란 공허한 동일감정의 분절된 반복에 불과하다. 그 분절된 반복이 격렬하게 되풀이되면 될수록 공허함도 더불어 격렬해져서 점점 더 평정을 유지한 안정상태로부터 멀어지게 되는 것이다. 여기서도 또한 '능동적 니힐리즘'이 얼굴을 드러내고 있는 듯하다.

더구나 아무런 억제기능 없이 정진하는 산업기술사회는 즉각적인 효용을 자랑하는 완제품을 제공하고, 그 즉효제품을 잇따라 새롭게 개발하여 그 신제품을 즉시 사용하도록 하게끔 전력투구하느라 여념이 없다. 그리고 우리들 중 압도적인 다수는 이 회전체계와 관련된 어딘가에 위치하며 이를 자신의 생존수단으로 삼고 있다. 이러한 사회적 연관관계 때문에 분절되고 일회적인 향수의 반복이 점점 더 어지럽게 되풀이되는 경향은 어떤 의식적인 노력이 없는 한 그치지 않을 것이다.

사정이 이러한 이상 일정한 고통이나 불쾌한 시련을 견디고 극복할 때 생겨나는 전형적인 '기쁨', 즉 환희의 감정이 존재할 수 있는 여지는 극히 적다.

4

모든 불쾌감의 근원을 무차별적으로 말살하려 드는 현대사회는 이렇게 하여 '안락에의 예속'을 낳고, 안락 상실에 대한 불안을 낳고, 분절된 찰나적 향수의 무한 연쇄를 낳고, 그 결과 '기쁨'이라는 감정의 전형적인 부분을 상실하게 되었다. 그리고 그 '기쁨'이 사물의 성취에 이르기까지의 우여곡절을 극복하는 데서 생기는 감정인 이상, 그것의 소멸은 단지 그것만으로 끝나지 않는다. 극복과정이 필연적으로 내포하는 일정한 '인내', 갖가지 '궁리' 그리고 우여곡절을 뛰어넘은 '지속' 등과 같은 몇가지 덕목을 한꺼번에 잃게 된다. 극복의 '기쁨'이 정신생활 속에서 중시되지 않으면 안 되는 까닭은 그것이 바로 이 같은 제반 덕성을 내포한 종합적인 감정이기 때문이다. 그러므로 이 '기쁨'의 소멸은 복합적 통합태로서의 정신, 다시 말해서 정신구조의 해체와 무산을 의미한다.

시련의 토대 위에서 한걸음 한걸음 걸어올라가는 자기극복의 단계가 쌓이면 그 꼭대기에 환희가 있다는, 그런 정신의 구조적 성격은 사라지고 불쾌감의 근원을 모조리 없애버리려는 '안락에의 예속' 정신이 생활 속에 관철될 때, 인생 도정은 과연 어떻게 될까? 살아가는 시간의 경과가 입체적인 구조를 형성·재형성하지 못할 때 그 시간의 경과는 평평한 포장도로 위를 아무런 저항도 못하고 끌려가는 수레의 자동과정일 수밖에 없다. 인생의 전과정이 자동차처럼 되어버리는 것이다. 거기에는 자신의 지각으로 느끼는 기복이 없다. 그러한 인생 도정은 산과 골짜기를 잃어버린 평평한 시간의 경과일 뿐이다. 그처럼 산과 골짜기의 기복을 잃었을 때 그 인생에는 리듬이 없어져버린다.

반세기도 더 전에 어떤 철학자가 내린 명쾌한 정의에 따르면 리듬이란 '어떤 반복되는 틀 속에서 다른 것들이 흘러가는 것'이다. 강약이나 장단, 짙고 옅음이나 빠르고 느림, 모이고 흩어짐이나 오르내림, 그리고 괴로움과 즐거움 등의 기복의 차이가 어떤 반복되는 틀 속에서, 다시 말해서 일정한 폭을 가진 일관성 속에서 흘러가는 것, 그것이 바로 리듬이라는 존재다. 음조든 빛깔이든, 형태나 행동 또는 감정이든 이러한 기복이 하나의 진행 현상 속에서 생동할 때 우리의 정신은 그에 대응해 탄력을 얻어 자기 힘으로 걷고 오르내리는 힘과 입체적 구성력, 다시 말해 자기극복의 동력을 내부에 지니게 된다. 즉 내연기관을 보유하게 되는 것이다. 그것은 스스로를 자연의 일부로서 유지하는 '겸손'의 바탕이기도 하다. 리듬을 간결하게 정의한 그 철학자는 그에 앞서 다른 글에서 '자연의 주기성(週期性)'에 주의할 필요가 있음을 역설한 바 있다. '대자연의 모든 생활은 주기적인 사건에 지배된다'라고. 여기서 주기적인 사건이란 어떤 반복되는 틀 속에서 진행되는 기복의 차이를 말한다. 지구의 자전이 서로 다른 매일매일의 잇단 반복을 낳고 태양을 도는 지구의 진행이 해마다 반복되는 계절의 변화를 가져온다. 우리 신체의 생활 또한 맥박이 반복되는 가운데 운동과 안정에 따라 주기적으로 변하면서 진행된다. 리듬은 이처럼 자연 전체의 모든 생활에 관철되는 살아 있음의 표시다. 그리고 말할 필요도 없이 우리는 그것의 작은 일부로서 존재한다. 이처럼 삶 속에 자연스러운 기복의 리듬이 유지될 때 우리의 정신은 독립적 내연기관을 갖고 자기극복의 '기쁨'에 도달하는 구성력을 지니게 될 뿐만 아니라 자연의 일부로서의 겸허한 자각과 자제심을 갖추게 된다. 그리고 덧붙여둘 것은 자제심은 앙양심과 함께할 때 비로소 리듬을 형성하는 하나의 원천으로서 다시 커다란 주기적 진행으로 연결된다는 점이다. 그리하여 우리는 대자연의 생활에 기여할 수 있는 것이다.

하지만 종류 여하를 막론하고 일체의 불쾌감의 근원을 송두리째 없애버리려 드는 '안락에의 예속'은 기복을 일소함으로써 '기쁨'의 감정이 내포한 이 같은 관련성을 망가뜨릴 뿐만 아니라 더 나아가 멀리 내다보는 능력마저 빼앗아가버린다.

전형적인 '기쁨'의 감정은 시련이 예정된 길을 끝까지 걸을 때 생기는 것인 만큼, 당연히 기복 앞에 널린 사물에 대한 감수성을 선결조건으로 포함한다. 먼 곳에 있는 목표물을 마음속에 떠올려 바라볼 수 있을 때 비로소 산이나 골짜기의 기복을 뛰어넘고자 하는 의지가 생겨나기 때문이다. 극복의 의지는 이처럼 '산너머 저쪽', 먼 곳을 바라볼 수 있는 마음의 시력을 지각의 기반으로 삼아 생겨난다. 그리고 유토피아(어디에도 존재하지 않는 바른 곳)를 향해 나아가고자 하는 의욕은 이 원시력(遠視力)에서 생겨나는 극복의지의 한 극치다.

그러나 인생 도정에서 산을 깎아내고 골짜기를 메우는 일만 가득하다면 그러한 기복의 건너편을 바라보는 시력은 퇴화하며 그 같은 상태에 익숙해지면 시력을 되찾으려는 의욕조차 시들고 말 것이다.

5

'안락에의 예속'은 안락 상실에 대한 불안에 몰린 일종의 '능동적 니힐리즘'이다. 자제심을 상실한 '안락' 추구에 대한 그러한 불안은 가까운 곳에서 안락을 보호해줄 자, 즉 이익보호자를 찾게 만든다. 회사에 대한 의존과 과잉충성, 크고 작은 모든 유력조직에 대한 이기적인 귀속심, 이 같은 계열선상에서의 국가에 대한 의존감각 등이 사회 전반에 걸쳐 강화되고 있는 것은 바로 이러한 현상 때문이라 할 수 있다. 이러한 현상 속에서는, 예를 들어 회사에 대한 헌신적인 '충성'도 불안에 가득찬 자기 안락 추구가 모습만 바꾼 형태에 불과하므로 거기에는 타인과의 격심한 경쟁이나 아무런 자제심도 없이 타인을 걷어차 내버리는 것이 당연한 일로 포함되어 있다. 과잉 충성은 사실은 충성이나 충실과 같은 덕성과는 반대된다. 거기서는 신중함이나 자제 또는 극기 등의 결과로서 나타나는 자기극복의 '기쁨'이 완전히 사라지는 대신, 본능적으로 존재하는 '기쁨에 대한 충동'은 경쟁자인 타인을 '상처 입히는 기쁨'이 되어 나타난다. '기쁨'의 병리적 변질과 도착이 여기에 있다. 사회적인 연계는 토막토막 잘린다. 그리고 걷어채여 떨어지는 것은 아닐까 하는 불안은 점점 더 커진다.

이런 연관성을 지닌 능동적 의존감각이 사회적으로 확산되는 것을 빌미 삼아, 국가는 안락보호자라는 미명하에 실제로는 다른 목적에서 무익한 군비증강의 정당화를 꾀한다. 크고 작은 유력조직체에 대해서는 굳이 여기서 말하지 않겠다. 하지만 '안락 추구의 불안'이라는 지극히 사치스럽고도 새로운 종류의 정신적 궁핍현상을 해결하기 위해 노력하는 조직체는 거의 없다는 사실만은 지적해두고자 한다. 오늘날의 위기는 통상적인 사회적·정치적 자각을 훨씬 뛰어넘을 정도로 심각하게 진행되고 있다.

　이렇게 볼 때 우리들의 마음이 그 어떤 선별 노력도 없이 모든 불쾌감의 근원을 기계적으로 일소시키려는 조잡한 불도저처럼 변해버림으로써 오늘날 우리가 치르지 않으면 안 되는 손실은 정신적으로나 사회적으로나 정치적으로나 결코 작지 않다. 우리들은 오늘날 그 같은 방대한 일련의 손실 ― '사물'의 개념을 비롯해 생활의 중심과 관련된 '평안' '즐거움' '향수' '기쁨' 등의 개념들이 지닌 의미와 내용이 모두 뉘앙스를 잃고 '다림질을 당하고' 말았다(Gleichschaltung, '획일화'를 뜻함)고 할 수 있는 정서생활상의 거의 치명적인 손실 ―에 에워싸여 매일매일을 살아가고 있다. 이 포위망은 우리의 사회적 존재지점(직장이나 그밖의 생활의 장)까지도 포함하는 구조적인 것이며, 이 구조와 바꿀 수 있는 다른 종류의 구조란 적어도 당분간은 찾아볼 수 없을 것이다. 다시 말해서 현대사회의 구조적 위기는 출구나 도피로가 없다. 그러므로 우리들은 매일매일의 삶의 방식을 선택할 때, 그리고 다른 사람과 교섭하는 과정에서 잠시도 방심하지 말고 이 같은 일련의 손실을 조금씩 조금씩 회복하고자 노력해야 한다. 그렇게 할 때 감정의 현대적 노착을 조금씩 생활권의 저쪽 너머로 밀어내고, 어느정도의 인내를 포함한 평온과 자기극복의 기쁨 그리고 그 결과 생겨나는 생활의 리듬감을, 비록 좁은 범위 안에서나마 다시 우리 것으로 만들 수 있을 것이다. 어떤 일이든 어떤 노동이든 또는 어떤 유희든지 간에 거의 모든 행위 속에 그러한 것들이 있을 때, 그 행위는 충실감을 지니게 될 것이다. 그리고 그 같은 충실감의 존재야말로 '안락에의 예속'에 대한 가장 근본적인 저항이며 동시에 문명의 건강한 한도 설정과 그것을 담당하는 소사회의 형성이라는 목표(유토피아)를 향한 마음가짐이기도 하다. 지난한 일이기는 하지만 그 목표를 향해 마음을 기울이는 것 말고는 선택할 만한 건전한 길은 이미 없다. 다양한 '해법'은 오직 그 방향 속에만 숨겨진 채로 사람들에게 '발견되기'를 기다리고 있다. 그것이 '생활양식에서의 전체주의'의 핵심에 숨은 진실이다.

전체주의의 시대경험

1

20세기는 전체주의를 낳은 시대다. 그것도 한번 낳은 데 그치지 않고 지금도 낳기를 계속하고 있다. 이렇게 생겨난 전체주의는 일시적으로 중단된 적이 있기는 하지만, 지금까지는 서로 다른 세가지 형태로 잇따라 나타났다. 그 세가지 형태란 '전쟁 형태의 전체주의'와 '정치지배 형태의 전체주의' 그리고 '생활양식상의 전체주의'를 가리킨다. 앞의 두가지 형태 사이의 관련성은 알아보기 쉽고 지금까지도 이들의 상호 관련성은 흔히 지적되어왔으나 '생활양식상의 전체주의'는 통상적인 사회의식 속에서는 '경제중심주의'의 일환이고 따라서 평화주의적인 것이어서 앞의 두가지 폭력적 '전체주의'와는 반대되는 것으로 여겨지기 쉽

■『사상의 과학』 1986년 2월.

다. 그만큼 더 사회의 기초적인 차원에 달한 근본적인 '전체주의'라 할 수 있다. 이 글은 이 점에 유의하면서 전쟁의 종말 형식인 전체주의의 제1형태*로부터 정치의 종말 형식인 전체주의의 제2형태, 나아가 생활 형식(양식)의 종말 형식인 '문명 전반의 전체주의'라는 제3기적 형태에 이르기까지 20세기 문화사 전체를, 전통적으로 '문명사의 축적 성과'로 인식되어온 것(그 '완성 형태'가 서구의 19세기 '문명'이었다**)이 파국 적인 종말기를 맞이한 시대로 파악하고 동시에 그와 연관해 일본에서 의 전체주의화 경로의 특징을 거칠게나마 시사해두려 한다.

---

* 전쟁의 전체주의가 왜 전쟁의 종말 형식인가 하면, 그것이 '무차별 살상'과 대응하 게 됨으로써 전쟁행위에서의 '중요도'의 선별판단을 무시해버렸기 때문이다. 지휘 관과 졸병, 참모본부와 야전군 등의 중요성의 차이를 지표로 삼아 공격목표를 정하 기보다는 '무차별 살상'에 의한 '대량처리'가 주요 전쟁행위가 되었을 때, 원래의 전 쟁—조만간 끝낼 것을 전제로 한 '승부경기'—이 가진 특질은 사라지고 전혀 별개 의 성질의 것이 되어버린다. '무차별 살상'의 세계에서는 상대가 장군이든 졸병이든 똑같은 살육대상이며 브레히트가 말했듯이 "한 사람은 한 사람과 교환 가능"할 따름 이다. 정치의 전체주의, 생활의 전체주의에도 비슷한 점이 있으나 이에 대해서는 본 문에서 약술하겠다.
** 19세기 서구 '문명'의 '파국'으로 서구의 20세기가 시작되고 전개되어왔음은 일찍 이 한나 아렌트가 2차대전 후에 역설한 바 있다. 그러나 서구의 19세기 문명 속에서 중층적으로 축적되었고, 또 그때까지만 해도 문화사적·사상사적 존재에 불과했던 것이 19세기 서구에서 처음으로 사회적으로 실현되고 사회 전체의 생활환경 그 자체 가 되었다는 점에 주목한다면, '문명발달사'라 일컬어져온 것, 특히 '산업혁명'이라 불리는 경제생활의 대변화를 전환점으로 다루지 않으면 안 될 것이다. 거기서는 그 때까지 존재했던 '인공적인 문명의 여러 형태'가 재구성되고 통합되어 복잡한 통일 체, 즉 '기계'로서 등장한다. 그리고 그것은 점점 더 커지는 작용과 기능을 점점 더 작 은 형태와 질료가 맡게 되는 경향을 지닌다. 이 경향은 '기계'의 대중화 및 전사회화 와 병행해 나아간다. 우리는 '20세기'의 서구 및 그곳과 관련해 발생해온 전세계적인 사회 '제도'로서의 '전체주의'를 그러한 '문명'의 축적사적·필연사적(비판받고 있는 '필연사관'은 사태를 바로 통합의 연쇄로 보기 때문에 '필연'을 주장했다. 마치 1층 위에 2층이 있고 2층 위에 3층이 있지 않으면 안 되는 것처럼) 이해방식과의 관련 속에 서 재검토하지 않으면 안 된다.

그런데 이 세가지 형태 중 이제까지 당연히 "이것이야말로 전형적인 '전체주의'다"라고 인식되어온 '정치지배의 전체주의'는 한나 아렌트[1]가 훌륭하게 요약한 바와 같이, 인류 역사상 이제껏 없었던 완전히 새로운 성질의 전제(專制)이며 그 이전에도 흔했고 여전히 수없이 많은 통상적인 전제정치나 독재정치와는 전혀 다른 새로운 성질과 형태 및 철저함을 지녔다는 특징이 있었다. 그리고 이 때문에 그것은 '정치지배의 종말적 형식'이라 불러 마땅하다.

'정치지배의 전체주의'는 '난민'(displaced persons)의 생산 및 확대·재생산을 정치체제의 근본방침으로 삼고 있었다. 그 때문에 아렌트는 '20세기는 난민의 세기였다'라고 말했던 것이다. 유사 이래 그때까지도 모든 정치체제는 일정 지역주민의 공적 측면을 하나의 정치적 공동체로 조직하려 시도해왔다. 명칭이야 어찌됐든 거기서 '시민권'이 발생하고 존속해온 것이다. 그런데 '난민'을 생산한다니 무슨 뜻일까? 대체 '난민'이란 무엇일까? 그것은 '시민으로서의 모든 법적 보호를 박탈당하거나 상실한 자'로, '생산된 난민'은 물론 '박탈당한 자'이며 그들이 만약 조금이라도 '법적 보호'를 받을 생각이 있다면 '범죄자가 되는 길 외에는 방법이 없다'. 다시 말하면 감옥법의 일정한 보호 규정, 즉 최소한의 생존보장 규정에 의존하는 길 외에는 어떠한 법의 보호도 받을 수 없다. 이같이 사회 안에 있을 자리가 일절 허용되지 않는 존재가 '난민'이다.

그러한 난민을 창출하기 위해서는 지금까지 시민권(주민권)을 가지

---

1) Hannah Arendt(1906~75): 독일 출생의 정치사상가. 1941년 미국으로 망명했다. 주요 저작으로 『전체주의의 기원』(1951), 『인간의 조건』(1958) 등이 있다.

고 있던 자를 법체계로부터 새로이 추방하지 않으면 안 된다. 이 같은 추방을 정치체제의 축으로 삼는다는 것은 그 정치체제의 중심을 추방행동의 운동체로 만든다는 것을 의미한다.

예로부터 정치체제는 국가에서 비롯된 제도였다. 제도는 안정성 부여를 특징으로 한다. 운동체는 그 반대물이다. 따라서 이제 정치체제는 제도로부터 운동체로, 그것도 추방의 운동체로 역전되었다고 말할 수 있다. 본질적 규정에까지 이르는 극적인 변화다.

거기서는 늘 '난민으로 추방될 자는 누구인가'가 결정되어야만 한다. 대체로 19세기의 이데올로기는 운동행동의 강령이었다. 난민 생산의 기준 또한 그러한 강령에서 빌려왔다. 나치는 그야말로 간단하게, 비속한 집단적 '허위의식'으로 반(反)유대인 차별을 이용하고 거기에 내중 소설형의 '음모자 집단'이라는 픽션을 덧붙여서 '강령'의 모태(즉 이데올로기)인 양 꾸몄다.

스딸린주의는 '찬란한 서구문화의 풍부한 전통'을 내포한 맑스주의를 대중조작과 운동강령에 편리한 '교리문답집'으로 간략화해 '소멸해가는 계급'을 제거하고 갖가지 이의를 제기하는 '지식인층'을 추방하는데 이용했다.

이리하여 난민 생산 체제는 추방 결정의 기준을 '차별의 전통' '음모설의 창작' '과잉 간략화' '이의를 인정하지 않는 독선' 등을 통해 만들어냈다. 그리고 그 기준을 전세계에 적용하려 들었다. 그것은 무한 확대를 뜻했다.

그러나 추방의 무한 확대는 추방된 자를 수용하여 '가두는' 설비와 운영의 무한 확대이기도 했다. 따라서 '형무소'(형법의 법적 보호체계의 존재를 전제로 하는)나 '군대'(국민일 것을 전제로 하는)와도 다른

'강제수용소'가 전혀 새로운 '제도', 제도의 부정 위에 세워진 '제도'로서 특별한 기구적 성격을 띠고 탄생했다.

이처럼 난민의 의도적 생산, 확대 재생산과 기구로서의 '제도'라는 양극이 역설적으로 일치하더니 미증유의 정치체제를 만들어냈다. 그리고 이 체제 속에서 살고 있는 자에게 필연적으로 생겨나는, '다음은 누구일까'라는 공포와 불안은 '운동조직체'에 대한 충성스러운 귀속감으로 동원되었다. 여기서 새로운 유형의 기묘한 열광주의가 출현했다. 그것은 신도 없고 이상도 없는, 다시 말해서 대상이 없는 광신주의(fanaticism)였다. 무(無)의 시대가 낳은 역설적이고 독특한 충성심이라 할 수 있다.

이러한 제반 특징에서 볼 수 있는, 본래는 대극적이었던 것의 일치화 현상이란 19세기까지 각자의 자리에서 갖가지 형태로 존재하던 대화(對話)적인 것들의 전면적인 소거를 의미한다.

물론 추방과 구류라는 점에서만 본다면, 그것을 통치도구의 일환으로 활용하지 않은 정치지배는 지금까지 없었다. 그러나 그것은 어디까지나 지배체계의 부분이었을 뿐 지배체계 전체가 추방과 구류의 양극 운동체가 된다는 것은 상상도 할 수 없던 일이었다. 바로 이 점에 이 '새로운 정치'의 정치형태로서의 종말 형식이 존재하는 것이다. 그리고 운동·조직·기구·제도의 극적인 합일(合一) 형식을 만들어낸 '정치지배의 묵시록'은 인류정치사의 운동·조직 및 기타 모든 주요 구분을 없애버림으로써 가장 새로운 현상이 되었으며 게다가 그 미경험성 때문에 공포를 최대화하면서 미심쩍은 대중적 '매력'까지 부여받게 된 것이다. 그 같은 '매력'을 동반하면서 '난민'을 이상하게 여기지 않는 유동적인 세계, 그리고 구분을 무시하는 것 등 기나긴 역사를 지닌 인간 정치의 종말 형식이 도처에 출현하게 된 것이다.

그러나 20세기의 전체주의는 실은 정치지배 면에서의 전체주의로 시작된 것은 아니다. 그에 앞서 전쟁 형태의 전체주의로서 먼저 모습을 드러냈다. 예를 들면 레몽 아롱[2]이 20세기를 '총력전의 세기'(the century of total war)라 지칭한 것도 이를 제목으로 한 자신의 책의 평범한 논지와는 별개로, 어쨌거나 그가 이 점에 주목했기 때문이었을 것이다.

물론 그것이 처음 모습을 드러낸 때는 1차대전 당시 유럽에서였다. 1차대전을 독일의 전제정치나 합스부르크가(家)의 오랜 제국지배에 대한 영국·프랑스·미국 등의 민주정치의 대항이라는 일면에서만 보는 것은 우리들의 상식적 이해의 밑바닥에서 종종 발견되는 이미지이기는 하지만, '전쟁 형태의 전체주의의 출현'이라는 사태를 간과한다는 점에서 중대한 오류를 내포한다. 그 같은 관점에서 보면, 전제제국 러시아 등과의 '합종연횡'의 문제가 누락될 뿐만 아니라 자국의 '민주주의'를 수호하기 위해 병사로서 기꺼이 전장에 나가 끝내 승리를 거둔 미국·프랑스·영국의 일반시민, 특히 비판력을 갖춘 시민들이, 전쟁이 끝났을 때 왜 기쁨이나 만족을 표시하기는커녕 오히려 깊은 실망과 자기혐오 그리고 현대문명에 대한 부정적 태도를 보이게 되었는지를 결코 설명할 수 없게 된다. 이러한 태도가 문학이나 예술 그리고 철학적 이론의 영역에서도 미국의 '로스트 제너레이션'(lost generation)이나 유럽의 갖가지 '아방가르드'(avant-garde) 경향으로서 널리 알려진 두드러진 현상이었는데도 말이다.

---

2) Raymond Aron(1905~83): 프랑스의 정치·사회학자. 1945년 싸르트르와 함께 잡지 『현대』를 창간하지만 곧 결별하고, 『지식인들의 아편』(1955), 『발각되지 않은 혁명』(1968) 등을 출간하며 좌파 지식인 및 맑스주의를 비판했다.

이에 반해 1차대전을 여러 국가에서 새로운 형태로 생겨난 '제국(帝國)을 향한 충동'이 낳은 전쟁이라고 보는 견해는 이 전쟁의 동기와 발생조건에 내포된 새로운 특징을 명백히 했다는 점에서 획기적이었기 때문에, 전세계 비판력을 지닌 시민들을 각성시켜 자기 시대에 대한 인식을 어떤 면에서 더없이 심화시켰다. 게다가 전쟁이 시작되기 10년도 더 전부터 이 견해를 점점 더 설득력 있는 것으로 만들어온 사람들, 예를 들면 홉슨[3]이라든가 로자 룩셈부르크(Rosa Luxemburg), 레닌 그리고 일본에서 최초로 '제국주의 비판'을 쓴 우찌무라 칸조오[4]나 그 뒤의 코오또꾸 슈우스이[5] 등도 말석에 넣어서, 그들은 모두 자신이 속한 나라를 눈곱만큼의 호의도 섞이지 않은 눈으로 어떤 국면에 관해 대단히 '객관적'으로 시대의 경향을 간취하고 이를 파고들어 해명하려 했다. 다시 말하면 거기에는 국수주의나 국가주의와 반대되는 정신이 맥맥이 흐르고 있었다. 그처럼 대체로 정직한 인식의 근본조건의 하나는 자신이 속한 사회나 집단을 조금도 두둔하지 않고 비판적으로 관찰하는 것이며, 그런 의미에서의 자기비판 정신이 존재하는 것이다. 지금은 '자기비판'이라는 말 자체가 어떤 조직체의 이데올로기적 이익을 위해 개인을 희생시키는 수단으로 남용된 탓에 정직하게 말하려는 이들은

---

3) J. A. Hobson(1858~1940): 영국의 경제학자. 1902년 발표한 『제국주의론』을 통해 제국주의 이론을 세웠고, 이는 레닌과 아렌트 등에게 큰 영향을 끼쳤다.

4) 內村鑑三(1861~1930): 개신교 사상가. 진주만 침공 등 일본의 주요 제국주의적 침략 행위를 비판했고, 월간 『성서연구』를 통해 기독교 정신에 입각한 애국과 사회정의를 주장했다.

5) 幸德秋水(1871~1911): 사회주의 운동가, 무정부주의자. 1901년 『20세기의 괴물제국주의』를 썼고, 1903년 헤이민샤(平民社)를 설립해 사회주의와 러일전쟁 시기 비전론(非戰論)을 주장했다.

이 말을 쓰는 것을 망설일 정도로 오염되어버렸으나(그리고 이러한 사실 자체가 20세기의 슬픈 경험의 하나이기도 하다), 1차대전 전야부터 이 전쟁을 '복잡하게 뒤얽힌 제국을 향한 충동' 간의 충돌로 보는 새로운 견해를 이론적으로 제시한 사람들 속에는 정직한 인식의 근본조건으로서의 자기비판 정신이 살아 있었다. 덧붙여 두거니와 '객관적'이라는 것 또한 자신의 입장에서는 달갑지 않은 것이더라도 그것이 사실인 이상 그대로 받아들인다는 '관용'의 원칙을 내포한다.

그러나 1차대전을 새로운 형태의 '제국 충동'의 충돌로 보는 견해는 그 전쟁의 사회적 동기와 발생의 사회적 조건을 밝힌 것이지, 전쟁이 진행되는 중에 비로소 조금씩 드러나기 시작한 전쟁의 존재방식의 새로운 실태를 해명한 것은 아니었다. 그런 의미에서는 단편적인 견해였다고 할 수 있다. 그러나 그렇다고 해서 이 견해가 전쟁의 발생조건을 설명하면서 '사회·경제'적 국면만을 지나치게 일면적으로 기본으로 삼고 있기 때문에 충분치 못하다는 일반적인 비판은 틀렸다고 할 수는 없지만 별 볼 일 없는 비판임에 틀림없다. 사회·경제 면만으로 부족하다면 다른 면에서의 해명을 자신들이 보충하면 그만 아닌가? 사람이 그리고 사회가 살아가는 데 있어서 '경제'적 국면이 기초적인 요건의 하나인 이상 그 국면에 비추어 세계적인 사건의 발생조건과 사회적 동기를 밝히는 것은 그 사건에 대한 인식을 어떤 중요한 측면에서 극단적인 지점까지 심화시키는 것을 의미한다.

하지만 사회의 이면에 숨겨진 동기와 그 동기를 바탕으로 야기되는 어떤 사건의 최초의 발생을 해명하는 것이 곧 그 사건 자체의 실태를 해명하는 것이라는 보장은 없다. 왜냐하면 어떤 사건이 예정표 상의 스케줄과 맞지 않는 사건인 이상 그것은 칼 포퍼[6]가 말한 사회현상 고유의

'예기할 수 없는 결과'에 의해 좌우되면서 그 사건의 진행과정에서 새로운 동기가 생겨나서 새로운 사태로 진전되기 때문이다. 사건의 진행이 다른 사건을 낳는 것이다. 특히 시대가 급속히 변모하는 경우에 일어나는 커다란 사건 속에서는 이 같은 '사건 자체의 자기증식'과 그 결과 생겨나는 '자기변모' 현상이 현저한 형태로 나타나게 된다. 1차대전은 바로 그러한 사건의 전형이었다.

결론적으로 말하면 1차대전은 당사자 누구도 예상하지 못했던 '전쟁 형태의 전체주의'를 어, 어! 하는 사이에 출현시키고 말았다. 무엇이 전체주의인가? 어떤 점이 전체주의인가? 우선 첫째로 선전전(宣傳戰)의 전반적인 발생과 그것이 초래한 사회적 함의를 들 수 있다. 그때는 어느 나라에서나 전국민을 대상으로 광범한 선전전을 행했다. 그렇게 된 경과는 생략하기로 한다. 그런데 선전전의 전반화란 무엇을 의미하는가? 자국과 타국 국민 모두를 대상으로 자국의 군사행동을 선전하는 것은 군인과 시민, 전투원과 비전투원, 전선과 사회생활 사이의 구별을 없애고 시민과 사회생활 영역을 정신적 측면에서 전쟁에 동원해 참전시키는 것을 의미한다. 따라서 둘째로 전쟁은 제도상의 전투원인 군인이 행하는 전투행위에 국한되지 않고 외적 행동뿐만 아니라 내면, 특히 일반 시민의 내면까지도 '또 하나의 전투원'화한다. 사람의 내면과 외적 행위의 구별을 없애 그 사람이 지닌 모든 요소를 전부 참전시키는 것이다. 당연히 교섭에 의한 정전이나 화해는 성립되기 어렵다. 정부의 결정하

---

6) Karl R. Popper(1902~94): 오스트리아 태생의 영국 철학자. 열렬한 맑스주의자로 십대를 보내나 1차대전 종전 직후 맑스주의의 전체주의적 성격을 간파하고 이와 결별한다. 1936년 『열린 사회와 그 적들』을 통해 전체주의 이데올로기의 사상적 배경을 분석했다.

에 군대만이 전선에서 전쟁을 하는 것이라면 정부의 판단과 정부 간의 교섭으로 간단히 전쟁을 그만둘 수가 있다. 사회 쪽(특히 군인의 가족)은 기뻐했으면 했지 불평은 하지 않을 것이다. 그러나 '총(銃) 뒤'에 있는 일반국민의 정신을 전쟁에 참가시켜버리면 그들의 정신은 실제 전쟁터에서 생사를 걸어야만 하는 고통을 모르는 만큼 경험이 결여된 전쟁의욕의 덩어리가 전사회에 가득 차게 된다. 경험이 결여된 욕망은 턱없이 증폭된다. 전투경험이 없는 자의 전투의욕은 실태의 가혹함이라는 억제 근거를 내부에 지니고 있지 않으므로 오로지 엄청나게 불타오를 뿐이다. 1차대전 중 교전국 국민 사이에서 국가가 생긴 이래 처음이라 할 만큼 '내셔널리즘'(nationalism)의 이상 고조 현상이 나타난 것은 이 때문이었다. 이 같은 이상 의욕을 설득해 진정시키기란 거의 불가능에 가깝다. 그런데 20세기의 전쟁 당사국의 경우, 정부 스스로가 선전전을 행함으로써 일반국민의 정신을 '또 하나의 전투원'으로 참전시켰기 때문에 무경험의 이상 전투의욕이 발생·보급되어버려 만약 빨리 전쟁을 그만두려면 상대국 정부와의 교섭뿐만 아니라 자국 내에 충만한 전쟁의욕을 진정시켜야만 했다. 그리고 그것은 성격상 대단히 어려운 일이다. 다시 말하면 대상이 이치를 따져서 설득할 수 있는 범위 밖에 있는 비합리적인 의욕이라는 점과 그것을 동원한 자가 이번에는 그것을 진정시키려 한다는 점에서 마치 불 지른 놈이 불 끄려 하는 것 같아서 여간 어려운 일이 아니다. 이리하여 정전은 교전국의 한쪽 또는 양쪽 모두가 기진맥진해질 때까지는 불가능하다. 전쟁은 시간적으로도 무제한이 되고 그런 의미에서 '전체화'된다. 사회 전체가 지쳐 쓰러질 때까지 계속된다. 특히 패전국의 경우 그 피폐는 물심양면에 걸쳐 괴멸적이어서 그것이 잇따라 등장한 '정치지배의 전체주의' 발생의 한 조건이 되기도 했다.

선전전의 전반적인 발생은 대체로 상술한 바와 같은 몇가지 중대한 사건들을 초래했다. 그러나 1차대전이 '전쟁 형태의 전체주의'로 귀결된 것은 단순히 선전전의 등장 때문만은 아니다. 일단의 새로운 무기가 전쟁의 형태를 일변시켜 '총력전'을 초래하게 된 것이다. 기관총과 전차의 보급은 한발씩 조준 사격하는 방식——이런 방식이라면 아무리 무기가 '발달'하더라도 여전히 한 사람 한 사람의 전사가 자기 이름을 대고 싸우던 정정당당한 전투의 연장선 위에 있다고 말할 수 있을지도 모른다——을 없애고 닥치는 대로 죽이는 '대량살상' 방식으로 한 걸음 내딛게 되었으며, 비행기의 급속한 증대 또한 '전방'과 '후방'의 구별, 나아가서는 전쟁터와 일반사회, 군인과 시민, 동원된 병사와 결정권을 지닌 장군이나 간부와의 구별을 없애는 방향으로 전쟁의 형태를 바꿔버렸다. 하늘과 지상의 구별이 무의미한 비행기구가 군사적으로 사용되자 군대라는 전투용 특수조직과 일반시민이 생활하는 사회와의 결정적인 차이 또한 무의미해졌다. 군인이 제복을 입는 정당한 이유는 단 한가지, 자신이 어느 나라의 전투원인지를 명시해 전시에 비전투원인 일반시민이 공격당하는 일이 없도록 전투원으로서의 자신의 몸을 표식화해두는 것뿐이다. 그것은 전쟁에서의 페어플레이를 위한 하나의 수단이었다. 그러나 전쟁터와 일반사회의 구별이 모호해지고 전투원과 비전투원의 구별이 중요치 않게 되자 제복에 의한 군인의 특정화도 그 정당한 이유를 상실하게 되었다. 그것의 특정화에 굳이 의미를 부여하려면 신무기를 조작하는 숙련자로 특정화시켜 무차별적인 '대량 살상'의 베테랑답게 만들 일이다. 이처럼 '정규군'으로 불리는 제도상 군대의 의미조차도 변질되었다.

물론 신무기는 상술한 것들뿐만이 아니다. 잠수함의 출현은 해상과 해저의 구별을 없애 종래의 페어플레이 원칙을 부정해버렸으며, '전방'과 '후방'이 하나로 연결되어 수송차나 수송선, 수송기까지 무기가 되어버렸다. 이리하여 전쟁이라는 국가행위는 더이상 한계를 정한 부분적인 행위가 아니게 되었다. 그 행위에 참가하는(참가를 강요당한) 자도 일부의 한정된 제도적 조직에 국한되지 않게 되었고, 그 행위의 실행 방식도 전쟁수행상의 지위나 인물의 중요도의 차이를 무시하며 억제력을 지닌 룰에 따르는 것도 그만두고 오로지 상대방의 '소모'를 증대시키고 자국의 '소모'를 적게 하는 데에만 열중하게 되었다. 그리하여 '소모전'이라는 군사용어가 하나의 개념으로 생겨났다. 전쟁은 국가적 행위의 하나일 뿐인데도 전국가조직은 물론 사회 전체의 모든 요소를 동원하여 마지막까지 '소모'하는 가공할 만한 무제한 행위가 되었다. 통상적인 의미에서의 사회적 요소뿐만 아니라 사람의 마음까지도 '소모'하고 평상시에는 사회적인 요소로 의식되지 않는 생활환경, 예를 들면 '하늘'이나 '바닷속'까지도 가능한 한 이용하려 들기에 이르렀다. '전쟁 형태의 전체주의'의 발생이란 이런 것이었다. 이런 특성들을 우리는 지금 '평온한' 일상생활 속에 이어받고 있는 것은 아닐까? '생활양식에서의 전체주의'로서 말이다.

2

20세기를 인류사적으로 구분짓는 최초의 사건은 상술한 것처럼 '전쟁에서의 전체주의'의 발생이었다. '예기할 수 없는 결과'로서 뜻밖에 생겨난 이 가공할 사태의 결말은 당연히 문명세계의 황폐화였다. 시인

엘리엇(T. S. Eliot)이 말한 '황무지'도 그것의 일부이며, 찰리 채플린(C. S. Chaplin)이 그린 '집 없는 사람들의 굶주림과 떠돌이의 삶'도 그 황폐화의 표현이었다. 그러나 그 황폐화의 극점은 '소모전'에서 패배한 나라에서 나타났다. 동원 후 완전히 소모되어버려 종래의 직장은 없어지고(실업) 이웃 및 친구 들과의 관계도 산산조각났으며(사교의 소멸) 격심한 인플레이션은 물건과의 관계에서 척도나 기준을 잃게 만들어 몇 시간 뒤의 사태를 예측하는 것조차 불가능할 정도로 불안정한 상황이 매일매일의 일상생활을 지배하고…… 한마디로 말해 모든 사람들이 자신의 사회생활을 잃고 만 것이다. 이렇게 사회생활을 잃은 인간은 사람이나 물건과의 관계에서 더이상 사회인이 아닌, 관계를 잇는 이음새로부터 이탈된 무사회적 고립자다. 철학자들이 말하듯 자기 자신에게만 '맹목적으로 집착하는 피투적(被投的) 실존'*이다. 거기서는 타인이나

---

* 인간이라는 존재가 '이나바(因幡)의 흰토끼'(『코지끼(古事記)』에 나오는 신화로, 이나바국(國)으로 건너가려고 악어를 꾀어 그 등을 타고 바다를 건넜으나 속임수가 탄로나 결국은 악어에게 붙잡혀 가죽이 벗겨진 흰토끼를 뜻한다──옮긴이)처럼 껍질이 홀딱 벗겨져 쓰라린 몸을 드러낸 채 혼자 '내던져진 것'(Geworfenheit)이라는 명제는 맞다. 단 그것을 자각하는 것은 불행한 결과를 초래하며, 또 그 불행한 자각은 어쩔 수 없이 인간이라는 존재를 '이성'의 체현자로서만 다루는 17, 18세기적인 관점으로부터 좀더 총체적인 영역의 거주자로 그 존재와 활동을 옮기게 한다. '신앙으로의 비약'이라든가 '무(無)를 향한 헌신' 등을 포함한, 대체로 딱딱하고 재미없는 학술용어로 '삶'과 '실존'이라는 비합리성을 포함하는 종합체가 '철학'의 주제가 된다. 그때의 '철학'은 그 말의 본래 뜻인 명석과 '철성(哲性)'을 잃고 별도의 필요한 지적 영위로 사실상 변화되었다. '신칸트주의'를 비롯해 '신-' 따위가 잇따라 나타나는 것은 그 때문이다. 그리고 그들 가운데에서 낡은 철학적 범주를 수정적으로 사용하면서 새로운 종합적 사태를 인식의 시야에 포함하는 방법상의 성공을 거둔 예가 몇몇 있다. 후썰(Edmund Husserl)의 '초월론적 주관'과 '현상학적 개념' 등이 그러하다. 그리고 그 같은 '철학' 이외의 영역에서도, 예를 들면 '사회학'의 이름 아래 '삶'의 종합성을 추구한 것으로 짐멜(Georg Simmel)의 작업 등이 있다. 그들 속에는 모종의 생산

사물과의 관계 속에서만 유지되는 '나와 너' 이것(비교적 자기 가까이에 있는 것)과 저것(비교적 자기에게서 떨어져 있는 것)'이라는 의식이 더는 존재할 수 없다. 즉 '몸도 마음도 자아를 상실한 자'의 무리만이 그 상황을 가득 채우고 있는 것이다. '덕(德)으로서의 몰아'와는 정반대인 자기상실자의 무리(群), 냉정하게 심사숙고하는 고독한 자(solitude)와는 정반대인 초조에 내몰린 외톨이들(lonely crowd). 부정적 정서에 가득 찬 자들이 이 상황의 지배적 주역이었다. 그들은 '몸도 마음도 상실한' 만큼 조금이라도 기회가 있으면 자신에게 유리한 '지도자'나 '조직체'에 '몸도 마음도' 다 내맡기려고 기다리고 있었다. 그들은 '기회주의'적인 '영웅대망론'자인 동시에 '스스로를 상실한' 만큼 기계적인 조식규율의 톱니바퀴로서는 적격인 냉철한 기술자이기도 했다. 20세기석 현상으로, '사회적 결합 없는 대중'이란 이런 존재였다. 지속적이고 안정적이며 견실한 존재는 이제 없어지고 그 대신 일시적이고 찰나적이

성이 충만했다.

그러나 다른 한편에서는 이 같은 새로운 사태에 대해 낡은 철학적 방법의 사용을 일절 거부하며 이 새로운 사태가 지닌 '삶'의 종합성도 부정하고 '존재'를 단지 시간이라는 유한성에, 다시 말하면 '죽음'이라는 목표에만 수렴시킴으로써 '삶'의 시간을 단지 방향이 없는 순간의 '결단'에만 수렴시킨 것이 소위 20세기적 '실존철학'이었다. 이 한 점으로의 수렴성은 키르케고르(Søren Aabye Kierkegaard)의 비공격성과는 정반대의 전(全)방향적·무한정적 공격성으로 가득 차 있다.

이처럼 '내던져진 것'이라는 명제가 명제로서 자각되기 위해서는 불가결의 전제조건이 있었고 지금도 있다. '개인주의'가 사회적으로 정통적인 것이라는 인식과 그 '개인주의'가 '집안'이나 '이웃' 또는 그밖의 '가정'(home)으로부터 분리된 '고독한 군중'의 단위로 변질되고 있다는 두가지 전제다. 즉 '피투성(被投性)'이라는 정의가 처음으로 생겨난 곳이 유럽이었고 다른 지역에서 발명되지 않은 이유가 여기에 있다. 단 '발명되지 않았다'는 것과 그것이 보급되었을 때 야기되는 불행도(度)의 속도, 깊이 그리고 그것이 초래하는 불행의 크기 등은 별개의 문제다.

며 더 나아가 부정적이고 파괴적인 실존(충동으로서는 자기파괴적이기조차 한 실존)이 다른 존재양식을 일소하고 마침내 존재자의 주역을 차지하게 된 것이다. 눈곱만큼의 상대적·일시적 안정성이나 지속성조차 허용하지 않는 기회주의적 '발전'성과 '운동'성을 핵심으로 하는 이들 실존의 집합에 의해 초래된 상황은 이미 '사회'가 아니며, 그때그때 충동적으로 '결단'되고 끊임없이 외부로부터 지령을 받는, 극도로 유동적인 무(無)사회 상황이다. 종래의 상식으로는 도저히 상상할 수 없었던 이 무시무시한 상황을 지배하기 위해 출현한 정치의 틀이 바로 '정치지배에서의 전체주의'다.

'정치지배의 전체주의'는 '전쟁의 전체주의'가 낳은 사회적 결말로서의 무사회 상황을 그대로 정치제도화하려 한 것이다. 그 무사회 상황에 편재하는 불안과 공포와 원한, 즉 불안정성을 그대로 제도화*하려 한

---

* '제도'라는 말을 사용하면 자칫 국가나 '조직체'에 두드러지는 '기구'적 성격 또는 '기계'와 닮은 특징 ─ 구성원 개인은 개성을 잃고 미리 정해진 '역할'을 능률적이고 획일적으로 실행하는 분업화된 '거국일치'적 집합체 ─ 을 연상하기 쉽다. 그리고 그렇게 생각하는 것은 지배적 '제도'의 압도적 다수가 그런 '기계'인 현대사회에서는 당연하다. 그러나 원래 '제도'라 불리는 것에는 각기 다른 두 종류가 있다. 하나는 '사회생활'이라 불리는 행동양식 속에 스며들어 도저히 '문서화'할 수 없는 습관적인 틀이나 사람들의 사회행동의 '규범'(비교적 느슨하나 쉽사리 '조령모개'할 수 없는) 같은 것으로, 그것은 예를 들면 '사회제도' 또는 '사회화된 제도'로 분류되어도 괜찮은 것이다. 그 대표적인 것은 '가족제도'나 '무리' 또는 고기잡이와 수렵을 포함하는 '촌락'제도다. 거기서는 규정(Gesetz)이 '문서화'되지 않는다. 즉 '육법전서(六法全書)'나 '당육전(唐六典)' 또는 '12표법(十二表法)'과 달리 법률화되지 않은 것이다. '국가제도'나 '회사조직' '학교제도' 등과 같은 관료제적 조직체와는 거리가 멀다. 그 대신 사람들의 개인적인 '관계'(대화나 싸움을 포함해서)하에서 행해지는 사회생활의 겉으로 드러나지 않는 중심부분의 핵심을 이룬다. 그런 의미에서 '가족제도' '동족사회' 또는 '촌락사회'는 대인적(對人的)·사교적 동물로서의 인간생활을 보호·보증한다는 점에서 가장 중요한 사회제도다. 거기서는 말이 필요없는 '회화'도 많고 기호

것이 '정치지배의 전체주의'였다.

하지만 대개 제도라는 것의 유일한 특징은 어느정도의 안정성을 보장하는 데 있다. '악법도 무법보다는 낫다'는 말도 그래서 나왔다. 하지만 20세기 전반에 출현한 '정치지배의 전체주의'는 제도가 가진 유일한 특징과 정반대의 것을 제도화하려 했다. 말도 안 되는 역설이 실현되도록 강요되었다. 이제까지 '제도'로 간주되었던 것은 그 근거·이유·가치를 박탈당했다. 다시 말하면 그것은 종말의 선언이었다. 제도를 포함하지 않은 정치지배는 과거에는 존재할 수 없었다. 그런 의미에서 전체주의 정치는 대체로 종래의 정치지배 형태 전체의 종말을 의미했다. 무사회 상황의 불안정성을 그대로 제도화한다는 것은 모든 안정성을 끊임없이 깨부수고 안성성을 가져오는 사회적 제도의 싹을 나오는 대로 모

화(즉 기계화)와는 거리가 먼 '다층·다양한 상호작용'이 늘 이루어진다. 사람이 오성(悟性)이나 이성만이 아니라 정서나 비합리적 감정을 중요한 구성요소로 하는 살아 있는 생명체라고 한다면, 이들 사회생활 속에 뿌리박고 있는 사회제도야말로 사람을 일탈로부터 지켜주는 보호요인이 아닐까?

그 때문일까? 인류사회에서는 '문명도(度)' 등의 차이와는 관계없이 '가족제도'나 '집단제도'가 시간적으로도 가장 오래되었고 공간적으로도 매우 보편적이다. 그럼에도 불구하고 인류사적 문명의 총체적인 재검토가 요구되는 오늘날에도 여전히 그 근간인 제도, 인류의 근간적 제도의 내부구조── '가족제도 내의 상호작용'(그 미묘함·섬세함·약함·강인함)──에 대한 분석·해명·설명은 거의 전무하다. 거기에 숨어 있는 다층·다양성 속에는 대립이 동시에 상호부조적이기도 하고 또 그 반대이기도 하는 등 그 구조는 '변증법적' 복잡함을 내포한다. 이에 대한 반성적 고찰이 없는 것은 종말기 문명의 퇴폐를 보여주는 하나의 지표일지도 모른다. 우리는 이래도 괜찮은가? '반성은 재생을 초래하기도' 한다. 움직이기 힘든 비관적인 현실은 바뀌지 않을지라도, 그래도, 쏠제니쩐(Алекса́ндр Иса́евич Солжени́цын)은 아니지만 '이렇게 어둡게 사는 게 무슨 의미가 있을까?'라는 물음은 스스로에게나 고통받고 있는 자에게나 유익한 활력제가 될 것이다. 오늘날과 같은 현대사회에서 용기가 있는지 없는지의 여부는 바로 거기에 달린 게 아닐까?

조리 뽑아버리는 것을 의미한다. 그것은 다름 아닌 반(反)제도적 '운동' 바로 그것이었다. 자신에게 없어서는 안 될 기초로서의 불안정성을 부단히 창출해내는 '무궁(無窮) 운동'이 그 움직임을 지속하는 모습으로 제도의 이름을 참칭한다. 이 점에 있어서만은 '전체주의 정치'는 전혀 새로운 정치지배 형식이었다. 지도자가 '여러분에게 투쟁과 위험과 죽음을 약속한다'라고 말할 때 그 투쟁이란 모든 안정성의 씨앗에 대한 투쟁이며 '위험과 죽음'은 말할 것도 없이 끝없는 전투적 운동이 가져다주는 운명이다. 그 '공약'은 무사회 상황의 불안정성 위에서 자포자기하며 될 대로 되라는 식으로 나타나는 '죽음에의 충동'의 동원이 아니면 생겨날 수 없다. 지긋지긋하고 '끝없는 공포에 시달리느니 (차라리) 공포와 함께 끝내버리자'라는 무시무시한 부정적 결단주의에 가득 찬 대중운동이 조직화('제도화')된 것은 이 같은 상황하에서 나타난 이 최신 정치지배에서뿐이었다. 그리고 사람에게 있어서 질적으로 가장 새로운 것(경험)은 죽음이며 종말이다. 종말이 지닌 절대적 미경험성＝새로움이 여기서 나타난다. 정치지배의 '묵시록'이 신화적·전설적·예언적 형식으로부터 일변하여 역사적·사실적·세속적 형식으로 전개되기에 이르렀다. 그 현장에서 살았던 자에게는 적어도 그때는 '지겹도록 긴 나날'이었는지 모르지만 긴 눈으로 지금 바라보면 참으로 눈 깜짝할 사이의 '파국'(catastrophe)이었다.

실제로는 그런 역사적 특징을 지닌 '정치지배의 전체주의'가 일반적으로는 '이데올로기의 정치지배'라 불려왔다. 하지만 과연 그럴까? 의외라고 생각할지도 모르지만 20세기는 처음부터 이데올로기 종언시대의 한가운데에 있었다.

널리 알려진 바와 같이 서구의 19세기는 사상사적으로는 '이데올로기의 세기'로도 불렸는데, 이 시기에는 각 사회계층·지역사회·민족적 관련에서 볼 때나 각각의 사회적·철학적 경험에서 볼 때 여러가지 다양한 세계상(像)의 설명체계가 등장해 그것이 '이데올로기'라는 이름으로 공존하면서 서로의 주장을 내세우고 있었다. 그런 현상은 19세기 서구에서 지배적이었던 '각종 자유의 보증체제'와 대응관계에 있었다.

'이데올로기의 세기'는 다음의 경로를 통해 형성되었다. 즉 정치적 사회제도가 종교·교회와의 결합에서 해방되어 '세속화'된 서구의 '근대화'에 따라 먼저 16, 17세기에는 '인문주의 시대'가, 이어서 18세기에는 '철학·이성의 세기'가 나타났다. 그리고 그 교회에 대한 사회적 승리를 바탕으로 보다 광범한 세계적 규모의 현상을 흡수하여 사회 전반에 대한 좀더 강력한 영향력을 획득하기 위해 다양한 경험적 견지에서 창출된 것이 19세기의 이데올로기였다.

이들 여러 이데올로기 사이에는 당연히 형태에 있어서나 질에 있어서 다양한 차이가 있었는데, 예를 들어 내셔널리즘과 같이 애시당초 집단적인 형태를 띤 것이 있는가 하면 지적 대표자 개인의 이름을 붙임으로써 그 사람 개인의 사고방식의 특징으로부터 공공연히 떨어져나가기가 절대 불가능한 것도 있다. 그리고 어느 쪽이나 그 이데올로기를 신봉하는 '주의자' 집단 내부에는 통속적이고 사회적인 편견을 비교적 많이 내포한 부분과 적은 부분이 있었다. 집단적 형태의 것들은 그런 부분이 불가피하게 많아질 수밖에 없었다. 아무리 질 높은 이데올로기라 해도 신봉자 집단이 있는 한 이른바 쓰레기 같은 부분을 포함할 수밖에 없었다. 그런 의미에서는 무릇 종교에도 '완전히 순수한 기독교'나 '완전히 순수한 불교'가 있을 수 없는 것과 마찬가지로 지적 대표자나 창시자가 생각하는 '완전히 순수한 이데올로기'란 사회적으로는 존재할 수 없었다. 따라서 거기에 모인 사람들이 어떤 이들이냐에 따라 지적인 질의 차이가 보다 극단적으로 나타났다.

바로 이 같은 이데올로기의 질적 차이가 있었기 때문에 20세기(1차 대전 후)에 들어서도, 한편으로는 맑스주의에서 나타나듯 세계의 사려 깊은 '지식인'들이 현대의 무사회 상황을 극복하기 위한 기사회생의 방책을 그 속에서 찾으려 그 이데올로기의 신봉자가 되고, 다른 한편에서는 나치즘에서와 같이 무사회 상황하에서 방향감각을 잃은 '실존'의 찰나적 결단주의가 자포자기의 충동적 열광으로 스스로를 가둘 '철(鐵)족쇄'를 찾아 뛰어들었던 것이다.

그것들을 포함하여 갖가지 이데올로기의 '대립·경쟁'을 내포한 공존 상태야말로 앞서 말한 소위 19세기 서구를 특징짓는 '자유로운 체제'를 사상 차원에서 표현한 것이었다. 그리고 오늘날 다소 로맨틱하게 유행하고 있는 '공존'이니 '공생'이니 하는 것들은 유행의 한가운데에 있는 사람들의 말만큼 좋기만 한 것은 아니다. 그 속의 '대립·경쟁'이 상대방을 이기려 하는 '운동'을 낳고, 그 운동에 휩쓸려들면 실존물은 그 존재형식을 바꾸기 시작한다. 19세기 서구의 '이데올로기'의 경우에는 경험적 근거지로부터 출발한 세계 해석이었는데, 그것이 운동주체가 되자 대립·경쟁 운동의 '소신표명 연설'에 '진행절차표'까지 덧붙여 '강령' 또는 그것에 대한 대항자로 바뀌었다. 예를 들어 『고타강령 비판』 역시 그 내용이 아무리 좋다 할지라도 그 근본적 현상형식의 변화를 체현한 예의 하나라는 점에서는 다를 바가 없다.

이처럼 이데올로기는 하나의 경험적 사회집단을 대표하는 문화체계 (희망·가치·현상 및 역사인식 등을 종합적으로 표현하는 세계상)이기를 그만두고 승리와 제패를 지향하는 운동강령으로 변화하여, 머지않아 찾아올 테러시대의 정치적 도구가 될 수 있도록 변질되기 시작했다.

　한편 이러한 이데올로기의 사회사적 변모 및 종언사(史)의 경과는, 이데올로기 자체의 차원에서는 시대 변화에 대응한 새로운 세계 관찰의 창조불능이라는 형태로 나타났다. 후기에 들어 서구의 19세기적 구조가 변질되기 시작하면서 그 상황 변화에 대응하려는 사상적 노력은 종종, 예컨대 '신칸트주의'라 불리기도 하고 '신헤겔주의'라 불리기도 했으며 또 '신즉물주의'라 불리기도 했다. 오래된 고유의 이름에 새 해석을 붙여서 그것으로 대처하려 했고 또 대처할 수 있다고 생각했던 것이다.*

　이렇게 '이데올로기의 시대'에 일점중심적(一點中心的) 종합성을 자랑하던 이데올로기의 종언은 19세기 중반에 이미 현실화되었다. 이데

---

* 그 같은 '적응 부전(不全)', 즉 낡은 고유의 이름에 스스로 묶인 채 눈앞의 새로운 '세계'에 대면하고자 하는, 말하자면 '답보상태'를 되풀이하는 '착각전진증'이 지배하는 가운데서 후썰은 '사물로의 귀환'을 찾는 방법을 '현상학'이라는 이름 아래 제기했고 베르그송(Henri Bergson) 등도 '삶'의 근본을 문제삼았으며 짐멜은 '화폐의 철학' 이하 '투쟁의 철학' 등으로 '생활' 속에 머물러 있는 모든 문제의 골격구조(형식)를 끄집어내어 '삶'의 문제 그 자체를 문제화했다. 그것들은 어느 것이나 타당한 일면을 지적하고 있다. 단 전면적인 것은 아니다. 예컨대 시험삼아 짐멜의 철학적 저작집 각 권의 '○○의 철학'에서 '철학'이라는 글자를 떼보면 대번에 알 수 있는데, 실제 그들 저작의 주제는 철학이 아니라 '생활'과 '사회' 속의 새로운 주요 문제에 다름 아니었다. 조금만 읽어보면 금방 알 수 있는 내용이다. '게젤샤프트'(Gesellschaft, 이익사회)가 그렇고 '불안'이 그러하며 '투쟁'이 그러하다. 그렇다면 그의 주저작의 적절한 타이틀은 '사회학'밖에 없게 된다. 그의 특징은 그러한 사회학적 주제를 무리를 해서라도 '철학'적 전통에 갖다붙이려는 독일적 성격에 대한 충실함에 있는 게 아닐까? 후썰의 용어법에도 그와 비슷한, '경험적'이 아닌 '순수이성'의 남용 '현상'이 보인다. 이에 대해서는 여기서는 더이상 말하지 않겠다.
아무튼 이리하여 서구사회가 19세기 후반 이후 직면한 문제는 인간사회의 '삶'에 관한 제반 문제 그 자체이며, 그 문제들에 접근하는 방법은 '사물로의 현상학적 귀환' 이외에는 없었다는 것이 분명해졌다. 지금 시점에서 보면 그것은 더더욱 의심의 여지가 없지만 왜 그렇게 말할 수 있는지에 대해서는 이후 본문 중에서 간결하게(가능한 한 시사적으로) 약술하고자 한다.

올로기는 19세기 초 프랑스혁명과 더불어 시작되어 19세기 후반 시장경제사회가 '국민경제'라는 제한을 깨고 포말(泡沫)회사와 함께 세계 속으로 흩어져 팽창을 개시했을 때 이미 종말의 시기를 맞이하고 있었다.

참으로 서구의 '19세기'는 정치적·문화적으로는 국민국가군(群)이 대립·경쟁하면서 동시에 로마제국 이래의 두터운 유대로 결속된 일정 테두리 안의 국제사회를 구성하고 있었다(오늘날의 유럽공동체는 후자의 전통을 어떻게든 제도화하여 살아남으려는 시도에 지나지 않는다).

경제적으로는 뷔허(Karl Bücher)가 말한 '국민경제'를 기초단위로 '민부(民富)'를 형성하면서 그것을 기반으로 각 기초단위가 상호경쟁하고, 한편에서는 '시장사회'(유럽)가 비유럽의 '자연경제'로부터 부단히 수탈·보급을 되풀이하며 자본축적·재축적을 이루는 다이내믹한 변증법적 연합체였다. 그런 의미에서 소위 '자본주의'는 전(前)자본주의적 '자연경제' 지역의 광범한 존재를 자신을 위한 필요불가결의 요소로 삼고 있었다. 오늘날 하나같이 평이 좋지 못한 '맑스주의자'들 중에서만 이 점을 예리하게 밝힌 이론가*가 있었다.

'이데올로기의 시대'로서의 서구의 19세기는 그렇게 구성되어 있었다. 그 때문에 주지하는 바와 같이 '이데올로기 개념'의 의미 자체가 서로 모순되는 이중성을 지니고 있었던 것이다. '이데올로기'가 그 '대립·경쟁'의 면을 담당하는 경우에는 이데올로기라는 말이 대립하는 상대방에 대한 욕설로 사용되었고, 모든 사회집단이 지닌 문화체계(클리

---

* 폴란드 유대인으로 불완전한 독일어를 썼던 로자 룩셈부르크가 바로 그다. 그녀의 명저 『자본축적론』은 수십년 전에 이와나미(岩波)문고로 번역·출판되었으나 현재(1995년 당시 — 옮긴이) 여전히 품절·절판 상태다.

퍼드 기어츠Clifford Geertz), 즉 맑스주의자가 말하는 '상부구조' 일반
의 의미는 숨겨졌다. 이 같은 '이데올로기 개념'의 의미 자체의 대극적
인 이중성은 프랑스혁명에서 시작된 19세기 서구 정치사회의 근본 특
질을 대단히 잘 보여준다. 다시 말하면 지식의 체계라는 의미에서 사용
된 이데올로지(idéologie, 관념학)라는 개념 자체가 프랑스혁명 때 꽁디
야끄파 지식인에게서 나왔고, 그들이 군사적 대외침략을 행하는 나뽈
레옹에 대해 비판을 가하자 역으로 큰소리만 치는 공론가라고 나뽈레
옹의 비난을 받게 되면서 '이데올로기'는 비현실적인 잘못된 개념이라
는 의미와 개념체계 일반이라는 의미의 양극으로 나뉘어 사용되었다(맑
스주의에서의 '독일 이데올로기'와 '상부구조론'을 상기하기 바란다).

이처럼 '이데올로기 개념'의 대극적 이중성은 ① 프랑스혁명이 가져
다준 보편적 '인권선언'과 국민국가 내로만 제한된 법치주의적 권리보
장, ② '국민경제'를 기초단위로 한 서구 시장경제 지역과 '자연경제' 지
역의 모순적 결합, ③ '문명'과 '야만'의 이중 세계상──이러한 것들이
보여주는 모순체에서 파생된 현상들 중 하나라 할 것이다.

그리고 오늘날 우리는 '이데올로기'라는 말을 일상적인 대화에서조
차 호의적으로는 쓰지 않는다. '문화체계'라는 용어에는 호의적인 반
면, '이데올로기'는 뭔가 실재에 대한 왜곡을 내포한 불공정한 의견으
로서만 이해되기 쉽다. 이처럼 '이데올로기'라는 용어가 지닌 양의성
(兩義性)조차도 지금은 없어져버렸다.

그러나 그것은 어쩌면 당연한 귀결인지도 모른다. 19세기 후반 이래
이미 종말을 맞이한 '이데올로기'의 실질이 그 형해화한 모습 그대로
정치적 전체주의 지배의 도구로서 봉사한 역사를 거친 후로는 아무도
원래 의미의 이중성 따위를 떠올리지 않게 된 것이다. 이는 하나의 역사

적 경과가 본래적인 것과 그것의 의미를 지워버리는 경우를 보여주는 좋은 예다.

'이데올로기의 시대'와 그 종언사에 대한 설명이 너무 길어졌다. 원래의 이야기로 돌아가자. 20세기의 '정치적 전체주의'를 사람들은 — 저 한나 아렌트까지도 포함해서 — '이데올로기의 지배'라 말하지만, 실제로는 오히려 '이데올로기의 시대'가 끝나고 그 뒤에 형해화하여 남은 껍데기(시체)가 지배의 강령적 도구로 이용된 것이 20세기의 '정치적 전체주의'였다.

시체의 머리 부분은 해골의 모습이다. 그리고 해골의 독특한 특질은 '눈구멍의 끝없는 암흑'과 철저한 '무표정을 노골적으로 드러낸 치열(齒列)'이다. 전자는 바닥을 모르는 허무적 기술의 행사를, 후자는 거친 공격적 욕망의 제한없는 실현을 나타낸다. 이데올로기의 형해(시체) 또한 해골을 닮아서 무표정한 '기계의 부품성'과 노골적이고도 폭력적인 공격성을 동시에 발휘했다.*

이 상반되는 양극적 태도의 일치(무표정한 기술자와 목적을 위해 모든 것을 합리화하며 난폭하게 무시해버리는 행동을 하는 열광자 간의), 이 일치야말로 사상의 형해화에서 생겨난다. 왜냐하면 사상의 형해화

---

* 누구나 알고 있는 일례를 든다면 아우슈비츠의 실행담당자는 무표정한 얼굴로 지극히 냉정하게 '처치'를 수행했는데, 다른 한편 모스끄바로 향하던 진군부대는 군사적 중요도가 가장 높은 그 진군 도중에 굳이 무한의 우회로라 할 복잡한 카르파티아산맥 골짜기들 속의 작은 마을과 소도시 들을 빠짐없이 찾아다니며 유대인 사냥을 하고 그들을 '수용'할 아우슈비츠 같은 시설을 신설하며 거기로 통하는 교통로까지 고안하고 있었다. 이 무슨 군사적 낭비인가. 상식을 벗어난 이 군사적 낭비는 '비속하기 이를 데 없는' 반유대주의의 열광적인 '전위'로밖에 이해할 수 없다. 만약 그들이 카르파티아의 산속을 무시하고 곧장 모스끄바로 향했더라면 승패의 귀추가 역전되었을지도 모를 일이다.

는 강령화를 낳고 강령화는 사상을 중심 및 혈육 부분('소신표명 부분')과 순차적 스케줄 부분으로 분해하며, 그 분해는 잠시도 가만히 있지 못하는 '운동' 속에서 스케줄(행동 예정표)을 우위에 세우고 더 나아가서는 그 스케줄도 '전략·전술'로 분화시켜 어느샌가 전술을 우위에 세워 최종적으로는 슬로건의 '강박개념', 즉 부동의 상태로 있기가 불가능한 '여유'의 상실과 '실천'의 양극을 한 점에 수렴하기 때문이다. 사상('생각하는 것')의 해체구조는 이와 같다. 따라서 거기에는 '관리(官吏)'와 '과격 행동가'가 항상 표리일체로 공존하며 지도자 한 사람에게로 수렴한다(이게 무슨 지도체제이며 민주집중제란 말인가?).

이러한 이데올로기의 형해화(실질적 종언)는 거기 담긴 가치체계의 영향으로부터의 탈각, 즉 '과학적' '몰가치성'을 향해 돌진한 과학주의적 문명인간(베버가 말하는 문화인)에게는 거의 필연적이었다. 앞서 보았듯 형해화는 '운동'과 '투쟁'의 '강령'이 되고, '강령'은 그것이 포함하는 두 부분을 점차 분극화하여 그중 한쪽을 원칙화한다. 물론 이 원칙화는 '당당한' 주의(主義)를 말한다. '취지 설명'과의 연관을 전적으로 제외할 수는 없다. 특히 맑스의 저작과 같이 '서구문명의 풍성한 부분'을 '눈부실 정도로' 내포하고 있을 경우 그것을 간단히 스케줄로 단순화하는 것은 여간 능력 있는 정치적 사무원이 아니고서는 안 될 것이다.*

___

* 레닌은 스딸린과 달리 '사상의 사무관'은 되지 못했다. 그런 의미에서는 그가 '서기장'에 적합했다고는 볼 수 없다. 맑스주의자로서의 그의 특징은——카우츠키(Karl Kautsky), 룩셈부르크 등과 마찬가지로——맑스주의를 맑스의 말대로 '모든 것을 수도자나 철학과 관계없이 객관화 가능한 물적 관계라는 관점에서 보려 하는 과학적 세계관'으로, 자신은 그 제자로 믿었던 점에 있으며, 그들 중에서도 레닌은 그 확신이 매우 강한 편이었다. 한편 폭력혁명의 지도자였기 때문에 더 그랬겠지만 레닌은

과거의 교회지배는 사상 내용을 스케줄로 단순화하는 과정을 교리문답(catechism)의 형태로 고안해냈다. 가톨릭 교회지배의 대중화와 더불어 고안된 것이 20세기의 오늘날 이데올로기를 형해화하려는 임무를 띠고 재생되다니, 역사는 얼마나 '교활한 지혜'로 가득 차 있는가? 말할 것도 없이 그 변질을 발명하고 실현시킨 최대의 공로자는 스딸린이었다. 글을 읽을 수 있을 정도의 감각을 지닌 사람이 '스딸린 논문'이라 불리는 것을 하나라도 읽어본다면 지겹기 그지없는 평범한 나열적 교리문답의 특징을 금방 알아볼 수 있을 것이다. 거기에는 주요 문제가 나열되어 있으며(그외에는 주요 문제가 없다는 태도, 이것이야말로 최대의 주요 문제다), 해답 또한 모두 의문의 여지없이 완비되어 있다. 말하자면 이데올로기가 내포하는 사상 모두를 '문제집'으로 '혁명적'으로 개편한 것이다. 물론 그것을 결정하는 것은 집중적 기구가 아니면 안 된다. 그렇지 않으면 스케줄이라는 극도로 단순해야 할 일의성(一義性)에

그의 특성인 확고한 태도로 '정치적 확신'을 다른 사람에게도 요구했다. 그 같은 양면—'세계상'과 사회 속에서의 '혁명운동'—을 이론상 결부시킨 것이 '전략·전술'론이었다. 그런 의미에서 '전략·전술'론은 이데올로기가 강령화하는 단계로 상응하는 이데올로기사상 획기적인 새 형태였다.

레닌이 에른스트 마흐(Ernst Mach)에게 그토록 맹렬한 적의를 보인 것은 마흐 같은 사고방식이 '회의주의적 사고방식'을 낳는 바탕이 되기 때문이었다. 열광적 확신을 '혁명'에 동원해야만 했던 레닌이 보기에 어리석은 정적(政敵)이나 어설픈 응원자보다 더 위험한 것은 모든 사물에 일정한 의문을 품는 '회의정신'이었다.

한편으로 더할 나위 없이 근면했던 레닌이 『러시아 자본주의의 발달』을 쓰고 '시장의 원리'까지 생각한 것은 확신에 찬 '과학적 맑스주의자'로서 러시아에서 '사회주의혁명'이 가능하려면 어느정도 이상의 '자본주의 발달'이 전제되어야 한다는 맑스의 '역사법칙'을 굳게 믿었기 때문이었다.

『유물론과 경험비판론』이나 『러시아 자본주의의 발달』에 대해 비평할 때는 그가 처했던 그러한 역사적 사정이 무시되어서는 안 된다.

금이 가서 '소신'이나 '취지'와 관련해 '논쟁'이 생기게 된다. 그 논쟁을 '의회주의'적이라 말하든 '평의회 정신'이라 말하든 또는 '강령 논쟁'이라 말하든 아무래도 좋다. 중요한 것은 이데올로기가 스케줄로서 '강령'의 두가지 구성요소와 모순되지 않는 형태로 능률적으로 실행되도록 할 수 있을 것인가의 여부다. '실천의 우위'는 이처럼 핵심에서 변모한다.

　'이데올로기'의 항쟁적 일면→ '강령화'→그 내부의 '사상'과 '스케줄'의 분화→ '스케줄의 우선'과 '사상의 구실화'.

　19세기 후반과 20세기 초두의 이 같은 분해·종언사가 때를 같이한 '전쟁 전체주의'에 의한 사회의 '파국'과 어떻게 관련되는가? 이미 살펴보았듯이 전체주의 전쟁 후의 '무사회 상황' 속에서 생겨난 역설적 '제도화'는 '추방과 구류'의 제한없는 확대를 핵심으로 삼아 광기처럼 추구된 세계적 규모의 '운동·기구·조직'의 삼위일체였다. 거기서는 우선 '불안정'을 '제도'의 사회적 기초로 삼는 한 '추방'이 행해질 수밖에 없다. 다시 말하면 '추방자'가 결정되지 않으면 안 된다. 19세기에 태어난 잡동사니 사상을 모아놓은 나치즘은 당연히, 앞서도 말했듯이 유럽에서 최다수의 불안정한 군중 속에 전면적이고 분산적으로 확산되던 '반유대주의'와 결합되었다. 1/4 유대인이든 1/10 유대인이든 유대인 피가 섞여 있기만 하면 모두 추방되었다. 반면 그들이 자랑스럽게 '지배민족'으로 상정한 '아리아 인종'은 그 정의조차 내려진 적이 없다. 뒤집어 말하면 유대적인 부분이 전혀 없는 자만이 아리아인인 것이다. 얼마나 '유대인 문제'가 부정형(否定形) 사고로 일관되었는지를 알 수 있는 대목이다. 전체주의 '이데올로기'의 특징은 이처럼 철저하게 '부정적인 것'을 표면에 내세우는, 바로 그 부정 우선에 있다. 그리고 그것 자체가 이데올로기 종언 형식의 지배를 무엇보다도 잘 말해준다. 적극적인 요소는 무엇 하나 제시할 수 없는 것이다. 부정과 말살에 모든 것을 거는 것이 어쩌면 당연하다고 말할 수 있을지도 모른다.

지극히 풍성한 맑스주의적 전통을 간판으로 삼은 '스딸린주의' 쪽은 어떠한가? 사정은 마찬가지다. 부정적 말살에 기존의 '이데올로기'의 희망적 미래가 걸려 있었다.*

'이데올로기'의 종말 형식인 형해화된 그것은 이리하여 '테러'=부정적 말살의 강령적 도구가 되었다. 그리고 '이데올로기'적 테러는 개별적인 게 아니라 특정 사회집단에 대해 전체적이며, 그 추구 범위에 있어서도 전세계적이고 그리하여 모든 면에서 전체지향적이었다.

아렌트의 재능으로도 그다지 명확하게 규명할 수 없었던 '정치적 전체주의에서의 이데올로기 지배'란 사실은 이런 것이었다. 만약 『전체주의의 기원』(*The Origins of Totalitarianism*)의 해당 장의 제목을 정확하게 붙인다면 「이데올로기의 형해화와 테러」라 했어야 하지 않을까?

3

근세 이래의 서구를 통해서 심화되고 확대되어온 구체적 사물과 대상을 양적 차원으로 환원시키는 지적 영위는 사물 처리의 효율화와 처리

---

* 단적인 예를 들어보자. 1928년부터 시작된 '꿀라끄 추방운동'은 실제로는 물론 어렵사리 성립된 중견 소농민을 일소하고 무산노동자를 창출해냈는데, 그것의 정당화는 "단 하나의, 계급대립을 지향하는, 역사 속에서 몰락해가고 또 몰락해야 할 소부르주아 농민계급의 말소는 역사의 진보를 추진한다"였다. 이로 인해 천만 농민이 '처치'되었다(처칠 자서전 중 스딸린의 말). 말투까지 아우슈비츠와 닮지 않았는가!

방법의 일반화를 모든 대상에 그대로 적용하여 전체 통제의 지극히 합리적인 방향으로, 야만적인 것과 정반대되는 사고방법과 행동양식을 통해서 추진되어왔다. 좀 엉뚱하기는 하지만 다음과 같은 단순한 일례를 들어 설명해보기로 하자.

예를 들어 기하학적 도형인 원은 이미 구체적 사물로서의 도형이 아니라 $x^2+y^2=a^2$이라는 양적 기호로 단순화되어 그것을 통해서 보편화된다. 단 하나의 예외도 없이 그 대수기호의 관계 속에 모든 원은 포섭된다. 따라서 거꾸로 지금까지 도형으로서 그려진 원은 모두 부정확하거나 순수하지 못한 원의 '근사물'이며, 운이 나쁘면 '가짜'로 찍혀 추방되고 만다. 대상은 성격을 지닌 종합체가 아니라 무성격의 중립적인 양적 기호로 분쇄되고 그 기호 관계 속에 소멸된다.

'양적 처리'가 나타내는 이 같은 성격, 즉 대상의 분할과 성격의 소멸 또는 무시, 거기서 생겨나는 대량처리와 전통적 대상을 가짜로 취급하는 것 등은 앞 절에서 본 '전쟁의 전체주의'나 '정치의 전체주의'에서 과격하게 실현된 특징이었다. 그렇다면 20세기의 야만적인 '전체주의'는 실은 찬란한 서구 근대의 지적 혁명*의 연속적인 성과 위에 나타난 괴물이었다고 말할 수도 있다. 역사 그 자체와 그 결과로부터의 파생

---

* 이들 '찬란한 지적 혁명' 덕분에 폐쇄된 자폐적 창고 같은 '실체'들로만 이루어져 있던 세계는 비로소 상호 '관계'에 의해 구성된 열린 '자유로운' 세계로 전환된 것이다. 그러나 그 성과가 보급되어 대중화되고 사회화되면, 이번에는 거꾸로 '대상성의 세계'를 소멸시키고 '관계' 따위는 성립되지도 않는 공허한 기호 조작 가능의 세계를 만들어내고 마는 것이다. 이 무슨 역설이며 아이러니인가! 그리고 소름끼치는 일종의 대중화(popularization)인가!

물 간의 극단적인 아이러니가 여기에도 있다. 예를 들면 '정치적 전체주의'가 스스로 그 기묘한 역설체계를 계속해서 유지하는 데 필요했던 '난민'(오갈 데 없는 사람들)을 무한히 창출하는 과정 등에서 볼 수 있는 시간적·공간적 무한성(endlessness). 거기에 20세기 전체주의의 본질적인 특징이 있다면, 지금도 전세계적으로 널리 진행되고 있는 '시장경제 전체주의' 또한 '전체주의'의 반대물이 아니라, 평화적인 외양을 하고 있으면서도 오히려 그 본질적 특징을 아주 선명히 드러내고 있는 것은 아닐까? 두세가지 단적인 특징을 들어보기로 하자.

예를 들어 우리는 매일 텔레비전 뉴스를 통해 '엔화 상승'과 '엔화 하락'에 대한 상세한 수치를 알게 된다. 그것은 옛날부터 그랬던 게 아니라 불과 최근 20여년 전부터의 일인데 지금은 매일매일의 생활에서 없어서는 안 되는 것 중의 하나가 되어버렸다. 그리고 사실 우리는 누구나 이러한 환율 변동의 여러 영향을 어쩔 수 없이 받으며 살고 있다. 그러나 생각해보면 이는 불가사의한 일이 아닐 수 없다. 누구나 알고 있듯이 화폐는 그 자체를 사고팔기 위해 만든 것은 아니다. 오히려 반대로 물건의 매매를 성립시키기 위한 매개 수단으로 만든 것이었다. 그런데 시장경제가 전면적으로 지배하게 되면 그 '시장 형성과 유지 수단' 자체도 상품화되어 매매의 목적물이 되고 만다. 칼 폴라니[7]가 말한 '의제상품'인 것이다. '시장경제', 즉 일정 가격으로 매매하는 '활동' 속에서 편의적인 매개 수단으로 고안되고 제도화된 기호물(화폐) 그 자체까지도 매매의 대상물, 즉 '상품'이 될 뿐만 아니라 그 '상품'의 매매 가격의 변동은

---

7) Karl Polanyi(1886~1964): 오스트리아 태생의 미국 경제인류학자. 대표 저작인 『거대한 전환』(1945)을 통해 자본주의가 상품화할 수 없거나 해서는 안 되는 것들을 상품화해 불안정한 요소를 내포하게 되었다고 주장했다.

'시장경제' 활동 전체의 매개 기호의 변동이니만큼 경제 전체에 대한 실질적인 강제적 영향력(권력)을 가진다. 서구 등의 '자본주의' 선진지역과 달리 일본에서는 1차대전 후에 일부 특권층이나 야심가들이 달러를 매입하기도 했지만 일반대중이 모두 그런 현상에 말려들게 된 것은 불과 최근 20년 사이의 일이다. 그리고 흔히 그렇듯이 나중에 시작한 사람들 쪽이 출발선에서 뒤처져 있으므로 그런 행위에 말려들게 되면 더욱 격렬하고 강한 양상을 띤다. 우리는 지금 모두가 그 속에서 살고 있기 때문에 무엇을 하든지 간에 그 현상의 강한 구속력으로부터 벗어나 (자유롭게) 판단하고 행동하는 것이 불가능하다.

두번째 '의제상품'은 매매 목적의 '토지'다. 이것도 폴라니의 지적처럼 원래 판매를 목적으로 만들어진 것이 아니라 '자연'의 중심적 일부임은 두말할 필요도 없다. '시장경제'가 지배하게 되면 자연 또한 상품화된다. 상품화되어 좋든 싫든 우리들 인간사회와 교섭을 맺게 된다. 그러나 '자연'은 자동적인 상품이 아니다. 따라서 '자연'을 자연 그대로 두고 그것에 의존해 생계를 이어가는 소위 '자연경제'는 '시장경제'의 성립과 발전을 위해서는 언제든지 파괴되어야 할 대상이 된다. 앞서 말한 로자 룩셈부르크가 '자본주의'의 본질로 예리하게 지적한 것은 바로 그 점이었다. 그리고 한나 아렌트나 조운 로빈슨[8]도 로자의 바로 그 점을 특별히 주기(註記)하여 절찬했다. 지금 보면 그 주기에다가 한마디 더 추가해 '시장경제' 속에서 강력한 지배력을 가지는 3대 의제상품이 되어 있다는 점에 대한 예감적 인식이라고 높이 평가하고 싶을 정도다.

---

8) J. V. Robinson(1903~83): 영국의 경제학자. 케인즈학파에 속해 『불완전경쟁의 경제학』『고용이론 연구』 등을 썼고, 전후에는 맑스 경제학 내에서 자본축적론, 경제성장론, 분배론 등에 관한 이론적 연구를 행했다.

미리 3대 '의제상품'이라는 표현을 써버렸지만, 세번째 것은 굳이 폴라니의 책을 펴지 않더라도 누구나 짐작할 수 있는 '노동'이다. 하지만 이에 관해서는 맑스의 훌륭한 추상력에 의한 시원한 설명이 있으므로 그것을 뛰어넘지 않으면 안 된다. 주지하다시피 맑스는 '노동 일반'과 '노동력'을 범주상으로 구분했다. 노동시장에서 매매되는 것은 '노동 그 자체'가 아니라 '노동력'이며 그 '노동력'을 판매하는 판매주체는 독립적이고 자유로운 하나의 인격이다. (프랑스혁명 이후의 '시민사회' 및 '국민국가'의 원리가 여기에 적용되고 있다.) 이처럼 독립적이고 자유로운 인간이 자신의 '노동력'을 파는 것으로 보게 되면서 당당한 노동운동이 가능해졌고 '계급투쟁'의 형태도 변화하게 되었을 것이다.

이렇듯 '노동력'이라는 보이지 않는 것을 추출하여 하나의 기초적인 사회적 범주로까지 만들어낸 데서 천재 맑스의 이론적인 힘을 볼 수 있다. 만약 평범한 맑스가 한 사람 더 있었다면 그 범주 창출을 보고 '관념론적'이라고 비난했을지도 모른다. '노동력' 개념은 그만큼 순수한 이론적 추출물이었다.

현실에서는 '노동력'이라는 상품을 그것만 독립적으로 발송하기란 불가능하다. '노동을 하는 인간'으로부터 단 한순간도 떼어놓을 수 없기 때문이다. 다시 말하면 '노동력'을 파는 인간은 그것을 팔기 위해 그 장소까지 가야만 하고 '노동력의 발현으로서의 노동'과 일체가 되어 움직일 수밖에 없다.

결국 인간이 매매된다. '노동력'이라는 '특별한 상품'이라고 꼬리표를 붙이는 것만으로는, 논쟁의 장 이외의 실제 사회에서는 아무런 도움이 되지 않는다. 도움은커녕 오히려 '노동자'가 자신이 가진 '노동력'의 부수물로서 끊임없이 '노동력'에 의존하게 된다. 판매주체답지 않다.

'소외' 문제가 제기되는 것은 당연하다. 노동자도 인간이며, 인간은 자연의 일부로 태어났을지는 모르나 상품으로 태어난 것은 아니다.

화폐, 토지 그리고 '생산'*적으로 움직이는 인간 등 판매를 목적으로 하는 존재가 아니었던 것들이 중심 세력이 된 상품세계가 오늘날의 '시장경제'다. 존재와 기능은 완전히 분리되고, 끊임없이 진행되는 매매에 의해 '대상의 분할' 또는 '성격의 소멸'에 그치지 않고 대상과 성격 자체까지 모두 끊임없이 변화한다. 지금의 달러가 한시간 뒤에는 엔이 되어 있으며, 조금 전의 달러는 빵이 될 예정이었는데 지금의 엔은 파찡코 게임을 위한 것일지도 모른다. 소비물이 무수히 많고 소비자 또한 무수히 많을 경우 무엇이 무엇에 상당하는지를 예측하는 것은 무의미하며 거기에 유일하게 실재하는 현상은 끊임없는 변화와 무궁한 변동뿐이다. 이는 무한(endless) 그 자체이며 그 무한궤도를 조금이라도 움직여보려고 하는 것이 화폐의 매매, 노동력의 흡수·방출, 그리고 토지매매

---

* '시장경제사회'에서는 '생산'이라는 개념이 마구 사용되면서도 의심받는 일조차 없어 보이는데, 예컨대 '철강생산'이라고 할 때 누가 정말로 철강을 창조해낸단 말인가? 실제로 벌어지는 일은 철분을 함유한 암석을 캐내 거기서 쇠를 녹여내는 것에 지나지 않는다. 그리고 그 과정은 불가역적이어서 철제품이 무용지물 또는 무효가 되었다고 해서 그것을 암석 속으로 되돌려보내 다시 철광석으로 만들 수는 없는 일이다.

이처럼 원상으로 되돌릴 수 없는 불가역적인 추출과정을 일반적으로 '생산'이라 부른다. 그것은 용어로서도 적절하지 않을 뿐만 아니라 그 말을 일상적으로 쓴다면 인간이 하는 일을 신이 하는 일인 양 숭배하게 될지도 모른다. 그 같은 불손함은 현대의 독특한 최신·최강의 '야만'이다.

이 점을 생각하면 '생산'이라는 개념 자체가 경제이론 속에서 성립될 수 있는 것인지 심히 의심스럽다. 오늘날 모든 문화영역에서 그 같은 기초 '범주'에 대한 근본적인 반성이 이루어지지 않는 것이 나에게는 불가사의다. 현재의 학문적 정체현상의 원인의 하나가 이 언저리에 있는지도 모른다.

였다. 그리고 그 배후 깊숙한 곳에서 지구적 자연의 유한한 제반 성격과 갖가지 존재 형식이 묵묵히 응답을 기다리고 있을 것이다. 그것만은 사고파는 일이 불가능하기 때문이다.

'의제상품' 중 두가지, 즉 '노동력'과 '토지'는 근대 초기부터 매매시장에 등장했다. 그러나 '화폐' 매매의 일반화·전체화·대중화는 대체로 현대적 현상으로 간주해도 좋을 것이다. 그렇다고 한다면 현대의 '시장경제사회'의 특징은 자기존립에 필요불가결한 제도적 수단까지도 제도로서가 아니라 이익을 낳는 유동(유통)물로 간주한다는 점에 있을지도 모른다. 만약 그렇다면 나치나 스딸린주의가 자기의 제도적 원칙을 그때그때의 권력이익을 위해 말도 안 되는 방향으로 유용한 것과 상통하는 성질을 지니고 있는 것은 아닐까?

거기서는 직접적인 화폐이익에 대한 일의적인 집착이 모든 것을 움직인다. 부는 다른 무엇으로도 체현되지 않는다. 유동(유통)을 존재의 근본형식으로 하는(이 얼마나 말도 안 되는 역설인가!) 화폐(currency)에 모든 '부'가 직접적으로 집중된다. 유동 그 자체가 모든 가치물, 모든 부를 대표한다는 것은 전체주의의 특질 바로 그것 아닌가? 앞서도 말했듯 운동이 곧 기구이고 제도이며, 그러한 불안정을 존재를 위한 불가결의 기초로 삼은 것이 다름 아닌 1930년대 전체주의의 특질이다.

이렇게 하여 전체주의의 특질을 추출해보면, 그것은 격렬하고 끊임없는 유통·유동이 모든 형태, 대상, 사물을 삼켜버리는 세계이며 그 같은 특질을 중심으로 삼은 한 그 사회는, 외견적인 깃발이 무엇이든지 간에 파국의 30년대를 '창립기'로 하는, '창조적'인 고전적 전체주의와는 차원과 형식을 달리하는 새로운 전체주의가 아닐까? 게다가 그 '유동'의 모습—다시 말해 모든 부의 추세의 표현—은 자연스러운 형상의 흔적이라고는 눈곱만큼도 없는 '기호'의 추상적인 조작 속에서만 존재한다(거기서는 폭력으로부터 조작으로의 진화를 포함하는, 전체주의 역사상의 세련화 과정까지도 엿보인다). 이처럼 보이지 않는 조작에 의한 끊임없는 무한유통은 공허한 무궁운동이라고나 해야 하지 않을까?

그 공허하다고 해야 할 이론경제학적 내용은 고(故) 조운 로빈슨이 이미 1968년에 '신중상주의'로 명쾌히 해명한 바 있다. 즉 세계의 각 화폐의 총량이 일정할 수밖에 없다면—달러가 아무리 기축통화라 해도 미국의 재정난 구제를 위해 달러 지폐를 대량 증발시킬 수는 없다는 데에서 알 수 있듯이(인플레 방지라는 점에서만 보더라도)—한 나라의 화폐가 흑자가 된다는 것은 다른 한 나라 또는 여러 국가의 화폐가 일시적으로 줄어든다는 깃을 의미하므로, 현대의 화폐 교환은 세계경제적으로 전혀 무의미하며 총계는 언제나 제로(zero)라고 농담을 섞어가면서 설파했던 것이다. 생각해보면 그때는 아직 '국제수지'에만 세계의 이목이 집중되어 있었을 뿐이었다. 지금은 국가 단위의 것도 그대로 계승하면서 금전 감각상 국적을 이탈한 개인이 '차익'을 노려 시장의 많은 부분을 장악하고 있다. 투기적인 '금융난민'이 날뛰고 있다라고나 할까? 그러나 그 사람들의 노력의 결과 또한 (세계경제적으로는) 제로다.

공허를 나타내는 기호 이외에는 아무것도 가져다주지 않는다. 그 공허함에 대해 일부는 광분하고 또 일부는 약간은 수동적으로 충동질되며 다수의 사람들은 묵묵히 인내하며 그 지배력에 복종한다.

이 전대미문의 새로운 공허한 세계(문명세계) 속에서 우리는 '특수한 상품'(맑스)*으로서 살고 있고, 같은 말이지만 정신을 소유해버린 동

---

* 맑스는 스스로의 '노동력'을 자신의 입장에서 추상하여 판매하는 주체일 수 있다는

물이라는 '특수한 생물'로 살고 있기도 하다. 그와 동시에 사람들끼리의 사회(썰리번H. S. Sullivan, 이무라井村, 나까이中井 등이 말한 대인관계의 장) 속의 일원으로서 함께 소속되어 있으면서도 또한 독립되어 있는 양의적이고 애매한 '특수한 사회적 실존'으로서 살고 있다. 게다가 그들 각각이 유기적 생명의 전체로서의 신체를 가지고 세계에 대한 독립의 상념을 지닌 **구체적·일과적(一過的) 현상 형태**로서 살고 있는 것이다. 기호 조작의 추상세계에 대한 살아 있는 구체적 형태, 그리고 공허한 무한유동에 대한 좁은 세계(무한운동에 비하면 50억의 인류집단이라 하더라도 작디작은 하위집단에 지나지 않는다)의 개별적인 관계는 자칫 통계적으로 무시된다. 당연한 일인지도 모른다.

그러나 그러한 형상 있고 성격 있는 구체적인 관계자로서만 살아왔고 앞으로도 종말의 역사가 그 최종 장면을 마감할 때까지 그러한 존재로서 살아가지 않으면 안 된다. 우주사 또는 세계사 속에서 문명사나 인류사를 생각해보노라면, 그 구체적 현상 형태로서의 개별적 관계의 제반 모습은 이 전체주의 시대 속에서야말로 더더욱 소중한 자각의 대상이어야 한다는 생각이 든다. 그러지 않고서는 단순한 '개인주의'는 현상황 속에서 '탐욕적인(acquisitive) 에고이즘'이 될 것이며, 단순한 '사회·세계지상주의'는 현대적 '시장경제', 즉 '신중상주의'를 한층 더 긍정하는 것이 되고 말 것이다.

인간의 최후의 건전함을 지키기 위해서는 병자의 경우와 마찬가지로 구체적 대상성과 성격적 독립성 유지가 결정적이라고 생각한다. '건전함을 지향하자!'라고 했을 때의 그 건전함은 다름 아닌 평범하고 진부

점에서 '특수한 상품'이라고 해석했다.

한 구체성과 현상성 속에 있다. 이렇게 말하는 것이 전체주의라는 문명의 종말 형식이 전면적으로 지배하는 곳에서의 유일한 최고의 교훈이다. 그 평범하고 진부한 구체성과 현상성이란 다른 말로 하면 획일적이고 '미분화된 황량하고 움직임 없는 지각세계로부터 생기가 넘치는 상대적인 현실세계의 형상'에 따른다는 것을 말한다(마르게리뜨 A. 쎄슈에M. A. Sechehaye, 『정신분열증 소녀의 일기』*Journal d'une schizophrène* 참조).

4

일본의 전체주의화의 특징은 한마디로 말하면 '장대하고 새로운 것은 좋은 것'이라는 태도로 사상 최신의 악까지도 선으로 생각해 추구·모방·가공하거나 '고능률화'함으로써 자기 사회 속에 전체주의를 구축했다는 점에 있다. 그 결과 일본의 전체주의는 제3형태의 현대 전체주의에서 마침내 세계 최첨단이며 유력한 것, 즉 전형적인 것의 하나가 되고 말았다. 사람들은 그것을 '성공'으로 간주할까, '예상 밖의 결과'로 생각할까? 아무튼 현대의 '제3기적 형태'에 관해 지금까지 본문에서 개략한 것은 현대 일본사회에 바로 들어맞는 점이 많다고 여겨진다. 위화감은 '전통'이 얼굴을 내미는 때에나 든다.

'동쪽의 로마제국'의 법전인 신문명 『당육전』에서 승니령(僧尼令) 등에 이르기까지를 부분적으로 은밀하게 수정·가공하면서 모형적인 규모로 '율령국가'를 실현한 데서 시작하여 중세 700년간 오래 중단되어 있기는 했지만, 메이지 초기의 '독립'을 과제로 한 '문명개화'에 직면하기까지 '장대하고 새로운 것은 가치있다'라는 명제가 사고방식의 밑바닥에 일관되게 깔려 있었다.

발군의 계발력(啓發力)을 갖춘 그 현명한 후꾸자와 유끼찌[9]조차도 구미의 제도를 보고 '선과 미를 갖춘 이 얼마나 훌륭한 제도인가!'라고 쓴 적이 있다. 선은 윤리적 가치며 미는 당연히 감정 생활상의 가치다. 그러나 제도는 제각기 사회의 (정치를 포함한) 제반 생활의 원활한 재형성(재생산·유지·순환·개선)을 보증하기 위한 유용하고 편리한 규범체계다. 거기서는 '미'가 반드시 필요하지는 않으며, '악'은 허용되지 않지만 그렇다고 그 자체가 도덕적인 '선'이어야 하는 것은 결코 아니다. 미나 선이 사회적으로 계속 존재할 수 있도록 보증하는 수단이라면 '제도'로서는 '최선'의 형태인 것이다.

'선과 미를 갖춘 이 얼마나 훌륭한 제도인가!'라는 찬사 속에는 명백히 그 같은 제도의 본질적 가치(보증수단)를 넘어선 감정을 포함한다. 아무리 '토꾸가와(德川) 시대'의 '조법묵수(祖法默守)'의 악폐에 진절머리가 났다고 해도 '제도'에 대한 평가는 '제도'의 존재이유를 기준으로 해야 한다는 것은 너무도 당연한 일이다. 하물며 제도 같은 수단적 존재에 대해 도덕적 가치나 미적 수준에 있어서 최대의 찬사를 보내는 것은 명백한 잘못이다. 후꾸자와조차 그러하니 대부분의 '19세기 서구문명'주의자가, 그들로서는 '장대하고 새로운 문명체계'인 만큼, 그것을 추구·모방·가공·수정(이 네가지 과정은 모방행위에 없어서는 안 될 요소다)하는 데 골몰한 것은 오히려 당연하다. 완벽하게 다른 것으로 바뀔 수는 없으므로, 모방은 반드시 최종적으로는 '보수(補修)'를 포함한다. 그것

---

9) 福澤諭吉(1835~1901): 일본의 근대화를 이끈 계몽사상가. 주요 저작으로 『서양사정』 (1866), 『학문의 권유』(1872), 『문명론의 개략』(1875) 등이 있다.

을 가공기술이라 부르든 발명이라 부르든 나는 관심 없다. 요컨대 중요한 것은 모방은 반드시 최후에는 자기류의 모조품이 된다는 점이다. 그것은 당연히 독자적인 요소를 포함한다. 따라서 모방은 '독립자존'이나 '독자성'의 주장과 양립할 수 있다. 양복을 입고 수입총을 사용하는 '국수주의자'는 그것의 패러디에 불과하다.

하지만 문제의 30년대 전체주의화에 관해 이제 와서 새삼스럽게 말할 필요는 없다. 일반적으로 그다지 알려져 있지 않은 점에 대해서만 한마디 덧붙여두기로 한다. 나치즘이라든가 파시즘이라고 말하면 지금은 누구나 어둡고 압제적인 면만을 먼저 생각하게 되지만, 널리 알려진 사실을 예로 들어 말하면 '베를린 축제'나 '베를린 올림픽'은 눈부시다 할 정도의 장대한 공허를 흩뿌리면서 이루어진 것이었다. 그 이전부터 애당초 그랬기 때문에 그것은 (서구)세계운동으로서 출발했다. 일본은 비속한 것임에는 틀림이 없지만 그 장대함(미?)에 대한 동경이 있었기 때문에 새로운 파시즘이나 스탈린주의를 행동양식까지 따르고 모방하려 했던 것이다.

문화 면에서조차 30년대 일본에서는 어느 유명한 좌익 출판사에서 '전체주의 총서'라는 것이 간행되었다. 기억만 하고 있을 뿐 '확실하지'는 않으나 그중에는 예를 들어 리프먼(Walter Lippmann)의 책도 들어 있었다. '전체주의 총서'라는 것이 당국의 눈을 피하는 데 도움이 되었는지는 모르지만 그 밑바닥에는 '전체' 또는 '전체성'이라는 것을 높이 평가하는 감각이 있었기 때문에 그런 기획이 이루어진 것이 아닐까? 지금도 우리들은 '전체적으로 사물을 본다'든가 '전체성의 감각'이라는 숙어를 긍정적으로 사용하는 경우가 많다. 짐멜[10]이 써서 손해본 말을 빌리면 '전체를 대표하는 일부'(pars pro toto)를 좋아하는 바로 그것 때문에, 잇따라 나타나는 '전체같이 보이는 신품'들에 대한 동경도 생겨나는 것이리라. 예를 들면 '전위'라는 개념도 그런 점에서는 짐멜에게 있어서의 '철학'이라는 개념과 마찬가지로 'pars pro toto'로 생각되었던 것이 아닐까? 그러나 그런 것이 있을 리가 없다. '부분'은 어느 것이나 '부분'이며, 있을 수 있는 차이는 '더 중요한 부분'이라든가 '좀더 먼저 있었던 부분' 같은 상대적인 차이뿐이다. 따라서 '이 일부분에 지나지 않는 것이 전체 그 자체다'라고 할 수 있는 특권적인 부분이란 애당초 존재하지 않는다.

전체란 여러 부분의 **상호관계**의 전국면을 가리키며 또 '상호관계의 전국면'을 하나의 물건이나 제도, 인물, 집단 등으로 대치할 수는 없다. 부분에는 부분 나름의 불가침의 존재근거가 있고 상호성은 어디까지나 상호성으로서, 관계는 어디까지나 몇몇 간의 관계로서, 단일화될 수 없는 채로 존재한다. 그러므로 그것들의 '전국면'은 영구히 탐구 과정 그 자체로 남는다. 그래서 중요한 것이다. '부분은 부분이다'라는 이 간단한 상식을 망각하는 데에 전체주의 시대의 최악의 질병이 잠복하고 있을 것이다. '짐은 국가다'를 국시로 하는 이 나라나, 더 나아가서 '나야말로 전체다'라고 하는 지도자를 볼 때 그것은 한층 더 확실해진다.

덧붙여두거니와 '전체주의'라는 용어를 처음으로 사용한 것은 아마도 에른스트 융거[11]였던 것 같은데, 그때는 '국가'에 관해 '전체주의'를

---

10) Georg Simmel(1858~1918): 독일의 철학자, 사회학자. 근대 사회를 사상적으로 분석해내는 일에 주력하여 『역사철학의 문제들』(1892), 『돈의 철학』(1900), 『칸트와 괴테』(1906), 『사회학』(1908) 등 방대한 저작을 남겼다.
11) Ernst Jünger(1895~1998): 독일의 작가, 사상가. 『전체적인 동원』(1931), 『노동자』(1932) 등의 작품으로 나치즘에 영향을 미쳤다.

선전문구로서 사용했다. 그 선전문구를 비판적 분석용어, 즉 학문적 개념으로 대치시킨 것은 1939년 미국철학회*에서의 일이었다. 거기서 처음으로, 한스 콘(Hans Kohn)과 그밖의 뛰어난 망명학자들이 초청되어 '전체(주의) 국가'에 관한 깊이있는 분석이 이루어졌다. 그리고 그 같은 전통 위에서 칼 프리드리히[12]를 반장으로 하고 한나 아렌트 등이 참가하여 좀더 넓은 의미에서의 '전체주의' 일반의 제반 측면을 비판적으로 검토하고 정의한 것이 전후 50년대 초의 일이다. 그러한 역사 위에 서 있으면서도 여기 일본에서는 그 비판적인 '전체주의론'까지도 다시 선전문구로 되바꾸어 단순한 '반공 공격'용으로만 사용하려는 경향이 강하다. 학문용어까지도 사이비 이데올로기화하려는 것은 무엇을 추종하기 위해서일까? 그런 사람들로 하여금 예를 들어 아렌트의 획기적인 저작을 독점하게 해서는 안 된다.

---

* 당시는 '행동주의'(behaviourism)가 미국철학회를 휩쓸던 때라 매년 학회 총회의 공통 주제도 늘 '물고기'의 '행동양식' 같은 것이었다. 그러한 분위기 속에서 유독 1939년에는 '전체주의 국가'에 대한 깊이있는 해명이 학회의 공통 주제가 되었고 거기에는 주로 망명학자들이 주역으로 초청되었다. '행동주의자'로서 실질적으로는 거의 자연과학자였던 사람들까지도 정치사회에 큰 관심을 갖고 있었던 것이다. 당시 일본과는 거의 정반대였다. 이것이 과거형인 채로 끝나지 않기를 빈다.

12) Carl J. Friedrich(1901~84): 독일 태생으로 주로 미국에서 활동한 정치학자. 전체주의에 대한 개념을 정립하고, 전체주의의 가능성을 내포한 직접민주주의에 강하게 반대했다.

현대 일본의 정신

'안락을 향한 전체주의' 이후의 나르시시즘 일본

불쾌함을 느끼게 하는 모든 사물의 근원을 무슨 수를 쓰더라도 송두리째 없애버리려는 동기가 일본사회 전체를 관류하고 그것이 일본사회의 억제되지 않는 엉망진창의 고도 경제성장—나는 경제는 그런 것이 아니라고 생각하지만—과 이른바 '기술의 첨단화'를 낳고 있다. 불쾌한 것을 피하려 하는 것은 누구에게나 자연스러운 일이며, 그것이 자연스럽다는 것은 불쾌한 일에 직면했을 때 비로소 피하려는 노력과 궁리가 행해지는 경우의 일이다. 불쾌함의 원천을 '일소'하려는 것은 전체주의적인 사고이며 절멸사상, 홀로코스트와 통하는 자세임을 엿볼 수 있다. 거기에 뿌리를 두고 있어 거기서부터 다시 생각하지 않으면 안 된다

■ 『세까이(世界)』 1990년 2월.

고 나는 지금까지 줄곧 말해왔다.

지금 일본에서는 모든 이들의 관심이 이른바 '경제문제', 좀더 직설적으로 말하면 돈벌이에만 집중되어 있다. 돈이라 하더라도 지금의 돈은 동물학자 콘라트 로렌츠[1]가 말한 '기호의 기호'에 불과하다. 원래는 물건과 물건을 교환할 때의 수단이었으나 지금은 그 자체가 매매의 목적이 되었고 또 그 일에 전(全)일본이 열중하고 있다. '기호의 기호'라는 표면적인 물건을 획득하기 위한 경쟁에의 열중, 거기서 재패하고자 하는 욕구가 지배적이다.

사람의 행위는 대개 정신적인 동기에서 비롯된다. 동물은 유전적으로 프로그램되어 있으므로 해서는 안 될 일은 하지 않는다. 사람은 방치해두면 해서는 안 될 일을 한다. 바로 그렇기 때문에 역으로 사람에게는 윤리가 필요한데 표면적인 물건에 대한 열중은 그 윤리를 저버리게 만든다. 윤리란 내부로부터의 제동장치이므로.

그러면 윤리적 제동장치란 무엇인가? 그 기초는 반성능력, 자기비판 능력이다. 그리고 이 자기비판 능력이 가장 결여된 국민이 누군가 하면, 내가 아는 한 그것은 일본국민임에 틀림없다.

몇년 전에 사망한 서독의 칼 뢰비트[2]는 전쟁 중에 일본에서 연금상태에 놓여 있었다. 그는 전쟁 직후 이렇게 썼다. "일본인의 정신적 특징

---

1) Konrad Lorenz(1903~89): 오스트리아의 동물학자. 도시를 떠나 생활하며 동물별 고유한 행동을 연구한 결과로 비교행동학의 형성을 주도했고, 1973년 노벨생리·의학상을 수상했다. 대표 저서로 『솔로몬의 반지』(1949), 『인간 개를 만나다』(1950) 등이 있다.

2) Karl Löwith(1897~1973): 독일의 철학자. 나치 지배하에서 대학교수직을 잃고 1936년부터 41년까지 일본 토오호꾸(東北)대학에서 가르쳤다. 대표 저서로 『헤겔에서 니체로』(1939), 『근대철학의 세계개념』(1960) 등이 있다.

은 자기비판을 할 줄 모른다는 점이다. 있는 것은 오직 자기애, 즉 나르시시즘뿐." 이 지적은 마침내 실증되고 있다.

이를 좀더 구체적으로 말하면, 개인으로서의 자기애라면 그것은 에고이즘이 되며 자각도 있겠지만, 일본사회의 특징은 바로 이 자기애가 자신이 속한 집단에 대한 헌신의 형태로 나타낸다는 점이다. 따라서 개인의 자각 수준에서는 자신이 스스로를 희생하여 헌신하고 있다고 생각한다. 그 헌신의 대상이 국가일 때 국가주의가 생겨나고 회사일 때는 회사인간이 태어나 엄청난 에너지를 발휘한다. 그러나 그것은 사실 나르시시즘이며 자기비판과 정반대된다. 그것은 착각된 자기애, 나르시시즘의 집단적 변형태로서, 소속집단 없이 그 자기애를 사람들 앞에 내놓을 만큼의 윤리적 배짱은 없다. 정말 기묘한 상태다.

흔히 외국의 비평가들은 일본인을 집단주의자라고 평하는데, 일단은 맞는 말이다. 단 일본인의 집단주의는 상호관계체로서의 집단, 다시 말해서 사회를 사랑하는 것이 아니라 자신이 소속된 집단을 극도로 사랑하며, 이를 지나치게 사랑함으로써 자기애를 만족시키고 있기 때문에 거기에 근본적인 자기기만이 있는 것이다.

스스로는 자기희생을 치르고 있다, 자신은 헌신적이라고 생각하고 사람들에게도 그렇게 말함으로써 스스로를 정당화하지만 기실은 국가주의이고 회사주의인 것이다. 미쯔비시(三菱)주의, 이또오쮸우(伊藤忠)주의, 마루베니(丸紅)주의 등이 그것으로, 그들은 맹렬한 집단 팽창력을 갖고 있어 기업의 진출 에너지가 된다. 이것이 오늘날 일본 경제제국주의의 정신적 모습이라고 생각한다. 그리고 거기에는 자각이나 자기비판이 없기 때문에 이를 무너뜨리기가 쉽지 않다.

'쎄일즈맨의 죽음'이여, 오라

이 같은 에너지로 일본은 경제, 특히 금융경제에서는 세계를 제패하고 말았다. 일전에는 은행합병 이야기가 나온 적이 있었지만, 미국은 전후의 세계제국으로서 중근동·아시아·중남미 등에서 명백히 용서받을 수 없는 나쁜 짓을 하기도 했으나 그래도 극히 일부 사회현상 중에는 일본보다 훨씬 건전한 부분이 있다. 미국은행이라면 독자적인 자활정신이 있으므로 자기 은행의 특징을 살리기 위해 무턱대고 시장점유율을 확대하려는 짓은 하지 않을 것이다. 그러나 일본의 경우는 타이요오꼬오베(太陽神戶)와 미쯔이(三井)라는 엄청나게 큰 두 은행을 합병해 규모만 키워서 우선 점유율부터 늘려놓고 보자는 식이다. 경제학상 '셰어(ツェア, share)'같이 세련된 카따까나(片假名)를 쓰고 있다고 해서 경제현상이라고 생각하면 그건 큰 오산이고 거기에 내재하는 사고방식은 오로지 경제의 모습만 빌린 '영역 팽창주의'일 뿐이다.

또 한가지 이것은 타나까 나오끼[3] 씨의 지적인데, 예를 들어 미국인은 전후 몇십년 동안 토오꾜오의 일등지(一等地)를 매점하는 등의 짓은 하지 않았다. 하물며 미국의 부자가 토오꾜오에서 땅장사로 돈을 벌었다는 이야기는 들어본 적이 없다. 고(高)달러 시대 쪽이 압도적으로 길고 엔이 비싸진 것은 최근 몇년간임에도 불구하고 그 몇년 사이에 뉴욕에서도 오스트레일리아에서도 하와이에서도 그리고 유럽에서도 일본인들은 비싼 엔을 이용해 땅투기를 하고 있다.

---

3) 田中直毅(1945~): 경제평론가. 일본의 싱크탱크인 '국제공공정책연구센터'의 설립자이다.

기업가가 댓가를 지불하고 노력하며 노동을 해서 이익을 올린 것이라면 오히려 칭찬을 받아야 마땅하다는 것이 미국 자본주의의 오랜 매너다. 따라서 토지투기로 돈벌이를 하는 것은 금지되어왔다. 상행위 윤리인 신의성실의 원칙에 반하기 때문이다.

일본 자본주의를 구축한 정신은 다음 두가지라 해도 좋을 것이다. 그 하나는 제멋대로 경계를 확장하려 하는 다름 아닌 제국주의적 발상, 그리고 또 하나는 엔고나 토지투기 등을 이용해 돈벌이를 하려는, 다시 말해서 돈을 들이지 않고 돈을 벌려는 투기적 발상이다.

원래 일본은 1차대전 때부터 이미 어부지리를 얻었다는 소리를 세계 여러 나라로부터 들어왔고 전후 고도성장의 출발점 또한 한국전쟁으로 인한 특수 경기였다. 이웃의 불행을 밑천으로 돈벌이를 하려는 정신이 줄곧 변하지 않고 이어져온 것이다.

인간의 독립을 존중하는 것이 본래의 독립정신이라 할진대 청일·러일 양 전쟁으로 비로소 일본의 독립이 확립되었다는 말에서 알 수 있듯이 이웃 조선의 독립을 유린함으로써 단지 서구에 대한 자국의 독립을 확보했다고 한다면, 그것은 정신적으로는 독립이 아니다. 독립정신을 지닌 자라면 당연히 타인의 독립, 다른 사회의 독립도 존중할 테니까 말이다.

그러니까 예를 들어 식료품도 싸다면 무턱대고 사는 등 비용은 될 수 있는 한 들이지 않으려 한다. 거기에 캘리포니아 쌀 수입 문제의 본질이 있다. 먹는 이상 그것에 대한 비용은 마땅히 지불해야 하지 않는가. 그 비용은 정신적인 비용까지를 포함한다. 예를 들어 이 식료품은 어디서 어떻게 왔는지, 그것이 대만의 양식 장어라는 것을 알았다면 대만의 양식 장어는 어떻게 시작되었는지 등 인생을 주의깊게 반성하면서 살아가는 사람이라면 이제는 생활의 모든 국면을 개별적으로 생각하고 살펴보지 않으면 안 될 상황에까지 처해 있는 게 일본의 현 실정이다.

아무리 어려워도 팔아서는 안 되는 것이 있듯 상품화해서 될 것이 있고 안 될 것이 있다. 일본은 뭐든지 상품화해버린다. 상품화해서는 안 된다는 감각이 없다. 즉 경제윤리가 없는 것이다. 그것을 이코노믹 애니멀(economic animal)이니 뭐니 하는 그럴듯한 이름으로 불러서는 안 되는 것이, 애니멀은 해서는 안 될 것은 절대로 하지 않는다. 인간의 자유를 가장 악용하고 있는 것이 지금의 일본사회로, 모든 것을 전세계로부터 희생(비용)을 치르지 않고 사들여서 약간의 손질을 가해서는 다시 전세계에 팔아먹고 있다. '기술대국'인가 뭔가라고들 하지만 일본의 가장 뛰어난 기술은 물건을 상품화하는 기술, 상품으로서 팔아먹는 기술일 것이다. 뭐든지 상품화해버린다. 자신까지 상품화해놓고 있다. 거기까지 갔나 싶은 생각이 들어 암담한 기분이다. 그것이 '안락을 향한 전체주의'라는 병이 진행된 결과 생겨난 '상품에 대한 능동적 전체주의'의 현재 모습이다. '쎄일즈맨의 죽음'이여, 어서 오라고 말하고 싶은 심정이다.

반성 없는 팽창주의의 계보

무엇인가를 할 때 내부에서 체크가 안 된다, 팽창한다, 다시 말해서 반성이 안 된다는 것은 일본사회의 원래 성격인 동시에 근대 이래로 자라난 성격이라는 측면이 있다. 하지만 원래부터라고는 해도, 물론 안락을 향한 전체주의나 팽창주의를 조오몬(繩文)시대까지 거슬러올라가서 찾을 수는 없을 것이다. 그러나 그후 율령국가 때에는 이미 있었다. 이

시모따 쇼오[4] 선생이 지적했듯 일본의 율령국가에는 중화제국은 될 수 없지만 중화제국을 닮고자 하는, 소(小)제국주의의 충동이 있었다. 그 율령국가가 붕괴하고, 일본 역사가들이 말하는 중세라는 시대— 일본 역사가들의 분류에 나는 찬성하지 않지만—인 10세기 헤이안(平安)시대 말기가 되면 일본은 사회의 일부가 원시상태로 되돌아가서 한층 건전한 사회가 되었기 때문에 그 기간에는 팽창 충동이 비교적 적었다. 에도(江戶)시대에도 쇄국정책 덕분에 비교적 없었다. 메이지(明治) 이후는 어떤가 하면, 이때는 다시 당시의 대영제국을 모방하고, 급성장하는 독일제국을 모방하는 등 소제국주의를 향한 충동이 나타났다.

일본의 특징은 이러한 모방에 있다. 천황도 과거에는 중국의 황제를 모방하고 메이지 때는 유럽의 절대군주를 모방한 것이다. 그러나 반성 없는 팽창주의는 메이지 초기에는 비교적 약했다. 왜냐하면 그 무렵에는 사족반란이나 자유민권운동, 혹은 그 속에서 생겨난 민간으로부터의 헌법안 모두에 국가에 대한 비판정신이 존재했기 때문이다. 또 실제로 메이지 국가가 그에 따라 바뀔 가능성도 있었다. 바뀔 수 있다는 가능성이야말로 건전한 정신을 낳는다.

요즘 흔히 오해되는 것으로 후꾸자와 유끼찌의 탈아론(脫亞論)을 들 수 있는데, 일본이 아시아의 일원인 데에서 벗어나 서양권의 일원이 되자는 주장으로 알려져 있다. 물론 전혀 틀린 것은 아니지만, 후꾸자와의 논지의 배경에는 일본이 아시아의 일원이라는 자각 위에서 맑스 등이 '아시아적 생산양식'이라고 말한 그런 아시아성(性)을 극복하지 않으면 안 된다는 자기비판의 일면이 있었다. 오까꾸라 텐신[5]은 '아시아는

---

4) 石母田正(1912~86): 사학자. 유물사관에 기초해 고대와 중세를 연구했다.

하나'라고 말했지만 실은 아시아는 하나가 아니라는 사실, 그 같은 현상 (現狀)을 알고 있었다. 다시 말해서 목표를 선언한다는 의미에서 '하나' 라고 말한 것인데 이와 비슷한 정신적 동기를 후꾸자와도 지녔던 것이다.

그런데 불행하게도 이후의 역사가 청일·러일 전쟁에서 시작된 아시아제국에 대한 침략으로 일본만이 서양열강에 대해 독립성을 확보하고 그 대열에 들어서려는 방향으로 진전되었기 때문에, 그러한 선에서 과거를 향해 연장선을 그었을 때 후꾸자와의 탈아론과 정확하게 맞아떨어지게 된 것이다.

하지만 일본의 국가경영 속에서 점차 그러한 자기비판은 사라져갔다. 특히 청일·러일 전쟁 즈음부터 급격히 소멸되어버렸다. 이어서 거국일치주의가 득세하게 됨으로써 자유민권운동[6]의 이따가끼 타이스께 (板垣退助) 같은 사람까지도 그쪽으로 끌려갔다. 전통적으로 일본은 자기비판 정신이 약한 사회였다고 말할 수 있으리라.

2차대전 이전, 1920년대에 화려하게 등장한 맑스주의는 일본에 대한 자기비판, 일본사회를 대상화하여 세계사적 관점에서 일본사회를 비판하는 역할을 했다. 맑스주의가 탄압을 받게 되자 다른 여러가지 것들을 빌려서, 예를 들어 만하임[7]도 그중 한 사람이지만, 주로 서양사회에 대

---

5) 岡倉天心(1863~1913): 사상가, 미술교육가. 토오꾜오예술대학 건립을 추진했고, 서양에 동양문화를 알리는 데 힘썼다.
6) 1874년 이따가끼 타이스께 등이 애국공당(愛國公黨)을 결성해 '민선의원 설립 건백서'를 제출한 것을 계기로 시작해 1880년대까지 걸쳐 메이지 절대주의 정권에 맞서 민주주의적 개혁을 요구한 국민적인 정치운동이다.
7) Karl Mannheim(1893~1947): 헝가리 태생의 사회학자. 지식사회학을 개척했고, 1933년 나치를 피해 영국으로 망명해 전후 사회 재건을 위한 사회학 발전에 몰두

한 자기비판이 표현된 저작, 사상을 공부함으로써 자기비판이 이루어졌다. 그러나 그 또한 국가로부터 철저히 탄압을 받았다. 그리고 그것은 어디까지나 국가 규모 또는 일본사회 규모에서 볼 때 소수파에 불과했다.

2차대전에서 일본은 국가 전체가 송두리째 패배했다. 패배해보지 않고서는 알 수 없으므로, 그후의 전후사(戰後史)는 전전의 그 반성 없는 군사적 팽창주의에 대한 반성에서부터 출발하고자 하는 흐름과 음으로 양으로 그것을 진압하려고 하는 흐름, 이 양자의 갈등 속에서 묘사되었다. 그리고 점차 반성에서부터 출발하고자 하는 흐름 쪽—나도 그 일원이지만—이 열세가 되어서 극소수로 몰리게 되자, 내 식으로 표현하자면 '안락을 향한 전체주의'가 일본사회를 뒤덮어 고도성장이 만개하고 회사주의가 판을 치게 된 것이다.

그러나 그것도 이제 갈 데까지 간 듯하다. 일본기업이 전세계로 노도와 같이 흘러나가는 경향에 대해 세계 각지의 현지인, 특히 제3세계 사람들이 침묵하고 있지만은 않았다. 그것은 너무나도 당연한 현상으로, 얻어맞아 다 죽게 생겼는데 어느 누가 '죽여주셔서 고맙습니다'라고 말하겠는가. 지금은 이미 거기까지 온 것이다. 그리고 일본의 정치정세에도 미세한 변화의 징후가 보이기 시작했다. 과연 이 작은 변화가 지금 일본사회가 안고 있는, 더할 수 없이 죄 많은 팽창주의가 가져다준 상품 유통의 '번영'에 대한 자기비판으로 이어질 수 있을지 의문이다. 일본사회는 지금 그러한 선택의 기로에 서 있다. 그러나 세계를 제패하고 일

했다. 주요 저작으로 『이데올로기와 유토피아』(1929), 『재건시대의 인간과 사회』(1935), 『우리시대의 진단』(1943) 등이 있다.

본만이 안락하고자 하는 일본의 안락주의는 방대한 사실의 집적으로서 현실화되고 있어 이를 고치기까지는 엄청난 노력이 필요할 것이다.

종말의 시대에 있어서의 자기반성의 결여

지금 징조가 보이는 정권교체만 하더라도 과연 자기반성하에서 이루어지고 있는지가 문제다. 사실은 사회당[8]도 전후 그러한 출발을 했을 텐데도 지금은 좀더 현실적으로 변해야 한다는 식으로 안락주의에 대한 동의를 요구받고 있다. 원래 도이(土井) 씨 주변 그룹은 괜찮다고 생각한다. 오오부찌(大淵) 씨라든가 도오모또(堂本) 씨 등. 그러나 정치라 함은 구체적인 절차를 밟아서 과제를 실현해가는 일 아닌가. 지금 안고 있는 과제가 막중한데 그 과제를 조금씩 실현시켜가기 위한 구체적인 수순을 어떻게 만들어갈 것인가, 그리고 그것을 위해서는 여러가지 타협도 필요할 것으로 생각된다. 원칙 없는 타협만 아니라면 괜찮을 것이다.

예를 들어 고르바초프는 러시아 관료주의를 척결하기 위해서 인민대의원대회의 선거를 기다렸다. 그랬더니 절묘하게도 기존 대의원의 6할이 낙선했다. 굳이 목을 자를 필요가 없었던 것이다. 실제로 그들이 낙선했기 때문에 추방 근거도 정당했다. 그는 정당성의 근거 위에서 관료주의를 하나하나 척결해가는 방법을 택했다.

---

8) 1945년 결성된 일본의 사회민주주의 정당이다. 도이 다까꼬(土井多賀子)는 1986년 위원장으로 취임했다. 그녀의 지도하에 당은 1989년 참의원 선거에서 승리하고 이듬해 중의원 선거에서도 약진하지만, 1991년 지방선거에서 패해 이를 책임지고 도이는 사퇴한다.

물론 그런 식으로 처리하는 것은 문제가 있다고 본다. 그러나 정치가 원래 그렇게 뒤떨어진 것이다. 정치란 앞서가는 것이라는 종래의 통념이 잘못된 것이다. 정치는 한발짝 늦게 간다. 해결해야 할 문제는 이미 나와 있고 그 문제를 해결하는 것이 정치인데 그 해결에는 수순이 필요하므로 점점 더 늦어지는 것이다. 이를 해소하기 위해서는 무엇보다 진보적인 인식과 늘 문제 곁에 가까이 있는 사회운동이 반드시 필요하다.

그리고 정치는 본래 뒤떨어진 것이지만 당면한 문제를 구체적인 수순 위에 올려서 해결해나가는 것인 만큼 큰소리로 외치기만 한다고 되는 것은 결코 아니다. 거기에는 비용도 들고 시간도 걸리며 지혜도 필요하다. 따라서 이제 우리는 해결해야 할 과제의 크기와 정치적 실력의 왜소함 사이의 간격을 실감하게 된다.

일본의 경제적 번영은 전후 미·소 간의 오랜 냉전──이라기보다 아시아에서는 실제로 열전이 불을 뿜었지만──을 디딤돌로 이용하여 이루어졌다. 그야말로 '어부지리'인데 그것이 드디어 끝나가고 있고 다음 시대로 옮겨가고 있다. 그런 상태에 관한 인식을 이른바 일본의 '유권자'들은 느끼지 못하고 있는 듯하다. 40년 동안 잘 되어왔다, 이대로 계속 갈 수 있을 것이다라는 분위기가 전사회를 뒤덮고 있다. 그렇지 않고서는 이렇게까지 재테크 붐이 확산될 리가 없다.

하지만 앞으로 어떻게 될지는 알 수 없다. 그야말로 일본기업은 일제히 국외로 나가 대기업치고 국외로 진출하지 않은 기업은 하나도 없지 않은가. 이 같은 진출에 대해 세계적인 포위망이 형성될 것이고 그것말고는 이를 억누를 방법이 없다는 것이, 정말 유감스럽기는 하지만 사실이 그렇다.

일본 포위망이 시작되다

일본은 자기개혁 능력이 없다는 말은, 경제마찰 문제, 즉 경제제국주의 간의 모순 속에서 미국정부가 일본정부에 대해 언급하게 된 표현이다. 문화의 문제로 이미 40여년 전부터 들어온 지적이 미국정부 차원에서 상업상의 '경제마찰' 문제를 통해 언급되자 비로소 문제로서 자각되고 있다. 상품주의 사회가 원래 그러하나 일본의 경제행위에 있어서의 배타적 집단주의는 어떤 부분에서는 세계 공통인식의 하나가 되어버렸다.

그 같은 '일본문화의 문제'가 경제 분야의 상품거래와 경쟁 가운데서 비로소 명확하게 제시되고 있다는 점은 흥미롭다. 그러나 그런 문제의 부담은 모두 제3세계에 떠넘겨졌다. 중요한 것은 바로 이 점이다.

코자이 요시시게[9] 선생은 벌써 여든아홉이 되었는데도 여전히 생각하는 것은 건강하여서 내가 일본에 온 아마존 인디오 지도자 파이어 칸씨의 이야기를 듣고 감동을 받았다고 전하자 "역사의 중심이 그쪽으로 옮겨간 것"이라고 한마디로 잘라 말했다. 코자이 선생은 젊었을 때 헤겔을 공부했기 때문에 역사의 정신은 이동한다는 헤겔의 역사관을 지니고 있을 텐데, 그의 단언처럼 역사의 가장 아픈 곳, 인류사회의 가장 고통스러운 부분에서 나오는 행동이 사회를 움직이는 원동력이 된다는 의미에서 역사의 중심은 지금 명백히 제3세계에 존재한다. 그 고통을 강요하고 있는 장본인이 바로 일본, 미국, 유럽 등의 '선진국'이다.

---

9) 古在由重(1901~90): 철학자. 1932년 토사까 준(戶坂潤) 등과 함께 '유물론 연구회'를 설립했고, 1933년과 1938년 각 두차례 치안유지법 위반으로 투옥된 바 있다.

일본, 미국, 유럽은 공업사회로 자연을 파괴하고, 그 자연 파괴의 댓가를 제3세계에 강요하는 공통점을 지니고 있지만 일본과 다른 점은 특히 유럽의 경우 자기비판의 문화적 전통이 있다는 것이다. 문화란 자기비판의 전통인데 그것은 그리스에서부터 비롯되었다. 따라서 지금도 자연을 파괴하는 것이 얼마나 인간 스스로를 파괴하는 것인지, 그리고 자연을 오염시키는 것이 얼마나 인격 그 자체를 오염시키는 것인지를 잘 알고 있다.

이것도 코자이 선생의 말을 빌려 표현하자면 '휴먼 네이처(human nature) 중에서 네이처(nature) 부분이 없어진 것이다'. 네이처 부분이 없어진 인형이 지금 일본사회 도처에 굴러다니고 있다. 자연스러운 느낌이 전혀 없는, 자동적으로 움직이는 인간 같은, 감정을 상실한 인간들로 가득 차 있다. 한국의 경우를 예로 들면 황석영(黃晳暎) 씨 같은 사람들에게서 휴먼 네이처의 네이처를 느낄 수 있을 것이다. 직접 만나보지는 못했지만 그의 글을 통해 감지할 수 있다.

역사의 원동력이랄까, 인류사회의 모순의 고통을 짊어진 제3세계 사람들이 일본사회를 고쳐나가기 위해서 조만간 포위망을 만들어줄 것이라는 사실은, 나로서는 고맙기는 하지만 면목없는 일이다. 안락을 향한 전체주의 속에 살고 있으면서 그것을 반성하기 위해 다른 사람의 실존적 고통이 사회적으로 표현되기를 기다리며 그것에 의존할 수밖에 없다는 사실은 정말 한심하기 이를 데 없다. 정말 심리적으로 고통스러운 일이지만 그런 심리적 고통을 지님으로써 겨우 그 포위망의 한구석에라도 참여할 수 있을지도 모른다.

포위망은 만들어질 수밖에 없다. 그것이 만들어지면, 국외로 나가 있는 일본기업은 일제히 혹은 줄줄이 후퇴할 수밖에 없을 것이다. 그러지 않으면 지구를 죽이고 말 것이기 때문이다. 미국기업, 유럽기업, 일본기업이 모두들 G7인가 뭔가 하는 잔재주로 속여서 현상유지를 하려 한다. 일본국민의 대부분은 현상이 유지될 것이라는 예상하에 자산목록 따위를 잔뜩 만들고 있다.

하지만 전후의 경험에서도 알 수 있듯이 눈사태를 만나 일거에 무너져버릴 수도 있다. 그렇게 되면 당장 내일 먹을 것조차 없게 된다. 그럴 때 인간은 단련되며 또 이미 일본사회는 단련을 받는 것 이외에 달리 재생의 길이 없는 게 아닐까 싶다. 머지않아 그 환영해야 할 '불쾌한 사태'에 직면할 것으로, 다시 말해서 경험 속의 경험을 하게 될 것 같다.

군사적 패배처럼 몇월 몇일 몇시에 항복 조인을 했습니다라는 식으로는 안 될 것이다. 성치범과 사상범을 전면 석방하고 사상·언론의 자유를 부여하라는 승전국의 명령에 의해 시간이 특정되는 식으로는 안 된다. 그러나 일정한 폭을 지닌 시간대 속에서 모두가 눈사태를 맞아 철수하게 되었을 때는 어떻게 살아가려 하는가? 자연의 일원으로서 인간이 살아가는 방식을 한 사람 한 사람에게 묻게 될 때가 도래할 가능성이 없다고는 어느 누구도 단언할 수 없을 것이다. 나의 작은 희망을 그런 데에 걸고 있다.

'마멸'을 강요하는 사회

이 같은 상황에 생각이 미치기 시작한 사람들이 최근 급속히 늘고 있다. 일본국민 전체 수에 비하면 소수겠지만 절대적인 수는 급격히 늘어나고 있다고 본다. 그래서 나는 요즘 새삼스레 사람들 앞에서 말하기 시작했다. 십여년간 학교에서말고는 사람들 앞에서 이야기한 적이 없었지만, 요즘은 요청이 있다면 사람들 앞에서 이야기를 하려 한다. 아무튼 그런 사람들이 급속히 늘어나고 있으니 이를 더욱 늘릴 수 있기를 바라면서 말이다.

서구사회에는 자기비판의 전통이 있다. 우리는 이러한 자기비판 전통의 축적에서 교훈을 얻지 않으면 안 된다. 일본에는 이러한 전통이 눈곱만큼도 없다고 해도 틀린 말이 아닐 것이다. 무턱대고 서구 배제주의를 내세울 일은 아니라고 본다.

콘라트 로렌츠, 줄리언 헉슬리, 레이철 카슨(Rachel L. Carson)을 비롯해 경제 부문에서는 『성장의 한계』(*The Limits to Growth*)를 쓴 도넬라 메도즈(Donella H. Meadows)와 문학자로는 E. M. 포스터(E. M. Forster), 식물학자로는 비버즈 카터(Wendy Veevers-Carter) 등에게서 자기비판의 상당히 뛰어난 인식력을 발견하게 된다. 우리는 그것을 배울 필요가 있다.

그런 의미에서 일본사회 내의 동양철학 붐을 나는 그다지 신용하지 않는다. 일본에는 동양철학이 없다. 동양철학은 중국이나 인도에 있는 것으로, 일본에 있다고 말하는 자들의 동양철학이란 모두 중국의 것을 모방한 것이며 게다가 그것마저 제멋대로 왜곡한 것에 불과하다. 그보다는 차라리 일본 양학자(洋學者) 쪽이 그래도 더 정확히 인용하고 있다고 본다. 그리고 일본적인 '동양철학 붐'은 서양의 자기비판 문화까지도 배제하는 배타주의적 동기에서 나온 것이다. 이러한 배타주의가 마음에 들지 않는다. 배타주의는 어떤 형태의 것이든 좋지 않다.

최근 몇년 사이에 일본에서는 아직 눈에 잘 띄지는 않지만, 풀뿌리 수준의 강한 배타주의가 생겨나고 있는 듯하다. 예를 들면 어린아이들 사이에서는 재일조선인에 대한 노골적인 차별이나 구박(이지메いじめ)이

행해지고 있으며 외국인 노동자에 대한 차별이 점차 확산되고 있다. 다만 다른 소수의 움직임도 나타나기 시작했다. 예를 들어 일전에 지문채취 문제에 대해 일본정부는 은사(恩赦)라는 방법으로 이를 얼버무리려 했는데 이는 명백한 속임수다. 이에 대해 헌법 판단을 요구하는 소송을 제기한 한국인 및 재일조선인에 대한 판결에서 "원고의 정신적 동기는 충분히 이해할 수 있다"라는 재판관 의견이 첨부되었다. 국가에 대한 추종 경향이 눈에 띄게 강해진 재판관들조차 그 같은 단서를 붙이지 않으면 안 될 정도가 된 것이다.

이것만 보더라도 지문재취 등이 부당하다고 생각할 정도의 상식을 가진 사람이 소수이기는 하지만 늘어나고 있음을 알 수 있다. 자연파괴 문제에 생각이 미친 사람이 늘어난 것처럼, 일본의 경제제국주의가 팽창하는 경향에 불쾌함을 느끼기 시작한 사람들이 급속히 늘어나고 있다는 증거가 아니겠는가!

하지만 아직도 서경식(徐京植) 씨가 지적하는 '풀뿌리 배타주의'는 일본사회에 강고하게 자리하고 있다. 그의 말을 빌리면 차별을 당하는 쪽은 일본사회 안에서 매일매일의 일상적인 삶 가운데 '마멸감(磨滅感)'을 맛보게 된다.

이 '마멸'이라는 용어는 이이다 타이조오(飯田泰三) 씨가 보여준 책에서 발견한 것인데, 19세기에 윌리엄 모리스(William Morris)가 아이슬란드의 사거(saga, 구전문학)에 관심을 가지고 이를 연구하여 영국인에게 소개한 글에서 사용한 말로, 아이슬란드 사람들은 '문명'을 경험하지 않은 덕분에 사거가 전승되고 있는데 반해, 유럽에서 문명을 경험한 자는 모두 로마제국의 '맷돌에 갈려 가루가 됨'으로써 문명화되었다는 것이다.

모리스의 표현은 "passing through the mill of Roman Empire" — 로마 제국의 맷돌을 통과하다(갈리다) — 이다. 그런데 이를 영어사전에서 찾아보면 '온갖 어려움을 거쳐서(고통을 겪고)'로 되어 있다. 이걸로는 감이 잡히지 않는다. '맷돌에 갈려 가루가 되다', 즉 '마멸'이라는 것은 과연 어떤 느낌일까?

큐리아서티의 결여와 '풀뿌리 배타주의'

일본사회는 동질성이 압도적으로 강해서 동질적인 것을 선호하고 이질적인 것을 싫어한다. 이 점이 일본인이 이웃이나 소수인 또는 자연을 대수롭지 않게 파괴해버리는 근본적인 동기 중 하나다. 이질적인 것, 타자를 싫어함은 자신 이외의 것을 알려고 하는 의욕이 결여되어 있음을 뜻한다.

호기심이라는 것은 원래 다른 것에 대한 것이지 자신에 대해 호기심을 갖는다는 것은 있을 수 없다. 로널드 도어[10] 씨는 "일본어에 없으며, 따라서 일본인에게 없는 것은 큐리아서티(curiosity)다"라고 말한 적이 있다. 보통 '큐리아서티'는 '호기심'으로 번역되고 또 '호기심'이라는 일본어를 모르는 도어 씨가 아니므로 그는 이 번역어에 이의를 제기하고 있는 셈이다. 호기심이란 극히 희귀한 것, 예를 들면 써커스쇼를 보려고 모여드는 일과 같고 큐리아서티는 다르다는 이야기다.

그것은 우선 무상(無償)의 것이다. 자신과 다른 것에 관심을 갖고 그

---

10) Ronald P. Dore(1925~): 영국의 사회학자, 일본 전문가. 주요 저서로 『일본의 도시 생활』(1958), 『에도시대의 교육』(1965) 등이 있다.

관심에 대한 보상을 기대해서는 안 된다. 하지만 일본인은 보수를 기대한다. 다시 말하면 모든 것을 상품으로 취급한다. 그것은 큐리아서티에 반하는 것이다.

큐리아서티의 또 하나의 특징은 자신과 다른 것에 대한 애정이다. 자기애(自己愛)의 사회인 일본에는 그것이 없다고 지적한 도어 씨의 통찰이 대단히 예리하다고 생각되어 나는 탄복했다.

일본에는 애완동물 붐은 있을지언정 동물에 대한 진정한 애정은 없다. 회사에 대한 헌신과 마찬가지로 혼자 독립해서 살 수 없는 애완동물을 자신의 분신처럼 길들여서 쓰다듬는 상황은 자신을 쓰다듬는 것과 다를 바 없다. 콘라트 로렌츠처럼 자유로운 상태에 있는 동물을 사랑하는, 가축화되지 않은 야생의 동물이기 때문에 사랑하는 그런 노력을 통해서 인간사회에 대한 반성적 자각이 생겨난다고 생각하고 그렇게 살아가는 사람은 일본에는 많지 않다.

『솔로몬의 반지』(Er redete mit dem Vieh, den Vögeln und den Fischen)에도 썼지만 다양한 동물을 접해본 로렌츠는 그들을 자유로운 상태에서 만나야 한다고 했다. 동물은 예민하기 때문에 길들여지는 순간에 이미 위축되어 노이로제에 걸리게 된다. 애완동물에게는 노이로제가 일상화되어 있다. 타자를 일상적으로 노이로제 상태로 만듦으로써 스스로를 위안하는 것이 동질성만을 선호하는 사회가 끼치는 '마멸'작용의 심리적 측면일 것이다.

거기에는 오직 배제가 있을 뿐인데, 이는 큐리아서티, 다시 말해서 무상성(無償性) 및 자신과 다른 것에 대한 애정, 자신과 다른 것의 독립성을 마음속 깊이 인정한 다음 그것에 대해 알아보려는 감각이 없기 때문이다. 타자를 타자로서 사랑한다는 것은 역으로 말하면 자신의 한계를 알고 싶어하는 것이며 그 단계에서 자기비판의 정신으로 연결된다. 인간은 가만 놓아두면 제 하고 싶은 대로 해버리므로 인간의 한계를 아는 바, 그것이 곧 윤리다.

일본의 자연보호운동은 대개 돈많은 사람들이 모이는 궁정의 자연문화교실 같다. 포스터가 심한 경멸조로 일부러 비웃음을 섞어서 '허버트 웰스(Herbert G. Wells) 같은 자연보호가 아니라'라고 따옴표를 붙여가면서 지적했듯이, 돈깨나 있는 자들의 애완동물 붐이나 식목 붐 따위의 자연보호가 아니라 정말 자연을 소중히 여기는 보호운동이 일본에는 일어나지 않는다. 인간 본성이 자신의 본성을 소중히 여기듯 인간 이외의 본성 그 자체를 소중히 여기는 감각을 가진 운동은 일본 내에서는 나오기 어렵다.

일본에서 민주주의라고 하면 처음에는 다수결뿐이었다. 그후 점차 다수결만으로는 곤란하다는 사실을 일본의 정치학자들도 알게 되어 소수를 존중하는 방향으로 바뀌어왔다. 미국은 이민사회고 모두가 소수자이므로 절대적 다수란 없다. 따라서 미국의 비판적인 정치학에서는 민주주의란 소수의 권리를 존중하는 것이라 되어 있다. 그것이 일본에 들어오면 일본 국내의 소수 의견을 존중하는 것이라든가 언론 수준의 문제로 변해버린다. 소수의 존중이란 본래 생활양식 및 그밖의 모든 것을 포함한 존재로서의 존중이다.

일본 내에서 그 대표적 피해자는 재일 한국·조선인이며, 그다음으로는 일본의 역사적 책임이 걸린 문제, 극소수가 되어버린 아이누 사람들이며 그다음으로 외국인 노동자로 일컬어지는 사람들을 들 수 있다. 오늘날의 '풀뿌리 배타주의'는 이들을 바깥으로 쫓아내버리는 것이 아니라 밑으로 처박아넣는다. 가장 밑바닥의 노동의 장으로 밀어넣고 거기에 벽을 쌓으려 한다. 이것이 지금의 풀뿌리 배타주의의 실상이다.

이러한 사회적 차별의식 속에 놓인 사람의 상태에 관해 한 젊은 조선인 친구에게 물어보니 그는 이렇게 말했다. 가령 돈이 없어서 할부로 자전거를 사려고 한다고 치자. 할부판매를 하는 백화점식 가게는 많지만 할부판매를 부탁하고 마지막으로 주소와 이름을 말하면 그 순간에 거절당한다. 오랫동안 그 지역에서 살아왔으니 주소도 확실하고 스쳐 지나가는 사람에게 할부판매를 하는 것도 아닌데, 제3국 출신일 경우에는 언제 사라질지 모른다는 이유로 거절당한다. 돈을 모아서 살 수밖에 다른 도리가 없다. 집을 얻을 때에도 복덕방을 몇집이나 돌아다녀야 한다. 이 정도 값에 이 정도의 집이면 괜찮겠다고 골라서 집주인을 만나 이름을 말하는 순간 '안 되겠는데요'라고 거절당한다.

구실도 여러가지라 일일이 들어서 소송을 제기하거나 공론화하기도 어렵다. 문제를 제기하면 지나치게 과장하는 듯 보일 수도 있다. 그래서 결국은 분노를 삼키며 참을 수밖에 없다고 한다. 일상적이고도 소소하나 일상생활에서 꼭 필요한 일들 가운데서 다른 사람에게 말하기는 주저되는 차별, 일일이 들추어내서 말하면 푸념만 늘어놓는 것처럼 보이니 말도 못 하는, 그런 차별이 누적되어간다. 참기 위한 노력만으로도 점차 기진맥진해지고 만다. 이것이 바로 그 '마멸감'이 아닐까.

그런 일을 매일매일 한두번은 어김없이 겪는다는 것이 인격적으로 얼마나 굴욕적인지 일본인은 알아야 하며, 알 의무가 있다. 하지만 그러한 마멸감을 안겨주는 사회를 허용하고 있는 것이 현 일본사회다. 일본에서 민주주의를 말하려면 무엇보다도 먼저 일본 내 소수자를 일상생활 속에서 맷돌에 쑤셔넣고 있다는 반성에서부터 출발하지 않으면 안 된다. 국회가 있으니까 민주주의사회라는 주장은 말도 안 되는 소리다.

스스로 만든 국회도 아닌 주제에 말이다. 민주주의란 보다 생활감(生活感) 그 자체, 생활의 존재양태에 달려 있다고 생각한다. 그러한 것에 대한 반성에 이를 수 있느냐 없느냐가 문제다.

그러나 과연 지구를 멸망시키기 전에 일본사회는 거기에 이를 수 있을 것인가?

콘라트 로렌츠가 죽기 전에 가진 인터뷰의 대답 중 두가지가 인상적이었다. 하나는 "(지구는) point of no return─돌이킬 수 없는 지점을 이미 넘어섰다. 하지만 그렇다고 비판만 하고 있을 수는 없다"라고 한 말이다. 또 하나는 "고르바초프에 대해 어떻게 생각하는가"라는 물음에 "나는 고르바초프에게 대단히 호감을 가지고 있다. 그는 낙천적인 기분을 갖게 해준다. 그러나 나는 열광하지는 않는다. 왜냐하면 환멸은 싫으니까"라고 말한 점이다. 멋있지 않은가? 일본의 정치변동의 현상태에서도 그런 느낌을 받지 않는가? '그것은 내 기분의 낙천성을 약간은 되살아나게 해주었다. 나는 늘 비관적이니까. 그러나 열광은 하지 않는다. 왜냐하면 환멸은 싫으니까.' (웃음)

화학전에서 승리란 있을 수 없다

얼마 전에 NGO 계열의 국제회의 때문에 일본에 온 인디오를 만나 정말 깊은 감동을 받은 적이 있다. "당신들이 풍요롭게 살고 있는 것과 마찬가지로 우리는 아마존의 숲속에서 풍요롭게 살아왔습니다"라고 그는 말했다. 실은 이 사실도 일본인은 전혀 이해하지 못하는 게 아닐까? 이 풍요는 "이 번영을 지킵시다"라던 우노(宇野) 전 수상의 선거연설, 그러한 풍요와는 전혀 다른 종류의 것이다. "우리도 풍요롭게 살아왔습니다. 그런데 갑자기 백인과 일본의 기업들이 들어와서 댐을 만들었습니다. 그래서 여기저기 호소하러 돌아다녔습니다." 그 다른 형태의 풍요에 대해 그는 그야말로 당당하게, 그것도 으스대며 뽐내는 것이 아니라 정말 자연스럽게 이야기했다. 그리고 이야기가 끝난 뒤 마침 통로에 있던 나와 눈이 마주치자 빙긋이 웃었다. 그 웃음이 정말 멋졌다. 거드름을 피우지 않는 위엄에 자연스럽게 친밀감이 들었다.

그의 이야기 중에 "숲은 우리의 대학이다, 우리는 숲으로부터 모든 것을 배운다. 숲은 우리의 병원이다, 숲에서 우리는 병을 고친다. 숲은 우리의 약국이다, 숲이 우리에게 약을 제공한다. 숲은 우리의 거주지다. 즉 숲은 우리의 전부다. 우리들 자신은 숲에게 전부가 아니지만 숲은 우리들에게 전부다"라고 말했다. 감동적이었다.

그런 요지의 이야기를 아주 간결하게 건넨 뒤 마지막에는 "말을 적게 하는 게 중요하다. 말을 많이 하면 호소력이 약해진다"고도 했다. 그것은 '교언영색(巧言令色)이 적은 것이 인(仁)'이라든가 '침묵은 금'이라든가 '말을 많이 하지 말라'든가 '말을 할 때는 낮은 목소리로 말하라'와 같은 인류사회에 보편적인 격언일 텐데, 그는 그런 격언을 인용하며 "나는 짧은 말로 끝낸다. 이렇게 해야 내가 말한 바를 여러분이 오랫동안 기억해줄 테니까. 부디 내가 한 말을 오랫동안 기억해주시오"라고 이야기를 마무리했다. 정말 멋있는 말이었다. 일본의 어떤 웅변가보다도 좋았다. 그것은 자연 속에서 살고 있는 사람들의 건강함 같은 것이었다.

굳이 포스터나 줄리언 헉슬리를 인용하지 않더라도 자연을 더럽히는 자는 스스로가 더럽혀지는 법이다. 그 더럽혀진 인간 집단이 지금의 일본사회다. 뭔가 손을 쓰지 않으면 안 된다.

레이철 카슨이 『침묵의 봄』(*Silent Spring*)을 출판한 것이 1962년이므로 벌써 28년, 쓴 해로부터 치면 30년이 지났다. 거론하는 사례는 모두 50년대의 것이지만, 이 책의 대단한 점은 원리적으로 화학전(chemical war)이 인간에게 행해질 때는 물론이고 자연에 행해질 때도 승리는 절대로 있을 수 없다고 지적한 부분이다. 2차대전이라는 전체주의 전쟁 때부터 '합성'되어 만들어지기 시작한 화학물질은 자연 속에는 없는 물질이다. 그 물질을 자연 속에 투입하면 그것이 연쇄반응을 일으켜서 생태계를 전부 파괴해버리고 말 것이다. 또한 공중 살포 방식으로 화학약품을 쓰는 것은 당면한 이익만을 생각해 피해를 주리라 여겨지는 것을 전멸시키려는 절멸사상이며 홀로코스트와 같은 전체주의적 발상이라고 지적했다.

그 전체주의적 자연절멸법, 구제법(驅除法)을 사회적으로 개발하기 시작한 때는 2차대전 시기였다. 더 거슬러 올라가면 1차대전 때의 독가스 사용을 들 수 있겠지만 전면적으로는 2차대전 중에, 베트남에서 고엽작전에 쓴 것과 같은 짓을 하려고 화학회사가 개발한 것이다. 2차대전이 끝난 뒤 화학회사의 폐업을 막을 방법을 찾다가 자연 속의 해충구제를 명목으로 비행기 '폭격'을 시작하게 된 것이다.

즉 총력전 체제 속에서 개발된 기술과 방법을 전후에도 식량생산 등의 경제 부문에서 사용하기 시작한 것이 화학약품을 사용한 해충구제법이다. 따라서 이는 역사적으로도 전체주의적이고 그 방식도 전체주의적이며, 또 절대로 승리할 수 없는, 결국은 자신의 발 밑을 스스로 파들어가 무너뜨릴 뿐이라는 점을 그 책은 지적하고 있다. 단지 DDT 사용을 그만두자는 이야기가 아니다.

그러니까 까딱 잘못 이해하면 또 같은 짓을 되풀이하게 된다. '대체품'이란 게 다 마찬가지다. 탄화수소 속의 수소 부분을 염소로 바꾸어 DDT를 만들거나 BHC를 만드는 등 연장선상에 있기 때문이다. 프론(flon) 역시 듀폰 사(社)가 발매한 상품명이 일반화되어 프레온(Freon)이라 불리는데 이 또한 마찬가지다. 대체품이라 하더라도 그 대체품이 나쁘다는 것을 알게 되었을 때는 이미 큰일이 벌어져 있는 것이다.

일본정부가 주최한 환경문제에 관한 토오꾜오회의 같은 것이 정말 엉터리라 생각되는 것은, 토지나 물의 오염은 전혀 문제조차 삼지 않고 있기 때문이다. 첫째, 대지나 물 그 어느 것도 인간만의 소유물이 아니다. 둘째, 인간 내부의 문제에 한정해서 말하더라도 여러 민족들의 생태적 지위에 따른 고유한 생활양식을 존중하는 것이 현대적인 독립정신의 바람직한 존재형태라고 생각한다.

네이처에 기초한 네이션의 독립

아마도 소련이나 유럽은 이제 조금씩이나마 그런 방향에 눈을 돌리고 있는 듯하다. 인류사회가 안고 있는 사회적 모순으로 인한 최대의 고통을 모조리 짊어진 제3세계 사람들의 문제를 해결하기 위한, 뒤처진 정치의 구체적 수순은 유럽회의와 소련 쪽이 먼저 취하게 될 것 같다. 그런 의미에서의 정치의 중심이란 미국에 있는 것이 아니다. 하물며 일본은 말할 필요조차 없다.

소련에서는 여러 민족 문제가 일어나고 있고 이를 일본에서는 마치 비웃듯이 보도하고 있으나, 적어도 러시아는 러시아혁명 훨씬 이전부터 민족 문제가 최대 과제라는 자기인식이 있었다. 레닌은 "분리의 자유를 원칙으로 하지 않는 결합은 이혼의 자유를 인정하지 않는 결혼과 마찬가지로 아무런 적극적 의미를 지니지 않는 강제적 결합에 지나지 않는다"라고 말했다. 그런 인식을 스딸린주의 속에 억지로 동결시켜놓았던 것이며 그러한 사실을 고르바초프는 물론 누구나 다 알고 있다고 생각한다. 그러므로 많은 비용을 지불하더라도 결국은 여러 민족들의 사회생활 수준에서의 독립성을 승인하는 것이 도리고 또 그렇게 할 수밖에 없을 것이다.

그리고 각국은 전통적인 의미에서의 주권국가라는 개념에서 벗어나 중앙정부는 각 민족의 독립 존중과 그들 간의 분쟁을 가능한 한 줄여나가기 위한 조정기관 역할을 하고 또 그것을 느슨하게 통합하는 본래적인 의미의 연방제로 갈 수밖에 없을 것이다. 그러한 방향성은 이미 나타나고 있다.

유럽도 각 나라마다의 국가 주권성, 그 최고 절대성 등의 전통은 이제 단절되고 단지 여러 지역 중의 하나라는 인식이 일어나 그 지역마다의 언어 및 생활 등의 생태적 지위에 어울리는 집단을 독립사회로서 승인하는 등 느슨한 통합체로 변모할 수밖에 없는 것이 아닐까? '민족', 네이션(nation)이라는 말은 네이처(nature)와 어원이 같은 말이므로 그러한 생태적 지위에 어울리는 사회집단으로서의 민족들이 존중되는, 그 것들의 통합체 같은 것으로 변해가야 한다는 자각이 이미 태동하고 있다고 생각된다.

1968년 내가 영국에 있을 때의 일이다. 유럽공동체(EC)의 전신인 유럽경제공동체(EEC)가 만들어져서 영국도 가입할 것인가 말 것인가로 옥신각신하고 있었는데 만년의 아이작 도이처(Isaac Deutscher)는 한 잡지에 "EEC가 장래 유럽 사회주의—그는 사회주의자였으므로 사회주의라고 말했지만—의 기초가 될 것"이라고 썼다. 나는 그때는 '정말 그럴까?' 하는 의문을 가졌었는데 지금 와서 보니 최초의 제언으로서 선견지명이 있었다는 생각이 든다.

'문화'와 '국가'는 한 덩어리가 되지 않는다

지금 일본정부는 제3세계에 군사독재정부, 경찰국가가 형성되는 것을 선호하고 있다. 거기에 진출한 일본기업이 경찰국가로부터 보호를 받으니, 그 사회의 사람들에게는 미움을 받더라도 일본기업이 피해를 입지 않도록 경찰국가와 손을 잡는다. 필리핀의 마르코스가 그 전형인데, 말하자면 그런 방법을 쓴다는 것이다. 그러나 정작 필요한 것은 그러한 국가 단위의 유착현상이 아니라 사회 단위의 공존과 상호존중이며 이것이 당면한 목표다. 그리고 그러한 정신적인 태도가 가능하려면 일본 내에서부터 소수민족에 대한 존중이 이루어져야만 한다. 지문채취 같은 것을 하고 있는 한 그 목표는 도저히 달성될 수 없을 것이다.

리쿠르트 사건[11]을 계기로 정치 쪽에서는 열심히 윤리니 도덕이니를 들먹이고 문부성에서도 도덕을 운위하는 모양이지만 애시당초 국가가 윤리 운운하는 것 자체가 이상한 일이다. 윤리라는 게 절대적으로 필요한 이유는 앞에서도 말한 것처럼, 다른 동물은 모두 해서는 안 될 일은 하지 않도록 유전적으로 각인되어 있는데 인간만이 방치해두면 해서는 안 될 일도 하기 때문이다. 인간 일반에게 필요한 것으로서의 윤리이므로, 국가와 같이 어떤 특정 집단을 통제하는 기관에 불과한 것이 윤리를 운위해서는 안 된다.

---

11) 1988년에 불거진 일본 최대의 정치권 뇌물수수 사건이다.

전후에, 이는 요시노 겐자부로오[12] 같은 사람에게도 다소 책임이 있다고 생각하지만, 아마노 테이유우(天野貞祐), 타나까 코오따로오(田中耕太郎), 아베 요시시게(安倍能成) 그리고 난바라 시게루(南原繁) 등이 '문화국가'를 제창했는데 그게 잘못이었다.[13] '문화'와 '국가'는 한 덩어리가 될 수 없다. 국가주의 시대에는 문화를 국가가 통제했다. 국가가 문화를 운위할 때 일이 잘될 리 없다. 문화는 자기비판의 전통이고 자기비판은 국가의 행위에 대한 자기비판이 그 영역의 대부분을 차지한다. 국가가 문화를 운위하고 윤리를 말하게 되면 국가주의가 될 뿐이라는 이야기다. 글자의 순서를 거꾸로 해서 '문화국가 일본' 어쩌고 한다고 해도 의미가 없다. 아니, 나쁘다. 그런 오류로 인해 전후에도 문부성이 계속 남아 있는 것이다.

전후에 내무성은 없어졌지만 원래는 문부성도 없어졌어야 했다. 사상통제를 폭력적으로 행한 것은 내무성 경보국(警保局) 특고(特高)경찰이었지만 사상 면에서 일상적인 통제를 한 것은 문부성 교학국(教學局)과 사법성(司法省)의 사상과(思想課)였다. 사실은 사법성도 일단 한번 해체했어야 했지만, 문부성은 완전히 없앴어야 했다. 지금이라도 전폐해야 한다.

하지만 이를 해체시킬 자기 개혁력이 일본국민 가운데는 없었고 GHQ(General Headquarters, 연합군 총사령부) 쪽은 외국인이었으므로 그런 인식이 철저하지 않았다. 사상경찰에 관해서는 금방 알 수 있었으나,

---

12) 吉野源三郎(1899~1981): 언론인, 『세까이』 초대 편집장(1945~65). 일본에서 군국주의가 확산되자 인본주의를 되살려 이에 저항하자고 주장했다.
13) 전후 일본은 제국주의적 방향성을 지양하고자 여러 인문학자들을 문부대신으로 등용해 인문주의에 기초한 교육정책과 문화정책을 실시했다.

앞에서 말한 마멸감은 아니지만, 사람의 마음속에 끊임없이 파고들어 잘 손질한 부드러운 가죽처럼 일상적으로 일본국민의 마음을 국가주의로 길들여간 그 문부성은 명칭이 '교육'이라고 해서 남겨놓았던 것이다. 학교는 최악의 집단이었으며 그것을 단속하는 방침을 내놓은 문부성은 더더욱 나빴다. 국가주의의 온상, 군국주의와 제국주의의 근본이었다. '문부성'이라고 하지 말고 소련처럼 '이데올로기성(省)'이라 했더라면 더 알기 쉬웠을 텐데(웃음), 거기서 만들어진 이데올로기 때문에 일본인도 꽤나 어려움을 당했지만 동남아시아 사람들은 정말 엄청난 고난을 당하고 있다. 더 직접적인 해악은 통산성, 외무성, 기타 행정관청이 일본의 침략회사에 베푸는 후원에 의해 행해지고 있다. 이러한 거국일치 체제는 정말 대단한 것이다.

'맨 캔트 터치'라는 감각

환경문제는 본래 이전처럼 흙이나 물 등 자연문제에 초점을 맞춰야 하겠지만, 프론 이야기가 나왔으니까 말하자면 얼마 전에도 일본정부는 잘난 척하며 '프론 문제에 있어서 세계에 공헌한다'라는 둥 어쩌구 하고 있으나 그건 그야말로 립써비스에 지나지 않는다. 왜 립써비스냐 하면 『현대의 이론』에서 이시 히로유끼(石弘之) 씨가 가르쳐준 사실로, 약 3년 전인 1987년 4월에 미국이 프론가스 규제를 위해 학자 4명을 일본에 파견한 적이 있었다. 그 시기는 업계가 '프론이 오존층을 파괴한다는 이야기는 일부 학자들의 가설에 불과하다. 그런 가설 때문에 일본산업이 타격을 받는 일은 묵과할 수 없다'라고 주장하던 때였다. 업계의 이러한 주장은 미나마따병(水俣病)에 대한 니혼칫소(日本窒素)의 변명이나 원자력발전소에 대한 전력회사의 주장과 똑같다.

그래서 미국학자들이 환경청 직원 및 일본학자들과 만나 '일본도 프론가스 규제를 실시하도록' 요청하자, 일본 측 대표는 '프론가스 규제를 운운하는 것은 결국은 백인을 보호하기 위한 것 아니냐'라고 대답했다는 것이다. 말하자면 '백인은 피부 색소가 엷어서 자외선의 영향을 받기 쉬워 피부암에 걸릴 확률이 높으니까 백인을 보호하기 위한 것 아니냐'라는 의미인데, 이 말을 들은 미국 측 대표가 격노해서 그때부터는 입을 다물었다고 한다.

불과 3년 전에 환경청 직원까지 포함된 이들이 그런 발언을 해놓고 갑자기 '일본은 환경문제에 있어 세계에 공헌한다'라는 등 잘난 척해봐야 '새빨간 거짓말'이라고밖에 말할 수 없다. 그러한 기사를 실으려면 3년 전에 일본에서는 이런 일이 있었다는 기사도 신문에 실었어야 했다. 그러지 않으면 보도기관으로서 공정하다고 할 수 없지 않겠는가?

일본은 오만하고 뻔뻔스러운 후안무치에다 무지까지 더해져 세계인들 앞에서 창피할 정도다.

일본인은 시간의 중요성을 모른다. 현대문명 그 자체가 시간임을 모른다. 스피드를 다툰다는 말이 그 점을 잘 나타낸다. 그런 성향이 생활 속에 반영된 것이 '(한번 쓰고 버리는) 일회용품'이다. 하나의 물품을 쓰는 시간을 가능한 한 단축하고 또 모든 것을 단축하려 한다. 시간에도 여러 종류가 있다는 사실을 모르는 것이다.

우선 먼저 생각해야 할 시간은 지구의 시간이다. 그 45억년 내지 46억년 중 대부분의 기간 동안 지구에는 생물이 없었다. 최근에 와서야 생물이 출현하고 인간이 출현한 것이다. 대단히 긴 세월이다. 그것을 짧은 시간 안에 파괴하고 나무를 심으면 된다는 식의 발상은 근본적으로 잘못된 것이다. 그렇게 간단한 일이 결코 아니다. 엄청난 시간이 걸려서야 비로소 이루어진 생태계여서 어떻게 하면 어떻게 된다고 하는 인과관계가 분명하지 않다.

포스터의 말을 빌려 '사람이 손댈 수 없는 것이 있다'라고 표현할 수 있을 것이다. 그는 시(poetry)라는 것이 어디서 생기는가 하면 바로 이 '사람이 손댈 수 없는 것'으로부터 생긴다고 했다. "The sort of poetry I seek resides in objects man can't touch"라는 것이다. 사람이 손댈 수 없는 것이 있다고 하는 감각, 그 감각 속에 시간 또한 있으므로 'TIME'이라고 대문자로 표기하는 그 방대한 시간만이 창출할 수 있는 것이 이른바 원생림, 열대림, 수많은 산하, 대지, 바다, 생활의 장인 것이다.

오늘날 일본인의 오만함은 극에 달해 인간이 손댈 수 없는 것도 있다는 사실을 잊어버리고, 인간은 무엇을 해도 좋다, 무엇이든지 할 수 있다고 착각하고 있다. '권력이 손댈 수 없는 것이 있다'는 감각은 바로 이 맨 캔트 터치(man can't touch) 감각과 같은 계통의 것이다.

오늘날의 일본인은 어딘가 1950년대의 미국인, 즉 유일하게 원자폭탄을 보유하고 돈도 생산력도 있으며 항상 세계에서 넘버원이라는 그런 자의식을 지니고 있던 미국인과 닮았다. 그뿐만 아니라 그들의 정치를 대표하던 매카시즘(McCarthyism)과도 너무 닮았다. 매카시즘보다 좀더 약고 경제주의적인 형태이기는 하지만, 빨갱이 사냥을 하는 대신 반대파가 없어지도록 하는, 과격한 경제제일주의에 의해 정치 면에서는 은밀해지고 온건해진 매카시즘이라 하는 편이 좋을지도 모르겠다.

그렇다면 앞으로 베트남전쟁 같은 수렁으로 빠져들어간다는 이야기가 된다. 장기전을 벌이다 점차 죄여서 결국은 철퇴(撤退)하지 않으면 안 될 상황에 이르는 것이다. 단 이번에는 더 일찌감치 철퇴하지 않으면 안 된다. 그렇지 않으면 지구가 견딜 수 없게 될 테니까.

포스터는 이런 이야기도 하고 있다. "당신들은 간단히 도시를 세울 수 있습니다. 사막을 만드는 일도 간단히 할 수 있습니다. 정원 정도라면 만들 수도 있습니다. 하지만 야생의 숲속에 사는 인간 취락, 숲과의 공존형태 같은 것들을 만들 수는 없습니다. 이것은 오직 시간이라는 불가사의한 힘만이 만들어온 것이기 때문입니다."

나는 이 맨 캔트 터치 감각만은 소중히 간직하고자 한다. 그런 점에서는 포스터의 의견에 찬성한다. 그는 영국사회의 자기비판 전통을 대표하는 선두주자라 해도 좋을 것이다. 그의 견해를 그대로 옮겨와 지금의 일본에 대해 좀더 강한 형태로 비판하고 싶을 정도다.

들풀 우거진 오솔길 문명

그렇다고 포스터가 문명부정론자인가 하면 그렇지는 않다. 그가 말하는 가장 좋은 문명이란 '그래스 그로운 레인'(grass grown lane) 문명 — 들풀 우거진 길을 가진 문명, 들풀 우거진 오솔길 네트워크가 전국에 거미줄처럼 이어져 있는 그런 문명 — 이다. 그런 의미에서 그는 제럴드 허드[14]의 문명에 대한 주문에 찬성하는 쪽이라고 말한다.

제럴드 허드는 "오늘날에는 인간 내부의 전통적인 히스토리, 즉 역사라든가 이야기만을 문제 삼는 정도로는 인간을 이해할 수 없다. 인간을 내추럴 히스토리(natural history) 속에서 보지 않으면 제대로 이해할 수

---

14) Gerald Heard(1889~1971): 미국의 철학자, 교육자. 그의 사상은 1960년대 서구사회에 널리 퍼진 의식계발 운동에 큰 영향을 끼쳤다. 대표 저작으로 『인간의 다섯 시대』(1963)가 있다.

없다"라고 했다. '내추럴 히스토리'라는 말은 일본어로는 메이지 이후 '박물학(博物學)'으로 번역되고 있는데 이는 옳지 못하며 차라리 '자연사'로 번역하는 편이 더 낫고, 또 그보다는 오히려 '내추럴 히스토리' 그대로 쓰는 게 더 좋을지도 모르겠다. 요컨대 인간을 그 속에 두고 보지 않으면 안 된다는 것이다.

그리고 또 하나, 제럴드 허드는 "문학이란 베저테이션(vegetation) 감각을 가진 문화영역"으로 본다. 다시 말하면 식생(植生), 자연의 힘으로 생육된다는 것이다. 베저테이션 감각, 이를 '식생'이라고 번역하기 때문에 일본에서는 이것이 식물학이나 생태학의 학술용어가 되어버렸다. 야채(vegetable)라는 것은 원래 베짓(veget)일 수 있는(able) 것, 즉 자연히 나서 자랄 수 있는 것, 야생초다. 먹을 수 있는 들풀인 것이다.

당연한 일이지만 시간의 문제와 문화의 문제는 서로 교착되어 있다. 요즘 캘리포니아 쌀 수입이 문제가 되고 있다. 일본 쌀을 소중히 여기자는 목소리에 대해──당장은 그러한 목소리를 소중히 하려고 생각하고 있지만──나는 소름이 끼친다. 일본, 일본 하고 말하는 순간에 내셔널리즘화하는 전통이 이 나라에는 있기 때문이다.

오까니와 노보루(岡庭昇) 씨가 매우 상세하게 언급하고 있듯이, 캘리포니아 쌀이 올 때는 배로 실어 나르는 까닭에 당연히 시간이 걸린다. 또 당분간은 창고에 넣어두게 된다. 창고에 넣을 때 벌레가 먹으면 상품이 될 수 없으므로 훈증(燻蒸)을 하게 된다. 여기서 우선 화학약품에 의한 화학전쟁이 시작된다.

캘리포니아 쌀은 싸고 맛있다고들 하는데, 현지에서 먹는 캘리포니아 쌀이야 물론 맛이 있을 것이다. 당연히 각기의 생태계 속에서 생산해서 먹는 것이 가장 맛있는 법인데 그것을 자연을 거슬러가면서까지 옮기려고 하니 이상하게 되는 것이다. 실제로 지금 타이의 농촌을 망가뜨리고 있는 것은 미국의 쌀 수출이다.

이제 더이상 돈벌이를 위해 식량을 이용해서는 안 된다. 인류는 식량을 평등하게 분배하여 어떻게든 각기 먹어야 한다. 현지의 생태계에 맞는 음식물을 위주로 하면서 그밖의 것은 필요 최소한도의 것을 교환하도록 상호협정을 맺을 필요가 있다고 생각한다. 그 협정이 성사되기 위해서는 그야말로 사람이 손대서는 안 될 것, 편의주의나 당면의 이익을 위해 먹는 것을 함부로 옮기는 자세는 옳지 않다는 인식이 필요하다. 그것은 자연의 시간만이 만들 수 있는 것이라는 데서 출발하면 제도화된 시간이 얼마나 부자연스러운 것인지 알게 된다.

자연의 시간과 인간의 산술

시계란 해시계의 자취를 기계화한 것이므로, 자연에 입각해 만들어진 시계조차도 남반구에서 만들어졌다면 시곗바늘이 도는 방향이 거꾸로 되었을 것이다. 시곗바늘의 도는 방식에도 남북 문제가 반영되어 있는 셈이다. 원래 시계는 지구라고 불리는 혹성(wanderer, 끝없이 운행하는 물체)의 자전과 운행이라는 자연현상을 근사치로 등분한 것이므로 아무리 정확히 산출하려 해도 결코 정확한 정수(整數)는 되지 않는다. 자연의 움직임은 인간의 산술과는 다른 것이다. 그런데도 시계에 꼬박꼬박 맞추는 것이 정확한 것이라는 습관이 일본인에겐 붙어 있어서 동남아시아나 인도 또는 중국 국경지대 등에 가서는 버스가 제시간에 오지 않는다고 해서 그것이 나쁘다든가 낙후된 것인 양 지적한다. 시계 따위를 필요로 하지 않는, 자연에 따른 생활양식을 지키고 있는 사회에서 시계에 맞춘 생활양식을 기대한다든가 심지어 그것을 요구하는 쪽이 오히려 잘못된 것이다.

아무리 시계가 정확하다 해도 그것이 결코 정확한 것이 아니라는 증거가 바로 오차를 수정하기 위해 4년에 한번씩 윤달을 둔 것 아니겠는가? 자연은 정확하게 등분이 안 된다. 인간의 편의에 맞춘 계산으로는 정확히 나눌 수가 없는 것이다. 아무리 정확히 계산하려고 해도 정수는 될 수 없다.

24시간 단위로 노동시간을 정하고 지각하지 않고 제시간에 정확히 오는 자를 높이 사며 타임카드를 찍게 하면 인간 체내의 시계는 흐트러지고 만다. 인간의 자연시계는 대개 25시간에 가까우므로 1주일 정도면 지쳐버리고 마는 것이다.

자연의 시간에는 인간의 자연시간도 있고 지구의 자전이라는 자연시간도 있다. 자연의 시간 속에 다층성이 있는 것이다. 그 다층성을 염두에 둔 생활양식을 지키고 있는 곳이, 지금으로 말하면 동남아시아의 일부 지역이지만 실은 나 자신도 40년 전까지는 그러한 시간대에서 살고 있었다.

이러한 시간이라는 것의 신비, 무한한 힘, 사람으로서는 가늠조차 할 수 없을 정도의 시간이 걸려서 생물이 생겨났으며 그 한구석에 인간이 있다는 감각, 그것이 중요하다. 그것이 있으면 정치권력, 경제권력의 한계는 자명해진다.

조오몬시대에는 하루 중 먹고살기 위한 노동에 서너시간을 할애하고 그 나머지는 온통 축제로 시간을 보냈다고 한다. 콘라트 로렌츠의 말에 따르면, 물오리나 기러기를 보더라도 먹이를 찾을 때 외에는 사냥은 물론 아무것도 하지 않는다. 대개 하루의 4분의 3 정도는 아무것도 하지 않는다고 한다. 인간의 눈으로 볼 때 열심히 일하는 전형처럼 보이는 개미나 꿀벌도 자세히 관찰해보면 하루 중의 몇분의 1 동안만 열심히 먹이를 모을 뿐 나머지 시간에는 그냥 가만히 있다. 그것이 자연 생태의 존재방식이며 일한다는 것은 바로 그런 것이다.

지금 금융계에서 일하고 있는 사람들은 어떤가? 세계를 제패하고 있는 일본은 시차를 전부 뛰어넘고 있다. 여간 힘든 일이 아니다. 그들은 1초 단위로 신경을 갉아먹으면서 일한다. 이를 코자이 선생은 '신경노동'이라고 했다. 옛날부터 노동을 둘로 나눠서 정신노동과 육체노동이라 해왔는데 이제는 이것만으로는 부족하여 신경노동이라는 말이 필요하게 된 것이다. 그런 노동으로부터 신경질환이 생긴다. 병에 걸리면서도 여전히 돈벌이를 하려는 것은 도대체 무엇에 사로잡혀 있기 때문일까? 자연체(自然體)로서 원래 지니고 있던 안정 회복능력, 균형기능을 완전히 잃어버렸다.

주의깊게 생활하는 백과사전적 정신을

요컨대 지금 필요한 것은 생활을 주의깊게 꾸려나가는 일이다. 생활에 관련해서는 어느정도 알려고 하지 않으면 안 된다. 이러한 태도는 전통적인 표현을 빌리면 백과사전적 정신, 인싸이클러피딕 마인드(ency-clopedic mind)라 할 수 있을 것이다.

18세기의 백과사전을 보면 자연에 대한 부분이 적다. 하지만 인간의 제반 영위에 관해서는 장인(匠人)들에게 배워서 상세히 기록하고 있다. 디드로 백과사전의 도판(圖版) 부분을 보면 그 공작과정을 장인들에게 배워가면서 정확히 그려놓았다. 대단한 일이다. 다만 오늘날의 입장에서 보면 인간이라는 자연에 대한 충실함뿐만 아니라 인간 이외의 자연에 대해 보완해야만 하는 부분도 제법 있다. 오히려 관점의 기본축을 뒤집어야 한다. 말하자면 새로운 유형의 백과사전파적 정신이 필요하다.

그리고 그 같은 정신에 입각하여 이러저러한 것을 서로 전달하기 위해서는 지적 상식의 새로운 개편이 필요하다. 그것을 '패러다임' 같은 새로운 용어로 얼버무릴 필요는 없을 것이다. 기존의 용어로도 충분히 알 수 있다. 인싸이클러피딕 마인드, 백과사전파적인 태도가 그것이다. 생활을 주의깊게 해나가는 가운데서 자기비판의 구체적인 재료는 얼마든지 찾아낼 수 있다. 대체적이고 총론적으로 자기비판을 하기보다는 개별적인 자기비판을 쌓아나가야 한다. 모든 문제에 대해서 이것을 행하는 것이다.

예를 들면 시계는 어떤가? 아니면 이 책상은? 나왕이로구나. 새것인 걸로 봐서 필리핀에서 벌채한 것이 아니라 아마도 보르네오 것이리라. 필리핀은 이미 오래전에 벌거숭이가 되어버렸으니까 등등.

이같이 주의깊게 살펴보노라면 자기 자신의 생활환경이 무엇에 의해 지탱되고 있는지를 알게 된다. 환경보호를 말하면서 환경파괴가 이루어지고 있는 생활을 말이다. 또 그 같은 관계를 통해 세계의 모든 현상 그리고 우리들의 생활과 관련된 모든 것에 영향을 미치고 있는 내용을 알 수 있게 된다. 그것들을 빠짐없이 다 증명할 수 있는 능력은 물론 내게 없다. 그러니 다같이 집단작업을 하자. '일대 지적 세력'을 만들자는 것이 나의 제안이다.

제 2 부

당사자 우위의 원리

당사자 우위의 원리

테러리즘과 지배자에 대한 항의

이 글은 '시마나까(嶋中) 사건'으로 불리는 우익 테러리스트의 살인 사건 직후에 테러리즘과 그에 대한 일본의 지배자 및 보수주의 사상가의 태도에 항의하는 뜻으로 쓴 것이다. '시마나까 사건'을 처음 접한 독자도 있을 것이고 또 그 사건을 알고 있더라도 시간이 흐르면서 당시의 '실감'을 잊어버린 독자도 있을 것이다. 간단히 설명하면 그 사건은 잡지 『중앙공론(中央公論)』 12월호에 게재된 후까자와 시찌로오(深澤七郎) 씨의 소설 「풍류몽담(風流夢譚)」[1]에 분개한 우익단체 회원들이 여러차례 중앙공론사로 쳐들어간 끝에 우익의 한 사람이 중앙공론사 사장인 시마나까 호오지(嶋中鵬二) 씨의 사저에 침입해 당시 가정부인 마루야마(丸山) 카네 씨를 찔러 죽이고 시마나까 부인에게 부상을 입힌 사건

■ 『사상의 과학』 1961년 4월(1967년 1월 최소한의 가필).

1) 1960년 일본사회가 안보 문제로 들끓던 시기에 발표된 소설로, 민중이 도끼로 황태자 부부의 목을 자르는 장면을 담아 문제가 되었다.

이다. 그때 마루야마 카네 씨는 시마나까 부인을 감싸안은 채 찔려 죽었다고 전해진다. 이러한 사건이었으므로 당연히 그 우익 테러리스트는 '언론'과 '문학' 문제로 폭력을 휘두른, 기본적인 인권을 침해한 자로서 비난받았다. 시마나까 씨의 사택을 덮쳤을 뿐만 아니라 고용인이던 여성과 부인을 향해 흉기를 휘두른 점은 더 큰 비난을 받았다. 그 테러리스트의 재판과정에서는 한 재판관이 너무나도 기괴한 발언을 했다. 시마나까 사건과 관련하여 체포된 대일본애국당 총재 아까오 빈(赤尾敏)의 구치 청구를 받은 토오꾜오 지방재판소 형사 14부 이이모리 시게또오(飯守重任) 재판관이 그 주인공이다. 그는 판결을 내린 뒤 이례적으로 '감상'을 발표했다. "시마나까 사건 발생의 근본 원인은 국회 데모사건 등 작년부터 계속된 집단폭력의 횡행에서 드러난 파괴공작에 있다고 생각한다. 사건의 직접적인 원인은 후까자와 씨나 중앙공론사의 황실에 대한 명예훼손을 들 수 있다. 이러한 것들에 대한 대책이 충분하지 못해서 정치테러가 일어나는 것이다."(1961년 2월 24일) 이 발언으로 그 재판관은 결국 주의처분을 받았다.

대강 이상과 같은 일련의 사건에 대해 피력한 것이 다음의 글이다. '아사누마(淺沼) 사건'과 더불어 우리들은 이 사건을 잊지 못하며 또 잊어서는 안 된다고 나는 믿고 있다.

1. 당사자는 누구인가

말할 필요도 없는 사실이지만, 우익이 안보반대운동[2]에 '보복'할 자

---

2) 1960년 미일안보조약 개정에 반대한 시민 세력 주도의 대규모 평화운동이다.

격은 발톱의 때만큼도 없다. 왜냐하면 안보반대운동은 정부를 향해 행해진 운동이었기 때문이다. 안보조약 체결에 대해 아무런 권한도 없는 우익에 대해 굳이 데모를 할 정도로 반대운동이 헤매고 있었던 것은 아니었다. 거꾸로 우익폭력단 쪽이 반정부운동을 치고들어온 것 아닌가. 따라서 안보반대운동에 대해 뭔가 보복을 한다면 그것은 정부나 자유당 주류파가 해야 할 일이다. 그리고 우익이 만약 이 운동에 화가 나서 보복이 이루어지기를 바란다면 정부 또는 자유당에게 보복하도록 '진정'을 한다든지 '데모'를 하거나 아니면 '협박'을 하든지 할 일이다. 우익은 보복 당사자일 수 없으며 단지 당사자에 대해 보복하도록 권할 수 있을 뿐이다. 우익은 우익으로서 더욱 래디컬한(근본적인) 운동을 일으키는 것이 허용되어 있을 터다. 다시 말해서 구(舊) 대일본제국을 부활시키도록 정부를 상대로 공작을 하고 또 공중(公衆)을 향해서도 그 운동에 참가하도록 권하는 일이라면, 운동의 룰을 엄격하게 지키는 한 그것은 자유다. 타인의 권리를 침해하지 않고 운동의 절차·방법에서 일본국의 헌법정신을 지키는 한은 헌법폐지를 목표로 하는 운동이라도 자유롭게 할 수가 있다. 하지만 안보반대운동에 대해 보복을 할 자격과 자유는 없다.

이런 간단한 '당사자의 권리에 관한 원리'조차 분간하지 못하는 것이 일본의 '상식'이다. 우익 테러리스트는 물론이고 재판관 가운데에도 이같은 비(非)'상식'이 존재한다. 안보반대운동에 대해 화낼 자유와 그 운동에 대해 가하는 보복행위의 불법성을 혼동하고도 아무 일 없이 재판관으로 앉아 있는 일본의 법정은 도대체 무엇일까. 크게 의심받아 마땅하다. 룰의 원리, 당사자와 비당사자의 구별, 당사자와 비당사자의 권리와 의무의식, 그에 대한 인식이 결여된 자가 법률가로 위치할 수 있는 국가, 거기서는 무슨 현상이 일어날 것인가.

두말할 것 없이 불법 무권(無權) 대리행위가 이어질 것이다. 후까자와 사건에 대해서도 사과를 요구할 자격은—그 요구가 타당한 것인지 아닌지와는 전혀 별도로(현재 나는 후까자와 씨의 작품을 대단히 뛰어난 일본문화론으로 받아들여야 한다고 본다)—황태자와 그 부인에게만 있는 것으로 우익 따위에게 있을 리 없다. 하물며 '세상'을 향하여 사과할 것을 잡지에 강요하는 그런 행위는 번지수를 잘못 찾은 것이다. 다시 말해서 우익 테러리스트는 그렇게 해달라고 부탁하지도 않은 황태자를 제멋대로 대신하고 주제넘게도 '일본국민'을 제멋대로 대신하며 더 나아가서는 정부까지도 대신하여 타인에게 사과를 강제하고 보복자격을 대행하고 있다. '일본국민'도 일본정부도 황태자도, 누군가가 자신도 모르는 사이에 자신의 대리자로서 못된 짓을 저질렀는데도 이를 묵인한단 말인가.

'일본국민'이 아무리 칠칠치 못하다 하더라도 이러한 불법 무권 대리행위에 언제까지나 계속 끌려다니지는 않을 것이다.

그렇다면 정부는 어떤가. 메이지 말기 이래 일본정부는 전통적으로 권력에 대한 자각이 없었다. 자신만이 권력을 행사할 수 있으며 따라서 정부 이외의 인간집단이 권력을 행사하는 것을 엄격하게 막고, 더불어 자신의 권력 행사에 신중한 성찰과 엄격한 책임을 부과하는 근대국가의 기본원리가 결여되어 있었다. 거꾸로 정부 사정에 맞기만 하면 상대를 가리지 않고 연합했다. 그리고 자기의 권력에 대한 자각과 자신감이 없는 만큼 적나라한 폭력의 '위세'에 동경심을 갖고 있었다. 코노에 후미마로[3]가 이노우에 닛쇼오[4]를 존중했던 것은 그 전형적인 예에 속한다. 특별한 노력이 없는 한 이러한 전통이 짧은 기간에 없어질 리 없다.

그렇기 때문에 정부와 여당은 이제 당사자 우위의 원리를 스스로에 대하여 수립하기 위해 특별한 노력을 기울여야 한다.

또 우익 테러리스트가 불법으로 대리행위를 한 제3의 피해자인 황태자는 어떤가. 이 경우는 이미 널리 알려진 바와 같이 몇천년간 지속된 천황제 전통 속에서 불법 무권 대리행위는 노상 있어왔다. 천황이나 황태자 스스로의 의사로 자신의 정치적 또는 사회적 행위를 한 예는 손가락에 꼽을 정도다. 그것이 오히려 예외현상이다. 메이지유신도 천황이 행한 것이 아님은 물론이고, 오히려 그 과정에서 천황은 여러 번(藩)의 '근황(勤皇)의 지사(志士)'[5]들에게 장난감 취급을 받았다. 그 결과 천황은 "앞에서 바꾸후의 칙령위반을 꾸짖"는가 하면 "다음에는 또 이를 칭찬하"고, "앞에서는 초오슈우(長州)를 칭찬하고 뒤에서는 도리어 이를 꾸짖"는 무한전향상태를 되풀이하기에 이르렀다(타께꼬시 요사부로오 竹越與三郎, 『신일본사(新日本史)』上). 말할 것도 없이 이것은 식자들의 심한 경멸의 대상이 되었다. 타께꼬시의 서술에 따르면 '시대와 사람이 이를 비웃어 반복의 윤지(綸旨)로 삼았'던 것이다.

이후의 사실은 널리 알려진 바다. '대동아전쟁'에 관해 천황은 스스로 책임지려고도 하지 않았고 또 그가 실질적으로 전쟁의 결단을 내렸다고는 아무도 생각하지 않았으며 지금도 그렇게 생각하는 사람은 없다. 하지만 1945년 8월에 '신'이었던 자신이 4개월 남짓 사이에 갑자기

---

3) 近衛文麿(1891~1945): 정치가. 대러(對露)강경파였던 아쯔마로(篤麿)의 아들로 공작이었으며 1937년 이후 세차례에 걸쳐 수상을 역임했는데, 태평양전쟁 패전 후 전범자로 구속되기 직전에 자살했다.

4) 井上日召(1886~1967): 우익활동가. 1932년 테러를 자행한 혈맹단(血盟團)의 수령이었다.

5) 천황숭배자들로서 에도 말기, 조정을 위해 토꾸가와 바꾸후 타도를 주장했다.

'사람'으로 바뀌었어도 그러한 엄청난 대전향을 아무렇지도 않게 넘길 수 있는 사람은 '시대와 사람'으로부터 유신 때 이상으로 '비웃음'을 받아도 아무런 할 말이 없지 않겠는가.

전전(戰前)의 반전주의자 및 공산주의자 가운데서 전향한 사람들은 대다수가 스스로 전향의 책임을 지고 자신의 손으로 자신의 과거를 책망하며 주위 사람들의 혹독한 비판에도 묵묵히 견디고 있지 않는가. 그 사람들의 전향은 물론 바람직한 것은 아니지만 1945년부터 46년에 걸친 천황의 전향처럼 '신'에서 '사람'으로의 전향과 비교하면 '사람' 내부에서의 전향에 지나지 않는다. 그렇다면 천황이 패전 때의 행위로 인해 식견있는 자의 '조소'를 받았다 하더라도 참을 수밖에 없을 것이다.

하지만 천황을 조롱한 이들은 비단 식자뿐이 아니다. 일본의 서민은 전통적으로 천황을 우습게 여겼다. 우리들은 어릴 때부터 주변의 아저씨나 아줌마 들로부터 종종 타이쇼오(大正) 천황은 어떤 짓을 했고 무슨 무슨 천황은 뭐라는 둥 실로 천황에 관한 추잡한 이야기들을 들어왔다. 중학교 때의 수신(修身) 선생도 공식적으로는 궁성요배(宮城遙拜)의 구령을 엄숙한 목소리로 외치면서도, 수업시간에 하는 농담 중에는 일부러 촐랑거리는 목소리로 '천황 폐하도 오줌싼다' 같은 시시한 '유머'가 있었다. 소년시절의 나는 이런 이야기를 들을 때마다 대단히 화가 났다. 천황을 흠앙(欽仰)하는 일이라면 그늘이고 양지고 가릴 것 없이 어디서나 그렇게 해야 한다고 생각했었다. 일본국민은 그늘에서는 천황을 우습게 보고 공적인 장소에서는 깊이 존경하고, 양지에서는 진심으로 존경하는 천황을 뒤에서는 정말 우습게 여겼다. 하지만 양쪽 다 진심인 듯 결코 위장전향은 아니었다. 그러므로 그 진심은 극히 애매한 것으로 원리적인 것은 아니다. 그러니까 그것은 규범으로서는 정말 엉터리라 할 수 있다.

일본의 천황제는 그러한 정신적 토대 위에서 몇천년간 존속되어왔다. 만약 일본국민이 그 두가지 진심 중 어느 하나를 원리적으로 택하고 다른 하나를 거부했더라면 지금쯤 우익 테러가 '천황의 신성(神聖)'을 간판으로 내세우고 사회를 누비는 따위의 일은 불가능했을 것이다. 국민이 속으로나 겉으로나 천황을 신성시했더라면 우익 테러리스트의 간판 따위가 새롭게 보일 리 없고, 역으로 국민 모두가 철저하게 천황을 경시했더라면 우익 테러가 파고들 여지는 없었을 것이다. 그러니까 이 이모리 재판관이나 일본의 이른바 '보수주의자'들같이 테러에 대한 선악 판단기준을, 모든 행위자가 따라야 할 룰을 테러리스트가 범했는지 아닌지에 두지 않고 테러행위의 역사적 원인을 찾아서 테러는 안보투쟁에 자극을 받아서 일어난 것이므로 나쁜 것은 테러의 역사적 원인인 안보반대 데모라는 식으로 생각한다면, 그 역사적 원인은 좀더 근본적인 사안으로까지 거슬러올라가지 않으면 안 된다. 따라서 한편에서는 안보조약이 있으므로 안보반대 데모가 일어난 셈이 되고 그래서 테러의 원인인 안보조약을 철폐해야 한다는 이야기가 되며, 또다른 한편에서는 천황제가 있기 때문에 그것을 '대의명분'으로 한 테러리즘이 일어나므로 테러를 방지하기 위해서는 천황제를 폐지해야 한다는 이야기가 되는 것이 아닌가. 어차피 범죄 당사자의 책임은 방치한 채 범죄의 역사적 원인을 추구하여 그 원인을 제거하게끔 하는 입법을 하려 한다면, 거기까지 가지 않으면 거짓밖에 안 된다. 그렇지 않다면 사고력을 의심하든지 또는 정치적 책략이 있어서 일부러 역사적 원인 추구를 특정한 데서 멈추는 것으로 보아 정신적 순결 여부를 의심하든지 둘 중 하나가 될 것이다. 그렇게 되어도 변명의 여지가 없는 게 아닌가.

하지만 보편적인 인간 윤리나 윤리 규칙도, 더불어 법과 룰의 원리도 결코 단순한 역사적 인과관계는 아니다. 오히려 그것을 초월한 면이 있다. 어떤 동기에서 행해지고 어떤 시대적 상황 속에서 이루어지든지 간에 절대적으로 나쁜 행위가 있다는 확신이 없이 어떻게 재판 따위가 가능할까. 그러한 확신이 없다면 오늘 처벌한 자를 내일은 처벌할 수 없을 것이다. 또 그렇기 때문에 오늘 중에 처벌한 것이라고 말하는 재판관이 혹시 있다면, 그자야말로 신을 모독하고 사람을 더럽힌, 말 그대로 천인공노할 자가 아닐까. 모든 문제를 역사적 인과관계만으로 풀려고 하는 자는 행위 당사자의 행위 책임을 자타(自他)에 대하여 객관적으로 추구하는 것이 불가능한 자다. 일본의 우에서 좌에 이르기까지 널리 퍼진 역사주의적 사고법은 반성되고 극복되어야 한다. 그렇지 않으면 당사자 책임의 원리는 자리 잡지 못하며 또 예리한 역사의식도 성립될 수 없다(왜냐하면, '이 세계'를 특정한 하나의 역사적 소산에 불과한 것으로 확연하게 규정하는 데 필요한 기준이 없기 때문이다). 그리고 행위의 역사적 발생동기와 상관없이 행위 그 자체 룰의 적합성을 문제 삼는 사고방식은 과거에 이 나라에서도 나타난 적이 있다.

토꾸가와시대의 타자이 슌다이(太宰春台)가 그 전형이었다. 그의 "성인(聖人)의 길에서는, 마음속에 나쁜 생각이 일어나더라도 예법을 잘 지켜서 그 나쁜 생각을 키우지 아니하고 선하지 못한 것을 몸으로 행하지 아니하면 군자라 한다. 마음속에 나쁜 생각이 일어나는 것을 죄라 하지 아니한다"(『변도서弁道書』)라는 원리는 단적으로 말하면 행위의 '예법'과 결과의 책임을 발생동기와 독립적으로 추구하는 근대법의 원리다. 이이모리 씨에게 나는 이 타자이의 저작을 숙독할 것을 권하고 싶다.

2. 천황주의자의 바른 모습

하지만 어쨌든 일본천황은 실질적으로 결정한 것이 거의 없고 또 대부분의 국민들에게 그렇게 인식되고 있으므로 비로소 존속할 수 있었다. 그러나 문제는 바로 여기에 있다. 우리는 이 점을 그냥 지나쳐서는 안 된다. (전전의 일이기는 하지만) 주권자가 그 주권사항의 결정에 관해 아무것도 모른다는 것이 도대체 무슨 말인가? 그가 당사자이지 않으면 안 되는 대외전쟁의 결정에 관해 실제로 아무런 '관여'를 하지 않았다는 것은 국가의 정점에서 당사자 우위의 원칙이 완전히 무너졌음을 증명한다. 여기서도 천황은 '근왕(勤王)의 제씨(諸氏)'들에게 장난감처럼 취급되었다. 이러한 현상은 당연히 외국인 특히 외국 귀족들이 봤을 때 실로 한심하고도 발칙한 일이었다. 조지 쌘섬(George B. Sansom) 경이 본 바와 같이 "고대 이래로 천황 주위에는 신비의 후광이 비치고 있다고 주입시켜왔음에도 일본인만큼 그 이름뿐인 지배자를 거칠게 다룬 국민은 없다"(William Macmahon Ball, *Japan: Enemy or Ally*에서 재인용). 그리고 자국의 군주를 세계에서 그 유례를 찾을 수 없을 정도로 거칠게 다룬 그 '국민'들이 바로 '국민'을 사칭한 '근왕주의자', 즉 지금의 우익사상과 동일 계열의 사상을 내건 사람들이다. 세계에 대한 일본의 권위를 실추시켰을 뿐 아니라 세계의 군주제 이념에 대해서도 일본천황제의 권위와 존엄을 잃게 한 이들이 이 나라의 우익적 군주주의자다. 천황제의 권위를 떨어뜨린 것은 결코 좌익이 아니다. 좌익은 오히려 위약한 천황에 대해서까지 정면에서 전쟁 책임을 추궁하고 천황제를 적으로 간주함으로써, 거꾸로 천황과 천황제를 '자기의 적으로서 어울리는' 실력자의 위치로까지 끌어올렸다. 적이 있다면 사람이 자신의 존엄을 잃는 일은 없다. 천황이나 천황제도 예외가 아니다. 훌륭한 적이 있고 그와 정정당당하게 싸울 수 있는 자는 그만큼 스스로의 명예를 높일 수 있다. 설사 패배하여 쓰러졌다고 하더라도 그것이 자신의 존엄에 상처를 입히는 것은 아니다. 천황제는 맑스주의라는 적을 가짐으로써 비로소 근거있는 논의의 대상이 될 수 있었던 것이 아닐까.

물론 맑스주의만이 정면에서 천황제의 성격을 논증했다는 것은 아니다. 오히려 지금은 맑스주의 이외의 방법으로 더욱 적확하게 천황제의 특질이 구명된 면도 있다. 그러나 그러한 연구도 역사적으로 선행하는 맑스주의의 논의를 살펴봄으로써 그것을 뛰어넘을 수 있다는 점에서 나는 맑스주의에 '최초'라는 영예를 안겨주고 싶다. 이에 비하면 천황주의 쪽에는 논리적 근거를 가진 천황제론이 극히 적다. 주목할 만한 거라곤 기껏해야 미노베 타쯔끼찌[6]의 '천황기관설'뿐이지 않은가. 그는 고심 끝에 천황을 신앙의 대상으로, 또는 도덕적 중심 존재로서 순수하게 보존하기로 하고 천황의 정치적 지위를 단순한 '기관'으로 정의 내렸다. 대개 정치적 실권자는 합리적인 예측을 뛰어넘는 권력의 어두운 리얼리즘에 의해 거의 예외없이 오염된다. 하지만 일본의 천황은 도덕의 중심이 되어야 한다. 그리고 도덕 또는 신앙은 영원의 일관성을 가질 때 비로소 도덕 또는 신앙일 수 있다. 그렇다면 천황의 도덕성 또는 신앙 대상성(對象性)을 지키기 위해서는 천황에게서 정치적 실권을 떼어놓는 것 이외에는 길이 없다. 그럼에도 불구하고 제국헌법(帝國憲法)

---

6) 美濃部達吉(1873~1948): 헌법학자. 메이지 말기 때부터 공인되었던 '천황주권설'을 비판하고 '천황기관설'을 주장했는데, 파시즘이 대두되면서 1935년 미노베 헌법학은 국체(國體)에 반하는 것이라 비판을 받으며 출판이 금지되고 그 역시 귀족원 의원직에서 사퇴하는 등 일명 '천황기관설 사건'을 겪는다.

은 천황에게 정치적 주권자의 지위를 부여하고 있다. 그래서 미노베의 고심은 주권자=기관설로 귀결되었다. 그러니까 그의 설은, 예를 들어 '제도론'적 일본사의 개설서에 쓰여 있듯 단순히 절대주의 군주의 대권을 대폭 제한하려 하기 때문에 '부르주아적'이기만 한 것이 아니고, 신앙 또는 도덕을 정치권력으로부터 독립시키려 했다는 바로 그 점 때문에 근대적이었다. 이 설이야말로 천황제에 가장 충실한 입장에서 본 천황제의 내적 근대화 이론이었다. 이는 천황 및 천황제의 입장에서 볼 때 구세주였던 셈이다.

하지만 주지하듯 쇼오와(昭和)의 우익과 군부 파시스트는 '근왕'이라는 이름하에 이 천황제의 구세주를 말살하려 했다. 이후로는 천황제 내부로부터 천황제의 존재를 논리적으로 확보하려는 사상은 나타나지 않았다. 천황주의 사상가가 그나마 그로부터도 타락했음을 상징적으로 입증하는 것이다. 전쟁 중에는 타찌바나 시라끼(橘樸)를 비롯해 좌익에서 전향한 소수의 맑스주의적 훈련을 이용한 국체론(國體論)에 의해 간신히 '론(論)'을 유지할 수 있었다. 무기까지도 전적으로 적에 의존하고 있었던 것이다. 물론 전향자에 의한 국체론의 형성은 무권 대리행위가 아니라 위임받은 임의 대리행위이기는 해도 대리임에는 틀림이 없었다. 대리인이 없어진 전후(戰後)에는 당연한 일이지만 이 같은 속임수는 성립할 수 없게 되었다. 본바닥이 드러나고 천황주의 정신의 퇴폐가 숨김없이 다 드러났다. 논거를 가진 천황제론은 천황주의자로부터는 두 번 다시 나오지 않았다. 전후 코이즈미 신조오(小泉信三) 씨의 저서를 한 권이라도 펼쳐보면 명백히 알 수 있다. 거기에는 반공산주의 논의는 있다. 그러나 이전에 미노베에 의해 이루어졌던 것과 같은 진지하고 예지가 있는 천황제 확보 이론은 그 어디서도 찾아볼 수 없다. 그밖의 천황주의자들의 경향도 마찬가지다. 이런 사실들에 비추어볼 때 천황주의자들에겐 이미 사상이나 이성의 힘으로 천황제를 지키려는 생각이 없는 것 같지 않은가. 만약 그렇다고 한다면 테러에 의해 이를 지키려고 하는 광신주의자가 나타나는 것도 어떤 의미에서는 당연하다. 천황주의 사상가의 책임이 중대하지 않은가. 테러의 원인을 처벌하려는 법정은 이들 사상들을 벌해야 할 것이다.

예전에 막스 베버(Max Weber)는 독일의 군주제가 이 같은 상태에 빠지기 전, 그러니까 1차대전의 패배가 확실해지자 즉시 독일 제제(帝制)의 명예를 지키기 위해 제왕의 퇴위를 권고하려 했다. 당시 베버의 편지를 여기에 인용하고자 한다. 숭고한 군주주의자가 군주제의 위기에서 취해야 할 태도는 바로 이런 것이다.

게벨니츠 교수님께

안녕하십니까?

나는 군주제와 무엇보다도 먼저 독일제실(帝室)을 충실히 신봉하는 사람입니다. 그런 사람으로서 나는 현 황제가 독일제국과 독일제실을 위해 퇴위해야 한다고 확신하고 있습니다. 만약 황제가 다음과 같이 선언한다면 그는 충분히 품위를 유지한 채로 퇴위할 수 있을 것입니다. 즉 "나는 내가 해야 할 바를 정의와 양심에 따라 행동해왔다는 점을 어디까지나 주장한다. 단지 운명이 나에게 행운을 주지 않았던 것이다. 그리고 나는 국민이 새로운 미래를 구축해나가는 것을 방해할 생각은 없다" 하는 선언입니다. 이미 파괴된 독일에서 '시미(施米)'를 먹는 일 —아마도 그렇게 될 것이 틀림없습니다— 은, 황제와 제권(帝權)에게는 어울리지 않습니다. 만약 그가 외부로부터의 압력 때문이 아니라, 스스로 지금 그 지위를 버린다면 그는 명예 속에서 지위를 떠날 수 있지 않겠습니까.

그렇게 된다면 국민의 의협적인 동정이 그에게 집중될 것입니다. 그때는 무엇보다도 먼저 제실의 지위가 유지될 것입니다. 그러지 않고 그가 계속해서 그 자리에 앉아 있는다면 중대한 정치적 오류에 대한 피할 수 없는 심판을 그 또한 받게 될 것입니다. 어쩔 수 없는 일입니다. 황제가 이 같은 사정을 모르고 있다면 그에게 이를 설명해줄 적당한 인물을 찾아내야 합니다. 나는 그의 통치방식에 끝내는 혐오감을 느끼며 지켜봐왔음을 솔직히 고백합니다. 그렇지만 제실의 이익을 위해서는 황제의 **불명예스러운 최후**를 바랄 수는 없습니다. 이 불명예스러운 최후란 그가 나중에 외부로부터의 강제에 의해 제위에서 물러나는 경우와 계속해서 제위에 있으면서 취생몽사하는 경우의 두가지인데 어느 쪽이든 상관없습니다. 그가 제위에서 물러날 때 우리들이 보다 좋은 조건을 획득할 수 있을지의 문제는 부차적인 문제에 불과합니다——물론 결국은 중대한 문제이기는 합니다만! 만일 황제가 그 지위에 눌러앉을 경우 그가 받을 끔찍한 멸시를 상상해보십시오! 그것은 생각만 해도 끔찍한 일입니다! 게다가 이 영향은 후세 사람들에게까지 미칠 것입니다. 삼가 줄입니다. (Max Weber, *Gesammelte Politische Schriften*; 일본어역: 相沢久, 『政治書簡集』, 未來社)

이 글을 읽으면 패전 때나 그후의 일본 천황주의자들의 언동이 미흡했음을 알 수 있다. 천황에게 '시미'를 먹게 해서는 안 된다. 그런 일은 퇴위를 하더라도 막아야 한다고 생각한 천황주의자가 일본에 있는가. '국민의 의협'을 천황에게 집중시킬 방책을 세운 자는 있는가. 그런 건 아무래도 좋다, 오로지 천황제가 명목적으로 '옹호'되기만 하면 좋다고 생각했던 사람들이 대부분 아닌가. 천황이 계속해서 그 자리에 앉아 있음으로써 '취생몽사' 상태에 빠지는 것을 우려한 천황주의자가 있는가. 그리고 그 경우 천황이 받게 될 심한 '멸시'를 두려운 마음으로 내다보고 '명예롭게 퇴위할 것'을 권고하려고 했던 자가 있는가. 천황이 스스로의 의사로 전쟁에 책임을 지고 퇴위하는 것이 오히려 '제왕에 어울리는' 존엄한 처신이라고 생각했던 천황주의자가 있는가. 아니, 그 무엇보다도 현존하는 천황의 처신에 대해 **'철저한 혐오'**를 느낀 천황신봉자가 단 한 사람이라도 있는가. 그것이 없다면 앞의 제반항목을 진지하게 생각하는 자는 결코 없을 것이다. 현대의 이 나라에서는 '지금'의 천황의 행동양식에 '혐오'를 느낀다면 최종적으로 천황제 그 자체를 혐오하게 될 것이고 천황제를 반대하는 자는 예외없이 '지금'의 천황을 혐오하게 될 것이다. 반대로 천황제를 신봉하는 자는 '지금'의 천황이 아무리 어리석은 행동을 하더라도 그것에 대해 "결정적인 혐오감을 느끼며 지켜봐"오기는커녕, 정반대로 비판조차 절대 하지 않는다. 무턱대고 경어를 붙임으로써 어리석은 행동까지도 미화하려 한다. 그렇게 해서 천황으로 하여금 패전시 대전향의 과오를 범하게 한 것이다.

아무튼 일본의 천황주의자는 찰싹 달라붙는 태도밖에는 알지 못한다. 베버와 같은 태도는 **"국민과 황제권의 역사 앞에"*** 존경심을 가지고 섰을 때만 가능하다. 그러기에는 일본의 천황주의자는 너무나 근시안

---

* 다음의 「프리드리히 나우만에게 보내는 편지」 중에서 발췌.
"내가 다름 아닌 문제의 황제를 동정하고 있다고 주장한다면, 나는 그야말로 군주제 신봉자로서 거짓말을 하는 셈이 됩니다. 그러나 국민과 황제권의 역사 앞에서, 그리고 그 역사를 위하여 내가 황제에 대해 마음으로부터 바라는 바는 통치를 그만두는 것입니다. 그것이 황제라는 지위에 어울리는 행위입니다. 또한 이를 상당히 강력하게 말할 수 있는 인물이 필요합니다."

적이어서 지금 순간의 위기에만 정신을 빼앗겨서 혼비백산하고 있다. 그러니까 거꾸로 현재만 무사히 빠져나가면 된다는 극도의 정치주의적 태도를 고수하게 된다. 그것은 미래에 대한 정치적 전망이나 계획적 행동과는 무관한 정치주의다. 천황제는 이러한 사람들에 의해 점점 더 이성적인 존재이유를 상실하고 점점 더 정치적으로 오염되고 있는 것이다.

그러나 천황제에 대립하는 세력 쪽에는 자기의 '지도자'나 '책임자'에 대해 비판과 혐오를 가지고 있으면서 그 상대의 명예를 중시하고 그 상대와 가능한 한 협력하는 태도가 이미 형성되어 있다. '지금'의 공산주의자 집단을 비판하고 '혐오'하고 있으면서도 이유 없는 비방과 공산주의자 숙청 기도에 대해서는 단연코 그들을 보호하려고 하는 사람들이 상당수에 달한다. 공산주의자 내부에도 외부의 적극적인 자유주의자에 대해 같은 태도를 취하는 자가 점차 생겨나고 있다. '좌우폭력평등론'을 제창하는 '양식(良識)주의자'는 이러한 사실 앞에서 베버를 교훈삼아 감정을 억제하고 깊이 반성해야 하지 않을까. 천황주의자 가운데 정신적으로 타락해가는 부류들에 반비례하여 민주주의 세력 중에서는 충동을 억제한 객관적 시각과 관용에 의한 협력 그리고 대립자를 존경하는 정신이 생겨나고 있다.

3. 주권자의 정신

이런 맥락에서 본다면 정치사적인 면이나 이론사적인 면에서도 천황제의 권위를 계속해서 실추시켜온 것은 일본의 '근왕주의'다. 게다가 실제 정치상으로 '근왕주의자'가 천황의 존엄에 흠집을 내는 방법은 역사적으로 현대로 접어들면서 점점 더 타락해왔다. 이는 국체론 사상(史上)에서 점차 정신이 상실되어온 것과 정확하게 비례한다. 다시 말하면 메이지유신의 지사(志士)는 '기량'과 '지혜'로 천황을 마음대로 조종했다. 그리고 메이지 이래의 지배층 정치가는 권력에 의해 이를 조종했다. 그러나 지금의 우익은 자신의 무법적 칼날에 의해 천황의 이름을 더럽히면서도 더럽히고 있다는 사실 자체에 대한 자각조차 없다. 말 그대로 희비극적인 존재인 것이다. 테러리스트뿐만이 아니다. 코이즈미 씨나 이이모리 재판관 등 천황제를 옹호하는 데 열의를 쏟는 많은 사람들 역시 이런 자각이 없다. 너무도 어처구니없는 무딘 지성이다. 생각해보라. 미치광이 같은 살인에 의해 천황제가 '옹호'되고 있다면 그 따위 천황제에 무슨 명예가 있겠는가. 활개 치며 세계를 활보하는 것은 불가능해지지 않겠는가. 코이즈미 씨 같은 천황주의자야말로 앞장서서 우익 테러리스트를 배제해야 하는 것 아닌가. 그것도 할 수 없는 천황주의자들에게 둘러싸인 천황과 황태자야말로 정말 희극적인 동시에 비극적인 존재다. 그들은 어디서 누구에 의해 어떻게 자신의 사회적 존재가 욕되고 있는지조차 알 수가 없다. 자신과 관련된 일을 당사자 스스로의 의사에 따라 처리하는 것 자체가 불가능한 것 아닌가. 당사자로서 필요한 상황에 대한 지식조차 제대로 갖추지 못하고 있을지도 모른다. 훌륭한 황태자라면 '후까자와 시찌로오 씨에게 항의를 한다면 자신이 직접 할 것이며, 우익 테러리스트 따위가 제멋대로 살인을 저질러놓고 그것이 황실을 지키기 위해서였다는 등 황태자를 위해서였다는 등 함부로 말해서는 안 된다'라고 발언해야 할 때임에도 불구하고 아무런 언동이 없는 것은 아마도 그 때문일 것이다. 그러나 천황도 황태자도, 그들이 '국민통합의 상징'(현재와 바로 다음 시대의)인 한 단지 특권을 향수하기만

하는 존재여서는 안 된다. 정작 황실이 멋이나 호기심으로 존재하는 것이 아니라고 한다면, 일본국민을 세계에 욕먹이지 않을 만큼의 지성과 용기와 정신적 존엄을 스스로의 행위 속에서 확보해야 할 과제를 떠안게 된다. 그것이 국민에 대해 져야 할 책임이다. 그 책임을 지지 못할 때, 그때는 이미 '국민주권' 국가의 '나라의 상징'이 아니다. 그러므로 헌법 정신에 따라서 물러나야 할 것이다. 주권자인 국민은 그럴 경우 물러날 것을 요구할 수 있을 뿐만 아니라 반드시 요구해야만 한다.

그런 의미에서 일본의 황실은 원리적으로는 대단히 중대한 내적 위기에 처해 있다. 만약 우익 테러가 계속되고 그것에 의해 황실이 지켜지고 있는 듯한 착각이 일본을 비롯해 세계에 만연해지고 더 나아가 황실 및 천황주의자가 우익 테러에 대해 보다 준엄한 태도를 취하지 않는다면, 그때는 황실 스스로가 자신의 손으로 자신의 존엄을 더럽히고 그에 따라 일본국민의 권위를 욕되게 했으므로 헌법 정신에 따른 퇴위 요구(또는 황태자의 퇴위 요구)가 일어날 수밖에 없다. 물론 현실적 상황은 지금으로서는 그것을 요구할 정도의 자긍심을 가진 일본국민이 소수임에 틀림없다. 주권자 정신이 이 나라 국민 대다수에게는 아직 없다. 그러나 원리적으로는 때와 장소에 따라 행해지지 않으면 안 되는 것이며, 언젠가는 일본국민도 그것을 해야 할 때에 할 수 있는 국민이 될 것이다. 헌법은 그렇게 될 것을 국민에게 명하고 있다고 여겨지며 나 자신 역시 그렇게 되기를 바라고 있다.

황태자가 서 있는 자리의 전통과 그를 둘러싼 현상(現狀)은 이상과 같다. 그렇다면 정부가 해야 할 특별한 노력보다 훨씬 더 큰 노력이 그에게 요구되고 있다 할 것이다.

이렇게 볼 때 일본에는 지금 황실·정부·국민 중 어느 요소에 있어서

도 당사자 우위와 당사자 책임이라는 근대국가적 원리가 결여되어 있
는 듯하다. 바로 그렇기 때문에 일상적으로는 궤변이 횡행하여 제멋대
로 타인을 대신해 부당이득을 취하고, 정치적으로는 우익 테러리스트
가 제멋대로 황실을 대신하고 재판소와 집행인을 대신하며 폭행을 자
행하고 또 일개 재판관이 제멋대로 의회와 정부와 법정을 대신하여 아
무렇지도 않게 폭언을 해대는 것이다. 게다가 그 같은 대리행위를 당한
당사자는 자신의 소관사항이 불법·부당하게 침해당하고 있음에도 당
사자의 권리와 의무를 지키려 하기는커녕 무법자의 등 뒤로 조심스럽
게 물러서 있다. 과연 당사자 원칙은 앞으로 일본의 어느 계층에서 가장
빨리 완전하게 확립될 것인가. 황실일까 정부일까 아니면 국민일까. 그
원칙을 자기 안에 확립하는 자만이 미래와 세계적 교류의 담당자가 될
수 있을 것이다.

자유로부터의 도망을 비판함

1945년 10월 4일의 의미

1945년 10월 4일은 우리 전후 일본국민에게는 잊을 수 없는 날이다. 그날 치안유지법·특고경찰의 폐지와 더불어 50년 이상 터부시되어왔던 천황제에 대한 비판의 자유가 공식적으로 열렸다. 그러한 '최고의 사회적 권위'에 대한 정면에서의 비판의 자유야말로 '시민적 자유' 바로 그것이다. 그런 의미에서 전후는 이날 비로소 시작되었다.

다만 한가지 유감스러운 것은 우리 자신의 손으로 이 시작 테이프를 끊지 못했다는 점이다. 더불어 이날 '지령'된 '각서'의 의미가 어디에 있는지에 관해서는 아직까지도 아는 이가 없다. 최근 새삼 알게 된 일이지만 그 '각서'는 치안유지법 폐지나 특고 폐지 그리고 천황제 비판의

■『일본독서신문(日本讀書新聞)』1962년 2월 19일.

자유 등 특정한 개별 사항에 관한 '지령'이 아니다. '각서'의 결론 부분에 명백하게 언급되어 있듯이 '시민적 자유'를 저해하는 법률·제도는 모두 근거가 없는 것이며 따라서 이를 인정할 수 없다는 것이 그것의 원리적 주장이다.

치안유지법·특고·천황제 터부 등은 '시민적 자유'와 양립할 수 없는, 그러한 근거없는 법·제도의 이른바 대표적인 예이기 때문에 무엇보다도 먼저 폐지되고 비판의 대상이 되어야 한다는 것이다.

따라서 이외에도 '시민적 자유'에 반하는 법·제도라면 모조리 부인되어야 함을 의미하며, 또 한편으로는 천황제를 비판의 대상으로 삼지 못하게 막는 것은 치안유지법·특고경찰을 두는 것과 마찬가지로 '시민적 자유'를 해치는 가장 전형적인 일임을 의미한다.

이날 시작된 전후 일본인민의 자유를 우리의 손으로 다시 실현하고 전쟁체제화한 점령 권력으로도 바꿀 수 없는 확고한 것으로 만드는 일이 우리의 과제였으며 또 그 점에 있어서는 지금도 마찬가지다. 하지만 유감스럽게도 10월 4일 당시 일본의 지배층과 언론뿐만 아니라 오늘날에 와서도 상하좌우의 모든 일본인이—반응이 나타나고 있는 한—그 '각서'를 단순한 개별적 사항에 대한 금지령 또는 해금으로서만 받아들이고 가장 중요한 원리적 주장은 보지 못하고 있다. 어떤 책, 어떤 연표, 어떤 정책, 어떤 반응도 다 마찬가지니 한심하다.

천황제 비판의 자유

결코 우연이랄 수 없는 이 같은 '못 보는' 상태에서 천황을 비판하고 황태자를 바라보는 것이 일상화되었을 때 어떤 일이 생기게 될까? 그 경우 그것은 단순히 일상 다반사 가운데 한 토막의 단편일 뿐이므로 마치 식탁 위 이쑤시개가 하나 없어진 정도로밖에 생각되지 않을지도 모른다. 그것 대신 젓가락 끝으로도 대충 쓸 수가 있는데 뭐가 그리 대수냐고 생각하지 않겠는가. 천황과 천황제에 대한 비판은 일상이 되어야 한다. 그것이 자유를 사회화하는 하나의 요건이다. 그러나 천황제 비판의 자유가 단순히 그런 개별적인 일 중의 하나가 아니라 인민의 시민적 자유를 구체적으로 떠맡고 있는 하나의 교두보라는 점을 '간과하지' 않고 똑똑하게 자각하는 형태로 일상화되지 않으면 의미가 없다. 그렇게 될 때에나 비판의 자유가 사회적으로 구체화될 수 있다.

이 경우, 천황제론을 금지당했다면 그것은 일상 속 한 토막의 문제가 아니라 자유로워야 할 일상 전체의 문제로 받아들여진다. 거기에서 비로소 보편적 상식에서의 저항이 생겨나게 된다. 천황제론이 거론되는 것도 이런 경우다. 앞의 경우에는 일상 전체에 관한 사회제도가 문제라기보다는 천황 개인이 문제가 된다. 화제의 대상이 개인일 경우에는 당연히 다른 개인으로도 대용될 수 있다.

앞의 경우와 뒤의 경우, 둘 다 일상적인 대화 가운데서 천황 또는 천황제론이 거론되더라도 그 의미나 기능은 결정적으로 다르다. 전자의 경우는 전전(戰前)에도 있었다. 단 '몰래' 하는 일상의 대화에서였다. 그러던 것이 1945년 10월 4일 이후 상품에서 공정품(公定品)으로 형태가 바뀌고 15년이 지나자 이쑤시개 같은 일상용품으로 변했던 것이다. 이에 비해 후자의 형태는 아직 일본 내 일부에만 존재할 따름이다. 이러한 상황에서 우익 테러가 일어나고 급기야 이번의 중앙공론사 사건으로 비화되기에 이른 것이다.

구체적인 쟁점을 피하는 원칙주의

중앙공론사는 일본 내 천황제 비판의 자유를 철회하는 대신 간단한 대용물을 찾아낼 수 있다고 생각했던 것이 아닐까. 그것이 시민적 자유의 구체적인 체현이고 그 하나를 상실하면 보이지 않는 시민적 자유 역시 크게 무너져내릴 거라는 데에는 생각이 미치지 못했던 것 아닐까. 적어도 천황제 비판의 자유가 그 무엇과도 바꿀 수 없는 자유의 보루라고는 생각하지 않았던 것 같다. 그렇지 않다면 번지르르하게 '언론의 자유는 언제나 지킨다'는 따위의 말을 할 수는 없을 것이다.

언론의 자유란 시민적 자유 중 하나에 불과하다. 후자가 크게 무너져내리는데 어떻게 전자만이 살아남을 수 있겠는가. 게다가 양쪽 다 추상적 원리인 것이다. 구체적으로는 언제나 어떤 특정한 사회적 쟁점으로서만 집약적으로 드러날 뿐이다. 이 쟁점을 회피해서는 시민적 자유가 실질적으로 존재할 수 없다. 그저 말만 있을 뿐이다.

그 구체적인 이슈를 피하면서 늘 '언론의 자유'를 외칠 때, 자유는 단순한 원칙(たてまえ)[1]적 상징으로 화하고 그 원칙화 정도에 따라 사회적 실재성도 잃게 된다. 중앙공론사는 지금 이러한 기능을 하고 있다. 전후 일본인민의 자유를 공동화(空洞化)시키는 기능, 그것이 과연 출판의 목적에 합당하다고 누가 말할 수 있으랴.

시퍼런 칼날이 두렵지 않은 사람은 없을 것이다. 적어도 육체적으로는 두려움을 느끼게 되어 있다. 그 정도는 '사상의 과학 연구회' 집행부

---

1) 일본어의 'たてまえ(建前)'는 본문에서와 같이 '원칙' 정도로 번역할 수밖에 없지만, 개개인의 이해나 욕심을 반영시키고자 하는 내심인 '혼네(本音)'와 반대되는 개념으로 말하자면 그런 '혼네'를 숨기고 밖으로 드러내 보이는 겉모습을 뜻하는 말이다.

가 일부러 '이해'하려고 할 필요조차 없는 일이다. 보통 사람에게는 너무도 자명한 일이기 때문이다. 하지만 한편 그 무엇과도 바꿀 수 없는 자유의 체현물을 지금 담당하고 있다는 자각이 있다면 두려움으로부터 도망가는 길을, 그 자유를 모독하는 방식으로가 아니라 좀더 다른 방향으로 찾아냈을 것이다. 그런 길은 있다.

과잉친절과 '절연'사상

나로서는 남의 일이니까 그 길이 무엇인지까지 말할 필요는 없지만 굳이 '이해하겠다'는 등 친절을 발휘할 정도라면, 또 법인의 비즈니스에 대해 공식적으로 '감사하다'는 등의 표현을 하고 싶어할 정도로 상냥한 마음을 발휘한다면 그야말로 그 길을 조언해주어도 좋지 않겠는가. 그렇게 하면 사신(私信)과 사회적 비즈니스를 혼동하고 있는 것은 아닌지 오해할 정도의 과잉친절주의 스타일도 어느정도는 구제를 받아서, 스타일만 친절한 게 아니라 정말로 친절하다고 인정받게 된다.

조언을 포함하지 않는 친절 따윈 없다. 그것을 포함하지 않는 친절은 스타일에 불과하다는 사실은 만인이 알고 있는 단순한 지혜다.

『중앙공론』의 폐기처분에 대한 '사상의 과학 연구회' 집행부의 조치는 유감스럽게도 그러한 과잉친절주의 스타일 이외에도 많은 점에서 동의하기 어렵다. 이미 보도된—나도 그 한도 내에서밖에 모른다—네가지 원칙으로 일찌감치 『중앙공론』과 '절연'하고 그것으로 '뜻을 굽히지 않았다'라고 생각하는 점부터가 나로서는 이해할 수 없다.

우선 무엇 때문에 '연'을 끊지 않으면 안 되었던 것인가? '연'을 끊는가 안 끊는가가 문제가 아니다. 문제는 잡지를 멋대로 폐기함으로써 천황제 비판의 자유라는 시민적 자유의 근간을 무너뜨린 것에 대한 사회적 책임을 명백히 하는 일이 아닐까? 그 위에서 이제 어떻게 이 자유를 지킬 것인가에 대해 사상단체다운 방침을 제시하는 일이 아니겠는가? '15년 앞' 따위가 문제가 아니고 분기점에 선 지금이 문제다. 그러한 일만 행했더라면 '연'을 무리하게 끊을 필요는 없었다.

물론 현재의 『중앙공론』 쪽에서 먼저 '연'을 끊으려 할지도 모르고 따라서 사실상 결과적으로는 '연'을 끊게 되었겠지만(나는 개인적으로 1년 전에 끊었다) 그것이 먼저 결정되어야 할 일은 아니라고 생각한다. 그것은 이차적인 문제이다.

진보적 표정에 의한 내부붕괴 기능

먼저 '연'을 끊기로 결정한 다음에 '사이좋게 헤어지는' 법을 고려하는 행태보다는, 아무래도 일본의 전통적인 부부싸움식 사고법이 좀더 세련된 형태가 아닐까 싶다. 쟁점이 생기면 그 쟁점의 문제점을 객관적으로 해결하려 하기 전에 '그래요, 헤어지면 되잖아요'라고 말하고 뛰쳐나가는 것이 이성을 결여한 우리 일본인민들의 부부싸움인데, 조금 사회적으로 상승하여 세련되면 '사이좋게 헤어지는' 우아한 기술이 부가된다. 그러나 그것뿐, 문제의 해명이 이루어지지 않는 것은 마찬가지다. 그러니까 그런 류의 세련은 곧 지성도 아니며 정치적 고려도 아니다.

나는 '절연'사상 쪽이 내 생각보다 오히려 더 과격한 것이라 본다. 사태의 사회적 책임만 분명히 해둔다면, 그리고 그것을 『중앙공론』에도 납득시킬 수 있다면 『중앙공론』의 붕괴를 어느정도는 막아내 무한정

후퇴하지는 않게 된다. 그래서 더 지배체제 쪽으로 계속 기울어진다면 그 또한 확실해지는 것이 아니겠는가.

어설프게 '진보적 전통'의 표정을 지으면서 일본인민의 자유를 공동화시키고 헌법의 원리를 안으로부터 무너뜨리기보다는 전체를 명백히 하는 쪽이 그나마 인민이 받는 피해가 적다.

내 생각으로는 올해 우리의 정치적 과제는 3분의 1 획득뿐만 아니라 지금까지 보유하고 있던 3분의 1이 지닌 비무장(非武裝) 의식을 반(反)무장 의식으로 강화시킴으로써 헌법옹호력의 **질적** 조직화를 꾀하는 것이 아닐까 한다. 어지간해서는 무너지지 않을 강한 3분의 1을 만들어두어야 하는데 그러기 위해서는 진보적 표정에 의한 내부붕괴 기능은 정말 곤란하다고 생각된다. 만약 써서는 안 될 말을 허용한다면, '사회 파시스트'란 바로 그런 것을 두고 하는 말이다.

집단의 비민주적 운영과 '언론의 자유'

그러나 사회적 책임을 묻지 않는 '절연'사상 이상으로 내가 동의할 수 없는 '사상의 과학 연구회'의 조치는, 이 같은 큰 문제에 대해 오늘에 이르기까지 총회도 확대평의회도 열지 않은 채 절연 결정이 이루어졌다는 점이다. 다 해봐야 겨우 백수십명밖에 안 되는 사상연구 집단에서조차 직접민주제가 이루어지지 않아서야 어떻게 지역사회에서 그것을 실현할 수 있겠는가!

구성원들 대부분이 이해력 높은 '인텔리'들이 아닌가. 그들의 토론을 모은다고 해서 그 어떤 피해도 생기지 않는다. 각기 나름의 근거를 제시하여 이론(異論)을 주고받는 것을 두려워할 필요는 눈곱만큼도 없지 않은가. 거기서 집행부 안(案)의 근거를 제시하고 또 이론(異論)의 근거를 듣고 그 위에서 결단을 내리는 것이 왜 안 되나?

하루를 서둘러야 하는 문제는 아니다. 모든 일본인민의 의견을 들어서 논의하는 것이 오히려 지당한 그런 문제가 아닌가.

이 당연한 절차조차 거칠 수 없을 정도의 민주주의 감각이라면 유감스럽지만 혁신 조직의 비민주적 측면을 비판할 자격은 없다. 모임의 분열이나 혼란을 피할 의도에서 그랬을지도 모르겠다. 그러나 혁신 조직, 특히 공산당에서 볼 수 있듯이 그런 분열은 충분히 내부 반대파의 의견을 듣고 또 흡수하는 것이 아니라 총회에서 형식적으로 일을 처리하는 데에 하나의 원인이 있다.

'언론의 자유'란 단순한 깃발만으로는 아무런 의미도 없다. 그것은 무엇보다도 집단 내부 운영의 구체적인 방법으로서 주장된 것이었다. 말하자면 사회나 집단의 운영방법이 어떻게 이루어지는가에 따라 언론의 자유는 있기도 하고 없기도 하는 것이다.

"나라 안에서 아무런 불평의 씨앗도 일어나지 않기를 바라는 것은 우리가 바랄 수 있는 자유가 아니며 이 세상 누구도 그것을 기대해서는 안 된다. 불평이 자유롭게 들리고 깊이 고려되고 신속하게 개혁될 때에야말로 생각있는 사람들이 바라는 시민의 자유가 최대한 달성된 것이라고 말해야 한다"(존 밀턴J. Milton, 아레오파지티카*Areopagitica* ─ 밀턴에게 '나라'는 국가권력보다도 '조국'공동체, 즉 자기가 속한 집단을 의미한다. 따라서 이 문장에서의 '나라'는 '모임'으로 바꾸어 써도 괜찮다.)

이러한 내부 운영이 이루어지지 않을 때 원칙적인 문제에 관해 반대의견을 가진 자는 모임을 떠나는 것밖에 자신의 의견에 충실할 수 있는 방법이 없다. 사상의 과학 연구회에는 내가 경애하는 많은 사람들이 있다. 그 사람들에 대한 각각의 경애는 변함이 없으나, 어쩔 수 없는 일도 있는 법이다. 아리스토텔레스의 플라톤 비판을 본뜰 수밖에 없다. 나는 공산당 등의 혁신 조직체의 비민주적인 면을(물론 내부에서이지만) 비판한 적이 있는 사람으로서 이 모임의 비민주적 감각을 묵시할 수가 없다. 앞으로는 사안에 따라서 더욱 큰 연대 속에서 협력하고 싶다.

'화'라는 이름에 대한 이야기

　먼 옛날 중국에서는 일본을 '왜(倭)'라 불렀다. 어떻게 해서 그렇게 부르기 시작했는지에 관해서는 유감스럽게도 필자는 잘 모른다. 그러나 사전에 따르면 그 나라의 여러 고전에서 '왜'라는 낱말에는 '흉하다'라는 뜻도 있고 '아주 먼 쪽'이라는 뜻도 있으니 '왜'는 비하어이면서 동시에 '돌고 돌아서 가야 하는 동쪽 바다 위의 나라'라는 지리상의 사실을 가리키는 것이기도 했으리라. 그리고 동양의 '로마제국'이었던 당시의 중화제국에서 볼 때 지리상 멀리 떨어져 있다는 것은 동시에 문화적으로나 가치상으로 저급함을 뜻했다. 중화제국은 '문화'에 가치를 두고 있었기에 더욱 그러했다. 따라서 '왜'는 '동이(東夷)'였고 때로는 '왜노(倭奴)'라고 불리기까지 했다. 제국주의란 어느 시대건 어떤 지역에서건 이러한 가치상의 자기중심주의를 지닌다. 그리고 그 결과 멸시당한

■『미스즈(みすず)』 1969년 8월.

쪽의 인권의식과 독립심을 불러일으켜 종속 민족들의 반항을 낳는다. 물론 반항의 방법에는 여러가지가 있어서 교태를 부려 자기의 '독립'을 허가받으려는 자가 있는가 하면, 인권과 독립의 권리를 주장하면서 그것을 억압하는 자에 대하여 인간의 보편적 권리를 온몸에 짊어지고 인간 권리의 존재 여부를 다투는 형태로 반항하는 자도 있다. 심지어 자기 고유의 무엇인가를 조금 지니게 되어 때가 무르익었다고 보일 때 슬그머니 자신의 호칭을 바꾸어 '독립'의 '외양'을 만들고 그러한 겉모습에 한동안 매달려 버티면서 그동안에 '새 이름표'가 기정사실이 되어 널리 승인되기를 노리는 자들마저 있다. 거미는 위기에 처하면 곧잘 죽은 시늉을 해 상대방을 방심하게 해서 위험에서 벗어난다고 하는데, 그러나 가끔은 잘못해서 죽은 시늉을 하는 사이에 사지가 자유를 잃어 그대로 움직일 수 없게 되어버리는 일도 있다고 한다. 사실인지 아닌지는 잘 모르겠다. 하지만 가상이 변하여 실태(實態)가 되는 일은 세상에 흔히 있는 일이다. 그리고 지금 말한 '겉모습'의 기정사실화를 통하여 '독립'을 얻고자 하는 것은 거미와는 반대로 살아 있지도 않으면서 살아 있는 척하는 동안에 정말로 살아 움직이게 되지는 않을까 하는 바람에 바탕을 두고 가상을 실태로 바꾸어보려는 방식임에 틀림없다. 하지만 실력을 갖춘 자가 스스로를 작아 보이게 하려는 흉내내기와는 달리 알맹이는 모자라는 사람이 간판이나 거창하게 달고 있는 동안에 세상에서 그럴듯하게 통용되려 하는 경우에는 실태화했다곤 하지만 그것은 유통기구에 있어서나 그런 것이지, 말하자면 보증되지 않은 통용지폐처럼 언제 인플레의 홍수에 휩쓸려 파산하게 될지 모르는 일이다. 요컨대 결국은 '거짓 실태'임을 면할 수가 없는 것이다.

일본은 중화제국권으로부터의 정치적·문화적 독립을 표시하기 위하여 경멸의 뜻이 깃든 호칭인 '왜' 대신 '화(和)'를 사용했던 것이 아닐까?(倭와 和는 일본어에서 똑같이 '와'로 발음된다) 그렇다고 한다면 그야말로 '거짓 실태'의 길을 택한 셈이 된다. 사전을 찾아보면 '왜'라는 항에는 '야마또라고 읽어 일본을 가리킬 경우, 후세에는 和를 사용한다'라는 주석이 붙은 경우가 있다. 하지만 「속(續) 일본기」를 읽어보면 '왜'를 '화'로 바꾸게 된 데는 국내 사정도 중첩되어 있지만 어쨌든 명백히 의식적이었다고 생각할 수밖에 없는 면이 있고 그 시초는 '키나이(畿內, 메이지 이전에 궁성 부근의 직할지를 가리키는 명칭)'에 해당하는 '대왜(大倭, 야마또)'라는 국호를 '대화(大和, 야마또)'로 고쳐 쓴 데서 시작되었다. 시기는 8세기 중엽, 텐뵤오호오지(天平寶字, 나라奈良시대의 연호 중 하나로 757년부터 765년까지다) 원년을 종점으로 하는 몇년 이내의 기간이었다. '화'는 물론 중국어로도 거의 좋은 뜻만 있다. '다툼이 없이 평화로우며' 게다가 '갖추어져 있다'라는 뜻까지 있다. 그럴듯하게 바꿔치기를 한 셈이다. '제도 문물'이 갖추어져 있음을 나타내고자 한 것이었을까? 어딘지 로꾸메이깐[1] 초판 같은 느낌이 들지 않는가?

'왜'와 '화' 사이에는 기묘한 의미의 연속성이 존재한다. 국호를 '화'로 고친 당사자가 이 사실을 의식했었는지 여부는 알 수 없다. 그러니 더욱 재미있다. '화'가 원래 '소리를 합한다'는 뜻을 지닌다는 것은 잘 알려진 사실이지만 '왜' 또한 원래는 '따른다'는 의미였던 모양이다. 『설문해자(說文解字)』라는 책에는 '왜(倭), 순모(順貌, 순종하는 모습)'라고 되어 있다니까 '왜'의 본뜻은 '추하다'라든가 '돌고 돌아 머나먼' 이전

---

1) 鹿鳴館: 1883년 외국 귀빈이나 외교관의 숙박과 접대를 위해 토오꾜오에 세워진 사교장으로 귀족과 외국사절에 한해 입회가 허용되었다. 야간 무도회, 가장무도회, 부인자선모임 등을 통해 서구 풍속 모방의 중심지 역할을 했다.

에 아무래도 순종주의(conformism)를 뜻하는 면이 있었던 듯하다. 애당초 그것은 '비녀(婢女)'의 '신종(臣從)'이라는 형태에서의 컨폼(conform)이었던 것일까? '화'란 사람 사이의 조화이며 '왜'란 고분고분 순종한다는 것이다. 칭찬하는 소리인지 비웃는 소리인지는 별개로 하고 양자 모두가 종종 '편승'과 '합창'이라는 결과를 만든다. 일본역사는 사람들이 '화'라는 미명하에 사상·신앙의 대립을 융합시키고 서로가 상황에 편승하며 그 결과 '장맛비(梅雨)'의 '모가미가와(最上川)'[2] 같은 '합류에 의한 이상 속도'를 낳고 이러다 보니 눈 깜짝할 사이에 생각지도 못했던 방향으로 상황이 진행되고마는 여러 예들로 가득하다. 좌로나 우로나 시류영합의 풍조가 좀 과다하다. 그것도 '인텔리'라 불리는 '논단총아'의 세계에서 그러하다. 거기서 눈에 띄는 구조는 대립요소가 나름대로 스스로를 견지하면서 통합되는 하모니가 아니라 '다른 사람을 따라'서 움직이는 유행의 지배가 아닌가? 그러니 얼핏 보아 '다양성'이 공존하고 있는 듯 보이는 경우라도 흔히 그것은 어떤 이는 이 사람을 좇고 다른 이는 저 사람을 따르는 식의 '순종주의의 복수화'에 불과한 경우가 많다. 그런 경우에는 독립정신과 그것의 공존에 의한 다양성이 아니다. 독립정신이 없는 이상, 제국주의에 맞서야 할 때에도 다시 한번 정신적 실체 없이 간판만 갈아 다는 '가짜 독립'에 빠질지도 모를 일이다.

---

2) 쌀 산지로 유명한 야마가따(山形)현의 쇼오나이(庄內)평야를 흐르는 강으로 일본의 3대 급류 중 하나로 일컬어진다. 결국 우량이 많지 않은 장맛비도 모이면 모가미가와 같은 급류를 만들어 낼 수 있다는 의미로, 이는 에도시대 하이꾸(俳句) 시인 마쯔오 바쇼오(松尾芭蕉)의 「오꾸노호소미찌(奧の細道)」에 나오는 "장맛비 모여 물살이 빨라졌네 모가미가와"라는 구절을 응용한 표현이다.

그건 그렇고, 처음 일본을 '왜'라 부른 이는 '왜'의 본뜻이 일본사회의 정신적 특징을 기묘하게도 잘 나타낸다는 사실을 알고 있었던 것일까? 어쩌면 고대 중국인은 여러 인종, 여러 언어가 뒤섞인 중국과 비교해볼 때 일본사회가 얼마나 동질적이며 일본의 지식인들은 또 어쩌면 이리도 영합적·편승적 특징을 두루 갖추고 있는가에 너무나 자주 놀랐기 때문에, 이름을 붙일 때 '왜(倭)'라는 글자 모양, 즉 사람이 '서로를 서로에게 맡기고 있는 모습'을 떠올린 것이 아닐까 하고 엉뚱한 생각을 이따금 하곤 한다.

불량정신의 찬란함

전시의 '비행'에 대하여

오늘은 전쟁의 와중에서 소년의 '불량' 행위가 지니고 있었던 찬란한 의미를 한두가지 실례를 들어 이야기해보고자 합니다. 그런데 왜 지금 이 이야기를 해야 하는 것일까요? ── 먼저 그 근거가 되는 현대적 상황을 요약해볼까 합니다.

■『현대의 이론(現代の理論)』1984년 1월(이 글이 다루고 있는 사건에 관해서는 이마바리(今治)중학교 1년 선배인 카미야 토시로오(神谷敏郎) 씨의 정밀한 조사에 기초한 유력한 비판서가 있다. 『잡초들의 청춘』(1987)이 바로 그것이다. 카미야 씨의 저서는 역작인 동시에 일리 있는 비판이기도 한데, 나는 직장암 수술 뒤라 이 글을 다시 고쳐쓰기가 불가능한 상태일 뿐만 아니라 자신의 오류는 오류로서 그대로 남겨야 한다는 생각에서 카미야 씨에게 경의를 표함과 동시에 그의 역작을 널리 소개하고자 굳이 오류가 포함된 이 글을 그대로 남기기로 했다. 만약 잘못된 부분이 있다면 그 책임은 모두 내게 있다. 카미야 씨에게 용서를 빌고 싶다. 또 이 글 속에서의 영웅 Y군에 대한 오해의 책임 또한 전적으로 내게 있다. 나 자신은 아마도 Y군을 좋아하나 보다 ── 1996년 지은이).

1

요즘이라면 나중에 이야기할 전시의 소년의 '불량'행위도 모두 '비행(非行)'이지 '불량'이라고는 이르지 않을 텐데 도대체 언제부터 '비행'이라는 말이 일반화되어버렸는지, 여기에도 현대가 지닌 문제 중의 하나가 나타납니다. 아마도 고도성장 이후의 사회 경향——인간을 일방적으로 결정된 규격제품으로 대량생산하려는 경향——이 만들어낸 것이 '비행'이라는 용어의 일반화일 것이라고 생각합니다만, 이는 정말 어처구니없는 현상이며, '행위가 아니'라니 이건 언어도단이지요. 현대의 '우등생'의 대부분은 미리 정해진 규격에 따라 생산되고 있는 제품에 불과하므로, 운명을 선택하는 결단이 있느냐 없느냐라는 의미에서는 극히 '무의지'적이고 수동적인 반(半)제품에 지나지 않습니다. 제도적으로 주어진 기성 목표를 향해 노는 것도 잊고 전력 질주하고 있다는 점에서는 능동적이지만 이 같은 '자기 제품화를 향한 능동성'은 의지와는 아무런 관계도 없습니다. 의지란 본래는 '운명을 향한 의지'이며 운명과 만나는 것을 기쁘게 받아들이려 하는 정신태도입니다. 받아들인다는 이야기는 그 만남이 가져다주는 시련을 뛰어넘어 살아가려는 책임과 '생에 대한 의지'를 그 속에 포함합니다. 그리고 그것이 바로 의지의 세계입니다. 따라서 '우등생'들——또는 전에 '우등생'이었던 자들——은 다른 종류의 중대한 경험을 해보지 못하는 한 완전히 무의지적인 존재입니다. 이에 반해 '비행'이라 하여 제도적으로 공인된 '행위'로부터 배제된 행동을 하는 소년들은 정도의 차이나 질의 차이 혹은 방향의 차이를 각기 지니고는 있지만 아무튼 운명으로의 의지를 맹아적인 형태로나마 지니고 있습니다. '행위가 아니다'가 아니라 그쪽이 오히려 '행위'인 것입니다. 적어도 의지적 '행위'에 더욱 접근해 있는 겁니다. 인간의 기본적 덕성(우애라든가 다른 사람을 감싸는 의협심이라든가 사람이나 사물과의 상호성 등의 덕성)을 유린하는 자, 그는 인류 세계의 '범죄자'(이것이 꼭 법률 위반을 의미하는 것은 아닙니다)로서 '비행'이나 '불량'과 함께할 수 있는 게 아닙니다. 오히려 친구를 끌어내리기에 열심이거나 선생님 마음에 들기 위해 친구의 사소한 규칙 위반(이것은 행위입니다)을 밀고하는 '우등생'들 쪽에 인간의 기본적 덕성을 유린하고도 아무렇지도 않은 자가 압도적으로 많은 것입니다. 그리고 현재 교사들 중 다수가 밀고자 정신을 환영하고 소년들을 규격제품화하는 일에 열을 올리고 있습니다. 오늘은 구체적인 실례는 들지 않겠습니다만, 그건 정말 말도 안 되는 일입니다. 그 정도의 심각성은 우리의 상상을 초월합니다. 새로운 형태의 익찬(翼贊)체제화가 최근 1~2년 사이에 급속히 진행되고 있습니다. 게다가 너무도 시시콜콜한 규격을 절대명령의 형태로 강요하며, 그것을 강요할 때는 목소리까지 일본군대의 내무반에서 들을법한 목소리와 흡사해집니다. 마치 화가 난 듯한, 몇 옥타브나 올라간 목소리로 갑자기 '기리입. 경례엣' 하면서 지극히 사소한 것들을 가지고 겁주고 비난하며 '회개하지 않으면 처벌한다'라는 둥 권력을 휘두르는가 하면('도립 무사시오까武藏丘 고등학교'의 교사가 제 자식에게 하는 것을 제 눈으로 직접 본 적이 있습니다—1996년 지은이), 내신서류나 추천서를 써주지 않겠다고 겁을 주기도 합니다. 우쭐해서 형사나 공안원 흉내를 내고 있는 거지요. 더욱이 스스로는 교육자이고 '성직자'라고 자아도취에 빠져 있으니 그러한 도에 지나친 자기기만까지 고려한다면 오늘날의 교사들의 상당 부분이 인간치고는 최악의 수준이 되었다고 봅니다.

교사라는 직업은 두가지 상반되는 사회적 성격을 동일 인격 속에 함께 지닌 특수한 직업입니다. 한가지는 말할 것도 없이 월급쟁이 교육자(교육이란 무엇인가라는 큰 문제가 포함되어 있습니다만)입니다. 또 한 가지는 학교라는 제도적 조직체의 통치권력자(학생들의 입장에서 보면 때때로 지배자)입니다. 따라서 처분권의 행사나 명령 또는 금지의 발령권을 제도적으로 부여받습니다. 학교 역시 제도적인 조직체라는 점에서는 다른 조직체와 다를 바 없어 통치권력자가 있는 것은 당연한 일입니다. 단지 다른 것은 교사와 학생이라는 신분상의 차이에 기초하고 있다는 점입니다. 회사 등의 사회조직이라면 말단 성원이라도 최소한 다음 지위로 승진하는 것이 가능하지만 학교조직에서 학생은 절대로 그 조직 내의 구성원인 채로 승진하여 교사가 될 수는 없습니다. 그러므로 교사와 학생의 차이는 단순한 지위의 차이일 뿐만 아니라 신분의 차이인 것입니다. 다시 말해서 학교조직이라는 조직체는 신분제 사회입니다. 바로 그 때문에 지주·소작이라는 신분제를 밑바탕에 남겨두고 있던 2차대전 이전의 일본에서 학교만은 위화감 없이 급속히 받아들여져 보급되었던 것입니다(자유기업은 좀처럼 정착되지 않았음에도 불구하고 말입니다).

학교조직은 이처럼 신분제 사회이기 때문에 거기서의 통치권력자는 당연히 '지배신분'입니다. 따라서 학생이 교사를 지배자로 느끼는 것은 그 일면을 정확하게 파악한 셈입니다. 그리고 말할 필요도 없는 일이지만 모든 권력은 외면적 행위만을 규제할 수 있는 것이지 사람의 마음속까지 들어갈 수는 없습니다. 그러므로 권력자라는 점과 교육자라는 점은 서로 상반되는 두 측면이며 학교 교육은 이 상반되는 측면을 끌어안고 있는 것입니다. 만약 순수한 교육자가 있을 수 있다면 그것은 학교제도 밖에서만일 것입니다.

'불량' 학생이 교사의 사회적 성격을 정확하게 파악하고 있는데 반해 자신의 사회적 성격에 대한 자각이 없는 교사는 자신은 권력자가 아니다, 하물며 지배자라니, 나는 교육자다 운운하면서 실제로는 지배신분으로서 제멋대로 결정한 (혹은 학력경쟁·규격제품화 경쟁의 격렬한 사회 경향에 편승하여 결정한) 과잉 세칙과 일방적인 고정 질서를 **필사적으로** 강요하고 옥죄어서 조직을 만들어내고 있는 겁니다. 자신은 성직자라고 믿고 있기 때문에 '정의감'을 가지고 권력을 행사하고 있다. 그러니까 처치 곤란하다. 형편없이 공부 못하는 학생보다도, 인간의 일반적인 덕성이나 판단력, 지혜, 자각도(自覺度)에서 훨씬 떨어지는 교사군(群)은 이렇게 하여 대량으로 발생된 것입니다.

대개의 직업병이 좀처럼 낫지 않는데 교사라는 특수한 직업에서 오는 직업병은 자각도가 눈곱만큼이라도 없어지면 심한 자기기만에 빠지고 게다가 어느 누구로부터도 추궁당하거나 비판받는 일이 없고 어떤 시련에 부딪치는 일도 없이 (다시 말하면 아무런 경험도 하지 않고) 느긋이 '오야가따 히노마루(親方日の丸, 아무리 예산을 써도 정부가 지불해주겠거니 하는 안이한 사고방식)'의 신분 보장을 누리면서, 자신들의 질서는 정의로우니라 하며 설교도 하고 소리치기도 하는 등 심취해 있으니 정신적으로는 이 이상 심각한 타락병이 없습니다. "학교에서 배운 것만 가지고 그대로 일이랍시고 할 수 있는 것은 교사뿐이다"라는 명언을 언젠가 사또오 타다오[1] 씨가 한 적이 있습니다만, 그럴 정도로까지 경험이 없

---

1) 佐藤忠男(1930~): 영화평론가, 역사학자. 『영화평론』 『사상의 과학』의 편집장을 역임했고, 1996년부터 일본영화학교에 재직 중이다.

는 '우등생' 출신이 '우등생'이었던 시절의 자기도취만을 여전히 고수한 채—아무런 자기비판도 거치지 않은 채—지배신분이 되어서 인간을 규격제품으로 대량생산하는 데 필요한 세칙 작성에 광분하고 있는 것입니다. 특히 35세 이하의 젊은 교사들 대부분은 불쌍하게도 아무런 사회경험도 못 해본 채 오늘날 새로운 형태의 익찬체제 활동가의 일원이 되어버린 통에 이러한 직업병이 더욱 심한 것입니다. 리처드 쎄넷(막 마흔살이 된 미국의 젊은 사회학자입니다만)의 『무질서의 효용』(*The Uses of Disorder*)이라는 명저라도 텍스트로 삼아서 재교육의 장을 저들 스스로 만들었으면 좋겠다는 생각입니다. 그런 조치가 필요하다고 생각될 정도로 그들은 구제불능의 '청년장교'이며 '통제관료'인 것입니다.

이것이 내 경험이자 몇몇 친구들과 함께 조사한 교육조직의 현상에 대한 내 나름의 요약입니다. (몇 사람의 친구란 소학교 교사나 고등학교 교사인 문학자나 연구자 외에 이곳저곳의 '학부형'들을 포함하고 있습니다만 그들의 이야기로는 한 학교의 교사들 중에서 평균수준의 비판력을 독립적으로 가진 자는 겨우 5~6퍼센트 정도밖에 안 된다고 합니다. 얼마나 **획일적으로**, 앞서 말한 군대식 명령질서를 가진 '규격제품 공장'화가 관철되고 있는지가 여기서도 나타납니다.) 그리고 이러한 사실이 중대하다고 생각하는 것은 옛날과 달리 고등학교까지가 사실상 의무교육화되고 절반 정도가 대학까지 진학하는 상황이라 전원이 그 조직 속에 들어가 성장기 12년을 보내고 또 그 절반 정도는 16년간 그 속에 있게 되므로 이는 최대의 사회조직이며, 거기에서의 **생활양식**의 '익찬체제'화는 정치적 슬로건 등의 표면적인 것과는 달리 인간을 밑바탕에서부터 못쓰게 만들어버리는 중대한 사회문제이기 때문입니다.

원래 저는 '교육'이라는 말이 풍기는 위선의 냄새를 아주 싫어해서 '교육 문제' 운운하는 소리만 들어도 기분이 나빠져 이 문제를 여러모로 조사하려는 생각은 꿈에도 해보지 않았는데, 이런 식으로 학교조직이 사회병의 생산지가 되는 판국에는 어쩔 수가 없었습니다. 그래서 우선 '불량'소년의 역사적 의미를 당당하게 밝힘으로써 이러한 현상에 대한 비판으로 삼고자 합니다. "분명한 미래상은 반드시 배후로부터 찾아오"기 때문입니다. 그러나 오늘은 오랜 역사에 관해서는 준비가 안 되었으므로 전시의 '불량소년'이 이루어낸 훌륭한 업적을 한두가지 실례를 들면서 이야기해볼까 합니다. 해방과 빈곤이 아말감이 되어 있던 전후의 '불량소년'에 관해서는 이미 몇몇 문학적 걸작이 잘 전해주고 있습니다. 이시까와 준[2]의 『잿더미 속의 예수』(燒跡のイエス)가 그렇고 노사까 아끼유끼[3]의 작품들이 그렇습니다. 그러나 전시의 '불량소년'에 관해서는 별로 이야기되고 있지 않습니다. 그래서 억압체제가 급속도로 진행되고 있는 이 시점에서 과거의 억압체제하에서 인간 본래의 감수성을 지닌 채 이데올로기적으로가 아니라 본능적으로 의지적 행위를 했던 16~17세 소년(지금이라면 고등학생)의 이야기를 어눌하게나마—그리고 활극 야담에 지나지 않을지도 모르지만—소개해보고자 합니다.

---

2) 石川淳(1899~1987): 소설가. 전후의 허무와 퇴폐가 드리운 작품을 발표해 타자이 오사무 등과 함께 무뢰파(無賴派)라 불렸다.
3) 野坂昭如(1930~): 소설가. 주요 작품으로 『반딧불이의 무덤』(1968), 『전쟁동화집』(1975) 등이 있다.

2

　전시의 한 시골 중학교에서 있었던 이야기입니다. 당시 인구 5만가량
의 I시에 있던 현립(縣立)중학교에서는 1942년과 43년, 특히 43년에 들
어서면서부터 통제가 급속히 강화되었습니다. 아마도 전국적으로도 일
본제국의 강권적인 과잉질서주의가 사람들 마음속에까지 지나칠 정도
로 한꺼번에 파고들어왔기 때문에 '인심(人心)'의 해체—복종과 협력
보다는 염증과 반감 쪽이 더 커지기 시작했던 것 같습니다. 시골 중학
교에서도 '강경파'의 불량행위가 크게 유행했습니다. 한편 시골이기 때
문에 더 그랬을지도 모르지만 이데올로기적으로는 거의 군국적인 색채
하나로만 칠해져 있었습니다. 그러하니 풀 길 없는 염증과 반감이 청소
년기의 객기나 모험심과 어우러져 불량행위로 나타났던 거겠지요. 하
지만 이데올로기라는 의식적 표면과는 상관없이 권위주의적 인간인지
동정심이나 의협심을 가진 인간인지, 비열하고 음험한 인간인지 성실
한 인간인지, 설교밖에 모르는 독선적인 인간인지 유머를 아는 인간인
지 따위의 인간의 기본적인 성격은 학생들, 특히 불량소년들의 눈에는
너무나도 잘 보였습니다. 책망이나 감시를 받는 경우가 많은 자일수록
지배자의 개별적 성향에 직면할 기회가 많기 때문이기도 하겠지만, 단
순히 그것 때문만은 아니고 교과서만을 상대하는 우등생과 달리 불량
소년은 모험심과 호기심이 넘쳐 처벌받을 위험이 많은 대신 기지도 있
어서 사람의 특질을 간파하는 데에도 뛰어났던 것입니다. 교사에 대한
별명 붙이기 같은 것도 정말 기가 막힐 정도였습니다. 별명(あだな)이
원래 '아자나'(あざな, 아호)에서 온 말입니다만 이 '아자'는 지(痣)로도
쓰는 데서 알 수 있듯 표시를 의미하며, 특징을 상징적으로 각인하는 것

이 별명의 원래 뜻일 텐데, 그런 점에서 볼 때 불량소년들의 특징 감지력이나 풍자능력은 탁월했습니다. 그러한 불량소년들의 대표자가 Y군이었습니다.

그는 운동신경이 대단히 뛰어나고 철봉은 프로급이며 달리기는 1등, 유도는 틀림없이 중학교 3학년 때 3단, 싸움에 있어서는(싸움 콩쿠르는 없으므로 증명서는 없습니다만) 우리가 아는 한 아마도 '일본 최고'였을 겁니다. 게다가 호탕한 쾌남아였습니다. 그의 별명은 마점산(馬占山), 줄여서 '마점(馬占)'이라 불렸습니다. 마점산은 당시 '만주'의 유명한 '마적' 두목으로 흥안령을 무대로 출몰하며 마음껏 일본군을 괴롭혔다고 알려진 영웅인데, 이데올로기상으로는 군국소년에 지나지 않았던 중학생임에도 불구하고 그것과는 전혀 상관없이 다들 마점산에 대해 진심 어린 호감과 경의를 가지고 있었던 것입니다. 이 점에서도 이데올로기라는 의식의 표면과 마음의 움직임 사이의 괴리가 드러납니다만 동시에 이데올로기적으로 선택지를 완전히 박탈당한 획일적인 시대에 정신의 움직임이 어떤 수준으로 표출되는지를 보여주고 있습니다. 스타일이나 풍속, 전설, 가무음곡(歌舞音曲) 등의 수준에서 정신이 향한 방향이 드러나는 것입니다. 마점산이라는 전설적 영웅에 대한 호감은 이처럼 대단한 것이었습니다. 그런 마점을 별명으로 가지고 있었으니 Y군으로서는 더할 수 없는 영광이었습니다(너무 지나친 영광이었을지도 모르지만요). 그 별명 때문에라도 처벌의 위험을 무릅쓰면서 비겁하고 비열한 권위주의자를 징계하는 즐거움을 친구들에게 선사해야만 했던 게지요.

그 대상이 바로 A라는 못되고 위세만 부리는 교장과 더없이 음험한 '공민(公民)' 담당 교사 B였습니다. 학교의 모든 학생——특별히 개인적인 이해관계가 있는 한두명을 제외한 천여명의 전교생——들이 이 두 사람을 싫어했습니다. 그 A교장은 1942년에 부임해왔는데, 전임자였던 노다 선생은 성품이 순박하고 성실하며 관대했기 때문에 더욱 대비되어서 A교장은 부임 초부터 모든 학생들의 혐오를 샀습니다. '출현 당시의 모습을 보면' 그는 실크해트에 연미복, 가슴에는 훈장을 달고 가슴을 내밀었다기보다는 배를 잔뜩 내밀어 뒤로 기울어진 자세로 아래위로 천천히 박자를 맞춰 위엄을 부리며 걸어왔던 것입니다. 그러고는 거드름을 피우는 말투로 지긋지긋한 '도덕적' 설교를 했습니다. 그의 형인가 동생인가가 전시(戰時)에 출판된 이와나미신서의 『일로육전신사(日露陸戰新史)』를 쓴 참모본부 차장 육군중장이라며 A교장은 자신의 형제 이야기를 선교생들 앞에서 특유의 거드름 피우는 어조로 자랑하곤 했기 때문에, 모두들 본 적도 없는 그 육군중장까지도 '밥맛 없는 놈임에 틀림없다'라고 싫어했습니다. A씨는 그러한 역효과도 눈치채지 못할 정도로 둔감한 권위주의자였습니다. 권위주의자란 스스로에게 권위를 부여하는 자로 다른 사람, 특히 학생들의 감수성 같은 것은 아예 우습게 여겨 소년들(특히 불량소년들)이 어떻게 느끼는지는 전혀 알지 못하는 둔감한 자입니다. 우등생 출신이나 일종의 바보인 것입니다. 대개 이런 정도였으니까 A교장의 정신적 스타일 전체가 소박한 군국소년들의, 소박하기에 지니고 있는 인간으로서의 올바른 감각에 거슬렸던 것입니다. '저놈이야말로 국적(國賊)'이라는 생각이, 예를 들면 '이 중대시국에 그런 매국적 행위를 하다니' 하는 식으로 질책을 당한 학생들, 특히 불량소년들의 가슴속에 끓어올랐던 것입니다.

또 한명의 혐오대상이었던 B씨는 전에는 영어선생이었는데, 기회주의적으로 편승을 한 것인지 어떤지는 잘 모르지만 '공민'선생으로 바뀌어서 수업시간마다 안경 너머 더이상 음험할 수 없는 그런 눈길로 학생들을 노려보며 심술 섞인 설교만 늘어놓았습니다. 그것도 군국소년들의 소박한 인간적 감각에서 볼 때 확 치밀어오를 만한 소리만 계속했습니다. 그리고 이 두 사람이 한 세트가 되어서 전쟁 말기의 쓸데없는 규제를 I중학교에서 남발하고 있었던 것입니다.

그러다 1942년과 43년에 일련의 사건이 일어났습니다. Y군이 (내 기억으로는 틀림없이) 일당들과 공중목욕탕에 가려고 인근의 술집 밑을 지나가고 있을 때 위쪽의 술자리에서 어디선가 들어본 적이 있는 목소리가 샤미센과 기생의 새된 목소리와 함께 들려왔던 것입니다. 잘 들어보니 교장 이하 B씨를 포함한 교사들 몇명이 '한바탕' 술자리를 벌이고 있는 게 아니겠습니까. 평소에 불량소년들이 여학생에게 연애편지를 보냈다고 처벌하고, 어깨에 거는 가방끈을 너무 길게 늘였다고 집요하게 질책하며 그럴 때마다 '이 시국하에서' 어쩌구저쩌구 설교를 늘어놓던 그들이 기생을 옆에 끼고 술판을 벌였으니 Y군이 화가 나서 장난을 좀 쳤기로 그것은 조금도 이상한 일이 아니었습니다. 마침 B씨의 집은 그 기생집이 위치한 곳에서 보면 마을 경계에 있는 오오까와(大川)의 다리 건너 마을에 있었습니다. 집에 돌아갈 때는 반드시 그 다리를 건너게 되어 있는 겁니다. 재치 하나는 끝내주는 '마점산'은 그 다리 건너편에 있는 시궁창 옆에서 그가 오기를 기다렸습니다. 그곳이라면 밀어 떨어뜨리더라도 의심을 살 걱정이 없었습니다. 날이 샐 무렵, 보통 때는 음험하기 이를 데 없는 분이 학생이 안 보여서 그러한지 기분좋게 취해서 비틀거리며 자전거를 끌고 다가왔습니다. '마점', 즉 Y군은 그의 멱살을 잡자마자 어랏차 하며 발군의 유도솜씨로 시궁창 속으로 그를 냅다 메다꽂아버렸습니다. 언제나 위엄을 부리던 B씨는 비명을 지르며 처박

혔습니다. 한바탕 옷이 젖기는 해도 질퍽질퍽한 곳에 넘어졌으니, 평소 거들먹거리던 꼴로 봐서는 좀더 점잖은 자세로 넘어질 법도 한데 "어이구, 살려줘" 하고 비명을 질러대는 한심한 모습에서 권위주의자의 사기성이 드러나 보였습니다. Y군은 그때부터 정말 진심으로 그를 경멸하게 되었던 것입니다.

그 사건은 한동안 발각되지 않았습니다. 그러나 밀고자는 어느 시대에나 있는 법이어서 반년이나 지난 이듬해 1943년에 들어 Y군은 갑자기 밀어닥친 경찰관들에게 끌려가 유치장에 갇히게 됩니다. 그의 배포와 기지가 발휘된 것은 바로 그때였습니다. I중학교는 메이지시대에 세워진 학교라 그런지 교가 2절에 '자치향상의 깃발을 들고'라는 구절이 있었습니다. Y군은 그것을 생각해냈지요. 사흘 동안 유치장 속에서 '자치향상'의 I중학교다, 경찰을 성가시게 하는 일은 없다, B선생님을 불러달라고 외쳐댔다고 합니다. 전쟁 중에 아무런 이론적 소양도 없이, 경찰에게 학교의 자치를 주장한 소년이 있었다는 것은 놀랄 만한 일입니다. 아마도 미성년이라는 점도 감안되었을 테지요. 게다가 아무리 그래도 '빨갱이'는 아닐 것이라는 점도 참작되었겠지요. 사흘 후 유치장에서 풀려났는데, 훌륭한 생물학자이자(이 사실은 전쟁이 끝난 후에 알게 되었습니다) 담임으로 그에게 호의적인 나가이 선생 같은 이들이 반대할 여지도 없이 학교 직원회의에서는 퇴학처분이 내려졌습니다. A교장은 Y군을 교장실에 불러서 이를 통고했는데 이때도 그는 퇴학처분 통고와 더불어 예의 그 거드름 피우는 설교를 해댔습니다. 처분을 내릴 때 설교를 하는 것은 여전히 일본 학교선생들의 습관이나 이건 사실 이상한 이야기입니다. 앞에서도 말했듯이 처분권을 행사할 때 교사는 권력자로서의 역할을 하고 있는 셈이며 또 권력은 사람의 마음속에까지 들어가서는 안 되는 외적 강제력이므로 처벌의 통고는 그것의 이유와 사무적인 사항만을 말해야 합니다. 만약 충고를 하고 싶다면, 베버가 침이 마르도록 이야기했듯이 그런 자리도 또 교단이라고 하는 신분 차이가 있는 곳도 아닌, 한 사람의 인격 대 인격으로서 대등한 관계에 설 수 있는 장에서만 해야 합니다. 일본에서는 교사뿐만 아니라 경찰관까지도 설교를 하는데 이 또한 같은 이유에서 월권행위이며 모럴(moral)과 권력 양쪽을 다 모독하는 것입니다. 그러나 아무튼 이때 A교장의 통고는 그 사람 특유의 설교를 포함한 것이었습니다. 통고를 받은 Y군은 "퇴학, 좋습니다. 이것이 시말서입니다. 읽어주십시오"라고 말하고 준비해간 시말서를 내놓았습니다. 거기에는 사건 당일 밤 기생을 끼고 벌인 '술판'에 참석했던 A교장 이하 전원의 이름을 열기한 다음 '이 시국하에서 교육자라는 자들이 (⋯) 의분을 느껴 내가 한 일입니다'라는 식의 내용이 쓰여 있었습니다. 자신의 이름이 맨 앞에 쓰인 그 시말서를 읽은 교장은 얼굴색이 새파랗게 질리고 손이 부들부들 떨리고 있었습니다. Y군은 그 길로 집으로 돌아왔는데 며칠이 지난 어느날 나가이 선생이 그의 집으로 찾아와 "Y군, 내일부터 학교에 나오너라" 하고 말했습니다. "그렇지만 저는 퇴학당했는걸요" 하고 Y군이 되물으니 평소에는 별로 웃는 얼굴을 보이지 않던 나가이 선생이 빙긋이 웃으면서(그것은 틀림없이 그 선생님의 회심의 미소였을 것입니다) "괜찮으니까 나오너라" 했지요. 그러니까 일단 결정이 이루어지고 엄중하게 통고되었던 퇴학처분이 통고자로부터의 아무런 시달도 없이 없었던 일처럼 되고 만 것입니다. 권위주의적인 질서주의자란 자신의 권위나 신분의 안전이 위험해지면 부끄러움이나 체면도 잊은 채 아무런 절차도 밟지 않고 있었던 일도 없었던 것으로 하고도 태연합니다. 평소에는 "너희들은 절도가 없다"라면서 사소한 것도 질책하는 주제에 정작 자신이 위험에 직면하여 어느때보다 '절도'가 필요할 때에는 '절도' 감각은 눈곱만큼도 찾아볼 수 없게 되는 것이 권력을 등에 업은 질서주의자들의 참모습입니다. 이때는 이렇게 Y군의 유치장 경험과 '정체를 알고 보니 몽당비'였던 경험으로 일단락이 났습니다.

그러나 사건은 계속되었습니다. 그중 전형적인 사건 두가지만 말씀드리겠습니다.

당시 '청소년 학도들에게 보내는 칙어'라는 것이 있어서 매달 8일에는 조례 때 교장이 전교생 앞에서 이를 낭독하게 되어 있었는데 1943년 어느달 7일 방과 후 상당히 늦은 시각에 K군(마침 Y군의 친구)이 조례대를 뒤엎어버린 것입니다. 그 조례대라는 게 거창해서 하얀 칠이 되어 있고 오르기 위한 계단이 붙은 모양으로 원래는 교실과 교무실 반대쪽의 넓은 운동장 한복판에 고정되어 있었습니다. 교사들이 체조시간에 쓰는 조잡하고 간단히 들고 다닐 수 있는 것과는 차원이 다른, 특별한 의례용 연설대였습니다.

그것에 K군(K가 아니라 F라도 상관없습니다만)이 몇 사람의 협력을 얻었는지는 알 수 없지만, 그간의 쌓인 울분을 터뜨린 것이었고 게다가 붙어 있던 계단을 떼어내 개울에 처박아버렸던 것입니다. 그것도 '대조봉대일(大詔奉戴日)'이라는, 교장이 잘하는 그 의식 바로 전날 저녁 무렵을 노려서 해치운 것입니다. 물론 그도 일개 군국소년에 불과하니 '칙어'를 모독하려 했던 것은 아니고 권위주의자를 골려주기 위한 멋진 극적 착상과 노동이었음이 분명합니다. 그 무렵 마침군은 불량소년들이 방과 후에 늘상 모여 수다를 떨던 곳에 언제나처럼 들렀는데, 바로 그때 "큰일났다. K가 조례대를 뒤집어엎고 계단까지 떼버렸대. 내일 아침에 야단나게 생겼어" 하고 급보가 날아들었습니다. 그래서 일당들은 곧장 '어떻게 할 것인지' 대책회의를 열었습니다. 회의장이 아니면 회의를 할 수 없다는 식으로 규격화된 우등생들과는 달리 불량소년들은 필요에 따라 언제 어디서든지 미친 소리든 진지한 회의든 할 수 있었습니다. 그 같은 규격으로부터의 자유야말로 참신한 발상을 낳는 그들의 지혜의 원천이었습니다.

그때의 대책회의는 진지했습니다. 왜냐하면 K군(또는 F군)은 이미 몇번인가 정학처분을 받은 적이 있으므로 이튿날 일어날 대소동의 '범인'(단순한 소년들의 장난을 범죄 취급하는 것은 또 얼마나 어리석은 일입니까)이 그로 밝혀질 경우 퇴학은 피할 수 없을 것이기 때문입니다. 'K를 지켜야 한다'라고 마점산은 생각했습니다. 그러기 위해서는 오직 한가지, 이 일에 대해 알고 있을 가능성이 있는 학생 전원의 입을 막는 일, 그것만이 K군을 지키는 길이었습니다. 부(部)활동(지금의 써클활동)을 하느라 몇몇 학생들이 아직 학교에 남아 있었습니다. 마점산, 즉 Y군은 일당들을 각 문(학교가 넓어서 문이 각 방향으로 여러개가 있었습니다)마다 세우고 귀가하려는 학생들을 불러모았습니다. 그 뒤집힌 조례대 앞에 말입니다. 그리고 마점군은 이미 그 위엄을 잃어버린 거꾸로 선 조례대를 가리키며 말했습니다. "이것 좀 봐. 내일 아침에는 큰일이 벌어질 거야. 이걸 이렇게 한 건 나야. 나라는 걸 알고 일러바칠 놈은 일러바쳐라." 그는 사람을 협박하는 것을 싫어했습니다. 그러나 이때는 K군을 지키기 위해 어쩔 수 없었습니다. 그리고 스스로 밀고와 처벌의 위험을 끌어안아 권위주의자의 권력적 협박으로부터 친구 K군을 지키려 했던 것입니다. 이 같은 우애(이것이 바로 사회적 횡적 결합의 근본정신임은 인류학자 로버트 브레인Robert Brain의 『친구들, 연인들』*Friends and Lovers*을 예로 들 것도 없이, 또 프랑스혁명의 슬로건 중의 하나가 바로 이것이었음을 상기할 필요도 없이 명백한 일입니다만), 그리고 이러한 자기부담(책임능력의 근본이 바로 이런 것입니다), 더 나아가서 이 같은 의협심(약소한 위치에 있는 자에 대한 공감능력), 이 모든 점에서 마점산이라는 별명은 괜히 붙은 것이 아니었습니다.

그의 예상대로 이튿날 아침은 굉장했습니다. 전교생들이 모인 가운데 경건하게 칙어를 받들고 나온 교장 앞에 장엄한 연설대는 다리를 거꾸로 쳐들고 드러누워 있었고 계단은 흔적도 없이 사라졌으니까요. 정확하지 않은 기억도 일부 있겠지만, 분명 폭소가 터져 나왔겠지요. 당연히 일어날, 조금도 이상할 것 없는 사태이기는 했습니다.

폭소에는 중심이 없습니다. *그것이 폭소의 중요한 의미를 밑받침하는 특징입니다.* 그렇기 때문에 옛날부터 사회질서는(그것은 하나의 중심하에 통합된 집단인데 그 사회질서는) 스스로를 갱신하여 재출발할 때면 경건한 제사(추수감사제나 즉위식의 제례 등) 외에 디오니소스(Dionysos)적인 잔치로서의 '주연(酒宴)'이나 '무례연(無禮宴)' 또는 '축제 소동' 같은 폭소의 장을 벌임으로써 한번쯤 중심 위주의 질서를 중단시키곤 했던 것입니다. 폭소에 의해 중단됨으로써 질서는 동맥경화를 면하고 다시 한번 살아있는 사회로 태어나게 됩니다. 그밖에도 희극 등 여러 예를 들 수 있겠습니다만 폭소란 중심이 없는 감각적 자발성이 뭉쳐진 것이므로 사회적·문화적 측면에서는 질서와 격식의 중단이라는 중요한 의미를 가집니다. 그와 반대되는 웃음의 예가 권위있는 중심의 웃음에 따라서 격식의 순서대로 웃는 릴레이식 웃음입니다. 오래전에 프랑스의 저널리스트가 중국을 방문하고 '마오 쩌뚱의 웃음은 전염된다'는 명언을 남겼습니다만, 파티 같은 데서 마오 쩌둥이 웃으면 중앙위원들도 따라 웃기 시작한다는 뜻이겠지요. 그것은 마오 쩌둥이 특별히 나쁘다든가 하는 이야기가 아니라 그 중심이 얼마나 대단한 존경을 받고 있는가를 의미할 뿐입니다. 폭소는 그와 반대로 전원이 거의 육체적 자발성에 의해 자연스럽게 한꺼번에 웃는 것이므로 사람들을 의도적으로 폭소하게끔 하기란 무척이나 어려운 일입니다. 채플린이나 키턴(Buster Keaton), 에노켄(배우이자 코미디언인 에노모토 켄이치榎本健一의 예명) 같은 사람들이 위대한 까닭은 그 지난한 일을 직업으로 삼아 그것을 성공적으로 해냈기 때문입니다.

물론 1943년에 K군의 수고 덕분에 일어난 폭소(라고 내가 기억하고 있는 것)는 K군이 의도했던 효과는 아니었을 겁니다. 그가 훌륭하기는 했지만 키턴만큼 위대하지는 않았기 때문입니다. 그러나 폭소 유발 여부와 상관없이 권위에 심각한 상처를 입은 A교장은 불같이 화가 나서 전교생인가(그렇다면 천명), 아니면 몇학년 이상 전원인가(그렇다면 몇백명)를, 수업을 중지시켜놓고 한 사람 한 사람 불러다가 '누가 했는가'를 심문했(시켰)습니다. 그러나 그 누구도 말하지 않았습니다. K군은 무사했습니다. 그리고 '대조봉대일'에 있었던 권위주의자의 코미디만이 불량소년들의 이야깃거리가 되었습니다. '불경스러운 것은 바로 그였다'라는 결론이 내려졌지요. 그러나 Y군의 말에 의하면 그후 K군은 거듭된 정학의 총합으로서였는지 아니면 누군가 밀고자가 있어서였는지 졸업 직전에 퇴학처분을 받았던 모양인데, 나가이 선생은 그 사실을 본인에게도 이야기하지 않은 채 내신서를 좋게 써주었고 덕분에 K군은 '졸업예정'인 채로 국립상급학교에 합격하여 진학했다고 합니다. 결국 중도퇴학이었지만, 합격된 걸 알고 난 뒤에야 나가이 선생은 퇴학 사실을 K군에게 전해주었다고 합니다. 훌륭한 선생님도 역시 있었던 것입니다(그밖에도 서너분 더 있었습니다).

계속된 1943년의 사건 가운데서 또 하나 전형적인 사건을 말씀드리겠습니다. 그 무렵까지 음악부원들은 방과 후 연습을 강당 한쪽 구석에서 하고 있었습니다. 아시다시피 넓은 강당은 무슨 식이 있을 때를 제외하고는 늘 비어 있어서 다른 사람들에게 방해가 되지 않고 악기를 울릴 수 있는 최적의 장소였기 때문에 관례처럼 쓰였지요. 그런데 1943년 어느날 갑자기 강당에서의 음악부 연습을 금지한다는 통지가 내려졌습니다. 이유가 웃기는 것이었습니다. 강당 연단 뒤쪽의 닫힌 문 안에 '진영(眞影)'이 걸려 있어서 그 강당에서 가무음곡 따위를 해서는 안 된다는 것이었습니다. 아무리 군국소년들이라 하지만 이 말에는 모두 놀랐습니다. 식이 있는 날에만 연단 뒤의 문을 열었고 문을 열었을 때만 '진영'이 존재하는 것이지 문이 닫혀 있는 보통 때 그 속은 단순한 창고에 지나지 않으니까요. 무엇보다 보통 때는 독립채인 '봉안전'에 있는 '진영'을 향하여 등·하교 때마다 절을 하도록 되어 있지 않습니까. 강당 안의 창고에서 자고 있는 또 하나의 '진영'이 그렇게 무섭거든 보통 때는 '봉안전'에 옮겨 놓으면 되겠지요. 태만한 것은 학교 쪽입니다. 게다가 무엇 때문에 강당 연단 뒤쪽 문을 닫아놓는지, 닫아놓을 이유도 없는 것 아닙니까. 불량소년들의 자유로운 기지가 또 발동하기 시작했습니다. 언제나처럼 Y군이 주역이었습니다. '어이, 어이, 이 학교 선생들은 다 머리가 어떻게 됐어. 반대로 돌아가는 미치광이들 아니야'로 시작해서 '뭔가 이상해'로 생각들이 모아졌습니다. 물론 그 속에는 연습할 곳이 없어진 음악부원들에 대한 우정과 의협심이 들어 있었습니다. 그리고 Y군(F군이라도 좋습니다만)은 기발한 생각을 해냈습니다.

그 중학교는 교외에 있었는데 길 건너 한편에 '현립(縣立) I뇌병원'이 있었습니다. 그쪽 방면에서 통학하는 학생들은 매일 그 병동에서 들려오는 정신병 환자들의 고함소리를 들으면서 학교에 다녔습니다.

'이 학교 선생들은 미친 놈들이니 학교 간판을 바꿔다는 게 좋겠다'라고 Y군과 그 일당들은 생각했습니다. 얼마나 신선한 발상입니까. 하지만 야간작업은 그리 간단하지만은 않았을 겁니다. 해당 간판이 느티나무였는지 뭐였는지는 잊어버렸습니다만 아무튼 좋은 나무로 만들어져, 두껍고 길고 튼튼하게 생긴 크고 무거운 판자에 먹으로 커다랗게 '○○현립 ○○중학교'라든가 '○○현립 ○○뇌병원'이라고 쓰여 있었습니다. 각 정문 돌기둥에 튼튼하게 걸린 간판을 끌어내려서 적어도 200미터는 족히 되는 다른 문까지 옮겨다가 사람들이 잘 볼 수 있도록 제대로 바꿔 걸어놓고 철조망까지 묶었으니 아무리 힘센 Y군 일당이라도 분명 큰일이었을 겁니다. 풍자 섞인 유머는 남모르는 고충을, 떠벌리는 일 없이 밤중에 하는 법입니다.

Y군으로서는 이튿날 아침까지 기다리기가 몹시나 지루했을 겁니다. 하급생들이 몰려든 모습, 교사들 특히 경멸스럽고 밉살스러운 적들의 놀란 얼굴, 그런 것들이 보고 싶어서 그는 이튿날 아침 일부러 정문 쪽까지 돌아서 등교했습니다. 넓은 학교라 각 방향에 따라 몇개씩 문이 있어서 Y군은 평소 정문과는 정대각선 상에 있는 반대쪽 문으로 다녔지만, 즐거움은 노고를 기꺼이 감수하는 법입니다. 그가 정문 앞에 도착하니 과연 간판이 바뀐 것을 알아채고 학생들이 모여 있었습니다. 그는 만족스러웠습니다. "어라, 여기가 ○○뇌병원인가. 그럴 줄 알았지. 어떻게 되었어, 여기 선생들은. 봐라, 봐라, 여러분" 하고 아직도 눈치채지 못한 학생들에게 주의를 환기시키며 엄청난 군중을 거기에 모아놓았습니다.

그때였습니다. 사람들이 모인 것을 보고 직원실에서 나온 분은 물리를 가르치는 C선생이었습니다. 호인 중의 호인이며 말더듬이였던 그 선생님은 집이 Y군네 집과 가깝기도 해서 언제나 Y군을 귀여워했습니다. 아마도 C선생은 직감적으로 사태의 경과를 알아챘겠지만, 시치미를 뚝 떼고 언제나처럼 심하게 더듬거리는 어투로 말했습니다. "아, 앗. 이, 이, 이거 안 되지. 가, 가, 간판이 잘못되어 있어. 아, 아, 아 마침 와, 와, Y군이 있었구나. 너, 너, 너는 히, 히, 힘이 세니까 미, 미, 미안하지만[4] 이 간판을 뇌, 뇌, 뇌병원으로 가지고 가주게. 그, 그, 그리고 이, 이, 이 학교 간판을……" 친애하고 존경하는 C선생님의 말씀이라 Y군은 순종할 수밖에 없었습니다. 쓴웃음을 지으면서 바꿔 걸었던 무거운 간판을 직접 다시 바꾸어 날았습니다. 이 같은 우스꽝스러운 결말은, 그러나 B씨나 A씨에게 알려지기 전에 사태를 바로잡아 Y군을 지키려 한 C선생의 순간적인 판단이 낳은 유머가 아니었나 하는 생각이 자꾸 듭니다.

이상의 세가지 에피소드는 모두 어느 면에서는 활극 야담에 불과합니다. 사람의 마음속 슬픔이나 부끄러움의 저변에까지 닿아 있는 것은 아닙니다. 나의 무력함을 별도로 치더라도 사태를 단순화시키기 위해 일부러 그렇게 한 것 또한 사실입니다. 사실 관계에 있어서는 작은 오류도 있을지 모릅니다. 그러나 아무리 획일적인 이데올로기하에서라 해도 비열함과 의로움, 밀고와 우애, 지배와 옹호, 권력적 히스테리와 장난기 섞인 유머, 이런 일련의 대립정신이 어떤 형태로든 표출될 수밖에

---

4) 원문 '濟(す)まんけどやな'에는 방점이 붙어 있다. 이는, 원형 '濟(す)む'가 ① 완료되다, 끝나다 ② 해결되다, (잘)되다 등의 뜻을 가지고 있음에 비추어볼 때 일반적으로 쓰이는 '미안하지만'이라는 뜻 외에 '사태가 잘못되어 있다'는 의미를 이중적으로 나타내려 한 것으로 볼 수 있다.

없다는 점은 이 활극담만으로도 충분히 엿볼 수 있다고 봅니다. 그리고 그것은 진실입니다. 사실과 진실의 차이를 여기서 이야기하려는 것은 아닙니다. 누구나 다 아는 것이니까요. 전체주의 사회에서의 야당정신이 조크나 유머나 활극적 게릴라로 표출되는 것과 마찬가지입니다. 그리고 또 하나, Y군 등이 보여준 우애, 의로운 마음, 기지, 유머야말로 선택의 자유가 열리게 된 전후(戰後)의 자발적 활동의 감성적 기초가 되었음을 잊어서는 안 됩니다. 바로 그 점에 전시의 불량소년이 벌인 행위의 찬란한 역사적 의미가 있는 것입니다. 지금은 사라져가는 전후정신의 감성적 기초는 획일적 규격으로부터 일탈하는 불량정신의 스타일, 바로 거기에 담겨 있었던 것입니다. 일탈은 자유의 원소입니다. 일탈이 그 권리와 이유를 갖추었을 때 자유정신이 탄생하게 됩니다.

그후의 Y군 소식을 한가지만 덧붙여두고자 합니다. 나가이 선생이 잘 써준 내신서 덕분이기도 하지만 그는 토오꾜오 고등사범(후의 교육대학) 체육과에 들어갔습니다. 그리고 얼마 후 전후가 도래했습니다. 이미 처자가 있는 몸이었던 그는 돈도 먹을 것도 없이 처자를 부양하며 학교생활을 해야만 했습니다. 유도를 아주 잘했던 그는 아르바이트로 '진주군(進駐軍)'의 유도교사 노릇을 했는데 보수의 일부로 통조림 깡통을 자주 받았습니다. 그 무렵 나가이 선생이 가꾸게이(學藝)대학의 생물학 교수로 토오꾜오에 와 계셨습니다만 오래전부터 앓아온 폐결핵이 영양실조로 더욱 악화되어 고생을 하고 있었습니다. Y군은 진주군의 아르바이트에서 받은 통조림을 자기 집이 아니라 나가이 선생 집으로 가져 갔습니다. 그러고는 걸걸하고 쾌활한 목소리로 아무렇지도 않게 슬그머니 그것을 놓고 왔지요. 잘 돌봐주신 것에 대한 보답이기도 했지만 동시에 마음속 깊이 간직한, 1943년 어느날의 나가이 선생의 그 따뜻한 손

길을 잊을 수가 없었던 것입니다. 나가이 선생의 별명은 롱(long). 성이 나가이(길다는 뜻)인데다가 키도 176센티미터가 넘는 키다리이고 머리도 언제나 장발이었습니다. 삼위일체의 롱다리였지요. 그 롱이 1943년 어느날 갑자기 머리를 빡빡 깎고 학교에 왔습니다. 어디서 잘린 것이 분명한데, 그날 나가이 선생 수업시간에 Y군은 이미 시작종이 울렸는데도 아직은 선생님이 오지 않을 거라고 마음놓고 친구와 큰소리로 떠들고 있었습니다. "롱이 머리를 깎아버리면 롱이 아니잖아. 그래서는 안 되는 거 아냐." 그때 이미 와 있던 롱 선생은 양손으로 두 사람 머리를 잡고 흔들면서 "뭐라고들 하는 거야, 너희들" 하고 나무랐습니다. 그때도 틀림없이 빙긋 웃었을 것입니다. 롱, 즉 나가이 선생은 언제나 엄숙한 얼굴을 고수하며 학생들에게 인기를 얻기 위해 웃거나 하는 일이 설대 없는 사람으로 어쩌다가 곤란한 일을 당하면 기껏해야 빙긋 입가에 웃음을 흘릴 뿐인 그런 분인 만큼 그 선생님이 싱긋 웃으시는 게 어떤 경우인지를 Y군은 알고 있었습니다. 그때의 꾸중하는 손길은 꾸중인 동시에 기쁨을 감춘 그런 것이었습니다. 나가이 선생의 불량소년에 대한 옹호는 당사자들에게는 언제나 퉁명스러운 얼굴을 한 채 가장 확실한 방법으로 이루어졌습니다. 나중에야 알게 되는 그 옹호의 진정한 온기를 Y군은 그때 그 손길의 감촉 속에 간직하고 있었던 것입니다. 나가이 선생은 스트렙토마이신이 나오기 전에, 그 약을 써보지도 못하고 일찍 돌아가셨습니다. 그러나 Y군은 지금도 롱에 관한 이야기가 나오면 칭송을 아끼지 못합니다.

3

　이상으로 오늘 이야기는 마치겠습니다. 마지막으로 오늘날의 현상에 비추어 몇가지 사소한 제안을 하고자 합니다.

　먼저 청소년 여러분에게 불량정신을 잊지 말라고 말하고 싶습니다. 불량정신이란 단순히 불량의 미학일 뿐만 아니라 불량의 윤리학을 그 핵심에 가지고 있는 것입니다. 그리고 진정한 최고의 윤리학이란 항상 불량의 윤리학을 그 근저에 가지고 있습니다. 그것이 있을 때 비로소 권력 및 그밖의 것에 대한 비판과 비판의 자유를 어느때에나 허용하는 자유로운 관용과 타인에 대한 공감을 감수성의 밑바탕으로 삼을 수 있을 것이기 때문입니다. 또 한가지는 그런 감수성으로 인간으로서 경멸받아 마땅한 선생은 분명하고 확실하게 경멸하기를 바란다는 것입니다. 그렇게 하면 존경해야 마땅한 선생도 저절로 분명해질 것이므로 정말 유익한 영향을 받을 수 있지 않겠습니까. 그것이 바로 제대로 된 교육을 받는 길입니다.

　그리고 선생질을 하는 사람들에게는 우리들 각자가 지닌 불량경험을 잊지 말자고 말하고 싶습니다. 왜냐하면 모든 경험은 어떤 의미에서는 불량경험이며, 경험이 없는 자가 어떤 주어진 과정을 사람들(젊은이들)에게 강요하는 곳에서는 그 어떤 교육도 이루어질 수 없으며 자기 자신에게도 더할 수 없는 불성실한 정신적 타락만이 남을 것이기 때문입니다. 경험이란 대량생산품처럼 미리 정해진 틀에 따라 일방적으로 만들어지는 것이 아니라 사물과의 조우를 통해 사물의 저항을 받으면서 그것과 상호교섭하는 것이라는 점에서, 규칙으로 정해진 고정 질서의 궤도로부터 벗어난 '예기치 못한 일'에 직면하여 '숨겨진 경이'를 발견하는 것이 바로 경험의 정신적 내용입니다. 그것은 고정 궤도만을 준수하는 '우량제품' 쪽에서 보면 '불량'의 경험입니다. 따라서 불량경험을 경시하는 것은 경험 그 자체를 경멸하는 것이 되고 그 결과 '규격품 제작 공장'에 봉사하며 월급을 받는 자가 되기 십상입니다.

마지막으로 수험 이외에는 아무런 경험도 하지 못한 채 교사라는 영구직에 앉아서 우량 규격품 제조에 매진하고 계시는 교육계 종사자 여러분께 말씀드립니다. 불량소년을 배제하지 마십시오. 오히려 거꾸로 그들 가운데서 말로 표현할 수 없는 형태로 작동되는, 당연히 그렇게 되어야 마땅한 정신의 움직임을 발견하고 거기서 배우기를 바랍니다. 그것이 경험입니다. 불량경험조차 없는 자는 불량소년에게서 배울 점이 많을 것입니다. 그렇게 할 때 비로소 상호성의 감각이 생길 것입니다. 이처럼 상호적 관계야말로 서로에게 무엇인가 가르침을 주고받는 것입니다.

그러지 않고 자신은 그 어떤 시련으로부터 멀리 떨어져 있으면서 다른 사람만을 계속 '시험'하는 비겁한 타락을 계속한다면, 인간이 인간으로서의 감수성을 가지고 있는 한 어떤 형태로든 역(逆) 테스트를 받게 될 것입니다. 윌리엄 엠프슨(William Empson)의 말을 빌리면 '작은 자가 진실을 보는' 겁니다. 물론 '작은 자'란 사회적 존재로서의 작은 자를 말합니다. 무짜꾸 세이꾜오(無着成恭) 씨도 말했듯 지진아도 볼 것은 보고 느낄 것은 다 느낍니다. 어리석은 자 가운데 지혜가 있고 그 지혜는 우량 규격품의 기계적 정밀성을 훨씬 능가하는 면이 있는 법입니다.

제 3 부

'논단'에서의 지적 퇴폐

일본의 두가지 회의

초등학교나 중학교에서 아이들은 수업시간이 끝나고 쉬는 시간이 되면 일제히 생기가 돌며 지루한 침묵에서 일변하여 쾌활하게 재잘거린다. 그러한 광경은 비단 학교에서뿐만 아니라 '공식(formal) 시간'과 그사이에 낀 '사이 시간'이 있는 데서는 어디서나 찾아볼 수 있다. 아낙네들이 식사시간 사이에 벌이는 우물가 회의가 활기를 띠는 것도 그 한 예다. 여기에는 물론 자유에 대한 원초적인 욕구가 드러나 있다. 그리고 우리 일본사회에서는 이러한 원초적인 자유보다 높은 수준의 자유는, 사회적 현실로 구성될 정도로까지 막강하지는 않다. 사회적 제도 속에서 표출되는 자유는 겨우 '막간의 무형식'을 누리는 정도로 공식적인 경로 속에서 누리는 자유가 아니다. 구속되는 것과 자유롭게 주장하는 것이 양립할 수 있으려면 구속을 내면화하는 수밖에 없는데 그것이 사

■『사상의 과학』 1960년 11월.

회적으로는 실현되지 않고 있다.

이는 일본의 '회의'를 보면 한눈에 알 수 있다. 오오부찌(大淵和夫),
후지따(藤田光一) 또는 스기우라 민뻬이(杉浦明平) 씨의 논문이 시사하
듯 지방의회는 휴식시간에만 토론이 이루어지는데 이는 국회에서도 마
찬가지이며 자민당 의원의 토론은 '요릿집'과 '복도'에서 이루어지는
경우가 많다. 그렇다면 이 나라에서는 결정을 만들어가는 '살아 있는
회의'는 사실 '방과후'에 이루어지고 공식 '회의'는 그 같은 '기능을 하
는 회의'를 만들기 위한 조건으로서 설정되는 것에 불과하다는 이야기
가 된다. 일본의 의회주의는 이러한 특수한 구조를 가지고 움직이고 있
다. 실정적인 의회제도는 그 자체로서는 실효성을 갖지 못하지만 그러
나 제도 속에 내포된 비제도적인 회의에 실효성을 부여할 기회로서만
존재하고 있는 셈이다. 그것은 말 그대로 기(機, chance)로, 법이 아니며
불교철학 속에서 교의(敎義)화되어 있는 것처럼 오히려 법에 대립하는
것이다. 아무리 법률제도를 갖추어서 국회를 만들어도 법의 지배가 실
현되지 않는 것은 그 법률제도 자체가 단순히 '기'로서만 사회적으로
기능하기 때문이다. 더욱이 법의 지배에 원리적으로 반대에 해당하는
명령의 지배도 아님은, 앞에서 언급한 '쉬는 시간의 의논'에 의해 결정
이 이루어지고, 그 결정이 사전에 양해되며 따라서 결정은 명령자의 책
임하에 이루어지는 '결단'도 아니고 각자가 유보조건을 가진 채 이루어
지는 타협도 아니면서 그것이 처음으로 '공식화'되는 순간에는 이미 전체
의 것이 되었거나 최소한 당파 전체의 것이 되어버리기 때문이다.

이 '휴식시간의 의논'이야말로 일본사회를 규정하는 것이며 그것은
본래의 상징적인 의미에서의 '일본어'에 의해 이루어진다. 다시 말하면
거기서는 '말 한마디 한마디에 영력(靈力)이 배어 있다'라는 철학이 그

대로 운영원리가 되어 있어서 '의논'은 말 그대로 '의논'일 뿐 문자나 그 밖의 객관적 기호로 공적으로 표현되어서는 안 된다. 물론 속기를 하게 하지도 않으며 의사록 같은 것을 남겨서도 안 된다. 의사록이 없는 것은 귀찮아서나 태만해서가 아니라 '의논'이기 때문이다. 문서로 남기면 그것은 '의논'이 아니라 공식적인 지상(誌上) 토론이 되어버린다. 무릇 영력이 내재하는 말이란 모든 사람이 생각으로 쫓아갈 수 있는 객관적인 형식에 얽매여서는 안 된다. 무형식으로 번성해야만 한다. '의논'은 소리이니 형상화되어서는 안 된다. 이러한 '의논'으로 실질적인 결정이 이루어진다면 정식 회의는 단순히 그것을 확인·공표하는 의식이 된다. 그래서 국회는 제도상 어쩔 수 없이 의사록을 작성하지만 지방의회 같은 데서는 귀찮아서라도 의사록을 작성하지 않는다. 사실은 필요가 없어서이며 **토론과정** 그 자체가 없기 때문이다. 물론 이러한 구조는 의회주의가 아니라 오히려 그 반대다. 대립하는 의견과 입장을 객관적인 경로에 올린다는 이념이 전무하기 때문이다. 단지 이러한 '의논'을 객관화하는 **기술수단**(테이프레코더나 비디오테이프)은 만들어져 있으므로 그것을 잘 활용함으로써 객관화하지 않으면 안 되도록 해나갈 가능성은 열리고 있으며, 만약 의회주의 이념을 살리려면 이를 열 수밖에 없다. 일본의 전통적인 회의방식으로 공공여론을 형성해나갈 가능성은 이처럼 기술적으로는 가능한 단계에 와 있다. 그런데도 그게 안 되는 까닭은 '의논'철학을 고수하여 결정과정을 당사자끼리의 '사'적인 영역에 속한 것으로 특수화시키려는 **정신**이 강하기 때문이다. 그러나 무엇이든지 자신들의 것을 특수화하려 든다면 다른 특수자와 비교하여 '대질'시키지 않고는 결코 객관적으로 특수한 것이 될 수 없다. 그것을 하지 않기 때문에 '의논'주의 사회에서는 개별성이 생기지 못하고 거꾸로 어느 것이나 어슷비슷하게 평준화된 '형(型)'만 나오게 된다. 한편 그것을 행하려 하는 데서, '매개'의 논리를 추구하는 나까이 쇼이찌(中井正一)의 철학이 생겨났다. 거기서 회의와 토론과 교류의 방법이 만들어졌던 것이다.

이 같은 제반 관련이 이번 호(『사상의 과학』)가 특집으로 꾸민 '일본의 회의'에서 각각의 필자들이 추구한 것을 하나의 본보기로 하여 살펴본 상(像)이다. 우리는 마지막으로 이러한 '의논'주의와 암살 사이의 내적 관련에 주의하고자 한다. '의논'주의가 대립을 객관적인 기호로 표현하는 것을 거부하고 완전한 상호이해를 지향하는 것인 한, 그것은 이해하지 못하는 상대방을 끊임없이 배제하는 경향을 내부에 지니기 마련이다. 여러 견해가 대립하는 과정 그 자체 속에서 생산력을 발견해내고 그것을 기뻐하는 사고방식이 생겨나지 않는 한 말살충동은 필연적으로 발생하게 된다. 그러나 또 동시에 5월부터의 저 눈부신 안보반대투쟁의 고양에도 불구하고, 그 와중에 경찰권력이나 우익에 의해 많은 사람들이 살상되고 따라서 그에 대한 보복운동이 충분히 일어날 수 있는 조건에 있었음에도 안보반대세력 중에서는 단 한 사람의 테러리스트도 나오지 않았다는 사실은 일본사회 속에 강력한 내면적 충동 금욕력과 인민 스스로의 단결에 의한 자위(自衛) 사상이 생겨나기 시작했음을 입증해준다. 이 안보반대운동 속에서 생겨난 내적 금욕력이야말로(그에 덧붙여서 자위 사상도), 의견과 사상이 심각하게 대립하는 상황을 견뎌내어 그 대립 상황 속에서 생산력을 발견해내는 힘인 것이다. 다시 말해서 그것이 바로 회의의 논리를 만들어내는 궁극적인 힘이며 테러리즘을 근원적으로 막는 힘이다.

새로운 정치적 주체의 출현

　카부라기(鏑木喬介)는 1961년 일기의 마지막 부분에서 일종의 쾌감을 느끼듯 "나는 나야. 저 꼴들 좀 봐"라고 썼다. 그는 안보투쟁 후에 전학련(全學連) 일변도의 어떤 비평가로부터는 '자민당 반주류파 같은 자'로 '규정'되고, 공안조사청(公安調査廳)과 언론이 그를 '공산당'이라 칭하자 공산당으로부터는 '뜨로쯔끼주의자에 동조하는 자'로 취급되며 뜨로쯔끼주의자로부터는 '스딸린주의자'로 명명되는 영광을 되돌아보며 그렇게 내뱉었던 것이다. '복수의 기능집단에 소속하는 오버래핑 멤버십(여기도 속하고 저기도 속하는 중복 성원)이라는 사회제도가 개인의 독립성을 보장한다'라고 보는 정치학자가 있듯이, 복수의 혼란스러운 사회적 평가가 존재하는 것 또한 개인의 독립성을 크게 보장한다. 그런 맥락에서 보면 중국의 전통적 이단인 도교가 '대은(大隱)은 시정(市

■『신일본문학(新日本文學)』1962년 3월.

井)에 숨는 것'이라 한 것도 바로 이 진리를 역용한 것이 아니겠는가. 어수선한 사람들의 눈으로는 결코 그의 본래 모습을 파악할 수 없다. 모든 세평이 엄청나게 빗나가 있을 때 그는 그 누구로부터도 일절 방해받는 일 없이 자신의 목적을 추구할 수 있는 것이다. '소은(小隱)'처럼 굳이 산속에 틀어박혀서 '불편'과 '불선(不善)'을 이룰 필요는 없는 법이다.

그래도 카부라기에 대한 비평이 '정당·정파별'로 극단화된 현상은 이 나라의 정치주의를 새삼스레 보여주는 한편 너무나도 잘못된 그 비평이 실은 이 나라의 정치주의가 붕괴되어가고 있음을 보여주는 셈이다. 대부분의 사람들이 입장을 측정하기 위해 정당·정파의 일렬횡대를 측도로 꺼내는 습관은 정치 전열(戰列)의 일정한 안정을 전제로 한다. 좌에서 우로의 줄이 일직선을 이루고 있다고 보면 대체로 틀림없다고 하는 전제에 섰을 때 비로소 이러한 습관이 생기게 된다. 저 사람은 어느 정도 '좌'일까, '그보다 한뼘쯤 더 우'일까 아니면 '그 중간'일까 하는 식의 질문으로 사람의 사회적 위치를 알 수 있다는 전제가 거기에 존재한다. 그런 전제하에서의 사회적 위치란 입체적 위치가 아니라 평면적 위치다. 그러므로 직선횡렬의 자 하나만으로 측정이 가능하다. 그러나 이제 그 같은 한줄의 직선이 측도로서 맞지 않는 예가 점차 늘어나고 있다. 정당·정파별 차원에서는 등록할 수 없는 사람이 많아진 것이다. 꼭 비정치적인 사람이 많아졌다는 의미는 아니다. 오히려 정치적 주체의 탄생을 의미하는 면도 크다. 한 줄의 정당·정파별 잣대가 잣대로서 기능하지 못하게 된 것은 동시에 모든 정당·정파의 신용상실과 밀접한 관련이 있다. 이로부터 한편에서는 일체의 정치조직을 무차별적으로 적대시하는 경향이 확연히 나타난다. 그러나 다른 한편에서는 굳어버린 정당·정파별 잣대로부터 해방됨으로서 구체적 조직체에 매몰되는 악습을 초월할 수 있게 되어 객관적인 상황파악이 가능하게 되고 그래서 문제와 상황이 발생할 때마다 일정한 정치적 조직과 확실한 원칙하에서 연대행동을 취하는 것이 가능해지기도 한다. 무엇을 위해서 무슨 문제로 무엇과 함께할 것인가가 명백해진 정치행위가 등장하게 된다. 물론 그때의 판단을 이끌어내는 목표는 우리의 경우에는 인민의 이익 바로 그것이다.

그때야 비로소 정치는 지배도 조직행정도 아닌, 또한 단순한 조직종속도 아닌 인민 자신의 시민적·주체적 판단에 기초한 조직활동이 된다. 거기서는 개인의 동기나 이념, 스타일, 판단 등이 중첩되어 있다. 따라서 그 같은 정치의 내부구조는 전통적인 정치가에 의해서는 도저히 해명될 수가 없다. 또한 정치적 시각에서만 해명할 수도 없다. 학문이나 문학의 시각이 불가결해진다. 아니 그보다도 그러한 정치적 주체가 되었을 때 비로소 정치주의적 정치인식을 넘어서서 스스로의 정치행위를 폭넓은 문화적 시야에서 파악할 수 있게 되는 것이다. 대개 정치라 함은 인간적 제반활동을 포함하기 마련이다. 그런 의미에서 문화적 대상으로 취급할 수 있는 것이다. 그러나 자신의 정치활동을 폭넓은 문화활동과 연계해서 파악하기 위해서는 새로운 정치적 주체가 필요하다. 그것은 엄밀히 객관적으로 말해서 종래 일본에서는 전통적으로 특별한 경우를 제외하고는 존재하지 않았다. 지금이 바로 그것이 나와야 할 시점이다. 1962년 상황에서 인민 쪽에서 그것이 나오지 않는다면 지배의 다원적 조직화에 도저히 대항하지 못하고 패망할 수밖에 없을 것이다. 물론 그 결과는 반동화의 진전이다. 인민 측은 일체의 정치조직에 대한 **무차별적**인 무간섭주의하에서 결국 연대를 획득하지 못하고 무너질 수밖에 없을 것이다.

그렇다면 이처럼 절실히 요구되고 있는 이 새로운 정치적 주체는 과연 어떤 내면구조를 가지고 있는가? 그것은 바로 '인민'의 이념을 확고하게 지닌 '이심자(二心者)'다. 정치권력은 점차 다층화되어가고 있다. 일본정부의 국가권력은 물론 미국정부의 국제적 '권력'도 작용하고 있다. 게다가 민주조직의 정치권력도 반정부운동 15년을 거치면서 조금씩 조금씩 커짐에 따라 내부적인 문제를 야기해왔다. 사회당이나 공산당도 조합이나 그밖의 자주 집단들에 대해 권력을 발동하게 되고 조합이나 그밖의 집단들 또한 구성원들에 대해 보이지 않는 권력을 행사하고 있다. 이러한 권력 작용들 모두가 인민의 이익을 증진시키기에 필요한 한도 내에 머물러 있다고는 말하기 어렵다. 이처럼 권력의 기능이 다층화된 상황에서 '인민'의 이념을 보유하는 숭고한 '이심자'는, 어떤 때는 스스로의 상황판단에 따라 민주조직 내부의 한도를 넘어선 권력 작용에 대해 '간쟁(諫諍)'하고 또 어떤 때는 인민세력 전체를 고려해 이 내부적 문제를 뛰어넘어서 협력하며 거대한 권력과 싸운다. 아마도 이 두 과정은 큰 틀에서는 끊임없이 병행하지만 내부의 그리고 그 내부의 내부의 정치적 판단은 줄곧 교대로 나타나지 않을 수 없는 경우도 많다. 이처럼 권력과정의 다층화와 더불어 인민 내부로부터의 주체적인 정치적 판단이 점차 필요해지는 것이다. 전전의 일본인민에게는 주체적인 정치적 판단의 필요성이 자각될 만한 상황이 없었다. 당시의 최대의 정치적 자주성은 예를 들면 공산당에 몰입하는 것이었다. 그러나 지금은 달라졌다. 이 새로운 상황으로부터 새로운 조직활동이 생겨날 때 문화적인 안목도 그 폭을 비로소 획득할 수 있게 된다. 인터내셔널리즘은 단순한 구호가 아니라 이러한 문화적 안목의 폭을 그 밑바탕에 간직하는 것이다.

현대에서의 '이성'의 회복

국가로부터 독립된 인민사회의 형성을 향해

십수년 전 거친 들판 한가운데 서서 몇가지 새로운 '결의'를 보여주었던 일본사회는 어떠한 정신적 방향을 제기하고 있을까?

여기서 굳이 '일본사회'라 한 것은 다름 아닌 국가적 지배자를 제외한다는 의미에서다. 일본의 국가지배자는 새로운 결의 같은 것은 눈곱만큼도 보인 적이 없다. 저 연약하고 무책임한 '패전조칙(敗戰詔勅)'으로 상징되는 '태도'는 종종 외국인들로부터 꾸민 모습이 아니냐는 의심을 받기도 했지만 그후의 경과는 그것이 가면이 아니라 본모습임을 알게 해주었다. 국제적으로 한쪽 진영을 추종함으로써 '국가의 명맥'을 유지하려 드는 경향은 전전과 조금도 달라지지 않았다. 국민의 운동 위에 자

■『세까이』 1962년 11월.

발적으로 뿌리를 내리려 하지도 않고 또 스스로의 주체적 프로그램에 의해 '국가지배'를 창출하려고도 하지 않은 채 오로지 기구가 지닌 '자연력'에 의존하여 일편단심 무사안일을 기원하는 기본적인 정치양식은 여전히 그대로다. 거기서는 주체적인 정치란 고작 기구를 만드는 일 정도이며 기구를 많이 만들면 만드는 만큼 그들이 의존할 기반은 더욱 견고해진다고 믿고 있다. 마치 일본 자본가가 설비투자에 지나치게 기대를 걸었던 것처럼, 그들은 ○○위원회에서 □□공단(公團)에 이르는 갖가지 기구를 남발하며 스스로의 명맥을 이어가려 해왔던 것이다. 수도 문제가 생기면 물 전문가는 한 사람도 포함되지 않은 수도공단을 만들어서 그것으로 수도 행정의 확립을 자축한다. 물론 거기에는 국민주권 정신이라곤 손톱만큼도 없을 뿐만 아니라 명확한 행정목적조차 찾아볼 수 없다. 전문가도 없는 기구가 어떻게 목적을 수행하는 기능을 발휘할 수 있겠는가. 그런 기구는 이미 사회적 도구로서의 의미를 상실한 것이다. 그것은 단지 국가가 국민에 대항하는 데 필요한 도구에 지나지 않는다. 기구의 남발에 따른 창구의 분산과 필요 이상으로 번잡해진 절차는 소박한 보통사람들의 국가에 대한 구체적인 주문을 어렵게 하고 항의를 얼버무리는 데 도움이 될 뿐이다.

그러나 국가지배자 쪽은 그렇다 치더라도, 일본사회 쪽은 전자와 똑같은 전후사(戰後史)를 거쳐오지는 않았다. 물론 패전에 의해 군국주의 권력으로부터 일본국민이 해방되었을 때 그것을 온전히 해방으로 느끼고 이해한 국민은 그리 많지 않았으며 이 때문에 국민들 스스로의 손으로 인민의 자유를 획득하고 국가의 전쟁책임을 추궁하지는 못했다. 그러나 그것을 실행하려 했던 소수의 국민이 없었던 것은 아니었다. 해방의 구체적인 실현은 점령군이 명한 법률혁명에 의해 먼저 시작되기는 했지만 그것을 밑으로부터 살을 붙이고 사회화하려는 운동이 있었다. 전후의 출발점이 내포하는 이 이면성은 현대 일본국민의 치욕과 영광을 동시에 나타낸다. 하지만 점령군이 점차 반동화함에 따라, 처음에는 그 권력에 의해 향도되었던 사회의 민주화운동이 점차 자체의 독립적인 운동으로 나아가지 않으면 안 될 기회를 맞이하게 되었다. 국가와 권력으로부터 독립한 인민사회의 형성을 향한 출발은 이때부터 시작되었던 것이다. 그 이전까지는 국가와 사회를 구별하는 의식을 지녀본 적이 없었던 일본이 이때서야 겨우 그 지점에 도달하기 위한 방향을 잡기 시작한 것이다. 이 점에 한해서는 국가의 전후사로부터 독립된 일본사회의 정신을 문제 삼을 수 있다. 그것이 전후가 보여준 하나의 진보가 아닐까? 물론 아직도 '나라' 속에 포함된 부분은 많다. 그러나 일본국가의 전통적 경향에 대항하면서 민주주의 규범을 밑으로부터 형성해나가려는 운동은 인민사회의 것이다. 오히려 이 운동이 사회인 것이다. '국가는 정적인 장치이며 사회는 역동적인 운동'이라는 고전적인 명제의 타당성이 미미하기는 하지만 일본에 자리를 잡으려 하고 있다. 안보투쟁은 그 인민사회가 국가를 향해 행한 거대한 저항이었다.

그리하여 지금 이 일본사회는 어떠한 이념과 방향성을 낳고 있는가?

추방에 맞서지 못하는 사생활주의

'어쩔 수 없다'라는 탄식이 각지에서 새어 나오고 있지 않은가? 그것은 말로 표현되는 경우도 있고 내면에 숨겨져 있으면서 용솟음쳐 나오는 감회인 경우도 있다. 당연히 거기에는 일정한 근거가 있는 것도 사실이지만 단순한 절망은 아무런 전개력을 지니지 못할 뿐만 아니라 거꾸로 자포자기하는 '좌절로의 탐닉'을 낳음으로써 인민사회의 방향없는 붕괴를 촉진시키기 쉽다는 사실 또한 의심의 여지가 없다. 그런 의미에서 절망과의 투쟁이야말로 지금 우리들 각자에게 부과된 임무라 할 것이다. 도리어 그러한 내적 투쟁의 완수를 통해서만 이런 '탄식'의 근거에 대한 객관적 인식을 획득할 수 있는 것이 아닐까? 물론 그 점에 있어서는 나도 충분히 인식할 만한 능력을 갖고 있지 못함은 두말할 나위가 없다. 단 누구나 인정할 수 있는 근본적인 사실은 탄식자 개인에 따라 이 '탄식'이 향하는 방향은 각기 다를지 몰라도 결국은 유년기 일본사회가 국가의 반격 앞에서 어쩔 줄 모르고 쩔쩔매는 경향의 반영 또는 계통이라는 점이다. 그런 점이 설령 문제의 일면에 지나지 않는다 해도 그 일면의 확인은 중요하다고 생각한다.

그럼 국가의 반격은 어떤 형태로 전개되고 있을까? 거대 기구로 화한 언론기관의 복잡한 경로를 통해 행해지는 언론통제, 배치전환·전근·직책부여 등을 통해 행해지는 레드 퍼지(red purge, 적색분자 추방), 합헌과 위헌의 한계점에서는 한계법령의 탄력적인 운용에 의한 민주헌법의 사회적 파괴, 그리고 총선 후 신임 방위청 장관이 선언한 '정치적 축적'에 의한 자위대의 군대화, 이 모든 것은 공공연한 반동의 기치를 내거는 것이 아니라 은밀하게 반동의 기능적 결과를 초래하는 것인 만큼 이에 대한 저항은 늘 사후적인 것이 되기 쉽다. 반동의 프로그램이 먼저 제출되는 것이 아니라 사후에 그 의미가 밝혀질 경우 비로소 그것이 레드 퍼지이고 사상통제이며 헌법파괴임을 알게 되는 것이다. 당연히 이러한 반동공세는 개별적으로 이루어진다. 배치전환에 의한 레드 퍼지는 레드 퍼지가 아닌 배치전환과 함께 행해짐으로써 퍼지는 명목적으로 부차화하고 특수한 일례가 되어 노동자 또는 노동조합 전반에 관한 문제로 제기되는 것을 교묘히 피하면서 실질적인 성공을 거둔다.

물론 이 같은 방법의 밑바닥에 흐르고 있는 것은 전통적인 적당주의다. 일본 역사를 통해 지금까지 규범적 법의식이 체계화된 적은 한번도 없었는데 그것은 항상 법이 권력자의 재량에 의해 적당히 운용되어왔기 때문이다. 그런 상황하에서는 법이 권력의 자의를 제한하는 규범으로 작용할 수 없었다. 그리고 지금 이 적당주의는 20세기적 기능주의와 유착해 그 어느 때보다도 더 큰 위력을 발휘하기 시작했다.

그러나 다른 한편 이 기능적 반동의 진행을 허용한 사회적 기반이 도대체 무엇인가를 찾아보면 개개인 한 사람 한 사람이 져야 할 책임 문제가 떠오르게 된다. 그 사회적 기반은 무엇인가? 한마디로 말하면 전후 일본사회에서의 '사생활주의'다. 사생활에 제일의적인 가치를 부여하는 경향이, 한편에서는 '데이트에 개입'할 여지가 있는 경찰직무법도 폐지시켰지만 다른 한편에서는 특수한 일례로서의 옆 사람의 배치전환 퍼지를 동시에 자기 자신의 내면적 원리에 대한 침해로 자각하는 힘을 잃게 만들었다. 물론 제반 조직도 조직으로서의 사생활주의에서 완전히 탈피하지는 못한다. 조합은 공공연한 조합 탄압에 대해서는 당연히 투쟁할 테지만 은밀하고도 특수한 경우에까지 일일이 끼어들기를 피하는 경우가 많다. 정당도 정당 고유의 법칙에 의해 자신의 정치적 세력 확대에 직접 도움이 되지 않는 경우에는 이를 방치한다. 그러한 회피나 방치는 개별적인 사례로서는 틀림없이 어쩔 수 없는 측면이 있을 것이다. '전체'와 '부분'의 이율배반이라는 점을 고려하여 '전체'를 택하는 것이 반드시 나쁘다고는 말할 수 없다. 그러나 이러한 회피와 방치가 '누적되었을' 때, 문득 정신을 차려보니 스스로를 밑으로부터 받치고 있던 기초가 무너져버리고 없음을 비로소 알아차리게 되는 사태를 피하기 위해서 우리가 해야 할 일은 무엇일까? 더욱이 이 은밀한 특수한 경우의 배선도(配線圖)가 유년기 일본사회의 중핵 부분을 얽어매고 있다면 사회를 책임져야 할 개인이나 조직이 수수방관하고 있을 수는 없는 일 아니겠는가.

이데올로기 이전의 보편인간적 규범

이데올로기가 자유로운 선택에 맡겨진다는 것은 이데올로기 이전에 사람이 사람으로서 서 있는 지점이 존재함을 예상케 한다. 그러한 지점이 없이는 애당초 자주적 선택 자체가 성립되지 않을 것이기 때문이다. 민주주의란 그 지점을 규범석으로 확보하는 운동이 아니겠는가? 그렇게 함으로써 이데올로기와 제도관의 자유로운 경쟁이 사실상 보장되며, 또 그러해야만 한다는 **규범의식**이 사회적으로 정착되었을 때에는 이에 대한 권력의 개입이 엄격히 차단된다. 설사 그 권력이 '관리'라는 명목하에 전개된다 할지라도 '재량'의 형태를 띠고 발동되는 경우라도 이규범의식이 확고할 때에는 개입이 불가능하다. 이런 맥락에서 보면 국가에 대한 사회의 정신적 독립이건 기능적 반동의 거부건 간에 그것이 성공할 수 있는 열쇠는 거의 한가지로 귀결될 것이다. 그러나 여기서 분명히 해두어야 할 것은 '민주주의가 규범으로서 확보하려는 이데올로기 이전의 어떤 지점'과 관리사회가 강조하는 '이데올로기의 종언' 간의 결정적인 차이다. 전자는 이데올로기의 자유로운 번성과 성장을 보장하고 후자는 이와 반대로 이데올로기의 퇴행을 기대한다. '관리'가 자의적인 독재권을 휘두를 수 있는 경우는 우선 관리자 자신이 이데올로기에 의한 내면적 자기제어로부터 벗어나고 이어서 사회가 단순한 물질세계처럼 자주적 방향성과 이념을 상실할 때다. 민주주의가 이데올로기의 자유로운 경쟁을 보장하는 까닭은 좀더 나은 자기규제 체계를 권력에 부과하기 위해서다. 즉 그것은 이데올로기가 지닌 권력에 대한 충동제어기능을 항구적으로 진화시켜나가기 위해서다.

지금은 관리사회적 반동과 민주적 규범점(點)이 정면으로 대치하고 있다. 그러면 이러한 '어떤 지점'이란 도대체 무엇일까? 그것은 버트런드 러쎌[1]이 말하는 '상식'(common sense)이고 에리히 프롬[2]이 말하는 '규범적 인간주의'이며 과거 나치에 대한 저항의식이 고조되었을 때의 칼 프리드리히가 말한 '기본권'이고 또 오래전 메이지시대에 후꾸자와 유끼찌가 말한 '평민의 사권(私權)'이며 더 나아가서는 『헤이민(平民)신문』이 주장하는 규범적 '평민'의 관념이다. 러쎌은 핵무장에 대해 이를 사용했고 프롬은 광범한 소외현상에 의한 사회적 히스테리에 대한 대항개념으로 이를 사용했으며 프리드리히는 파시즘에 대한 저항과 미국 내셔널리즘에 대한 경고를 하기 위해 이를 주장했고 후꾸자와는 번벌전제(藩閥專制)에 대항하는 동시에 자유민권운동의 정치주의적 열광·정치적 테러화를 비판하기 위해 이 표현을 썼다. 그리고 『헤이민신문』은 독점지배와 전쟁에 반대하여 이를 주장했던 것이다.

---

1) Bertrand Russell(1872~1970): 영국의 철학자, 수학자, 사회평론가. 평화주의자로 세계대전, 히틀러, 스딸린주의, 전체주의를 비판하고, 핵무기 반대 운동에 앞장섰다. 주요 저작으로 그의 스승이었던 화이트헤드와 함께 집필한 『수학원리』(1910), 『볼셰비끼즘의 이론과 실제』(1920), 『서양 철학사』(1946) 등이 있다.
2) Erich Fromm(1900~80): 독일의 정신분석학자, 사회학자. 맑스와 프로이트의 이론을 통합한 '분석적 사회심리학'을 수립했고, 1933년 미국 망명 후 인간의 관계성의 욕구에 주목했고, 악덕은 사회 조건을 개혁함으로써 감소시킬 수 있다고 보고 인본주의적·공동체적 사회주의의 실현을 주장했다. 주요 저서로 『자유로의 도피』(1941), 『건전한 사회』(1955) 등이 있다.

이들은 구체적인 상황에 있어서는 각기 다른 면을 가지고 있으나 그럼에도 불구하고 사회의 정신현상이 어떤 의미에서 쇄말주의(瑣末主義, trivialism)에 빠져 인간적인 자각을 상실하려 할 때 이를 타개하기 위해 전개되었다는 점에서는 공통점을 지닌다. 그런 의미에서는 인류사의 획기적인 시기에는 반드시 거듭 나타나서 국면을 타개한 '물신숭배로부터의 해방'과 같은 기능을 가진다. 구약의 예언자 호세아가 "다시는 우리의 손으로 지은 것을 향하여 너희는 '우리 신'이라 하지 아니하리니" 하고 우상숭배를 거부했을 때 인간은 자신들의 생산물의 일부분에 지나지 않는 물체 앞에 종속되는 습관에서 벗어나서 '물질'과 '관습'과 '전통'에 대한 주권자적 성격을 회복했던 것이다. 이 '마술로부터의 해방 (Entzauberung)' 정신은 종교개혁에서 다시 살아났고 계몽합리주의에서 고양되었으며 맑스에 의해 '상품에 대한 물신숭배로부터의 해방'으로 파악되었고 오늘날에는 또 그것의 현대적 형태가 탐색되고 있다. 인간의 활동과정의 일부분이 응결되어 사람들이 거기에만 관심을 둘 경우, 그 응결체는 종종 신성(神性)을 띠기 시작하여 사람들이 그 앞에서 열심히 무릎을 꿇게 된다. 이뿐만 아니라 이러한 하나의 쇄말주의가 또다른 쇄말주의와 사소한 문제로 격투를 시작할 때, 그 싸움은 희생을 위한 싸움에 불과하여 그 어떤 인간적인 생산도 할 수 없게 된다. 거기에는 정신적 황폐뿐 남는 것이 없다. '물신숭배'로부터의 해방에 의해 인간의 주권자적 성격을 회복하는 이성이 대두된 것은 바로 이런 경우에서였다. 그것이 때로 초월적 종교의 형태를 띠거나 아니면 이성의 형식을 취하거나 혹은 맑스의 경우처럼 사회과학의 형태, 또는 이데올로기의 체재(體裁)를 띠고 나타날지라도 그 기능에 있어서는 앞에서 본 바와 같은 일정한 공통성을 지니고 있음을 부정할 수는 없다.

그리고 현대세계는 현대형의 '물신숭배로부터의 해방'을 요구하고 있는 것은 아닐까? 안보투쟁이 진행되던 무렵 미국의 대표적 잡지의 표지에 마오 쩌둥(毛澤東)의 초상이 실렸던 일을 기억하는 사람이 적지 않을 것이다. 그 초상은 어떤 모습을 하고 있었던가? 붉은 혀를 날름거리는 독사를 목에 감고 있지 않았던가? 다시 말해서 미국의 '반공'이라는 체제신화는 사람들로 하여금 마오 쩌둥을 '악마'로 이해하도록 요구하고 있었다. 물론 유사한 현상은 공산주의자 쪽에서도 가끔씩 일어난다. 그리고 그것들이 낳은 상호증오가 핵경쟁을 고조시키고 있다고 한다면 인간은 자신의 생산물 중 하나에 지나지 않는 하나의 정치체제를 절대화하는 쇄말주의로부터 자신의 정신을 해방시키는 과정을 거쳐야만 하는 것이 아닐까? 자신의 이데올로기나 이념 같은 것들은 그 위에서 끊임없이 자주적으로 재선택되지 않으면 본래 그것이 가지고 있던 생산성을 회복할 수가 없다. 물론 이러한 부단한 왕복운동은 쉬운 일이 아니다. '세상의 맑스주의자들이 맑스주의자라면 나는 맑스주의자가 아니다'라고 한 맑스의 저 유명한 탄식은 그 어려움을 잘 나타낸다. 아무것에도 의존하지 않은 채 완성의 지점에 서 있으면서도 원래의 정신으로 되돌아가는 것은 저절로 되지 않는다. 하지만 다른 한편으로 위기는 이런 기회를 범인(凡人)에게도 가져다주는 것이 아닐까? 인류는 지금까지의 역사 속에서 물신성으로부터의 해방을 위인들에게만 맡겨놓았던 것은 아니다. 누가 보더라도 명백한 위기에 서 있을 때 그것은 오히려 보통사람들에 의해 이루어졌던 것이다.

러쎌이 핵전쟁의 위기를 '주의가 아니라 상식'에 호소하려 했을 때 그가 노렸던 것은 그런 돌아가야 할 원점에 대한 자각을 사람들에게 환기시키는 것이었다. 물론 그는 양 체제의 물리적 중간 지점에 위치한다는 의미에서의 중립주의자는 아니다. 그는 순수한 '영국인'이다. 그의 이데올로기는 공산주의를 거부한다. 그러나 그렇다고 해도 그는 서구인으로서 '서구 이데올로기'가 인간적인 원점으로부터 유리되는 것을 허용하지는 않는다. 인간에 대한 책임의식에서 벗어나서 응결되는 것을 간과하지도 않는다. '영국체제'에 대한 충성이 인간에 대한 충성보다 우위여서는 안 된다는 것이다. 그리고 단적으로 다음과 같이 말한다. 핵무기는 페스트와 같다. 과연 전염병과 싸우지 않는 문명이 문명일 수 있을까? 만약 '이 페스트라는 역병은 아마도 우리보다는 우리의 적 쪽에 더 많은 해를 끼칠 것'이라고 말하는 사람이 있다면 그 사람은 인간이 아닌 괴물이다. 설령 그 말에 논리적인 오류가 없다손 치더라도 그것은 억지나(원래 논리란 게임에서 파울과 페어를 결정하기 위해 인공적으로 정해놓은 편의적인 규제와 유사한 것에 지나지 않는다─1996년 지은이).

러쎌이 말하고자 하는 바는 지극히 평범하다. 하지만 그의 단적인 비유는 결코 평범하지 않다. 통렬한 비판이 현대의 지적 쇄말주의를 겨누고 있기 때문이다. 작은 일상세계에서는 거의 규범적인 자각 없이 예사롭게 이루어지고 있는 전염병에 대한 보건위생학적 예방이 왜 커다란 정치적 세계에서는 까맣게 잊혀지는 것일까? 현대 '지성'의 이러한 병리를 러쎌이 든 사례만큼 단적으로 보여주는 것은 흔치 않다. 여기서 말하는 상식이란, 특정 사회의 편견과 결합된 상식체계를 말하는 것이 아니다. 거꾸로 보통사람 속에 있는 그러한 결합물로부터 **추출한** 인류의 보편적 규범을 의미한다. 그것은 '상식적' 관습에 대한 일의적인 존중이 아니라 오히려 그러한 의식의 관습 밑바닥에 잠자고 있는 보편적인 지하수를 지표로 분출시키는 것이다. 거기서는 당연히 '기본권'(funda-mental right)의 관념이 새삼 생생한 모습으로 등장하게 된다.

1차대전 때 미국은 '데모크라시를 지키기 위해' 참전함으로써 거꾸로 획일적인 거국체제(내셔널리즘)를 촉진시켰고, 민주주의 옹호를 위해 싸운 결과 민주체제의 위기를 초래했다. 그러나 반파시즘을 위한 2차대전 때 프리드리히가 그 경험(지금도 지속되어 점점 더 고양되고 있는 그 위기의 경험) 위에 서서 호소했던 것은 바로 러셀이 말한 '상식'과 유사한 '기본권'이었다.

'여기에 근본적인 인간적 사실——이해의 출발점이 되는 경험이 있다'라고 하면서 그가 제시한 사실은 무엇이었던가? 모든 나라의 부인들은 각각의 제도적 배경이 아무리 달라도 출산과 육아에 관해서는 서로 이야기할 수가 있다. 이는 그녀들에게 공통의 관심사일 뿐만 아니라 전 인류가 아기에 한해서는 모성이 우선적으로 발언권을 가질 수 있다는 점에 동의하고 있음을 의미한다. 이 발언권은 인류에게 있어서 어머니의 '기본권'에 속한다. 우리가 소유한 어떠한 문명체계, 어떠한 정치사상 세계도 그것이 파시즘처럼 인간에 대한 도전 의도를 가진 것이 아니라면, 원래는 이러한 간단한 명제로부터 출발한 것이 아니었을까?

민주주의가 체제화(국가화)하고 그 체제가 국가적 욕망에 빠져 그 결과 전쟁과 획일화를 촉진해 민주주의의 근본정신을 잃어가고 있을 때 미국을 사랑하는 한 지식인이 투여한 각성제는 인류와 더불어 늘 공생해온 이 '기본권'의 세계였다. 그것은 너무나 공통적이고 기본적인 경험이기 때문에 오히려 생활 속에 깊이 침전된 채 규범적인 의식의 수면 위로 떠오르는 일이 거의 없다. 그러나 체제 이데올로기의 열광적 애국주의가 이러한 '인간의 자연'을 유린하려 하자 그것은 뚜렷한 윤곽을 가지고 나타났던 것이다. 그리하여 마침내 시민은 국민의 모습인 채로 동시에 세계시민의 정신을 획득할 수 있게 되었다. 미국이 2차대전에서 반파쇼 민주전선에 속했다고 전해지는 것은 단순히 국제세력군(群)의 한쪽에 속해 있었기 때문이 아니라 이 정신적 방향을 자기 속에 어느 정도나마 회복했기 때문이다. 하지만 2차대전 때의 미국의 위치를 지금 다시 평가할 경우 과연 그러한 관점에서 당시 미국의 민주도(度)가 측정되었다고 볼 수 있을까? 전후 미국의 역사를 살펴볼 때 그 점에 의문이 없지 않을 뿐만 아니라 최근의 라오스, 꾸바 대책이나 방공호 소동을 들은 이라면 누구나 현 미국의 상황이 프리드리히가 지적한 1차대전 후의 위기를 점점 더 증폭시키고 있음을 실감할 것이다. 보통사람의 감각 밑바닥 깊이 살아 있는 '기본권'의 흐름을 어떻게 하면 다시 국민적 규범으로 되살릴 수 있을까? 확실히 미국국민들 의식의 최면상태는 과거 어느때보다도 훨씬 깊은 듯하다. 그렇다면 '기본권'의 전개를 위한 노력은 세계 어디에도 없는가? 그렇지 않다. 전통은 위기가 아무리 심화되더라도 그렇게 쉽사리 무너져버리는 것이 아니다. 미국 독립혁명의 전통을 이어받은 '통신연락위원회'(Committee of Correspondence)라는 이름을 내건 지식인 집단이 비록 적은 수에 불과하지만 그러한 활동을 시작한 것이다. 그 구성원의 한 사람인 프롬이 '규범적 인간주의'라고 한 것은 대체 무엇일까? 또 '제정신'(sanity)이라고 부르는 것은 무엇일까? 그것은 생리학적 의미에서 건강한 육체를 지니고 있음을 뜻하는 것일까? 물론 아니다. 거꾸로 체제적인 사회의 상식(!) 속에서 가장 건전하다고 생각되는 것, 다시 말해서 아무런 근거도 없이 '다른 사람과 비슷'하다는 점을 들어 자신의 '건전함'을 자타에게 납득시키려 하는 예의 '동조' 경향의 정신적 이상성(異常性)을 도려내려는 범주이다. 이 '동조' 경향이야말로 실은 개개인이 자신의 내면적 규범을 상실해버린 정신적 공허에서 발생하는 것이기 때문이다. 그러나 '동조' 관계에 있는 사람들은 자신을 이상하다고 생각하지 않을 뿐만 아니라 오히려 '인간적인' 태도를 취하고 있다고 여기는 경우조차 다반사다. 정작 그런 '동조' 상황에서는 경험적 존재로서의 많은 사람들이 동일한 태도와 행동을 보일 것이다. 그 한도 내에서는 '인간적'이다. 그러나 만약 '있어야 할 당위로서의 인간'의 모습을 고려한다면 그것이 과연 '인간적'일까? 그래서 프롬은 그다지 정밀하게는 아니지만 '규범적 인간주의'의 범주를 구축하려 했다. 그리하여 편견의 체계로 변한 특정 사회체계 속에서 '인간성'의 이름으로 불리는 데 익숙해진 병적 측면들을 그 범주로 깨부수려 했다. 오히려 기존의 '인간성' 개념 그 자체가 지니는 비인간성을 척결하려는 것이다. 그리하여 궁극적으로는 어떤 특정의 사회현상을 인간 본성이라는 명목으로 변호하는 일조차 철저하게 거부하는 단계까지 이르려 한 것이다. 어떤 의미에서는 너무나 격렬한 그 급진주의는 어디서 비롯된 것일까? 그렇게 생각을 진전시켜보면 누구라도 그 격렬성 저편에서 지금 미국사회의 정신풍토에 존재하는 터무니없는 순응주의를 발견하게 될 것이다. 그 방법적 급진주의가 프로이트('프로이트 좌파')에게서 온 것이라고 단순히 보아 넘길 일이 아니다. 거의 미국 전체가 빠져 있는 동조주의가 강대해질수록 그에 대항하여 상식과 기본권을 주장하는 눈은 그만큼 더 급진화하기 마련이다. 프롬은 이미 '상식'이니 '기본권'이니 하는 말로 상식의 세계를 주장하는 일은 하지 않을 정도로까지 급진적이다. 물론 거기에 내포된 것은 비단 미국에 대한 항의만이 아니다. 오히려 미국으로 전형화된 오늘날의 세계에 대한 항의가 고동치고 있는 것이다. 따라서 그는 '인간'관의 개정을 향해 가고 있었던 것이 아닐까? 그리고 인류사 전체에 미치는 '소외'현상을 설명하려 했던 것이 아닐까? 더 나아가서 다수의 사람들이 그렇게 생각하고 있기 때문에 자신의 이런 생각도 옳다는 식의 '동조에 의한 확인' 태도를 '감응성 정신병'이라 명명하고 자신은 거의 절대적 소수주의에 가까워지려는 게 아닐까?

물론 그는 뭐든지 소수이기만 하면 좋다는 식의 소수지상주의자는 아니다. 따라서 '다양하게 나타나는 수많은 인간성의 모습으로부터 전인류에 공통되는 핵심'을 뽑아내려 한다. 그리고 거기서 '인간적 규범'의 존재를 발견하고 동시에 '제정신'과 '정상'을 찾아보려 하는 것이다. 그런 점에서는 러셀이나 과거의 프리드리히와 조금도 다르지 않다. 다만 배경 상황과 약간의 방법적 개성의 차이가 프롬으로 하여금 러셀이나 프리드리히보다 약간 더 눈을 부릅뜨게 할 뿐이다. 거듭 말해두지만 그렇다고 해서 그기 한걸음 한걸음 나아가는 착실함을 갖추지 않았다는 이야기는 결코 아니다. 그는 '의사 인간'(humanoid)에서 규범적 인간으로의 끊임없는 족적을 인류의 운명적 과제로서 반복적으로 추적하려고 했다. 그 착실성 면에서 일본적 급진주의와 결정적인 차이가 있다고 한다면 잘못일까? 얼빠진 행동의 충동이나 강제채결 욕구를 품은 채로 눈앞의 당파적 이익을 추구하는 데서는 결코 인류 보편적인 과제에 대한 의식이 생겨나지 않는다. 맑스가 추진했던 '당파성'은 그 당파의 보편적 과제가 전형화되어 있음이 확실해졌을 때, 바로 그때 주장되었던 것이다. 그렇기 때문에 '객관적 당파성'이다. 거기에는 일본의 '양식파(良識派)'에 전형화되어 있는 단순한 공평주의나 당파주의 둘 다에 대한 비판이 내포되어 있는 것이 아닐까?

'오직 사람으로서 서는' 원점의 회복

그러나 그렇다고 해서 일본의 전통 속에 민주주의적 규범점 확보운동이 전혀 없었던 것은 아니다. 사회적 관습의 물신성이 인간의 위기를 초래했을 때 보편적 인간의 자리로 되돌아가려 했던 운동이 없지는 않았다. 더욱이 그것은 꼭 후꾸자와 같은 대사상가에 의해서만 전개되었던 것도 아니다. 지금으로부터 불과 80년 전 자유민권운동의 한 참가자는 '현세계는 관습을 도리로 오해하고 인위를 정도(正道)로 생각하는 몽매세계라고나 해야 할 것'이라며, 권력이 요구하는 '인위의 습관'에 대해 '도리'로 맞서려 했었다. 원래 이 도리는 유교에서 온 것이며 봉건적 유학이 지닌 합리주의의 일면이 도리어 인권해방의 도구로 기능한 것인데 그러한 흥미로운 역사의 다이너미즘(dynamism)을 추구하는 것은 여기서의 나의 과제가 아니다. 문제는 이것이 민주주의의 본래적 요구인 규범원점 확보에 얼마나 도움이 되는가 하는 것이다. 물론 그 경우에는 유교의 일면이 나타난다. 다시 말해서 '도리'가 자연권을 대표하는 면에서는 그것은 말 그대로 '자유민권'이었으나 다른 한편에서 유교의 치자성(治者性, 치국·평천하)이 표면화되면 그것은 곧 정치주의가 된다. 여기서 자유민권운동은 오로지 정치적 자유와 권리의 요구운동일 뿐이며 결국은 정치적 반역에 열광하게 된다. 그리고 만약 정치적으로 성공하지 못하면 이미 그것은 전혀 내면적 의지처가 되지 못하고 정신적으로 황폐해진 채로 온갖 방향으로 분산되어갈 것이다. 물론 그에 대한 첫번째 책임은 탄압자에게 있으나 그것의 원인은 비단 그것만은 아니다.

여기서 후꾸자와의 지성의 압도적 우위가 드러난다. "이에 대해서도 다소 유감스러운 것은 요즘 세간의 민권론이다. 대저 일국의 문명이 진보하면 인민에게도 정치사상을 촉진하여 국정에의 참여를 운운하고 논하는 것은 지극히 당연한 것인데도 지금까지 들은 바에 의하면 민권론은 단순히 참정론 한곳에만 쏠리고 일본의 평민, 즉 관에 오르지 못한 종족이 고래로 빼앗겼던 인권의 회복론은 참으로 찾아보기 힘들다. 국민의 인권을 회복시키지 않는다면 설령 지금의 재야정치가가 일어나서 정부의 지위에 서거나 또는 참정의 권리를 얻는다고 하더라도 그것은 단지 그 같은 한 부류의 사람들이 권력을 얻는 것일 뿐, 관존민비하여 공용은 어용이 되고 관리는 귀족이 되어 관에 속하지 못하는 종족에게 아무런 의미가 없는 그 양태는 오늘날과 하등 다를 게 없다." 이렇게 '평민의 인권' 회복의 의미를 주장했다. 지금 시점에서 봐도 후꾸자와가 지적한 대로 참정권은 확대되었지만 평민은 국가 앞에서 아무것도 아니라는 점에서는 거의 변한 게 없다. 그래서 우리는 지금 또다시 메이지 20년(1897년)의 과제에 직면하고 있다.

그러면 후꾸자와가 굳이 '인권의 회복'이라 부른 것은 무엇 때문일까? 그것이 본래 있어야 할 자연권이기 때문임은 말할 필요도 없다. 그러나 단지 그런 원리론에서만 '회복'이라고 한 건 아닐 것이다. 오히려 그 한마디에 당시 상황에 대한 비판이 들어 있는 것은 아닐까? 그가 정치적 자유 일변도에 대해 시민적 자유의 근본적 의의를 논할 때, 거기에는 이중의 요구가 담겨 있었다. 즉 그는 단순히 일면적인 참정권주의에 대해 인권 자체를 현수막이나 깃발처럼 하나의 정치적 요구로서 내세운 것이 아니라 "재야정치가들도 오로지 정치론에만 심히 집착하는" 상황으로부터의 내면적 해방을 요구한 것이다. 다시 말해서 좁은 의미의 정치운동으로 정신이 응결된 쇄말주의로부터 보통사람으로 되돌아가는 것(회복!)이 거꾸로 인권의 적극적인 파악으로 연결되는 것임을 역설한 것이다. 따라서 가령 정치주의적 태도가 인권을 깃발로 내세우더라도 그것만으로는 '인권의 회복'을 충분히 기대할 수 없으며 오히려 거꾸로, 응결된 쇄말주의로부터 내면적으로 해방된 지점의 규범적 확보에서 출발하여 '참정'을 문제 삼자고 주장한 것이다. 정말 후꾸자와만큼 정신의 응고를 거부한 사람은 일찍이 일본에 없었다. 그는 '기예'든 '도덕'이든 '재지(才智)'든 '정치'든 '주의'든 '교육'이든 '장사'든 간에 "극도로 집착하게 되면 다른 운동을 허용하지 않고 스스로도 또한 자유롭지 못하게 되며" 거기서 '확집'과 '압제'와 '비굴'이 생겨나므로 "이보다 더 큰 사회적 불행이 없"다고 지적했다. 일본의 전통적 특징으로 그가 늘 비판했던 '권력편중'도 어쩌면 '권력'에의 '응고'라는 의미를 내포한 것일지도 모른다. 여기서 지적인 확신이란 이렇게 정신이 부분에 응고되는 것으로부터 일단 원점으로 되돌아가서 다시 선택될 때 비로소 생겨난다. 그 원점으로서의 '인권'이 규범으로 확보되지 않는다면 민주주의는 후꾸자와가 말한 대로 아무리 세월이 지나도 형성될 수 없다. 대체로 모두들 '집념'을 존중한다(최근에는 '구애拘碍'라고 하는 듯하다—1996년 지은이). 그렇기 때문에 일본과 같은 풍토에서는 후꾸자와처럼 '응고'를 거부하는 이들은 때때로 불신을 받기도 한다. 하지만 그만큼 '인권'이라는 규범점의 확보에 '집념'을 가졌던 동시대인이 한 사람도 없었다는 사실은 또 얼마나 역설적인가? 그리고 이러한 사실 속에도 후꾸자와의 비평이 적확하게 내포되어 있다. 다시 말하면 쇄말에의 고집이 도리어 민주주의에의 고집을 방해하는 것이다. 그것을 다시 한번 정치주의의 문제로 되돌려서 말하면 어떻게 될까? 만약 자유민권운동이 '평민'의 인권 속에 깊이 뿌리내리고 있었다면 번벌정부의 거듭되는 탄압으로 설사 정치적 지평에서 사라진 듯 보일지라도 반드시 소생하여 몇번이고 인민사회 형성의 돌을 쌓을 수 있었을 것이다—그런 말이 된다. 그럼 '인권'이란 무엇일까? 한마디로 말하면 당사자 우위의 원칙이다. 그것은 일본에서는 때때로 '사권'(프라이버시)과 동일시되지만 양자가 반드시 같은 것은 아니다. 프라이버시는 자유주의와 관용의 원리이며 인권은 민주주의의 원리다. 이미 프리드리히가 예로 든 온 세계의 어머니들이 지닌 '기본권'에 관한 사례에서 분명히 알 수 있듯이 인권은 세계의 생산자가 생산당사자로서 가지는 우선권이나 피압박자가 균등하게 가지는 보편적 우선권 등을 포함한다. 거기서는 사인(私人)과 세계가 결합될 수 있으며 따라서 사인의 세계에 대한 책임 또한 의식된다. 그리고 19세기 중엽에 갈라졌다고 일컬어지는 자유주의와 민주주의는 조화를 위한 부단한 노력에도 불구하고 때때로 상호모순되는 지점에 도달하곤 한다. 그 경우 어느 쪽을 선택하기로 결정하든지 간에 내적 갈등의식과 부단한 통합에의 의욕을 잃어서는 안 된다. 왜냐하면 양자는 반드시 같은 것은 아니지만 어느 한쪽이 완전히 없어져버린 상황에서는 다른 한쪽 또한 존재할 수 없기 때문이다. '있는 그대로의 사인'의 자유로운 판단이 허용되지 않을 때 어떻게 그 개인이 그 당사자로서의 보편적 권리와 책임을 자주적으로 파악할 수 있겠는가. 반대로 인권의 규범의식이 없는 데서 사인의 자유는 '국가'의 틀을 넘기 어려워 대개 국가에 의해 '주어진 생활'의 자유로운 향수(생활의 생산이 아니라 소비)에만 머물고 말 것이다.

이렇게 보면 간단한 명제로서의 '기본권'을 끄집어내어 그것을 규범의 체계적 세계로까지 구축하는 것이 결코 쉬운 일이 아님을 알 수 있다. 그것은 무엇보다도 먼저 편견이 뒤섞인 아말감 상태로부터 하나씩 하나씩 추출되지 않으면 안 된다.

이처럼 지난날 '이성비판'을 쓴 칸트가 가장 간단한 인간 공통의 명제를 논리적 의식의 수면에 올림으로써 인간 이성의 체계를 구축한 것과도 비슷한 과제가 현대 일본에 부과되어 있는 셈이다.

나는 대다수의 일본적 '양식주의자'는 논외로 하고, 지금까지 전전·전후를 통해서 일본국민을 체제 신화의 주술로부터 해방시키는 저력을 지녔던 진보주의자들이 그 역사적 공적을 무의미하게 만들어버리는 일이 없기를 진심으로 바란다. 그래서 일본의 사회주의 운동이 그 출발점에서 취했던 기본적인 명제를 이제 여기서 제공하고자 한다. 『헤이민신문』은 1903년에 어떤 지점에서 출발하였던가. "평민, 신(新)평민, 그들은 권세에 의지하지 않고 황금에 의지하지 않으며 문벌에 의지하지 않고 오직 인간으로서 서며 오로지 사회의 한 사람으로서 서는, 우리 동포 중에서 가장 신성한 자일러라" 하고 말이다.

원초적 조건

이미 작년부터 발언하기를 그만두고, 직접적인 사람에 대해서가 아니라 활자나 영상, 노동대상 등의 물질에 대해서만 토론을 시도하고 그 보잘것 없는 내면적 경로를 통해 매개적·추상적으로 세계와 교섭해왔던 내가 회원의 한 사람이면서도 지금까지 한번도 출석한 적이 없는 신일본문학회 대회에 갑자기 출석한 까닭은, 물론 왕가에서 입산한 많은 가인(歌人)들이 노래한 것처럼 '산중에서 사람을 그리워'하여서가 결코 아니다. 그 같은 자연의 심경에 질질 끌려다니며 정신을 지배(?)당하는 일본의 전통적 정신구조에 나는 늘 반대해왔다.

마치 헌법개악에 반대하기 위해 국회의원 선거에 나가듯 나는 스스로를 투표기계라 규정하고 대회장에 나갔을 뿐이다. 그렇게 하는 것이 민주적 행동이라고 생각하기 때문이다. '연구하는 것'만이 연구자의 일

■『신일본문학』 1964년 6월.

이 아니라 '연구하는 것'의 자유를 확보하기 위한 사회적 의무도 동시에 지고 있다고 생각한다. 현실에 대해 열린 인식을 갖추지 못한 사회는 역사적·경험적으로 반드시 경화하여 독단적이 되고 '관료주의화'하기 때문이다. 따라서 인식의 개방은 가능한 한 범위를 크게 잡아야 한다. 그것이 없으면 자신이 대결하는 상대조차 존재하지 않게 되므로 자신의 인식 또한 진보할 수 없게 된다. 물론 이 점은 맑스주의뿐만 아니라 맑스주의 조직에게도 해당되는 말이다. 아니 말할 수 있는 정도가 아니라 이미 세계적 규모로 경험한 일이 아닌가. 그러므로 이 사회적 의무는 한 무리의 의무 계열 중에서도 대단히 중요한 의무에 속한다. 그리고 이 같은 원칙에 서게 되면 문화에 종사하는 자는 문화에 대한 부당한 간섭에 대해 반대표를 던질 수밖에 없다.

문화가 무엇인지를 심각하게 생각해본 적도 없는 자들이 문화에 대해 '지침'을 내리고 또 '명령'을 하려 드는 데 질린 것은 이미 10년도 더 된 일이지만, 그 엉터리 같은 '명령'이 활자로 머물러 있는 동안은 '네 마음대로 하라' 하고 나는 그저 나 자신의 자주적 방침에 따라 공부나 하고 있으면 되었다. 나는 게을러서 대답할 가치가 없다고 생각되는 비판에는 대개 대답을 하지 않는다. 무시해도 좋을 만한 말에 일일이 상대하기에는 인생이 너무 짧다는 이유에서만이 아니라 그 같은 논의를 되풀이하는 사이에 무시해도 좋을 만한 문제가 점점 커다란 문제인 것처럼 도착되기 시작하면 인간의 진보에 참여하기는커녕 오히려 퇴보에 봉사할 뿐이라고 생각하기 때문이다. 그러나 엉터리 '지침'이 활자에서 강제의 단계로 이행되려 하면 아무리 읽기만 하고 싶어하는 나라도 그럴 수 없게 된다. 일정한 행동으로 저항하지 않을 수 없는 것이다. 말하자면 투표기계가 되기로 작정한다. 다소 과장해서 말하면 '방법적 자각을 가지고 행하는 문화적 정치행동'을 하기로 말이다.

　그런데 출석해 맨 뒷자리에서 거수투표를 하면서 바라보니 나와 같은 생각으로 온 듯 보이는 사람들이 의외로 많았다. 나와 친한 히로스에 타모쯔(廣末保) 씨나 하야마 에이사꾸(羽山英作) 씨도 그런 사람들이었다. 나와 마찬가지로 이들 역시 발언은 하지 않았다. 아니 좀더 정확히 말하면, 나 같은 경우는 발언은 하지 않았지만 입속으로 '저런 말도 안 되는 일을 할 수가 있는가' 어쩌고 하면서 혼잣말로 구시렁거리거나 혹은 우연히 옆자리에 앉은 하야마 씨에게 작은 소리로 일일이 '감상'을 말했다는 점에서 '방법적 자각'의 관철이 심히 부족했지만, 하야마 씨를 비롯해 많은 사람들이 기계와도 같은 완벽한 침묵으로 부당간섭 거부 결정에 참가했다. 말하자면 나는 꽤 명확한 방법론을 **표명**하면서 출석하여 대체로 큰 줄기에 있어서는 그대로 실천에 옮겼다고 한다면, 하야마 씨 등 많은 사람들은 그 같은 방법론을 **표명**함도 없이 그러면서도 미세한 점에 이르기까지 철저히 이를 관철시켰던 것이다. 원래 이 방법론이 말로 표현되지 않는 것까지 포함하는 방법이라는 점에 견주어볼 때 나의 야무지지 못함은 더할 수 없이 분명하게 드러난 셈이다. 바꾸어 말하면 어떤 행위에 자신을 집중시키는 자기도입력이 내게 부족하다는 사실을 이러한 대비를 통해 너무도 분명히 깨닫게 된 것이다.

　그러나 하야마 씨 등과 나의 대비는 방법의 관철 정도가 충분하냐 아니냐의 대조를 통해 나를 꾸짖는 대비였지만, 다른 한쪽에 있는 '간섭 본부'에서 파견된 건지 어떤지는 몰라도 아무런 주관도 없이 그야말로 하고 싶은 말을 나오는 대로 다하는 한 무리의 발언기계들의 존재는 나를 한편으로는 자기만족의 심리상태에 빠지게 하고 또 한편으로는 주관 없음의 편안함을 통감케 하여 자칫 방법의 포기를 동경할 뻔했다. 이

무리들과 비교할 때 나의 방법적 관철도가 충분치 못한 것 따위는 문제도 되지 않으며, 자기만족에 빠졌던 것은 자주적 방법에 따라 일부러 출석하여 문화종사자의 책임을 다하려 했다는 생각에 자칫 스스로를 '대단하'고 생각하기 쉬운 상태가 되었기 때문이다. 이들 발언기계(voicing machine)는 하야마 씨 같은 자주적 투표기계(voting machine)와 발음은 비슷하지만 문자 그대로 분명 사이비였다. 첫째, 고장난 기계였다. 발성과 발성 사이에 규칙성이 없다. "의장, 의장, 의장, 발언이오" 하고 큰소리로 화를 내면서 발언을 요구하여 일어설 때까지는 좋았는데 막상 서보니 할 말이 없어서 '생각해보고 나중에 발언하겠다'라고 기어들어가는 소리로 말하며 주저앉은 적이 틀림없이 한번만은 아니었다. 물론 나는 그런 것을 비판하려는 게 아니다. 단지 오랜만에 초등학교 때 생각이 나서 흐뭇했을 뿐이다. 다시 말해서 자기도입이나 자기규율 같은 어려운 것들이 아직 필요치 않는 단계의 방자한 자연스러운 자유를 부러워하는 일종의 낭만적인 기분으로 바라본 것이다. 역사상 낭만주의자의 자연동경이라고 일컬어지는 정신경향은 이 같은 기분을 무절제하게 노출시키는 데서 생겨나는 게 아닐까 하고 생각했을 뿐이다.

결국 이 발언기계는 과거에 기계였던 것이 고장나서 규칙성이 없어진 것이 아니라 처음부터 기계도 아닌 것을 기계의 자리에 집어넣었기 때문에 뭐가 뭔지 모르게 되어버린 것이다. 그리고 나는 이 발언기계의 기계적 요소가 아니라 기계 이전의 자연적 요소와 마주쳤을 때 부러움과 그리운 마음에서 '무주관의 편안함'을 느꼈던 것이다.

그러나 물론 자연스러운 자유로움이라 기계로서는 기능할 수 없다. 원래부터 기계였다면 수리가 가능하겠지만, 기계가 아닌 것과 화합(化合)해버린 기계는 그냥 그대로는 쓸 수가 없는 것이다. 그 두가지 요소를 일단 분리하지 않으면 기계도 안 되고 자연도 안 된다. 아마도 나는 화학분석가 같은 방관자의 눈으로 화합물로부터 양 요소를 분리·추출하여 내 마음대로 생각하고 있었던 모양이다.

이런 생각이 들어서 옆에 앉은 하야마 씨를 보니 그는 실로 태평하게 '기계로서 기능하지 못하는 발언기계'조차도 하나의 기계로 간주하여 그것에 대항하는 '투표기계'로서의 자신의 역할을 묵묵히 수행하고 있었다. 상대방으로부터 자연적 요소를 추출해 부러워하고 있던 나 같은 사람보다 훨씬 상대방을 높이 평가하고 있었던 것이다. 그들에게 눈곱만큼이라도 기계로서 기능하려는 의욕이 있다고 생각되는 한, 실제로는 그렇지 못하고 기기괴괴한 꼴일지라도 그들을 하나의 훌륭한 기계로 취급해주는 것은 고귀한 정신이다. 가장 따뜻하고 성실한 인간유형에 속하는 하야마 씨에게서 새삼 이러한 고귀함을 발견하고 나는 다시 한번 그에게 머리를 숙였다. 물론 속으로만.

나는 그날 '발언기계'로 참석했던 사람들 각각에게 낯간지러운 어투이기는 하지만 딱 한번만이라도 마음으로부터 우러나온 말을 하고 싶다. 누구에게 무슨 소리를 들어서가 아니라 자발적으로 스스로를 투표기계로 규정하여 문화단체의 원초적 조건을 지키기 위해 바쁜 시간을 쪼개서 나왔고 게다가 명확한 방법적 자각을 가지고 또 거의 광기에 가까운 노호에 대해서조차 고귀하게 대처한 하야마 씨와 같은 정신을 보고 배우기를 바란다. 의견이 아무리 첨예하게 대립할지라도 상관없다. (단 의견이 있을 경우를 말한다. 물론 의견이란 근거를 말하는 것이다.) 미워해도 상관없다. 다만 존경의 염(念)은 가져야 한다. 적어도 그날 당신들은 사람을 존경하는 능력이 전혀 없는 사람들로 보였다. 나까노 시게하루[1]도 존경하지 않고 하나다 키요떼루[2], 스기우라 민뻬이[3], 히라

노 켄[4], 혼다 슈우고[5]도 존경하지 않는 등 수십년에 걸친 그들의 업적이 우리에게 베푼 크고 작은 정신적 자본들을 존경하지 않고, 또 하야마 씨 및 그밖의 인민문학을 지향하는 사람들의 노력을 존경하지 않고, 또 50년간의 경험으로부터 배우지 않고서 어떻게 모든 역사적 축적 위에 서서 진보와 발전을 담당한다고 말할 수 있겠는가? 어쩌면 당신들은 미야모또 켄지[6]조차도 **실제로는** 존경하지 않는 게 아닌가 싶을 정도였다. 현재의 의견이야 다르지만, 그래도 나 같은 사람들이 미야모또나 고(故) 코꾸료오 고이지로오[7] 등에 대해──전쟁 중 일본인민의 정신을 공공연하게 지킨 그들에 대해 그리고 그들 생애의 역사적 공적에 대해 훨씬 깊은 존경심을 가지고 있는 게 아닌가 하는 생각이 들었다. 바꾸어 말하면 당신들은 단지 조직의 그때그때의 전술적 방침에 따르고 있을 뿐인 듯한 느낌조차 들었던 것이다. 그러나 그래서는 공산주의자가 아니다. 내면화된 규범을 갖지 못한 자는 말할 필요도 없다. 더욱이 사람

---

1) 中野重治(1902~79): 시인, 소설가. 일본 프롤레따리아 문학운동에 참여했고, 전후 '신일본문학회'의 중심인물로 활약했다. 대표작으로『비 내리는 시나가와역』(1929)이 있다.

2) 花田清輝(1909~74): 평론가, 소설가. 전후 '신일본문학회'에 참여했고, 일본의 아방가르드 예술론의 선구적 존재로 아베 코오보오 등에게 영향을 주었다.

3) 杉浦明平(1913~2001): 소설가, 비평가. 전시에 르네상스 연구에 몰두하며 번역을 하기도 했다. 1962년 '신일본문학회' 내부 대립으로 공산당에서 탈당했다.

4) 平野謙(1907~78): 평론가. 1946년 문예지『근대문학』창간에 참여해 전후파문학을 주도했다.

5) 本多秋五(1908~2001): 평론가.『근대문학』창간에 참여했으며 '신일본문학회' 중앙위원을 지냈다.

6) 宮本顯治(1908~2007): 정치가, 평론가. 일본공산당의 상징적 인물로, 1931년 입당해 1970년 당 위원장에 취임했다.

7) 國領伍一郎(1902~43): 노동운동가. 1928년 프로핀테른(적색 노동조합 인터내셔널)에 참가했다가 체포되어 옥중에서 사망했다.

을 존경하지 않고 사람이 이룬 업적을 존경하지 않는 자는 진보주의자도 공산주의자도 아닐 뿐만 아니라 보수주의자일 수조차 없다. 왜냐하면 보수주의자란 인간이 영위해온 역사적 축적을 그 자체로서 온전히 존중하는 자이며, 또 이 사회의 변혁을 의도한 맑스는 그 역사적 축적 위에 서서 그 속의 긍정적인 부분을 부정적인 부분의 속박으로부터 해방시킴으로써 새로운 방법적 축적을 이루고자 한 자이기 때문이다(예를 들어 「프랑스의 내란」The Civil War in France을 숙독하기 바란다).

제발 그러한 존경능력을 상실한 현 자세를 남몰래라도 좋으니 부끄러워하기 바란다. 진정한 자기비판은 그렇게 이루어지는 것이다. 그리고 다음 행동에서 그 자기비판을 살려내야 한다. 그렇지 않으면 정신과 지성과 문화로부터 전적으로 무시당하는 존재가 되고 말 것이다. 아직 민주적인 정신을 지니고 있을 무렵의 스딸린(조차)도 과거에 다음과 같이 비통하게 말한 적이 있다. "당의 문화수준이 어느정도까지 올라가지 않으면 당의 민주주의는 실현될 수 없다. 민주주의를 저해하는 조건 중 하나는 당기관의 낮은 문화수준이다"라고. 레닌이나 맑스까지 인용할 필요는 없을 것이다. 한사코 문화의 축적을 무시하여 문화로부터 무시당하고서야 어떻게 주제넘게 '민주주의자'라고 자처할 수 있겠는가?

하야마 씨처럼 자신의 역할을 스스로 기계적으로 규정하는 방법적 태도는 사무담당자에게도 다른 형태로 주목을 받았다. 하지만 여기서는 언급하지 않겠다. 실은 나는 '근대문학'적 형태로 행해진 '전전의 프롤레따리아 문학운동 자체의 역사적 자기비판'이나 전후의 나까노 같은 사고형태가 역사적으로 완결되고 새롭게 '역사적 현재의 과제가 그것들의 자기비판·지양'으로서 등장해야만 한다는 전환기 문제에 관해 가능한 한 내재적으로 짧게나마 써볼 작정이었다. 그러나 그것을 단념

할 수밖에 없다. 나보다 더 잘 알고 또 더 좋은 생각을 가진 누군가가 보다 좋은 글을 써주리라 믿는다.

'논단'에서의 지적 퇴폐

    현대 일본에는 기묘한 '전문가'가 있다. 그는 언제 어느 때라도 모든 문제에 대해 즉각 '해설'을 곁들인 '의견'을 발표한다. 마치 하느님과 같은 존재다. 어쩌면 하느님 이상 가는 존재라고 해야 할지도 모른다. 왜냐하면 하느님은 아무리 이쪽에서 요구해도 때로는 대답을 '보류'하여 발표하지 않는 경우가 더러 있기 때문이다. 바로 그 때문에 신학자가 생겨나서 어떤 경우에는 하느님이 응답을 주었고 어떤 경우에는 응답을 주지 않았다든지, 응답하지 않는 것은 어떤 의도와 배려에 의한 것이었는지와 같은 문제를 내놓고 이리저리 추리하고 해석하게 되었음에 틀림없다. 아무튼 상대방이 절대적인 '완전자'이기 때문에 깜빡 잊어버려서 대답하지 않았다든가 하는 일은 절대로 없다. 모든 행위에 의미가 있기에 엄밀히 추리하면 어느정도까지는 그 의도하는 바를 알 수 있을

■『텐보오(展望)』1965년 4월.

지도 모른다. 그러나 물론 절대자이기 때문에 인간의 지혜로 이를 다 헤아릴 수는 없다. 그래서 신학자는 어디까지는 알 수 있고 어디까지는 알 수 없는가라는 지식의 한계 문제를 풀어보려 하기도 한다. 그리고 그것의 발전 결과, 예를 들어 파울 틸리히(Paul Tillich)처럼 신과 인간 사이의 '변증법적 대화'의 논리까지도 설명하기에 이르렀다. 이처럼 하느님은 신학자를 낳고 신학자는 형식적 정합성을 추구하는 논리학을 낳고 논리학은 법규범과 그것의 해석학을 낳고 더 나아가 그런 종류의 논리적 사고의 한계에 관한 사고를 낳았으며, 이어서 '대화'의 논리는 '역사적 상황' 문제까지도 생각하게 되었다. 하느님이 가져다준 것은 순전히 지적 영역에만 한정하더라도 이 정도다(실제로는 아직 더 많이 있겠지만 생략한다). 엄격히 말하면 물론 이것들은 다 '신'과의 대결을 통해서 인간이 만들어낸 것이다.

그런데 우리의 기묘한 '전문가'는 과연 어떠한가? 그는 어떤 문제든지 수요(요구)에 따라 즉각 대답할 뿐 '대답하지 못하는 경우'란 거의 없어서 숫제 하느님 이상의 존재가 되어버렸다. 따라서 이 같은 존재에 대해 아무리 대결해봐야 논리적 연역력이든 해석학이든 변증법이든 그 무엇도 생겨날 리가 없다. 산 몸뚱이 그대로 높이 승천하여 하느님이 계시는 천국까지도 넘어서서 '새로운 경지'를 '개척'한 분들이다.

이러한 기묘한 '전문가'인 '유식자'는 어떤 경우에는 '대학교수'의 이름으로 나타나기도 하고 어떤 경우에는 '평론가'라는 이름으로 불리기도 하며 또 어떤 경우에는 '문학자'의 명함을 가지고 사람들 앞에 등장하기도 한다. 그렇다고 해서 그가 일정한 방법으로 일정한 대상을 연구하는 전문연구자인 건 아니다. 때로는 '평론가'로 불리지만 제대로 된 저널리스트도, 평론가나 비평가도 아니다. 물론 제대로 된 문학자도 아니다. 그는 스스로 조사하고 살펴보고 걷고 읽고 정리한 바를 토대로 가능한 한 객관적으로 보고하려고 노력하는 자가 결코 아니다. 그런가 하면 자신의 입장을 확실히 정하고 그 각도에서 사회적 현상에 대해 수미일관된 설명을 하려고 노력하는 것도 아니다. 따라서 당연히 비평도 아니고 아무것도 아니다. 그렇다면 그는 그저 사물에 대해 말하고 문자를 쓰는 일에 있어서 용감하게도, 도저히 따라갈 수 없는 윤전기와의 경쟁을 결의하고 그 일에 대단한 인내를 갖고 매일매일 매달리고 있는 사람이겠다고 사람들은 생각할지도 모르겠다. 하지만 유감스럽게도 그게 아니다. 그저 뭔가 말하는 일 그 자체에 인내를 갖고 매달리는 이들은 오히려 프롤레따리아인 신문팔이, 연극표 판매원, 상점의 광고선전원, 그리고 아나운서 들이다. 그저 문자를 쓰면서 부지런히 일하는 이들은 필경사, 교정원, 간판쟁이, 필기 담당 등의 노동자들이다. 이런 사람들은 소박해서 진지하게 자기 노동의 개선 방법을 궁리한다. 판매원들은 이미 베르톨트 브레히트[1]의 주목을 끌었던 바와 같이 어떤 리듬으로 소리를 지르면 길가는 사람들의 관심을 끌 수 있을까를 궁리하고 있으며, 필경사들은 가로쓰기와 세로쓰기에 따라 글자 형태를 어떻게 바꾸면 읽기 쉬운지에 대해 명확하고도 상세한 지식을 스스로 획득하고 있다. 그런 다음에 그저 일편단심 궁리의 결과를 실천하고 있는 것이다. 하지만 우리의 기묘한 '전문가'는 그렇지 않다. 단지 연구나 보고도 아니고 비평이나 예술도 아닌, 그 어떤 종류의 '리뷰'를 되풀이함으로써 이 세상의 표층(表層)에 떠오르고 또 그 떠 있는 상태를 유지하기 위해 그

---

1) Bertolt Brecht(1898~1956): 독일의 극작가, 시인. 사회주의를 연극에 접목했고, 전쟁의 폭력성을 고발하는 작품들을 썼다. 대표작으로 「서푼짜리 오페라」(1928), 「억척어멈과 그 자식들」(1939) 등이 있다.

'리뷰'를 계속할 따름이다. 그러므로 이 같은 '리뷰'에서는 절대로 자진해서 발을 빼는 일이 없다.

이러한 기묘한 '전문가'는 지금 일본사회의 좁은 표층에 넘쳐흐르는데, 기묘한 '리뷰'를 보여주면서 역사와 인민에 의해 쓰레기통에 버려질 때까지 어떻게 해서든지 버티려 하는 듯 보인다. 그는 '논단'이라는 가공의 단을 마치 실재하는 것인 양 좇고, 현실에 대해서는 하등의 긴장감도 없는 말만 산더미처럼 모으고, 서로 손을 맞잡으며, 얼마 안 되는 수의 세력이라도 나타나면 진심을 다하는 **태도를 취하며** 그 앞에 머리를 조아린다. 그런 주제에 사회주의 국가의 관료주의나 개인숭배라면 제대로 알지도 못하면서 장광설을 늘어놓는다. 또 일본 민주주의자들의 저항에 대해서는 코웃음을 친다. '수'만 갖추면 머리를 숙이는 그들에게 어찌 그런 자격이 있겠는가? 사실에 대한 긴장을 결여한 '낱말의 집합'에 대해, 어떤 사람은 '그러니까 그건 **없는 거다**'라고 말한 적이 있다. 현실에 대해 아무런 적극적인 (방법적) 기능조차 가지지 않으므로 그것은 비(非)존재인 것이다. 하지만 이 '유식자'는 그의 언론이 비존재라고 하는 바로 그 점 때문에 우리가 살고 있는 이 현실 위에 떠 있을 수가 있는 것이다.

*

그런데 이 같은 수를 싸고도는 비존재라는 것들이 도대체 누구인가라는 점에 만약 이 잡지의 독자들이 관심을 가지고 있다면 나로서는 대단히 유감이다. '인사'에만 눈을 화등잔만 하게 뜨고 있기 때문에 이런 '평론가'들이 등장하는 것이다. 학교에서나 회사에서나 '인사'에만 관심을 쏟는 사람이 어떤 경향의 사람인지는 누구나 잘 알고 있을 것이다. 거기다가 비존재를 일일이 맞춰볼 여유가 우리들에게는 없지 않은가? 문제는 그러한 경향 자체에 있다. 그리고 언론 비존재 경향의 전형적인 예는 신문에서 볼 수 있다.

미국의 광기 어린 월맹(越盟) 공격에 대한 일본신문의 사설은 어떤 가? 미국의 북폭(北爆)은 누가 보더라도 너무도 분명한, 체면유지를 위한 광기 어린 폭력행위이기에 일본신문도 '전쟁 확대에 반대한다'고는 썼으나 어째서 아직까지도 '철수하라'고 확실하게 쓰지 못하는가(『아사히신문』)? 5백만부나 팔리고 있으니 망할 걱정은 없지 않은가? 우 탄트[2] 제안이 나오니까 이를 '환영한다'라고나 겨우 쓸 수 있었다(『마이니찌신문』). '확대시키지 말라'나 '환영한다'나 '국제관계의 소비자'라는 점에서는 일본정부나 똑같다. 우 탄트도 우 탄트지만 그는 나름대로 미국정부의 미움을 살 것을 각오하고 최선을 다해 그 정도까지 이야기했을 것이다. 일본의 양대 신문사 사무실이 설마 뉴욕에 있는 것은 아니지 않은가? 뭐라고 하든 자유 아닌가? 미국중심주의로 경도된 유엔의 사무총장이 도리를 모르는 유엔 최대강국으로부터의 중압을 필사적으로 견디며 겨우 낸 작은 목소리를, '자유 독립'의 처지에 있으면서도 뒤늦게야 그대로 흉내내고서도 '자유 언론'의 체면이 선다고 생각하는 것일까? 사설은 이미 의견(opinion)을 말하는 데가 아닌 모양이다. 그럼 그것은 '앵무새'다.

그러나 '사(社)의 의견'이 무표정한 '앵무새'라면 '개인의 의견'은 우

---

2) U Thant(1909~74): 미얀마의 정치가, 교육자. 1964년 8월 통킹만 사건 이후 미국의 베트남전 개입이 전면적으로 이루어지고 폭격이 강화되자, 당시 UN 사무총장으로 있던 그는 존슨 미 행정부를 격렬히 비난했고 양자 평화협상을 도모했다.

스꽝스럽기조차 하다. 2월 13일자 『아사히신문』의 '베트남의 위기국면을 말한다'라는 좌담을 다시 한번 읽어보기 바란다. 사에끼 키이찌(佐伯喜一) 씨라는 기묘한 '전문가'가 미국이 폭격한 '근거'를 이것저것 친절하게 헤아려서 '미국의 의도는 여기에 있었다고 **생각한다**'라고, 마치 존슨(Lyndon Johnson)으로부터 귓속말이라도 들은 듯이 지껄이고 있다. 그런데 막상 본무대인 미국에서는 정부가 발표한 '근거'가 전혀 근거불명이며 대통령으로부터는 아무런 **설명도 없어**서 의원이나 고관들 사이에서는 불만이 터져 나오고 있는데도 공식석상에 나오면 아무 말도 하지 않고 더욱이 그러한 아무것도 모르는 상태에서 정치가들의 의견은 사분오열되어 있다는 기사가 주요 신문에 실려 있다고 한다. 그러니 사에끼 선생이 말씀하신 것의 유머 효과는 절대적이지 않겠는가? 다시 말하면 미국 이상으로 미국화된 가공의 것이 결과적으로 얼빠진 효과를 본의 아니게 연출한 셈이다.

이처럼 독립적인 의견을 지면에서 만나기란 쉬운 일이 아니다. 하지만 그런 현상이 신문에만 한정된 것일까? '기대되는 인간상(期待される人間像)'에 대한 비판은 많은 잡지에 실린 모양이지만 거기서는 거의가 코오사까 마사아끼[3]에 대한 비판뿐이었고 코오사까가 그것을 제출하는 것을 뻔히 보면서도 이를 방임한 현대의 지적 퇴폐에 대한 비판은 과문의 탓인지는 모르지만 아직 보지 못했다. 코오사까가 그 같은 생각을 가

---

3) 高坂正顯(1900~69): 철학자. 1942년부터 이듬해까지 쿄오또학파의 동료 철학자들과 『중앙공론』에서 진행한 좌담회 '세계사의 입장과 일본'에 참석하고 이후 1965년 중앙교육심의회의 요청에 대해 '기대되는 인간상'이라는 개념을 제시한다. 이는 천황이 지닌 정치적·이데올로기적 지위의 부활 및 교육을 통해 국민성의 주체화를 꾀하려는 시도였다. 국민적 반대로 실행에 옮겨지지 않았다.

지고 있다는 사실은 옛날부터 익히 알고 있었던 일이다. 그것을 지금도 여전히 비판하는 것 자체에 대해서는 나 역시 찬성한다. 그러나 '기대되는 인간상'이라는 것이 신문에 나왔을 때 그 위원회의 유명한 분들의 이름도 함께 나왔고, 그 속에는 오오꼬오찌 카즈오(大河內一男) 씨나 타까무라 쇼오헤이(高村象平) 씨도 있지 않았던가? 이것이 신문의 오보였을까? 그렇다면 그들은 단연코 항의를 했어야 할 것이다. 오보가 아니라면 어떻게 될까? 오오꼬오찌 씨는 '인간상'을 제시하는 것에 찬성이었을까? 만약 그렇다면 그의 '독일 사회정책사상사' 연구는 정신적 무능력자가 쓴 정교한 학술적 동화일 것이다. 아무리 그래도 설마 찬성은 아닐 것이다. 그렇다면 위원장이 마음대로 그렇게 발표한 데 대해 용서해서는 안 된다. 철회가 안 된다면 위원을 그만두면 된다. 아니 숫제 그만둬야 하는 게 아닐까? (오오꼬오찌 선생! 공석에의 출처진퇴란 그런 게 아닐까요? 그게 아무래도 좋은 것이겠습니까? 그건 이름만 빌려준 것이지 나하고는 관계가 없다고 만약에 생각하고 계신다면, 왜 관계도 없는 곳에 이름을 열거하십니까? 그건 마음씨가 좋은 것도 관용도 온후함도 아닙니다. 그건 무원칙이며 무책임일 뿐입니다.) 과거에 일본의 사회과학이 경험과학으로서 각 분야에서 잇달아 성립될 때 그 일익을 담당했던 뛰어난 연구자가, 물론 어쩔 수 없어서이기는 했겠지만 '대명업(貸名業)'이나 '광고업'까지 개업하는 꼴을 보는 것은 그들의 연구로부터 조금이나마 지적 영양분을 얻은 자로서 참으로 견디기 어려운 일이다. 이미 전전의 강제적 상황과는 사정이 다르다. 자신의 사회적 행위의 책임을 전가해야 할 일은 이제 없다. 그럼에도 불구하고 여전히 책임을 전가한다면 그것은 인간의 자주성, 즉 기본적 인권 내지 민주주의의 근본 원칙을 밑바탕으로부터 송두리째 무너뜨리는 것을 의미한다. 이건 우리가 늘 염두에 두어야 할 일로 생각된다.

　타까무라 씨 또한 동일한 위치에 서 있다. 코오사까의 '인간상'에 찬성이라면, 그 정교한 한자동맹에 관한 연구는 단순히 호사가의 심심풀이 땅콩이었던 셈이다. 그러나 '인간상' 문제를 비평하는 사람들은 어째서 어쩌다가 이 두 사람에게 나타났지만, 우리 모두가 지니고 있는 지적 이완에는 주목하지 않는 것일까? 그 지적 이완이야말로 특별히 현대적인 지적 퇴폐의 한 형태가 아닐까? 그리고 거기에 주목을 하지 못하는 '비평' 또한 그것에 의한 비평의 쇠퇴인 셈이다. 이것도 발을 빼지 못하는 '리뷰'인가?

　나는 위에서 참으로 무례한 논의를 펼쳤다. 하지만 예를 들어 『중앙공론』 한권만 들추어보더라도 여전히 누군가가 말하지 않으면 안 될 것들이 남아 있다. 근대 일본의 역사를 제대로 찾아보지도 않은 자가 '일본의 근대화'를 논하고 '성경'이나 일련종(日蓮宗, 일본 불교의 13종파의 하나)에 대해 이야기하나 아무리 보아도 중심적 특징은 파악하지 못하고, 심지어 벨라[4]가 읽으면 깜짝 놀랄 벨라의 인용을 마치 독서목록의 광고처럼 자랑삼아 내보이며 결국 말하고자 하는 것은 머릿수 앞에 고개를 숙입시다, 전후의 부정적인 면을 자각합시다 따위의 오래된 노래를 부르는 것에 지나지 않는 무라마쯔 타께시(村松剛)의 '논문'이 번지르르하

---

4) Robert N. Bellah(1927~2013): 미국의 종교사회학자. 아시아, 특히 일본의 근대화와 종교사상의 역할에 대해 연구했다.

게 권두를 장식하고 있는 것이다. 불쌍하다고밖에 달리 할 말이 없으나, 만약의 경우를 생각해서 말하면 '성경'의 중심은 머릿수 앞에 고개를 숙이지 않을 뿐만 아니라 '사람을 기쁘게 하려는' 것과도 오히려 반대다. 마주치는 정세에 무조건 알랑거리며 따라가놓고 뭐가 '묵시록'이란 말인가? 하느님이 배꼽을 잡고 웃을 것이다. 그리고 전전의 『중앙공론』이 무덤 속에서 하염없이 울고 있을 것이다. 일찍이 천황기관설 사건으로 미노베 타쯔끼찌가 군부를 배경으로 삼고 있던 키꾸찌 타께오(菊池武夫)와 거기에 한마디의 항의도 하지 않는 귀족원의 면면들 앞에서 혼자서 당당하게 반격하고 그러한 귀족원 자체에 대해서도 통렬하게 비판했을 때 『중앙공론』이 재빨리 게재했던 글은 무엇이었던가? 바로 고(故) 삿사 히로오(佐佐弘雄)의 「미노베 타쯔끼찌론」이었다. 그 제목에서 이미 일본제국에 대한 항의의 뜻이 담겨 있었다. 내용은 한층 더했다. 미노베를 있는 힘껏 격려하고 용기를 북돋웠으며, 소수이면서도 논리와 정신에 충실하려는 자가 지금도 있다는 사실을 강대한 군사적 폭력 앞에 보여주었다. 이제 그런 『중앙공론』은 없는 것일까? 바라건대 하다못해 '이해계산'의 폭이라도 넓혀서 20년 후에 어떻게 평가될 것인지 정도라도 고려해주었으면 싶다. 물론 무라마쯔식 경향은 도처에 우글거린다. 남의 샅바를 어떻게 하는 게 좋을지는 생각해보지도 않고 남의 샅바로 씨름을 하는 '전형(銓衡)'업자들, 출판기념이라는 이름의 성대한 '선전 파티업'을 개업하는 자들 또한 '비존재'를 지향하고 있는 것이 아닐까?

물론 나는 이 같은 '논단'에 참가하는 것은 질색이다. 나는 오히려 일본의 민중과 좌익의 자유로운 사상적 작업이 조금이라도 향상되도록 노력하고자 한다. 존경하는 여러 친구들의 도움으로 얻은 보잘것없는 축적을 사유화해서도 안 되며 동시에 '비존재'화해서도 안 된다.

'심의'에 대하여

    심의(審議)란 읽고 글자 그대로 소상하게 토의하는 일을 뜻한다. 소상하게 밝힌다는 것은 일본어의 약속에 따르면 '남김없이' 상세하게 해명하는 일이다. 그러나 언제부터인가 일본정부는 '신중한 심의'라는 말을 의회에 임할 때 상용어로 쓰기 시작했다. 소상히 토의한다는 말만으로는 모자라게 된 것이다. '집 위에 집을 겹친' 셈이다. 의회의 심의가 이로써 더 소상하게 되었다고 사람들이 믿을까?

    더 확실히 하고 싶으면 의회의 의사록을 한번 읽어보면 좋을 것이다. '일한(日韓)특별위원회' 의사록에는 처음부터 사또오(佐藤) 수상의 '충분히 신중하게 심의하여 더할 수 없이 상세히 하겠습니다'라는 정중한 표현이 나온다. 이미 '신중한 심의'로도 부족한 것이다. '충분히'가 덧붙여지고 그래도 부족해서 '더할 수 없이 상세히 하겠다'라고 한다. 놀라운

■『현대일본사상대계(現代日本思想大系)』 제3권 월보, 지쿠마쇼보오(筑摩書房) 1965년.

말의 행렬이다. 그래도 진기한 단어나 겉치레가 뛰어난 표현은 하나도 없다. 그러니 재치있는 야당 의원이 있었다면 틀림없이 그 판에 박힌 모범적인 '말의 대행렬'에 대해 한마디 '경의'를 표하고 '교언영색에는 어진 마음이 없다'고 치켜세우는 말을 했을 것이다. 따라서 '충분'이라든가 '심의'라든가 '상세'라는 말이 없어지기를 기대하기는 어렵지만 그래도 만약 뭔가의 사정에 의해 이러한 말의 대행렬이 완전히 없어진다면 그때야 비로소 단순한 심의가 시작될 것이다. 일한 간의 제반 조약의 문제점을 '소상하게(審)' 토론하고 국회가 철저히 검토함으로써, 어느 쪽에서 보더라도 한국과 일본의 양 국민을 위해 좋지 않은 사항은 없애게 될 것이다. 그러고도 만약 단순한 심의가 여전히 계속된다면 양 국민과 아시아지역의 평화에 도움이 되는 외교방침이 무엇인지가 새삼 토의될 것이다──이것이 의회제도 본래의 모습이다. 단순한 심의, 단순한 토론, 단지 그것에 의해 그밖의 요소를 모두 제거하고 정치적 결정을 내리려 노력할 때 비로소 의회정치가 시작되는 것이다. 따라서 의회제도는 단순한 토론 이외의 방해 요소가 개입하는 것에 대한 방위조치를 제도화하고 있다. 자연 그대로 방치된 상태에서는 인간집단이 단순한 토론을 계속해나가기란 어려운 일임을 의회정치 창출자들은 오랜 경험으로 알고 있다. 그들은 정말 인간을 잘 아는 인간통(Menschenkenner)이었다. 독일학자들은 때때로 의회정치를 '자유방임' 경제제도와 표리관계에 있는 것으로 이해했지만 의회정치를 만든 자들은 경제행위에서의 인간의 '계산성'(합리성)과 정치행위에 수반되는 인간의 '비합리적 요소'를 절대로 동일시하는 일이 없었다. 오히려 그 차이를 충분히 이해한 다음 가격이 단순한 협상과정에서 결정되듯이 정치적 결정이 단순한 토의를 통해 이루어지려면 어떻게 해야 좋을지를 궁리했다. 협상에 의한 가격결정이 인간의 자연스러운 '합리적 측면'에 기초하고 있음에 비해 토의에 의한 통치(government by discussion)는 인간의 자연스러운 '비합리적 측면'에 대한 자기제어인 인공적 궁리 위에 기초한다. 물론 그 궁리가 한두 사람에 의해 이루어진 것은 아니다. 몇세기의 지혜가 결정(結晶)된 것이다.

그럼 단순한 토론의 속행에 가장 방해가 되는 인간의 비합리성은 무엇일까? 또 그들 의회정치 창출자들이 그렇게 생각했던 것은 무엇 때문이었을까? 그 최대의 방해요소란 바로 권력이라는 '욕망의 응고체'다. 그래서 토론과정에 권력적 요소가 개입하는 것을 막는 것이 의회제도 재생산의 필수조건 가운데 하나가 되었다. 그리고 그 목적을 이루기 위한 중요 제도로서 소수 반대자의 일정한(따라서 방자함이 아님) 의사(議事) 방해 권리를 보장한 것이다. '장시간 연설' '동의 제출' '소걸음 투표' 등은 그러한 권리행사의 도구로서 제도적으로 보장되어 있다. 따라서 이 같은 일정한 권리행사를 정부가 비난해서는 안 된다. 의회정치를 승인하는 이상은. 이렇게 볼 때 의회정치는 실로 복잡한 고려 위에 세워진 정교한 조립품이다. 의회정치의 '본국'에서 볼 수 있는 그 '교언영색'도 실은 갖가지 비합리성의 개입으로부터 단순한 토론을 지키기 위해 궁리된 자기제어 도구의 하나인 것이다. 그 같은 갖가지 궁리에 의해 가까스로 '단순한 토론에 의한 결정'을 유지할 수 있는 것이다. 따라서 상식의 부단한 주의와 감시가 없다면 단순한 토론에 언제 불순물이 끼어들지 모른다. 몇차례에 걸친 의회정치의 역사적 개혁이 그때마다 민주주의의 요소를 추가해온 것은 바로 민중의 감시를 강화함으로써 의회정치를 유지하려 했기 때문이다.

그러면 우리는 여기서 다시 한번 일본의 현실로 되돌아가서 살펴보지 않으면 안 되겠다. 단순한 심의에 대한 저해요인은 그 말의 '대행렬' 뿐일까? 일한특별위원회 의사록의 제2호에서부터, 그러니까 최초 단계에서부터 이미 중대한 문제가 나타나고 있다. 일본정부는 전례를 깨고 제반 일한조약의 일괄승인을 요구했다. 이는 심의권의 무시였다. 왜냐하면 야당의 쓰지하라(辻原) 위원이 정당하게 추궁했듯 이 조치로 인해 예를 들어 어떤 조약에는 전면적으로 반대하지만 다른 어떤 협정에는 부분적으로 찬성이라든가 하는 식으로 일을 나누어서 구체적인 근거에 의거하여 토의하는 일이 불가능해지기 때문이다.

원래 심의란 제반 관련사항을 나누어서 검토하는 것을 의미한다. 그런데도 정부는 '관련이 있는 제반 조약이므로' 일괄적으로 결정하자는 것이다. 게다가 민사당(民社黨)은 이를 찬성했다. 심의 그 자체가 정부와 그 동조자에 의해 근본부터 부정된 것이다. 쓸데없는 부가물을 제거하는 정도의 문제가 아니다. 정부의 이러한 사고방식에는 의회정치의 근간인 '단순한 심의에 의한 결정'이라는 명제에서 심의를 뺀 것, 즉 '단순한 결정'이 있을 뿐이다. 그래서 사또오 수상은 의사록 제3호에서 말한다. '심의하시는 것은 자유이리라고는 생각하지만' 일한조약에 '지장을 초래하지 않도록' 부탁한다고. 심의의 자유는 겉으로만 존재하면 된다는 이야기다. 즉 그의 요구는 말 그대로 익찬의회인 것이다. 그래서 결국 야당이 충실하게 심의하려 했을 때 강행 채결이 이루어졌던 것이다. 이리하여 의회정치의 최대의 적인 권력적 요소의 개입이 또다시 강행되었다. 그러면 앞으로는 그 누가 의회정치를 지켜야 할까? 말할 필요도 없이 우리 국민들이다. 그리고 그 일을 키우기 위해 제안하고 싶은 것이 있다. 야당은 의사록의 중요 부분을 발췌·요약하여 가능한 한 널리 국민 모두에게 배포하는 일을 앞으로 일상화해야 할 것이다. 다시 말해서 국회에서의 심의 상황을 국민화하도록 운동을 벌여나가야 한다. 일본 국민이 바보가 아닌 한 거기서부터 확고한 의회제 민주주의로의 길이 열릴 것이다.

보편적 도리에 따르는 정신

'10·21 반전파업 지원 국민집회'에서

제게 부여된 역할은 결론을 말하는 것이지만, 그것은 제겐 도저히 불가능한 일입니다. 결론 일반은 물론이고 대체로 불특정 다수의 사람들 앞에서 연설하는 것 자체를 싫어하며 또 잘하지도 못합니다. '좋아하는 것이야말로 잘하게 된다'라는 말과는 정반대이므로 제대로 될 리가 없을 텐데 이 점 양해해주시기를 미리 부탁드립니다.

상당히 오래전 이야기입니다만 메이지 5년(1872년)에 '마리아 루스호 사건'이 있었습니다. 마리아 루스호는 남미의 '소국(小國)' 뻬루의 상선으로, 노예를 운반하던 배였습니다. 그 배가 2백 몇십명의 중국인 노예를 싣고 항해하던 중 폭풍을 만나 요꼬하마에 대피했습니다. 그때 갇혀서 고통을 당하고 있던 중국인 노예 한 사람이 겨우겨우 탈출하여 폭풍 속 바다 위를 떠돌다 영국 배에 구조되었습니다. 거기서 먼저 영국 대

■『신일본문학』 1966년 12월(1967년 1월 최소한의 가필).

리공사로부터 통보와 충고를 받았는데 당시 메이지 유신이라는 변혁의 정점에 있던 일본정부가 무엇을 했는가 하면 여러가지로 협의를 한결과, 게다가 영국공사의 의견을 들은 결과이기도 합니다만, 노예매매는 '문명의 통의(通義)'(通은 보통의 통이고 義는 옳다는 의입니다. 다시 말하면 보편적인 도리라는 의미지요)에 어긋난다고 보고 배를 붙잡아 2백 몇십명의 중국인 노예를 전부 해방시켰습니다. 이 사건은 제정러시아가 재판관을 맡은 국제재판에 회부되어 이러한 일본의 조치가 정당하다는 판결을 받게 됩니다. 그 유명한 반동적 짜리즘의 러시아 황제도 세계가 주목하는 가운데 재판이 진행되었으니 그 같은 판정을 내렸겠지요. 하지만 그것만이라면 '강국' 영국의 공사에게 부탁함으로써 비로소 일본정부는 '문명의 통의'를 '소국'을 향해 휘두를 수 있었다는 식으로 해석할 수도 있고 또 사실 그런 면이 강했다고 생각합니다. 그러나 이 이야기에는 부록이 붙어 있는데, 이 '국제재판' 진행 중에 뻬루 측 변호인이 '일본 자체가 노예를 가지고 있으면서 다른 나라의 노예매매를 공격할 자격이 있는가'라고 물었다는 점입니다. 일본 측은 당황했습니다. 무슨 말인지조차 알지 못했습니다. 그러나 그 당시 변혁기 일본의 정치지도자들은 지금의 정치지도자들과는 달리 순진한 '무지의 자각'을 지니고 있었기에 모르는 것에 대해서는 솔직히 검토한다는 정신을 갖고 있었습니다. 그래서 열심히 검토했던 것입니다. 여러가지로 생각한 끝에 알게 된 것이 '맞아, 일본에는 전통적인 공창제도가 있어. 이것은 틀림없이 인신매매에 의해 성립된 제도'라는 점이었고 그래서 당시 사법대신이 창녀 해방령을 발포하기에 이르렀습니다. 물론 이 법률 하나로 그 제도가 없어진 것이 아님은 모두가 아는 대로입니다. 그것은 이후로도 일본정부와 일본사회의 문젯거리입니다. 그러나 당시에 취한 일본정부의 태도는 '문명의 통의', 즉 전세계 인류에게 합당한 도리 앞에서는 그래, 우리의 비(非)도리를 지적한 상대가 약소국일지라도 그 앞에 머리를 숙이고 자신을 바로 세우려 노력하려는 정신, 사회변혁기에 반드시 나타나는 정신을 한편으로 지니고 있었던 것입니다. 그후 일본은 중국을 제멋대로 마구 침략했지만, 그때 딱 한번 일본정부는 중국인 노예 2백 몇십명을 해방시켰던 것입니다. 이를 지금에 와서 돌이켜보면 정말 감개무량한 사건이 아닐 수 없습니다. '옛날을 오늘에 되살릴 수만 있다면'이라는 말은 생리적인 나이라든가 행복한 '상태'에 관해서는 얘기할 수 없지만 정신에 관해서는 옛날을 오늘로 되살리는 것이 가능하다고 나는 생각합니다. 실제로 오늘날 일본의 반동세력은 제국헌법 제정일을 다시 건국기념일로 하자고 하고 있지 않습니까? 저의 표현대로 한다면 이는 이데올로기(허위의식)로서의 '유신'의 '정신'을 오늘에 실현하고자 하는 것입니다. 이에 대해 우리는 '마리아 루스호 사건'에서도 볼 수 있었던 보편적인 도리에 따르는 정신을 오늘에 실현하고자 합니다. 이것이 실현 가능하게 되었을 때, 일본은 진정으로 세계의 미래를 짊어질 수 있을 것입니다.

그러나 이 같은 정신을 현실 속에 부활시키기 위해서는 맞서 싸워야만 하는 정신 경향이 지금도 있다고 생각됩니다. 현재의 이른바, 어디까지나 '이른바'가 붙는 것입니다만, 그 이른바 '현실주의'라는 경향입니다. 얼마 전 — 이라고 해도 벌써 몇달 전이라고 생각됩니다만 — 에 텔레비전을 보니까 마쯔무라 켄조오(松村謙三) 씨가 중국에서 돌아와서 코오사까 마사따까(高坂正堯) 씨라는 쏘우 콜드(so called) '현실주의'의 '챔피언'과 대담하는 것을 보았습니다. 그 대담에서 마쯔무라 씨가 일중 우호는 일본에 이익이 된다고 말했습니다. 이에 대해 코오사까 씨가 정면으로 반박했는데 그 논거가 상당히 기발했습니다. 중국은 일본을 존경하지 않는다, 존경하지 않는 자와 어울리는 것은 무의미하다는 것입니다. 저는 새삼 놀라지 않을 수 없었습니다. 상대가 존경하지 않는다고 해서 이익이 되는 것도 하지 말라는 주장은 현실주의라는 말의 어떠한 정의의 어디를 찾아봐도 나오지 않습니다. 우리의 일상생활 속에서도 저녀석은 리얼리스트라고 할 경우, 좋은 의미에서는 감정에 치우치지 않고 냉정하게 현실을 파악함을 뜻하고 나쁜 의미에서는 부끄러움이나 소문에 개의치 않고 이익이 되는 일을 한다는 뜻으로 씁니다. 상대방이 존경하지 않거든 어울리지 말라라는 것은 엄청난 '철부지'나 하는 소리가 아니겠습니까? 그렇게 생각할 때 '현실주의자'라는 통칭과 그 사상 내용 사이의 크나큰 간격에 새삼 놀라지 않을 수 없었습니다. 중국이 일본을 존경하고 있는지 아닌지에 관한 사실 인식의 측면에서도 잘못이 있다고 생각하지만, 지금 말한 바와 같은 의미에서 '간판'과 '실체' 간의 너무나도 큰 차이에 놀랐던 것입니다. 그렇게 볼 때 지금 언급되고 있는 이른바 '현실주의'라는 것은 하나의 이데올로기에 불과합니다. 물론 어떤 이름의 이데올로기 깃발을 내걸든 그것은 전적으로 그 사람의 자유지만, 그것을 내걸었다는 것이 그 사람들이 현실적인 사고방식을 가지고 있는지 여부와는 아무런 관계도 없다는 사실을 알지 않으면 안 됩니다. 저는 이 방송을 보고 몇년만에 우연히 만난 젊은 공무원 친구로부터 현재 논단에서 맹활약 중인 쏘우 콜드 현실주의자에게서 일종의 매력 같은 것을 느낀다는 말을 들었습니다. 그 이유를 잘 들어보니 "여러분들과 같은 이른바 진보적 문화인은 '비판'이나 '반대'만 하고 있다. '비판'이나 '반대'만으로는 건설적일 수 없는 것 아닌가"라는 식이었습니다. 물론 저는 적극 반론을 폈습니다만 실제로 과연 우리들은 '비판'이나 '반대'만을 해왔던 것일까요? 전후의 일본국 헌법을 '옹호'하고 이것과 이 정신을 지키려 노력해온 것은 도대체 누구일까요? 그들, 쏘우 콜드 현실주의자가 아니라는 점만은 너무도 분명하다고 생각합니다. 오히려 그들이야말로 줄기차게 '반공(反共)'을 위한 언사를 늘어놓고만 있었던 게 아닐까요? 그들이야말로 어떤 하나의 원리에 대한 '반대'만을 자신들의 주의로 삼고 있는 게 아닐까요?

결국 지금의 쏘우 콜드 현실주의자는 적극적인, 다시 말해서 창조적인 목표를 하나도 가지고 있지 못하며, 그들에게는 목적의식이 결여되어 있습니다. 따라서 그것은 미일 두 정부에 좋은 '지반'이 되고 있습니다. 그리고 목적이 없는데 어떻게 현실을 측정할 수가 있겠습니까? 그들은 현실을 측정하거나 파악하는 것이 아니며, 다만 그때그때의 현실에 추종하여 자기의 안주(安住)를 꾀하려고만 할 뿐이지 않습니까? 따라서 베트남전쟁에 대해서도──이 전쟁은 아무리 봐도 미국의 침략이 분명합니다만──그들 이른바 현실주의자들은 일어난 현재 상태를 추인하고 거기에 안주하려고 지혜를 짜고 있을 뿐입니다. 그들은 뭐라고 말했던가요? 북폭 초기에 '미국은 치밀하게 계산하여 행동하고 있다. 따라서 큰일은 일어나지 않는다. 안심하고 있으면 된다'라고 말했습니다. 과연 그랬을까요? 미국의 계산이 어떤 것이었는지, 얼마나 치밀한 것이었는지는 이제는 명백해졌습니다. 전세계에서 수집한 무수한 정보를 전자계산기에 넣어서 계산한 탓인지, 나이브한 한 인간이 살아 있는 사람이 지닌 눈으로 본다면 단번에 알아볼 수 있는 그런 현실의 모습을 그들은 끝내 보지 못하지 않았습니까? 우리들은 그들 쏘우 콜드 현실주의자들과 달리 인간의 기본적 인권과 제 민족의 자결권이라고 하는 무릇 인간에게 공통되고 보편적인 목표를 가지고 있습니다. 따라서 그 목표에 비추어서 현실을 측정할 수가 있습니다. 현실을 측정할 수 있기 때문에 어떤 때는 목표를 향한 좋은 수단이 현실 속에 없는 경우 그런 '현실의 제반 조건'에 진저리를 치기도 합니다. 싫어지기도 합니다. 그들과 같이 언제나 싱글벙글하고 있을 수만은 없는 경우도 있습니다. 다시 말해서 그들과 같은 안주가 아니라 거꾸로 격렬한 긴장 가운데 살아가지 않으면 안 됩니다. 그러나 그 경우 그 긴장을 견디고 있는 이상, 그러한 한에서 우리들은 냉정할 수가 있습니다. 그리고 긴장 없는 안주가 아니라 긴장을 견디는 냉정함이 우리들에게 있는 경우에는, 한번 더 요약하면 목표를 견지하고 현실을 측정하며 거기서 생겨나는 긴장을 견뎌내 평정을 지킬 경우, 그 경우에 우리들의 운동은 반드시 최후의 승리*를 얻을 것이라 저는 믿습니다. 만약 그렇지 않다면, 가령 생리적으로는 지금 그대로 있을지라도 인간세계는 몰락할 수밖에 없을 것이기 때문입니다.

---

* 이미 문맥에서 알 수 있듯이 보편적인 가치를 목표로 하는 '운동'에서의 '승리'란 권력관계에서의 승리와는 전혀 다르다. '적'을 타도하여 '권력'을 획득하는 것 자체가 운동의 승리는 아니다. '이 세상'의 권력관계에서는 설령 '패배'하더라도 운동이 목표하는 가치가 사회 속에 스며들어 육화(肉化)되어간다면 그야말로 운동의 승리인 것이다. 그 경우에는 권력까지도 이 가치체계가 구속하거나 지배하게 된다. 그렇다고 해서 '우리의 운동의 승리'가 우리 자신의 현세적 승리를 의미하는 것은 결코 아니다. 그것은 보편적 가치의, 앞에서 언급한 삼투와 사회적 구조화를 의미한다. 그리고 '우리들' 자신은 그것을 섬기려 하는 자들이다. 이 같은 운동의 '승리관'과 현세적 '승리관'의 결정적인 차이는 대단히 중요하다고 생각한다.

제 4 부

웅변과 계산

자유를 생각함(효과의 상쇄)

또는 일본 자본주의 분석

현대 일본의 대도시라면 어느 역이든 내려서는 순간 먼저 시야에 들어오는 것은 혼잡함, 간판 그리고 스피커를 울리는 선전 소리다. 사람들은 다른 사람을 밀어젖히지 않으면 자신의 물리적 존재 자체가 유지되지 않으므로 '충돌'하면서 경쟁하듯이 빠르게 걸으며 노도와 같이 흘러간다. 그 홍수 속에서는 어느 누구도 자유롭게 움직일 수가 없다. 도중에 멈추거나 되돌아가기란 불가능하다. 이처럼 사람의 물결에 완전히 제압당하고 있음에도, 그 속에서는 앞사람과 뒷사람 또는 왼쪽 사람과 오른쪽 사람 사이에 서로 치열한 경쟁을 벌이며 어깨를 부딪치는 일들이 반복되고 있다. 거기서 '개인'은 엄청난 기세로 벌이는 자기주장의 화신이 된다. 한편으로는 정지할 자유와 방향 선택의 자유를 잃은 채, 다른 한편으로는 같은 방향의 동일한 흐름 속에서 맹렬히 자기주장을

■『미스즈』1970년 2월.

하는 것이다. 흔히 말하는 '과당경쟁'이란 이 같은 내적 구조를 지닌 상황을 가리킬 것이다. 그렇다면 이 말도 반드시 적확한 표현이라고는 하기 어렵지 않을까 하고 나는 생각한다. 왜인가? 보통 신문이나 잡지에서 사용되고 있는 이 말의 용어법을 보면 '과당경쟁'이란 '자유로운 경쟁'이 과도하게 이루어지는 상태를 상정하고 쓰인 듯하기 때문이다. 그러나 오늘날 역 앞의 혼잡 속에서 나타나는 행동양식은 맹렬한 경쟁이기는 하지만 결코 자유 경쟁은 아니다. 자유는 다면체로 여러 구체적인 자유가 있으나 그 궁극적인 핵심을 찾아 그것이 없어질 경우 자유 일반이 없어지게 되는 기초적이고 구체적인 자유를 꼽는다면, 정지와 불참 그리고 방향선택의 자유를 들 수 있다. 따라서 역으로 말하면 어떻게 어디까지 걸을 것인지, 어떻게 어느 한도에서 참가할 것인지, 어느 방향을 어떤 방법으로 선택할 것인지 또는 선택하지 않을 것인지를 스스로의 생각과 의지와 책임하에 결정하는 것이 아니면 자유가 아니다. 빙글빙글 돌면서 한 무리가 되어 흐르는 사람의 물결 속에서 얼마나 격렬한 자기주장 경쟁이 일어나든지 간에 그것은 자유로운 경쟁이 아니라 오히려 그것이 상실된 곳에서 이루어지는 특수한 '자연상태' 바로 그것이다. 따라서 거기서는 '자연력'이 강한 자가 다른 사람을 압도한다. 노인이나 병자에 대한 배려도 예외적으로 행해질 따름이다. 인권 대신에 '에너지'의 긍정이 그곳의 '원리'가 된 듯하다. 인권을 확보해야 할 공공제도의 부재, '성급한' 고도성장 사회의 강제, 밑에서부터 자주적으로 자유로운 질서를 형성하는 능력의 전통적 결여 등등의 결함이 한 덩어리가 되어 노출되었다고 생각한다. 따라서 그 무대를 장식하는 모양새는 '새로운 것'일지라도 거기에 흐르면서 이를 지탱하는 제도, 행동양식, 정신구조 등은 결코 새롭지 않다. 첫째, '자연적 에너지의 방만한 긍정'('욕망

자연주의'!—1996년 지은이)이나 둘러싸인 울타리 안에서 되는 대로 해대
는 자기주장 등은 전통적 특징일 뿐 아무것도 아니다. 그리고 좁은 길
가에 늘어서서 사방팔방에서 눈을 찌르는 광고 간판의 무리 또한 자기
현시증 사회의 끔찍함을 말해주는 것이 아닐까? 그 간판의 크기와 화려
함에 비해 건물 쪽은 비참할 정도로 빈약하다. 인간생활의 기초적 부분
은 빈약한데 간판만 커진다. 그 같은 자기광고 경쟁의 결과로 똑같은 것
들이 줄지어 섬으로써 의도했던 효과의 대부분을 서로가 상쇄해버려서
시각적 소음, 공간적 협소함과 압박감을 배가시키는 것이 객관적 '효
과' 중 가장 큰 몫을 차지하게 되었다. 극도로 공허한 경쟁이다. 게다가
이 경쟁에 한번 끼어들면 내부로부터 제동을 거는 요소는 거의 없어 보인
다. 또 기초적 인간생활에 비용을 쓸 여유가 없는 자전거영업(페달 밟기
를 멈추면 그 순간 자전거가 넘어지므로 잠시도 쉴 수 없음을 뜻한다)이기 때문에 도
리어 광고를 확대하는 공허한 경쟁에 참가할 수밖에 없고 그 결과 모든
사람을 초조하게 만드는 '공해' 조성에 가담하는 이러한 구조는 앞에서
본 혼잡의 내면적 구조와 똑같다. 하지만 이러한 행동양식의 특징은 길
거리에만 한정되는 것이 아니다. 주간지를 전형으로 하는 저널리즘 세
계는 물론이고 '정국'의 세계나 정당세계, 반대운동의 세계에서도 자유
가 결여되어 오히려 유행 안에서 자기현시 및 자기주장을 다투는 경향
이 관철되고 있는 듯하다. 그 경쟁은 효과를 상쇄하는 공허한 경쟁이므
로 공허감과 불안감이 미만하고 증폭되는 것을 피할 수 없다. 그러나 다
른 한편에서 보면 서로 경쟁하는 무리들로부터 고립되어 혼자 떨어져
나가지 못하고 도리어 거기에 참가하고 있다는 사실 그 자체에서 작은
안도감의 근거를 찾게 되기가 쉽다. 따라서 악순환이 눈덩이처럼 앞서
말한 구조를 점점 더 증폭시킨다. 그야말로 광고사회의 '고도성장'이

있을 뿐이다.

이러한 사회적 행동구조는 아마도 기업세계에서의 격렬한 '점유율 경쟁' 및 극단적으로 높은 광고비 비율과 낮은 연구비 비율 등으로 표출되는 일본 자본주의의 구조가 사회 각 영역의 구석구석에까지 침투된 결과로 생각된다. 시장 '프런티어'는 사라지고 정말 '조그만 빈터'를 둘러싼 쟁탈전에도 눈이 시뻘개질 정도로 '시장재분할 경쟁'이 격화되고 있다. 인류에게는 아무런 이익도 없는 '일정 총량의 금전을 둘러싼 쟁탈전'으로 귀착되는 현대 세계경제의 특징을 두고 조운 로빈슨은 '신중상주의'라 명했다. 그러나 자유의 전통과 그에 근거한 정치가 존재하는 사회에서는 그 같은 자기현시 증상이 다소 발견되며, 그 증상이 사회 전체를 제 마음대로 휘젓도록 놓아두지는 않는다. 하지만 일본은 그것을 억제할 자유의 전통과 정치가 **전통적으로** 결여되어 있기 때문에 거꾸로 '신중상주의'의 최첨단을 내달리고 있다(이른바 거품이다―1996년 지은이). 이것이 고도성장의 정신적 내용이라고 나는 생각한다.

이렇게 볼 때 우리는 한 사람 한 사람의 개인으로서 이 같은 사회에서 그에 대해 무엇을 할 수 있을까, 또 무엇을 해야 하는가? 하나는 비판이고 또 하나는 가능한 한 자기제어를 하는 것이다. 다시 말해서 앞에서 든 상징적인 예와 관련시켜 말하면, 가능할 때에는 될 수 있는 대로 천천히 걷고 가능한 한 '경쟁'에 끼어들지 않는 기회를 조금이라도 늘리며 가능한 한 부조리한 자기광고를 적게 하는 등, 요컨대 자신의 페이스를 발견하고 선택하여 그것을 유지해야 한다. 즉 자유로운 걸음걸이로 일본 자본주의의 구조와 거기서 유출되는 광고사회적 정신구조를, 그것이 노정하는 각 국면에 관해 비판하는 것이 아닐까 생각된다.

흉내내기에 대하여

1935년 코민테른대회에 참가한 각국 공산당의 수는 당시 국제연맹 가맹국 수보다 약 30개국 정도나 많았다. 1969년 세계 당회의에 참가한 각국 공산당 수는 국제연합 가맹국 수보다 40개국이나 적었다. 다시 말하면 1935년에는 코뮤니스트 인터내셔널 쪽이 국제연맹보다도 세계적인 국제조직으로서의 실질을 지니고 있었지만, 1969년에는 소련 지도하의 '코뮤니스트 인터내셔널'이 국제연합에 비해 세계조직으로서의 조직력 면에서 현저히 뒤떨어져버렸다. 생각해보면 1935년에는 '인민전선'이라든가 '통일전선' 등의 이름으로 알려진 알찬 내용의 정책들이, 국제적 파시즘의 위협에 직면하여 코뮤니스트 인터내셔널에 의해 제시되었다. 1969년에는 체코 침략의 합리화와 '세력권' 확보가 그 회의석상에서 획책되었다. 1935년에는 제국주의 지배하에서 신음하던

■『미스즈』1970년 4월.

'남쪽' 지역을 포함하여 세계 다수의 지성이 코민테른에 기대를 걸고 있었다. 1969년에는 많은 '개발 도상국'의 지성이 이에 대한 참여를 거부했다. 이러한 대비가 어떠한 경과와 요인들에 의해 초래되었는가를 여기서 밝혀낼 수는 없다. 하지만 이와 비슷한 대비가 '미국 민주주의'에도 존재함은 의심의 여지가 없는 사실이다. 1935년에는 나치에 쫓기던 많은 지식인들이 '미국 민주주의'의 자유 속으로 포용되었다. 그들은 전시 또는 전후의 미국에서 학문의 발명자가 되고 추진자가 되었다. 또한 그해에 미국은 대공황으로 생겨난 '가난한 무리'를 구제하기 위하여 뉴딜정책을 실행하고 있었다. 하지만 1969년에는 베트남에서의 죄악 전쟁의 '여파'가 축적되어 세계 각국으로부터 '미국 민주주의'는 가짜라고 인식되기에 이르렀다.

일본의 경우에는 '이즘'의 초월성에 대한 자각이 전통적으로 약하고 또 '이즘'은 언제나 '바깥'으로부터라는 전통이 있기 때문에 '바깥'에서 주요한 대(大) '이즘'이 그 가치를 잃게 되면 즉시 해당 '이즘'의 투매(投賣)와 정리가 이루어진다. '이즘'의 본고장에서의 지적 생산력의 극심한 저하와 이에 따라 생겨나는 갖가지 즉석 '이즘'의 다발(多發), 더 나아가 그것들에 대한 반감으로 인하여 추상적인 모든 규제원리를 일제히 정리해버리려 드는 스트립쇼의 유행 따위가 이를 웅변해준다. 정신적인 나체화(化)는 말할 것도 없이 그러한 결과물 중의 하나다. 또 하나의 결과는 '바깥'에서 빌려온 옷으로 감싼 '바깥'에 대한 동경의 소멸과 더불어 나체가 된 '자기 자신'에 대한 동경이 생겨났다는 점이다. 정확히 말하면 어쩌면, 나의 나체미는 어떻게 이다지도 대단한가 하고 생각하는 자아의 미적 확대에 대한 동경이기 때문에 그것은 자기 자신에 대한 동경이라기보다는 오히려 가냘픈 자신이 추구하는 자기도취에의 동경에 불과하다. 불만스러운 자신을 직시할 수 없기 때문에 자기도취에 대한 동경이 생기는 것이다. 그래서 그 낭만주의적인 동경은 때때로 히스테리를 수반한다. 일본의 **문화적** '민족주의'는 지금까지 대개 이 같은 형태로 생겨났다.

그러나 너무도 당연한 일이지만 가치의 폭락을 초래하는 것은 규제원리 일반이 아니다. 특정한 한둘의 '이즘'에 불과하다. 더욱이 공산주의나 민주주의 그 자체도 아니다. 하나의 특정 사회에서 그것들이 구체화된 것에 지나지 않는다. '가치'와 '사용가치'는 그렇게 혼동하기 쉬운 것이 아니다. 다른 구체적인 형태를 생각해보면 쉽게 알 수 있다. 그런 점에서 위기는 언제나 어떤 의미에서는 좋은 기회다. 그리고 하나의 형식을 형성하는 데는 언제나 연습과 준비와 작업 그리고 비교·참조가 반드시 필요하다. 의심스럽다면 목수에게 물어보라. 연습이나 준비도 하지 않고 작업도 아니하고 비교·참고도 해본 적이 없는 목수가 집을 지을 수 있는지를. 집을 짓는 일은 많은 기능을 일정한 공간에 통합시키는 일이라 목수의 경험은 많은 참고가 될 것이다. 무(無)로부터의 창조가 신의 독점물이라면 사람이 하는 창조는 '흉내를 내는' 데서 출발할 수밖에 없다. 그래서 일찍이 나루시마 류우호꾸(成島柳北)는 "유학(儒學)은 진부하여 쓸 수가 없고, 불교는 거짓말 같아서 취하기 어렵고, 이학(理學)은 학자들의 일에만, 시문(時文)은 한량들의 장난거리로만, 양교(洋敎)는 외국의 교법(敎法)일 뿐이라 하여 이것저것 다 거부하고 함부로 공허한 큰소리만 늘어놓고 차근차근 열심히 일하기는 싫어하며 오로지 바라는 것은 첩 아니면 술과 기생, 또는 재물뿐"인 그런 '건달배'에 대하여 '흉내내기'를 권하며 이렇게 일갈했다. "가령 천지개벽 이래를 보라. 또 전지구상을 둘러보라. 사물치고 모조품 아닌 것 없고 사람치고 흉내 안 내는 자 없다." 인간의 창조는 거기서 시작된다.

정신적 나체로 돌변했다고 해서 거기서 뭔가를 만들어내는 일이 가능해지는 것은 **결코** 아니다. 내면화된 규제원리에 의해 스스로를 형성하지 않으면 질서는 반드시 외적 강제에 의해 그야말로 바깥에서부터 짓눌리게 된다.

웅변과 계산

1

　나는 글쓰기를 별로 좋아하는 편이 아니다. 특히 출판물에 쓰기를 아주 싫어한다. 얼핏 보기에도 인쇄물 과잉이 분명한 이 시대에 뭣 때문에 굳이 과잉에 '과잉'을 덧붙일 필요가 있겠는가? 어딘가에서 누군가가 세계 각국의 종이 소비량을 비교하여 일본이 몇번째인지를 지적하고 이를 통해 일본 출판문화의 성대함을 과시하려 드는 이야기를 듣고는 '저런 저런' 하는 소리가 저절로 난 적이 있을 정도다. 내게는 종이 소비량의 방대함이 곧 폐수, 공해 따위를 연상시키기 때문에 인쇄물이 많다는 것 또한 좁은 도로에 범람하는 **흉기로서의 자동차**와 마찬가지로 필요한 정도를 넘어선 낭비가 우리들의 생존에 얼마나 유해한가를 생각하

■『마이니찌신문(毎日新聞)』1973년 1월 8~10일.

게 한다. 출판문화의 문제 이전에 생활 문제가 '그 밑바닥에' 깔려 있는 것이다.

그렇다면 그리도 싫어하는 글을 무엇 때문에 이제 와서 쓰려 하는가? 그 대답은 너무나도 간단명료하여 오히려 빈약하다. 말하자면 그것으로 생활에 보탬이 되고자 하는 꿍꿍이속인 것이다. 참으로 바보스럽기 그지없다. 하지만 좀더 그럴듯한 이유가 없는 것도 아니다. 나의 편견에 의하면 오늘날 일본 학예의 정신적 수준은 더이상 낮아질 수 없을 데까지 낮아져서 재미없기가 메이지 이래 최고 수준을 기록하지 않을까 싶을 정도다. 비평의 쇠약은 특히 심각하다. 신문은 정보 제공이라는 면에서는 나아졌다고 하지만, 훌륭한 '비평가'가 썼다는 '논단 시평'조차도 거의 읽을 필요를 못 느낀다. 또 그 도마 위에 오르는 종합잡지도 신문의 '상세한 해설' 같은 느낌일 뿐 전혀 흥미를 돋우지 못한다. 다시 말해서 신문에서 잡지에 이르기까지 '평준화'가 이루어진 것이다. '평준화'라 하더라도 그 각각이 특정을 가지고 일정한 **정신적 수준**을 유지하는 '평준화'라면 괜찮은데 지금은 아무리 봐도 그 반대인 것 같다. 오래전 토머스 홉스(Thomas Hobbes)가 "혼란을 일으키는 데 필요한 단 한가지 능력은 지혜를 결여한 웅변"이라고 말한 적이 있는데, 이 표현이 최근에는 정말 맞는 말이라 생각하게 되는 경우가 잦다. 잡지의 경우도 '혼란' 쪽은 어떨지 모르나 '지혜를 결여한 웅변'이라는 점에서는 상당한 수준까지 다다른 게 아닐까? 어떻게 이 지경이 되어버렸는가를 생각해보면, 선거 결과가 전체적으로 예상보다 다소 좋았다고 하더라도 속으로야 통쾌해하며 '어때' 하고 으스대고 혼자 조용히 축배를 들든지 말든지 상관없으나 그렇게 내놓고 기뻐할 일은 아니라는 생각을 지울 수 없다. 활발한 비평정신이 넘치지 않는 곳에서는 의회주의도 그 어떤 종류의 민주주의도 자라날 수 없고 자라난 예도 없다. 비평정신의 상실은 그저 폭력과 결합하든지 아니면 추종적인 태도를 취하든지 둘 중 하나로 귀결된다. 정말 어떻게 이 지경이 되어버렸는지, 일본의 '고도성장'이 정말 무섭다. 이 점과 관련한 심도있는 설명이 요구되는 시점이다.

그러나 이러한 상황하에서는 어떻게 하는 것이 좋은지에 관해 대단한 것은 아니지만 내게도 안이 하나 있다. 그래서 잘 쓰지도 못하는 글을 좋아하지도 않는 곳에 쓰게 되었다는 이야기다. 그 안이라 함은 모든 기초적인 일들을 인간에게 필요한지의 여부를 기준으로 삼아 하나하나 검토하는 평범한 사고작업을 해야 하지 않을까 하는 그런 정도의 것이다. 기초적인 일에는 물론 인간의 감각이나 그밖의 제반 능력도 포함된다. 어떤 일이든지 기초적인 것이 근본이므로 그것을 제쳐놓고 '근원을 묻는다'는 둥 어쩌구저쩌구하는 것은 '지혜를 결여한 웅변', 즉 '소동' 밖에 안 된다. 소음은 너무 많아서 탈인 상태다. 다만 지혜가 없기로는 나도 다른 사람에 뒤지지 않는 사람이므로, '기초적'이라고 한 말을 '초보적'이라는 말로 정정해서 한마디 해볼까 한다.

2

예를 들어 '안다'는 것은 도대체 무엇일까? 이렇게 말하면 마치 대단한 '철학 청년'처럼 들릴지도 모르지만, 실은 나는 '철학 청년' 따위 도통 믿을 게 못 된다고 생각하는 사람이기 때문에 그 단어를 듣는 순간 『걸리버 여행기』(*Gulliver's Travels*)에 나오는 '라퓨타 섬'의 그 '몽상가'를 떠올리고는 '플래퍼'(Flapper) 같은 '종'이 따라다니면서 가끔씩 귀를 잡아당겨서 깨우지 않으면 사물을 못 보는 이가 아닐까 생각할 정도

다. 다시 말하면 '철학 청년'이라는 녀석은 사물을 보지도 않고 제멋대로 '상념'에 빠져 있는 자, 즉 아무 생각도 없는 주제에 사물에 대해 생각하고 있다고 스스로 착각하고 있는 자를 가리키는 명칭이 아닐까 하는 것이 내 생각이다. 그러하니 '철학 청년'이 뭔가를 한다면 으레 어처구니없는 짓을 엉뚱한 방향으로 말도 안 되는 방법으로 해버리거나 멍청한 눈초리로 두리번거리기 마련일 것이다. 사물을 못 보니 지극히 당연한 일로, 한 예를 들어 '사물을 보다(物を見る)'와 '상념(物想い)'이 반드시 같은 것이 아님은 너무도 분명하지만, '알다(知る, 시루)'라는 말도 '표시(印し, 시루시)'라든가 '기록하다(記す, 시루스)' 같은 유사어 군(群)이 있다—얕은 지식으로 나는 그렇게 생각하고 있는데—는 점을 생각해보면 알 수 있듯이 '사물을 보다'에서 나왔음은 너무도 분명한 사실이 아닐까? 이 유사어 군의 의미 관련에 대해서는 혹시 더 자세히 알수 있게 되거든 따로 '서투른 자의 연습' 결과를 보고할 예정이지만 우선 지금 여기서는 '알다'가 '사물을 보다'와 연관이 있으며 그것은 때때로 '상념'과는 오히려 반대이기조차 하다는 점에 주목하기만 하면 된다.

그러나 '알다'에도 최소한 두가지가 있으며 양쪽 모두 필요한 것이기는 하지만 일정 조건하에서는 그 두가지 아는 방법 사이에 엄청난 차이가 생긴다고 본다. 누구였던가, 다른 나라의 문예비평가 중에 다음과 같이 말한 이가 있었다. "여관 안주인이 숙박객을 어떻게 대접해야 할지를 생각할 때 그 손님의 주머니 사정을 아는 것도 중요하지만 그보다 더 중요한 것은 그의 철학을 아는 것"이며 마찬가지로 "적과 싸우려는 장군 역시 적의 숫자를 아는 것도 분명 중요하지만 그보다 더 중요한 것은 적장의 철학을 아는 것"이라고. 즉 그에 따르면 알아둘 필요가 있는 사항에는 두 종류가 있는데, 지극히 평범한 장사를 하든 비상 전투를 치르든 일반적으로 다른 사람과 접하는 경우에는 상대방이 '올바름'에 대해 어떤 감각을 가지고 있는지, 사물에 대해 어떤 감지방식과 사고방식을 가진 자인지 등을 우선적으로 알아야 하는데, 주머니 사정을 추측하거나 적의 숫자를 계산하는 것만으로 대처방식을 결정하는 것과 비교해보면 지극히 우회적인 방식같이 보여도 사실은 가장 중요하고도 '실제적'인 기준이라는 것이다. 나도 이 점에 관한 한 그의 말이 옳지 않을까 생각한다. 이 경우 약간의 주의가 필요한데 이 인용문 중에서 그 문예비평가가 들고 있는 예가 하나는 '여관' 또는 '셋집'이고 또 하나는 '적'과 싸우는 '장군'으로, 양자의 공통점을 명백히 의식한 다음 슬그머니 이를 열거하고 있다는 사실이다. 아무튼 나는 그렇게 읽었는데 나의 이러한 읽기가 잘못된 것이 아니라면 양자의 예에서 공통되는 특징은 어느 쪽이나 자신과 이해관계가 상반되는 '모르는 상대방'을 상대하고 있다는 점이다. 다소 역설적인 표현이 되어서 미안하지만, '모르는 상대방'과 대면하는 것이기 때문에 더욱더 상대방의 '철학'을 '아는' 것이 중요하다고 생각한다. 그렇게 하지 않으면 상대방이 보이지 않을 것이다. 나도 '타자에 대한 이해'라는 말을 일반원리론인 양 자주 거론하곤 했는데 '대면'하고 있지 않다면 애시당초 그런 것이 나올 리가 없다. 게다가 일반원리라는 형태로 지적하는 것은 비교적 쉽지만 표면으로 나타나지 않는 형태로 표현된 문장 속에서 그 구체적인 모습을 찾아내는 것은, 그렇게 어려운 일은 아니라 하더라도 어느정도는 훈련된 눈과 사물에 입각한 읽기의 상상력을 필요로 하는 것이 아닐까. 더군다나 정말 '적'과 대치하여 '방해정보'나 그것에 대해 반사적으로 생겨나는 '음모설적 사고방식' 기타 내외 양면에 걸친 정신적 장애물을 자력으로 떨쳐버리고 상대방의 '철학'을 손바닥 들여다보듯 알아내기 위해서는 얼마나 많은 단련과 쓰라린 경험과 '높은 정신적 수양'을 필요로 할 것이지, 간단히 상상할 수 있는 일이 아니다. 팜반동[1]이 "우리는 폭탄 아래 있는 것이 아니라 폭탄에 맞서고 있는 것이다, 이것은 철학이다"라고 말할 때, 폭탄 아래에서 도망 다니던 경험밖에 없는 우리로서는 도저히 '알겠다'고 잘난 척할 수 없는 '뭔가'가 거기에는 있다. 그것은 '올바름'에 대한 감각을 중심에 가진 상당히 큰 세계임에 틀림없다. 그러나 우리들 가운데 뭐든지 알고 있는 듯한 얼굴을 한, 학력사회 특유의 '아는 척'이 존재하는 한 인간의 운명을 좌우할지도 모르는 존재의 그 구체적인 모습을 알기란 불가능할 것이다. '모른다'는 자각이 없는 곳에서는 애시당초 '알려고' 하는 의욕이 생기지 않기 때문이다. 이는 '이웃 나라'에 대한 우리들의 무지에 있어서도 마찬가지다.

이상 여러 갈래로 생각해본 결과를 다시 한번 살펴보면 '안다'는 것에는 틀림없이 두가지 유형이 있으며 그중 하나인 '계산'만 해보고도 알 수 있는 것은 '주머니 사정'과 '머릿수'일 뿐 인간은 결코 앎의 대상이 아니다. 계산 결과 보이는 것은 숫자뿐이다. 이해관계가 반드시 상반되지는 않는 자들이 모인 경우라면 그것만으로도 대부분이 충족되겠지만 '얼굴도 서로 모르는 상대방'과 대면하는 경우에는 계산만으로는 아무것도 할 수 없다. 상대방의 감수성이나 사고방식을 정확하게 파악하지 않으면 안 된다. 그렇지 않으면 가장 중요한 점을 비워놓게 되기가 쉽기 때문이다. 일본사회가 왜 이렇게 계산만 하는 '계산사회'가 되었는가 하면, 그 이유 중의 하나는 일본사회가 '모르는 사람'과 마주하는 사회가

---

1) Pham Văn Đông(1906~2000): 베트남의 정치가. 반일·반프랑스 독립운동가이자 공산주의 사상가다.

아니라 비슷한 사람들끼리 모여서 처음부터 서로 '알고 지내자' 하는 사회, 말하자면 '자명성(自明性)의 영역'을 가능한 한 확대하려는 경향이 늘 내부에서 작동하고 있는 사회이며, 따라서 '세는' 것만으로도 대개가 처리되기 때문에 현대 자본주의의 기계 도입과 더불어 '계산'만이 이상적으로 능률을 향상시키는 결과가 되었다는 점에 있는 게 아닐까. 계산주의만으로 한정되어버리면 '무엇이 꼭 알아야 할 중요한 것인지'를 구별하는 비중감각을 잃기 쉽다. 이익 수량의 '성장'이 가치있는 것으로 간주되어 '올바름'이라든가 '진정한 것' 같은 중심 가치가 구석으로 몰려버리기 때문이다. 이는 정신적 세계의 부패다.

3

첫머리에서 나는 자유롭고 활발한 비평정신이 쇠퇴한 사회에서는 그 어떤 종류의 민주주의도 성장할 수 없다고 말했고 또 비중감각이 사물을 볼 때 필요 불가결하다고도 말했으며 더 나아가서 '모르는' 것을 알려고 하는 정신적 시각이 필요하다고도 말했는데, 실은 최근에 와서 나는 어떤 사회가 얼마만큼 자발적인 정신적 작용을 지니고 있는지를 보여주는 하나의 중요한 기준(즉 정신적 수준에 있어서 어떤 사회의 자유로운 민주성의 정도를 보여주는 하나의 눈금)은 그 사회와는 다른 어떤 곳에서 인류 전체의 운명을 결정하는 사건이 일어났을 경우 그 사건의 구조를 내부에서, 살아 있는 모습으로 정확하게 파악해 기록하는 사람이 그 사회에서 얼마나 배출되는가 하는 점이 아닐까 생각하게 되었다.

이제 20세기에만 국한해 살펴보면 러시아혁명을 그 살아 있는 모습 그대로 전세계 사람들에게 '눈으로 보'듯이 '알려준' 것은 존 리드(John

Reed)와 같은 사람들이었다. 아무도 모르고 있던 중국혁명을 그 진정한 모습을 있는 그대로 생생하게 묘사하여 '보여준' 이는 에드거 스노우(Edgar P. Snow) 등이었다. 유감스럽게도 일본에서는 그런 사람이 나타나지 않았다. 2차대전 이전의 일본의 지배체제하에서는 나타날 여지가 없었던 것이다. 일본의 가장 빼어난 사람들은 그러한 지배체제와 싸우는 데 온 정신을 쏟았고, 세계 속에서 일본의 자본주의가 지닌 특성을 밝히는 데 몰두했기 때문이다.

그렇다면 그러한 지배체제가 분쇄된 2차대전 이후에는 어떤가? 한국전쟁에 관해, 꾸바혁명에 관해 리드나 스노우 같은 사람이 나왔던가? 유감스럽게도 없었다. 베트남혁명, 베트남전쟁에 관해서는 어떤가? 한두 사람이 있었다. 그러나 존재의 내적 구조를 '알린'다는 점에서는 애석하게도 프랑스나 그밖의 사회의 몇몇 사람들에게 크게 미치지 못했다고 생각한다. 나는 2차대전 이전에 일본의 지배체제와 맞서 싸웠던 사람들을 거의 무조건적으로 존경하며 전후에 베트남의 상황을 보고해준 사람들에게도 물론 경의의 뜻을 지니고 있지만 일본사회 자체는 그 정신적 국면에서의 자유로운 민주성이라는 측면에서 아직 상당히 미숙해 보인다. 그 정신적 미숙성 위에 '신중상주의'의 '고도성장'이 가져다준 정신적 부패가 중첩되었던 것이다.

미숙한 채로 부패하면 그것은 참으로 기묘한 고목(枯木)이 된다. 현대 일본사회의 정신구조가 이 '미숙'과 '부패'의 기묘한 결합체라는 점을 왠지 가슴에 깊이 새겨두어야 할 것 같다. 왜냐하면 어느 누구도 이 땅에서 살고 있는 이상 그 구조로부터 선험적으로 자유로울 수는 없기 때문이다. 정신의 '부패'를 억제하고 '미숙'을 '성숙'으로 나아가게 하지 않으면 안 된다는 과제를 스스로 짊어지고 있는 것이다. 그것은 단순한 이

중성이 아니다. '억제하는' 힘과 '나아가게' 하는 힘은 서로 반대방향으로 작용하는 힘이다. 부패에 대해서는 전자를, 미숙에 대해서는 후자를 동시에, 그것도 '매일같이 아침부터 밤까지' 부단히 자신의 내부에서 작동하게 하지 않으면 안 된다. 그렇지 않고서는 '신중상주의'가 낳은 '계산주의'에 대항하여 시각적 감수성을 갖춘 '이성'과 '판단력'을 성숙시킬 수는 없다.

토모모리의 교훈——자발적 은퇴

소생은 심한 게으름뱅이다. 그래서이겠지만 『세까이』도 『중앙공론』도 『텐보오』도 『시오(潮)』도 거의 읽지 않는다. 일반적으로 종합잡지라 불리는 것들을 읽지 않은 지 벌써 몇년이나 지났는지를 정확히 말할 수는 없지만 아마도 7~8년은 되었을 것이다. '서평지'를 읽지 않게 된 것과 거의 궤를 같이하고 있다. 서평신문 쪽은 읽지 않게 된 이후로 모르는 사이에 두개나 휴간이 되어버렸다. 나중에 사람들에게서 들어 비로소 알았다.

이렇게 흥미를 잃어버린 상황을 정신현상학적으로 어떻게 볼 것인가 따위의 성가신 논의는 필요없을 것이다. 요컨대 리얼리티라는 것을 이들 신문, 잡지에서 느끼지 못하게 되었기 때문이다. 거기에는 물론 나의 '읽기능력'이 평균 이하라는 점도 작용했을 것이다. 하지만 그것 때문

■『월간백과(月刊百科)』 1975년 9월.

만이 아닐지도 모른다. 그런 생각에서 이미 몇년 전부터 이들 잡지 관계자를 만날 때마다 '종합잡지는 두꺼워지기만 할 뿐 내용은 신문 사설을 좀 고치거나 확대한 것에 불과해 보이던데 어떻게 생각하십니까? 신문 정도는 나도 읽을 수 있으니까 해설까지 안 해주셔도 괜찮거든요. 나도 신문기사를 그대로 믿을 정도는 아니니까 뭔가 다른 문화적 각도에서 계발해주시든가 할 수는 없을까요?' 같은 뜻의 말을 건네서 재미는 없지만 나의 읽기능력이 평균 이하이기 때문만인지 아닌지를 시험해보고자 했다. 거기서 얻은 해답은 직업상의 '원모심려(遠謀深慮)' 때문인지, 대체로 부정적이지도 긍정적이지도 않았다.

거기까지 가면 '서평지'의 휴간이 매우 상징적이라는 생각이 든다. 휴간하게 된 구체적인 사정에 대해서는 아는 바가 없다. 읽지도 않고 있으니 말이다. 게다가 '희생자'까지 나왔다니 그 당사자에 대해서는 애도의 뜻을 표하고 싶다. 하지만 대국적 견지와 문맥 속에서 보면 '버틸 수 없게 되'었기 때문에 휴간이 되었을 것이고 지금까지 전후 20년 이상이나 계속되던 것이 비로소 '버틸 수 없게 되었다'는 데에는 일정한 의미가 있을 것이다. 즉 나같이 읽지 않게 된 사람들이 상당히 많아졌다는 이야기가 된다. 그리고 그 '비로소'라는 데 역사적인 의미가 있다는 이야기가 된다. 잔재주를 부려서 역사를 자신에게 유리하도록 조작한 것이 아니라 자신이 역사법칙의 적용을 받은 결과, 일단은 망한 것이다. 물론 당사자는 잔재주든 뭐든 쓸 수 있는 것은 다 써서 '어떻게든 해보려고' 노력했으리라는 점은 상상할 수 있다. 그러나 크게 볼 때 '서평 한 가지'만으로 이어나가는 것은 대단히 힘든 일임이 입증된 것이다. 그 힘든 일에 대한 자각이 모자라서 대충대충 적당히 일을 처리하는 경우는 흔히 있을 것이다. 바로 그 때문에 나 같은 사람도 읽지 않게 되었는지 모른다. 그러나 아무튼 여러 요인을 내포하면서 현재의 이 역사 속에서 그 역사가 만들어낸 문화적 상황이 관철됨으로써 일단은 '몰락'한 것이다. 역사적 의미란 승리자 가운데서도 나타나겠지만 패배자 쪽에서도 대단히 선명하게 나타나는 것이니만큼 이 점은 결코 간과할 수 없다. 게다가 지금의 문화사적 상황에서는 진정한 '승리자'란 없는 것인지도 모른다. 만약 그렇다고 한다면 '패배자' 쪽에서만 역사적 의미가 나타나는 셈이 되므로 더더욱 이 점은 그냥 지나칠 수가 없다. 문화상의 '승리자'란 비유적인 표현이다. 문화에는 '이기고 지는 것'이 없다. 리얼리티를 얼마나 잘 표현하고 있는가, 인간의 진실한 모습을 얼마만큼 정확하게 말하고 있는가 하는 점만이 문제인 것이다. 그렇다고 한다면, 점점 더 두꺼워지면서도 '버티고 있는' 종합잡지들은 다 실제로는 '허물벗은 껍데기'일지도 모른다. 계발력이나 상상력 또는 통찰력으로 '해나가'는 것이 아니라 다른 조건에 의존해서 지속하고 있을 뿐인지도 모른다. 신문사나 출판사의, 속물사회의 권위(상표)나 유통기구와의 유대관계, 기타 산업과의 유기적 상호의존 관계 등의 외적 조건에 힘입어서.

*

그렇다고 해서 전면부정할 생각은 없다. 『세까이』가 우리 진보진영의 '사설'로서 한국 문제에 있어서 일정한 의미를 지니고 있다는 사실을 부정할 생각은 눈곱만큼도 없다. 『중앙공론』에도 잡탕죽 같은 어수선함에도 불구하고, 점잔 빼는 인텔리들의 겉멋 든 역겨움을 온몸으로 고발하던 시기가 있었다는 사실 역시 부정할 생각은 없다. 『텐보오』가 그 지독하게 성실한 문화주의로 입장을 초월한 '진짜'를 한데 모으던 시기를 그 특성으로서 지니고 있었던 사실도 물론 인정한다.『시오』가 '섬세한 허영'을 지니지 않은 순박함으로 대중의 관심을 파악하기 위해 노력했던 점 또한 부정하지 않는다. 원래 소생은 점수가 후한 편이다. 좋게 말하면——요즘 유행하는 말로, 낯간지럽기는 하지만—— '마음이 고운' 것이다. 나쁘게 말하면 우유부단한 것이고. 따라서 지금 열거한 것과 같은 좋은 점은 얼마든지 들 수 있다.

하지만 점수가 후하고 유약한 이 소생이 이 잡지들을 손에 잡아볼 생각조차 않는 경우가 많을 정도니 도대체 어찌된 일일까. 손에 잡아보지도 않는 것이야 내 탓이지 그 누구 탓도 아니다. 책임은 모두 내게 있다. 따라서 이렇게 하는 게 좋다, 저렇게 하는 게 좋다고 생각하는 것도 모두 나 혼자의 공상일 뿐이다. 소생 같은 사람이 진지하게 '이렇게 해야 한다'라고 말해봐야 누가 거기에 따르겠는가. 하지만 소생이 보기에는 그것이 대단히 현실적인 공상이라는 점 또한 틀림없는 사실이다. 이러한 경우에 '유토피아'라는 형식의, 현상태에 대한 현실적 비평이 생겨나는 것은 아닐까? 이게 소생의 넉살 좋은 해석이다.

'양이 사람을 잡아먹고 있다'라는 유명한 문구를 섣불리 흉내내어 말하자면 인쇄물과 활자의 범람이 사람을 휩쓸고 있다고 말할 수 있는 구석이 없지 않다. 정보는 많을수록 좋다는 말은 인간의 소화력의 한도를 고려하지 않는 자들의 지나치게 낙관적인 환상이다. 인간의 소화력을 고려하지 않는다는 의미에서 그것은 인간을 소중히 여기지 않는 사고방식이라 할 수 있다. 과식이 소화불량을 일으키듯 제대로 소화시키지 못한 '해석'이 세상에 나돌고 제대로 음미되지 못한 '해석'이 사람들의 생각을 지배할 때 어떻게 될 것인지는 대체로 예상 가능하다. 그 같은 재생산표식은 적어도 경향으로서는 이미 나와 있는지도 모른다.

그렇다면 당장 어떻게 하는 것이 좋을까? 2~3개월이라도 휴간하면서 생각을 정리해서 다시 시작하는 것이 좋겠지만 그렇게는 안 될 것이다. 그렇다면 분량을 크게 줄이는 것이 좋다. 3분의 1 정도로 하면 어떨까. 정말 꼭 필요한 것은 의외로 적다는 사실을 알게 될 것이다. 솔직히 말하면 잡지에도 '정년'제를 실시하는 것이 좋지 않을까 하는 생각마저 든다. 은퇴라는 관습이 일정한 연령에 일률적으로 적용되는 것도 문제지만, 각자의 판단으로 '나는 이제 은퇴다'라는 식의 자발적 은퇴가 전혀 이뤄지지 않는 것 또한 대단히 곤란한 문제다. 일흔이 넘어서 자신의 역사를 바꿔 쓴다는 것, 그것은 말로나 가능한 일이지 인생 자체를 다시 한번 더 살 수 있는 건 아니다. 따라서 바꿔 쓰는 것이 아니라 은퇴를 하는 게 좋다. 그리고 아무래도 다시 쓰고 싶으면 일기나 노트처럼, 죽은 뒤에 공표되는 형식으로 쓰면 된다. 이렇게 생각해보면 은퇴라는 관습이 없어진 것은 좋은 점도 있지만 곤란한 점도 있는 것 같다. 고급 공무원이 정년퇴직을 하여 '연금'을 받으면서 또다시 반관반민(半官半民) 회사에 들어가서 고액 월급을 챙기고 두번씩이나 퇴직금을 받으려 하는 것은 천박의 도가 좀 지나치다. 그들 중에서 정말 그렇게까지 하지 않으면 밥을 먹을 수 없는 사람은 얼마 없을 것이다.

이렇게 볼 때 자발적으로 은퇴하거나 일시적으로 은퇴하는 것은 여러 수준, 여러 분야에서 필요한 일로 생각된다. 그렇다면 소생도 이 칼럼에 관해 그것을 실행해보자. 『헤이께 모노가따리(平家物語)』 속에서 평범한 존재인 타이라노 토모모리[1]는 일족의 몰락이나 사람들의 배신

---

1) 平知盛: 헤이안 말기의 무장(武將). 1180년 미나모또노 요리마사(源賴政)를 우지(宇治)에서 멸망시키고 1181년에는 미나모또노 유끼이에(源行家)를 미노(美濃)에서 격파했다. 단노우라(壇ノ浦) 전투(1185년 3월 24일 쬬오몬長門 단노우라에서 일어난 미나

따위를 꿰뚫어보면서 그것을 운명으로 받아들이고 스스로 그 운명이 관철될 때 도망치지 않았던 인물이다. 그는 마지막으로 말했다. 자, "봐야 할 만한 건 다 보았노라. 이제 남은 것은 자살뿐"이라고. 소생은 물론 자살 같은 건 하지 않는다. 그러나 이 칼럼에 관해서라면 일시적인 은퇴를 하는 게 좋지 않을까. 봐야 할 만한 것은 '다 보았다'라고까지는 말할 수 없지만 소생 나름으로 볼 것은 웬만큼 보았다는 생각이 없지 않기에.

모또와 타이라 간의 마지막 전투. 여기서 타이라 가문은 패망, 전멸함)에서 물에 빠져 자살했다.

경험이라는 책

이 시대가 정신사적으로 볼 때 궁핍의 시대에 속해 있음은 틀림없는 사실인 듯하다. 생기를 잃은 폐물들이 여기저기 뒹굴고 있다. 어떤 타입의 물건이든 다 있다. 물건은 많다. 각양각색의 구색을 다 갖추고 있다고 봐도 무방하다. 그러나 이거다 할 만한 것이 없다. 여러 분야에 빛을 발하는 듯한 계시적(啓示的)인 작업의 소산이 좀처럼 보이지 않는다. 그런 의미에서 질적인 빈곤이 현대의 정신사적 현실을 지배하고 있다.

그러나 그런 소리를 아무리 해봐야 아무런 도움도 안 된다. 도움이 된다면야 나 같은 사람이라도 그 정신사적 빈곤구조에 대해 좀더 깊은 해석을 시도할 것이고, '이거다라고 할 만한 것'이 그렇게 느껴지게 되는 경우의 제반관계를 하나하나 해명해보려고도 할 것이다. 하지만 그런 비판적인 메스가 생산적인 방침을 낳는 일에 보탬이 될 가능성은 거의

■『에디터』(EDITOR) 1967년 9월.

없다. 그 정도로 오늘날의 정신사적 빈곤의 도는 깊다고 생각한다.

그러면 과연 어떻게 하는 것이 좋을까? 생각이 끊임없이 자신의 상태를 딛고 넘어서는 일이라면 스스로를 개발하는 일을 조금씩 조금씩 축적해나가는 수밖에 다른 길이 없는 게 아닐까? 개발적인 일이라는 표현을 썼으나 그것이 특별히 최첨단을 달리는 일은 아니다. 스스로의 '감수성을 깊숙한 곳에서부터 개척해나가는' 것이라는 의미에서 그렇게 표현했을 뿐이다. 그리고 감수성의 개척이 그리 간단한 일은 아니다. 흔하디 흔한 것에 질렸음에도 불구하고 여전히 그 흔한 것들만의 세계에 칩거하는 것은 물론 지적 안온을 선호하기 때문일 것이다. 그것은 화이트헤드(A. N. Whitehead)가 말한 '지적 모험'과 정반대의 태도다. 지적 모험을 회피하기 때문에 희한한 복장이나 사치 따위로 모험 욕구가 집중되는 것이다. 인테리어 디자인 같은 용어가 널리 쓰이게 된 현상이 그같은 사정을 상징적으로 말해준다. 폭력에의 열중도 같다.

따라서 감수성의 개척을 하나의 기초적 요소로 포함하는 지적 모험은 일단 다음과 같이 정의할 수 있을지도 모른다. '흔해빠진 것이든 아니든 간에 흔해빠진 것이 아닌 듯이 그것을 분명히 하는 것. 또 흔해빠진 것이 아닌 양 받아들이는 것'. 그렇게 함으로써 '우주에 뭔가를 추가하는 것'. 모험에 관한 정상적인 감각이란 그런 것이 아닐까? 하지만 그러한 태도는 책을 읽는다고 해서 얻을 수 있는 게 아니다. 감수성은 경험의 밑바탕에 속하는 것이기 때문이다. 그 같은 경험이란 생활 속에서 나타나는 침전물이다. 책을 읽어도 그것이 경험으로서의 침전물에 덧붙여지지 않는다면 감수성의 평면에서는 읽은 축에도 들지 않을 것이다. 경험이라는 침전물로 통하는 통로는 다원적이다. 여러개의 입구로 표현 형태를 달리하는 갖가지 것들이 들어와서 서로 섞이기 때문에 침전물인 것이다. 경험이 갖는 본래적인 변증법이 바로 거기에 있다고 말해야 하지 않을까?

*

예를 들어 영화 「독립기념일」(Quatorze Juillet)을 본다고 하자. 얼핏 보더라도 빠리 빈민촌의 하층민사회가 지닌 생활리듬이 구김살 없는 유머와 페이소스를 통해 묘사되고 있음을 알게 될 것이다. 그런 점에서 「무도회의 수첩」(Un Carnet de Bal) 같은 영화들과는 착안점이 전혀 다르다고 할 수 있다. 이를 통해서 우리는 우리가 어디에 주목하는가에 따라 세계의 모습이 어떻게 달라지는가를 똑똑히 알게 된다. 중산계급이라 일컬어지는 돈 있는 자들의 그 따분하고 쓰잘 데 없는 사회적 태도를 풍자하는 르네 끌레르(René Clair)의 야유는 이러한 포커스(focus)에 근거해 살아나는 것이리라. 그리고 그 풍자가 끈적끈적하지 않고 경쾌하고 발랄한 것도 하층민들 생활과의 선명한 대비가 토대를 이루고 있기 때문일 것이다. 태도와 생활, 따분한 속물성과 살아 있는 자연의 리듬 같은 선명한 포커스의 대비가 비평가들로부터 '시각(視角)상의 타이밍의 절묘함'이라고 호평받은 기술적 특징의 저변에 깔려 있다. 그렇기 때문에 재치있는 기술이 리드미컬한 정서적 경험을 표현해낼 수 있었으리라.

또 한가지 예를 들어보자. 존 콜트레인(John W. Coltrane)의 곡 중에 「아프리카」(Africa)라는 곡이 있다는 이야기를 듣고 최근에 이를 들어보았는데 거기에는 역시 원시적 감수성과 세련된 문명의 따로 떼어내기 어려운 결합이 있었다. 야성적인 단순함을 지닌 리듬은 고요함과 다

정함과 슬픔 그리고 그밖의 갖가지 인간적 정서와 서로 어우러져 있는 듯했다. 나팔(색소폰인가?)은 분명 육성의 울림을 암시했다. 기나긴 역사적 경험을, 또다시 그러나 일회적으로 경험해보려는 듯한 그런 가락으로, 그리고 그 '또 하나의 육성'이 읊조리는 단순한 구절은 반복을 통해 대단히 풍부한 뉘앙스를 표현해냈다. '단순한 가운데 지극히 복잡한' 그의 생활이 그렇게 의식됨으로써 충분한 표현을 획득한 것이라 생각되었다.

그러나 리로이 존스(LeRoi Jones)의 걸작 『블루스 피플』(*Blues People: Negro Music in White America*)을 읽어보면 나의 이 평면적인 해석이 얼마나 피상적인지를 너무나도 잘 알 수 있다. 역시 책은 무용지물은 아니다. 콜트레인의 곡을 어떻게 이해해야 할지에 관해서도 그 책을 읽는 것 이상의 좋은 방책은 없다. 하지만 그 책에서 얻은 점 한가지에 대해서는 여기서 굳이 약간의 왜곡을 무릅쓰면서도 말해두어야 할 듯싶다.

존스가 흑인이 도시로 이주한 이후의 블루스의 특징으로 지적한 '서정 없는 서정'은 「독립기념일」에서도 희미하게나마 엿볼 수 있었다. 그렇다고 한다면, 우리에게도 우리들 나름대로의 형태라는 것이 없을 리 없지 않을까.

소나무에게 들어라

현대문명에 대한 레퀴엠

1

1963년에 노리꾸라다께(乘鞍岳, 기후岐阜현 북부에서 나가노長野현 중부에 걸쳐 있는 해발 3026미터의 화산)에 오르는 자동차도로가 만들어졌다. 말할 것도 없이 '관광시설'로 '개발'된 것이다. 옛날에 '산'은 두려움으로 받들어지고 경의로써 존경받는 존재였다. 접근하기가 어렵고 그 속에서 일어나는 갖가지 사건들은 예측 불가능한, 그러면서도 수원지로서, 목재나 연료, 버섯의 보고로서 우리들의 생존을 보증해주는 고마운 곳. 묘지이며 타계(他界)인 동시에 사회(마을)의 보호자이며 발생의 원천이기도

■ 미발표 1982년경('소나무에게 들어라(松に聞け)'라는 이 표제는 불손하게도 마쯔오 바쇼오의 명언 "소나무에 관한 것은 소나무에게 배워라"(三册子)를 일개 비유로 보고 '확대이용'한 것이다. 그 불손함이야말로 벌받아 마땅한 문명비판일지도 모른다— 1996년 지은이).

한, 그 양의성(兩義性)을 지닌 불가사의는 우리들의 외경심을 불러일으키기에 충분했다.

그런데 그 '산'―그것도 보통 산이 아니라 '산' 중의 '산'인 '악(岳)'이 하나의 '시설'로 화한 것이다. 게다가 안전하고 '즐거운 유원지'의 연장물로 변질된 것이다. '산'의 역사는 이렇게 해서 끝이 났다. 그리고 '산의 전사(前史)'의 종언은 산을 경험의 대상으로 소유함으로써 형성된 우리 인간의 감각세계에 구조적 종언을 가져온다. 그것의 한 징후가 엄숙한 존재에 대한 감수성의 결핍이며, 더 정확히 말해서 엄함과 부드러움의 양면적 공존에 대한 감득(感得)능력의 완전한 소멸이다. 부드러움은 오직 부드럽기만 한 미온성(微溫性) 속에서만 찾을 수 있으며, 엄함은 오로지 기계적 질서에 기초한 강권적 명령 속에서만 발견할 수 있을 뿐, 이 같은 감수성의 단원화(單元化)가 지금, 사상 최초로 전반적인 규모로 발생하고 있다. 외계와 타자에 대한 수용기(受容器)가 근본적인 손상을 입은 것이다. 그것을 증명할 증거를 찾고 싶거든 먼저 자신을 되돌아보자. 스스로의 생활양식의 실태를 성찰하자. 그리하여 그 성찰행위의 연장선상에서 발생하는 세계에 대한 새로운 인식이야말로 감수성의 구조적 회복을 가져다줄 첫걸음이 될 것이다. 그 이유를 다음의 작은 예에서 찾아보기로 하자.

2

1963년의 노리꾸라다께 자동차도로 '개발'은 당연히 많은 생물을 희생시켰다. 그 희생물의 하나로 '하이마쯔(這松, 눈잣나무)'라 불리는 고산지대 고유의 소나무가 있었다. 바위산의 딱딱하고 척박한 땅에 뿌리

를 내려 바위 표면을 '기는(這ら)' 듯이 자라는 모습에서 '하이마쯔'라는 이름이 유래되었는데(그 나무의 이름을 '這松'이라고 쓴 최초의 기록은 겐분元文 원년 1736년 사까모또坂本天山의 『코마가다께 일람기(駒ヶ岳一覽之記)』에서였다), 그 살아가는 자세가 보여주는 것은 힘들고 가혹한 조건과 그 조건에 지배를 받으나 굴복하지 않고 끈질기게 성장해가는 모습이었다. 가는 가지는 부드럽고 촘촘히 얽혀서 사방으로 낮게 낮게 퍼져 있는데 그 전형적인 '관목'의 형질은 어디서 온 것일까. 관광객이야 알 리 없고 자신의 욕구충족밖에 생각하지 않는 자아주의자 또한 알 리 없겠지만, 주의를 거기에(타자의 생존조건에) 집중할 줄 아는이라면 경사면에 붙어서 기는 그 낮은 형태가 고산의 강한 풍압과 겨울철 두터운 적설의 무게라는 외적 조건에 대한 저항을 속으로 감춘 대응임을 쉽게 알 수 있을 것이다. 바람을 맞지 않는 곳에는 '선 것'도 있다는 점이 그 증거다. 가지의 부드러움은 풍압과 적설의 이중압력을 흡수해 삼키면서 '복종하면서도 거역하는' 삶의 방식을 보증한다. 하지만 그런 삶의 방식은 끊임없는 역경을 내장하고 있기 때문에, 순조로운 환경에서 제멋대로 자란 자와는 달리 비대해지지도 못하고 높이 우뚝 서지도 못한다. 줄기마저 가늘고 그러면서도 튼튼하다. 어떻게 그럴 수 있을까? 이를 정밀하게 조사하고 관찰한 사람이 있다. 수령(樹齡)과 줄기의 직경과 나이테의 폭을 재어본 것이다. 그러나 그 계측은 나무를 잘라서 측정한 것이 아니다. 자동차도로의 개발에 희생된 나무를 하나하나 모아서 그 비참한 시체를 해부한 것이다. 그것은 일종의 장례식이었다.

  시나노(信濃)교육회에 속한 나또리(名取陽), 마쯔다(松田行雄) 두 사람의 주의깊은 조사에 의하면 표고 2550미터 지점에서 희생된 95그루의 눈잣나무의 평균 수령은 놀랍게도 109년, 그리고 그 평균 직경은 7.98센티미터, 매년의 성장을 나타내는 나이테의 폭은 평균 0.37밀리미터였다. 1년에 1밀리미터의 1/3 남짓씩 109년 동안 성장을 계속했던 것이다. 표고 2650미터 지점에서도 98그루의 눈잣나무가 살해되었다. 그것의 평균 수령은 110년, 평균 직경 5.68센티미터, 1년 평균 나이테 폭은 0.26밀리미터였다. 표고 2750미터 지점에서 잘린 61그루의 눈잣나무는 평균 수령 77년, 평균 직경 5.62센티미터, 평균 나이테 폭 0.37밀리미터였다.

이 계측 결과가 말해주는 이 나무의 삶의 방식은 우리의 가슴을 찌르는 데가 있다. 적어도 나에게는 그렇다. 말할 수 없이 느린 걸음걸이, 그리고 무엇으로도 표현할 수 없는 끈질김, 백년도 넘는 세월 동안 결코 멈춘 적 없는 그 걸음에서 느껴지는 강력한 힘, 비유가 아니라 말 그대로 '풍설을 견디는' 쓰라린 고통을 딛고 살아온 그 엄숙한 정진, 그리고 그 유연한 참을성. 외면적으로 높게 우뚝 선 것이 아니기에 더더욱 그 '감추어진 차원'에서의 실질적 특징은 높은 기품으로 우리에게 다가온다.

3

말할 것도 없이 1963년 노리꾸라다께 개발은 고도성장의 소산이었다. 그것이 갖는 경제학적 함의로는 다음의 것들을 들 수 있다. '제3차 산업' 경계의 비약적인 확장, 그에 따라 새로이 급성장한 토목산업과 토목기계업, '행락 인구'와 '행락 거리'의 증대로 인한 소비활동의 급팽창, 그에 따른 GNP의 상승, 자동차 판매시장의 급속한 확대, 그리고 이들의 영향으로 촉발된 '산업연관표' 전체의 거대화 등이다. 이러한 것들은 너무도 쉽게 눈에 띈다. 그러나 사람들이 일제히 '편의'를 찾아서 그 비정상적인 팽창과정에 '참여'하는 것은 앞의 것들과 불가분의 관계에 있으면서도 간과하기 쉬운 측면이다. 한순간의 '향락'을 찾아서, 그것도 수고를 댓가로 치르지 않은 일면적인(즉 일의적인) 향락만을 찾아서 '노리꾸라다께'로 몰려든 무리에 비하면 그 곁을 스쳐지나가는 무리의 눈을 피해 누운 '눈잣나무'는 엄함과 부드러움, 인고와 솔직함, 느리디느린 속도와 오랫동안 이어진 세월 등 일련의 양의성을 속으로 간직한 전형이다.

이리하여 인간의 천박한 '머리 좋음'이 어떤 것이지 명백하게 밝혀졌다. 바위산의 경사면을 백년에 걸쳐 기어온 한 수목의 생활양식과의 대조 속에서 말이다. 그리고 그 대조 축이 된 눈잣나무의 실태를 인식의 수준까지 끌어올린 것은 인간의 자기중심적인 개발이 초래한 '파괴'라는 위기의 한복판에서 그 희생물을 빠짐없이 살펴보고 파악한 소수의 사람들의 정성어린 행위 바로 그것이었다. 위기는 인식의 기회이며 그 위기에서의 인식을 밑받침하는 정신적 동기는 희생자에 대한 사랑이다. 그리고 그런 인식행위만이 '한심스러운 인간'으로부터의 탈출과 회복—즉 소생과 재생을 가능케 하는 첫걸음임을 이처럼 여실히 보여주는 예는 많지 않다. 나 또한 남겨진 얼마 안 되는 세월 동안이나마 그 길을 걷는 사람들 중의 하나가 되기를 원한다. 이 막다른 위기의 시대에, 희생물에 대한 진혼가는 자신의 귀에 듣기 좋은 노래로서가 아니라 심혈을 기울인 '타자에 대한 인식'으로 나타나지 않으면 안 된다. 그 인식으로서의 레퀴엠만이 겨우 소생의 열쇠를 지니고 있다고 말할 수 있을 것이다.

그 자세

하나다 키요떼루 전집에 부쳐

예를 들자면 다음 글에서 드러나는 하나다 키요떼루의 자세를 나는 좋아한다. 그는 『영화적 사고』 속 한 대목에서 미국의 갱영화를 다루면서 "특별히 뛰어난 작품은 아니"지만 험프리 보가트(Humphrey Bogart)가 주연한 「집행자」(The Enforcer)에서 상징적인 장면 하나를 뽑아 인용했다.

한 사나이가 비틀비틀 벽돌담에 기대 쓰러진다. 쉰을 좀 넘긴 냉정한 느낌의 사내다. 흠씬 얻어맞아 헐떡이고 있다. 그를 때린 것은 리코였다.

리코 알았지? 두목이 전하래, 멘도사. 이 구역에서 꺼지라고. 두목은 구역 침범을 질색하니까. 알아들어?

멘도사 (리코의 얼굴을 올려다보며) 얻어맞기도 많이 했지만 너 같은

■『하나다 키요떼루 전집(花田淸輝全集)』 제1권 월보, 코단샤(講談社) 1979년.

놈은 처음이야. 이름이 뭐냐?

리코 뭐라고? 더 맞고 싶어?

멘도사 (두려워하지 않고) 너 같은 놈이라면 써먹을 데가 있지.

리코 나를 놀리는 거냐?

멘도사 좀 도와줘. 부자로 만들어줄 테니.

리코 미친놈!

멘도사 너를 만나서 다행이야. 꼭 너 같은 놈을 찾고 있었거든. 따라와.
커피 한잔 사지. 돈이 아직 남아 있을걸.

리코는 얼이 빠져 멘도사를 따른다.

이 장면을 인용하면서 "요컨대 갱의 유형이 폭력형에서 인텔리형으
로 변하고 있다"라고 설명하는데 이러한 설명은 내게는 아무래도 좋다.
그 '요컨대'에 들어가기 전에 "나는 얻어맞아서 헉헉 숨을 몰아쉬는 주
제에 냉정한 관찰안(觀察眼)을 잃지 않고 뻔뻔스레 상대의 폭력에 대한
비평을 하려 드는 멘도사의 기죽지 않고 당당한 태도가 흥미로웠다"라
는 하나다의 시선에 마음이 끌린다. 굉장한 영화든 아니든, 고급예술이
든 범속한 예능이든, 논문이든 잡문이든, 인간의 사회적 행동이든 일상
의 행동거지든, 어떤 분야 어떤 부류에 속하는 것이든 그리고 그것이 어
떤 세평을 받든지 간에 그 속에 이런 유의 느낌이 담긴 부분이나 장면,
표현이나 표정이 약간이라도 있었다면 그는 그것을 절대 놓치지 않았
을 것이다. 나는 그의 글을 그때그때 빠짐없이 찾아 읽는 독자도 아니
고, 그와는 다른 사람들에 섞여 전람회를 함께 보고 몇백미터 정도를 함
께 걸었던 걸 빼면 함께했던 일도 없으니 그 증거를 늘어놓을 수도 없고
그럴 생각도 없지만 틀림없이 그러리라고 나는—때때로 우연히 만나

는 그의 짤막한 글을 즐겨 읽는 나는──믿는다. 그리고 여기, 예를 들어 이러한 멘도사의 모습에 하나다 자신의 삶의 자세가 그림자처럼 투영되어 있는 것이라 생각한다.

그것을 하나다의 '비폭력주의'라는 식으로 공식화해서 받아들이고 '앵무새처럼 되풀이'하는 추종자가 있다면 나로서는 정말 실망이다. 물론 '비폭력주의'도 좋고 공식화해서 표현한다고 나쁠 것도 없지만 여기서 내가 느낀 하나다의 삶의 자세가 그렇게 환원되어버려서는 곤란하다. 모든 종류의 비굴함을 혐오하는 것. 어떤 일에서든 결단코 예속을 거부하는 것. 그리고 그에 더해, 그가 좋아하는 말로 하자면 '물렁물렁'할 것. 말하자면 저쪽에서도 보고 이쪽에서도 볼 수 있는 유연한 시각을 지닐 것. 얻어맞은 자신의 통각(痛覺)을 읽어 상대의 역량을 재고, 때려 쓰러뜨려놓고 의기양양 기분좋게 뽐내고 있는 놈을 향하여 판정자로서 혹은 정신적 통치자로서, 즉 하나다 식으로 말하자면 '종합'이라는 입장에서 이 세상 속의 하나의 계기로 그것을 자리매김하고자 하는 것. 내가 느낀 하나다의 자세란 이런 모두를 포함한 것이다. 나는 그런 자세를 좋아하고 벌거숭이로 그렇게 세상을 살다간 하나다를 존경한다. 근본이 되는 자세 없이 정식으로 산다는 것은 있을 수 없는 일일 테고 삶의 자세와 동떨어진 인간의 사상 따위는 있을 수 없다면 그는 누가 뭐래도 전후를 대표하는 사상가였다.

"대단한 영화는 아닌" 것 속 멘도사의 모습에서 하나다가 '비평'을 보았다는 것은 비평이 어떠해야 하는지에 대한 그의 생각을 말해주는지도 모른다. 혹은 진정한 비평이란 어떤 것이어야 하는지를, 그 장면에서 깨달아야 한다는 사실을 시사하는지도 모른다.

캐파(Robert Capa)가 노르망디 상륙작전 당시 폭풍우처럼 쏟아지던

총탄 속에서도 유머러스하게 보여주었던 비평안처럼 멘도사 역시 주먹 세례를 받아 몽롱해진 바로 그런 의식 속에서 그의 판정안이라든가 비평의식이 진짜임을 보여준 것이다. 비평정신이 있는지 없는지는 그러한 상황에 놓였을 때 가장 단적으로 드러난다. 그리고 그런 상황은 규모가 크고 작은 차이는 있을망정 일상생활 속 어디에서나 뒹굴어다니고 있는 것이다. 생활이 있는 곳에는 반드시 비평정신의 존재 여부를 시험하는 장면이 있게 마련이다. 그런 장면에서 발동하지 않는 비평정신은 비평이 아니라고 말해도 좋을 것이다.

그래서일까? 멘도사의 장면을 굳이 인용하는 하나다의 글을 보고 나는 문득 꽤나 뜬금없지만 2차대전 전야의 상황에서 포스터가 한 말을 떠올렸다. "설령 눌려 찌부러질지라도 온화하여라"라는. 언제나 철저히 친절하고 빈틈없는 이해심을 보여준 스펜더(John A. Spender)가 이미 주목했듯이 이 말 속의 '설령 눌려 찌부러질지라도'라는 한마디에 범상치 않은 정신적 태도가 드러난다. 필사적이라고 할까, 연약함을 결코 은폐하려 들지 않고 오히려 그것을 확고한 태도로 전면에 내세우면서 그 위에 온화함을 관철시키고자 하는 그 강인함은 헤아릴 길이 없을 듯하다.

'변장용 갑옷'처럼 무력한 의복을 몸에 둘렀으면서도 힘에 대해서는 결코 공감을 표하지 않았던 포스터의 무척이나 심지깊은 비평정신을 닮은 그 무엇—혹은 대극에 있어서 닮은꼴인 것—이, 양쪽 모두 진정한 비평정신이라는 점에 국한시킨다 할지라도, 하나다에게 없었다고 단언할 수는 없을 것이다. '설령 눌려 찌부러질지라도'라는 구절과 '설령 얻어맞아 쓰러질지라도'라는 구절이 닮아 있다는 사실만은 적어도 의심할 수가 없다.

물론 이 두 사람은 전혀 다르다. 포스터가 '약하디 약한 소리의 공명'을 의식적으로 중시하고 직접적 개인관계 속에서 작용하는 작은 힘들을 각별히 중시했던 데 반해, 하나다는 거칠고 강한 것을 의식적으로 중시하고 인간관계가 사회의 '전형(轉形)' 속에서 역동적으로 움직이는 것을 특히 중요하게 보았다. (괜스레 포스터를 떠올려 이런 어울리지도 않는 해설 따위를 떠벌려야만 하는 지경에 빠져버렸다.) 하지만 과하지 않은 욕설과 우스갯짓이 특기였던 하나다 씨가 실제로 친근한 인간관계에서는 어떠했는지를 알려면 타나까 히데미쯔(田中英光)가 죽었을 때 쓴 글을 보면 단박에 알 수 있다. 그 글에서 하나다는 타나까의 친구로서 소중한 친구를 타자이 오사무(太宰治)의 망령에게 도둑맞은 것 같아서 약올라죽겠다는 식으로 일종의 유머를 잃지 않고 써내려가지만 자살하기 전에 낌새를 눈치채 어떻게든 손을 썼어야 했다는 대목에 이르러서는 "타나까 히데미쯔여, 친구노릇 제대로 못한 나를 용서하게"라며 피를 토하듯 탄식했다. 유머에 끌려 웃으며 읽어 내려가던 내 눈에서도 갑자기 굵은 물방울 하나가 툭 하고 떨어졌던 것을 지금도 기억하고 있다. 그 물방울이 한 방울뿐이었고 결코 훌쩍인 것이 아니었던 만큼 그 갑작스러움에 헉 하고 숨을 죽였었다. 하나다의 그 탄식은 의례적 꾸밈이 전혀 없고 자기 본위의 쩨쩨함도 없는 더없이 진지한 것이었다. '연약함'도 '거칢'도 전혀 없었다. 솔직하다고 하기에는 미진한, 극도로 솔직한, 오직 진실만이 거기 있었다. 생각건대 이 필사적인 친근함 같은 것이 외곬인 부분도 상당히 내포하면서 그의 자세 속에 깃들여 있어서 그것이 아마도 그 강직함과 '물렁물렁함'을, 그 꼿꼿함과 지적 유머를, 그 독립불기(獨立不羈)와 자유로운 전개를 밀고 나아갔던 것일지도 모른다.

김산 서사시 서장에 대하여

그에 대한 하나의 해석

"여기, 중국과 조선 근대사를 형성한 거대한 비극의 백열 속에서 담금질되어 그 시련을 헤치고 등장한, 강철도구처럼 단련된 의지와 결의에 섬세한 감성과 의식까지 겸비한 한 사나이가 있다."

과거 2차대전 중에(현재가 아니라) 님 웨일스[1]는 김산[2]과 몇차례 면담을 해보고는 그에 대해 보다 상세하게 알아보겠다고 작심했는데 위

■『계간 재일문예민도(季刊在日文藝民濤)』 1988년 5월.

1) Nym Wales(1907~97): 미국의 중국통 저널리스트, 저술가. 본명은 헬렌 포스터 스노우(Helen Foster Snow)로, 1932년 기자인 에드거 스노우와 결혼해 중국 각지를 현지 답사하고 이를 바탕으로『안에서 본 적색 중국』(1938),『중국노동운동』(1945) 등을 썼다. 특히『아리랑』(1941)으로 일본의 식민지배와 독립운동을 널리 알렸다.

2) 金山(1905~38): 평안북도 용천 태생의 독립운동가. 본명은 장지락(張志樂)으로 김산은 그가 님 웨일즈와 인터뷰할 당시에 만든 가명이다. 3·1운동 후 독립운동을 위해 일본과 만주 등에서 활동하며 사회주의자가 되었다. 1937년 옌안의 항일군정대학에서 가르칠 당시 웨일스를 만나『아리랑』으로 출판될 자신의 생애를 구술하게 된다. 그해 10월 중국공산당에 의해 반혁명죄 및 간첩죄로 처형되었다.

의 글은 그때 쓴 명제적 문구다(Prelude, 서장). 이는 필자인 여사에게 있어서 심화된 동기가 표토를 뚫고 올라와 도약대가 될 탄탄한 지반까지 도달했음을 말해주는 역동적인 문구인 동시에 『아리랑(アリランの歌)』 전체의 주제를 집중적으로 요약하는 문구이기도 하다. 집중적 요약인 만큼 문장은 길고 그 문장 속에 포함된 부문장이 많으며 추상도가 높다. 그리고 추상도가 높은 만큼 비유도 많은데 그 비유는 주제에 알맞으며 적절히 구분하여 쓰인 강철(鋼鐵)과 주철(鑄鐵)에 관한 어휘로 가득 차 있다. 한마디로 말해서 대단히 강력한 탄력과 울림이 응집된 글이다.

이 문구를 일본어로 매끄럽게 옮기기란 매우 어려운 일이다. 아마도 우리 현대인에게는 통하기 어려운 한문 어휘를 많이 사용해야 할지도 모른다. 그것이 허용되지 않는 상황에서 일본어 번역을 하신 분의 노고가 얼마나 컸을지 짐작이 간다. 참고로 원문을 옮겨보면 다음과 같다.

Here was a man who had been hammered and shaped in the white heat of the great tragedies that have molded recent history in China and Korea and who had emerged from the ordeal, not only as a steel instrument of tempered will and determination, but as a sentient being of feeling and consciousness.

동사 hammer는 망치로 두들겨 펴는 것일 테고 shape는 그 두들겨 만든 결과로 단단해진 형태를 지니게 된다는 의미일 것이며 white heat는 두말할 것도 없이 현대풍의 스포츠적 열광이 아니라 천도를 넘는 고열이 가해진 금속이 발하는 빛과 열의 상태를 나타내며 mold는 주형으로 모양을 떠내는 것일 터이며 temper는 강철을 담금질한다는 의미일 테고

사전에 의하면 tempered steel은 '단강(鍛鋼)', 즉 주조된 강괴를 단련한 것이리라. 그렇다고 한다면 이 문장에서는 steel instrument가 tempered 바로 앞에 와 있는데 그 경우, 쓰는 사람이나 읽는 사람의 머릿속에서는 '단강'이 먼저 떠오를 것이고, 이 때문에 그렇게 담금질된 강철 같은 의지를 지닌 사람은 단련된 산출물로서 자연스레 instrument라는 말로 표현되며, 바로 그 표현 때문에 그다음에 오는 sentient라든가 feeling 또는 consciousness 같은 생생한 감성을 나타내는 말이 대조적으로 살아나는 것일 텐데…… 이러한 것들이 한 문장 속에서 자연스러운 형태로 어우러지게 표현한다는 건 현대 일본어로서는 보통 어려운 일이 아니다.

shape나 mold도 둘 다 '형태를 만들다'가 되어버리며 hammer와 temper도 둘 다 '담금질하다'가 되고 만다. 조금씩 의미의 각도를 달리하는 다른 말을 겹치게 해 장력이 넘치는 아치를 구성하고 있던 부분이 하나의 말로 환원되어버리면서 입체성이 없어져 '비극'의 성격이 평면적인 것으로 전락해버린다. 한편 feeling이나 consciousness는 번역문화의 전통 속에서 딱딱한 개념적 용어로 대치되는 현상이 일반화되어 그 결과 앞의 단강과정과의 대비가 야기하는 강함과 부드러움 간의 긴장이 시들해져 아치의 입체성을 다시금 상실하게 된다. 이처럼 힘찬 명제적 문구를 당대 풍의 일본어로 옮기는 데는 어려움이 필연적으로 따르기 마련이다. 예전의 모리 오오가이[3]가 보여준 번역능력이 필요한 듯하다.

---

3) 森鷗外(1862~1922): 의사, 소설가, 평론가, 번역가. 1881년 토오꾜오대학 의학부 졸업 후 독일에서 유학하며 의학 외에도 문학, 미학, 철학 등을 공부해 서구문학의 소양을 습득했고, 귀국 후 낭만주의 사조를 도입하는 등 일본문학의 근대화에 큰 공헌을 한다. 안데르센, 괴테의 작품 등을 번역했고, 소설로는 『무희』(1890), 『아베일족』(1913) 등이 있다.

그러나 이 책의 가치는 '서장' 속의 이 몇줄 안 되는 문구에 달린 것도 아니고, 우리들 대부분은 일본어로 번역된 것을 읽으므로, 위에서 구질구질하게 지적한 것들에 각별히 신경쓰다가는 김산의 행위와 정신에 집중하는 데 오히려 방해가 될 것이다. 웨일스 여사의 그 힘찬 몇줄의 글도 김산에 대한 집중을 촉구하기 위해 쓴 것임에 틀림없다. 일본어로 번역되었다고 그 뜻이 가려지는 것은 아니다. 나도 안도오 지로오(安藤次郎) 씨의 번역을 몇차례 되풀이해서 읽으면서 20세기 역사의 한 근본적 국면을 알게 되었고, 그 속에서 살아온 김산의 품성과 행위와 정신을 접하면서 숨막히는 감동의 고통 속에서 그저 말문이 막히는 경험을 얻었다. 그리고 그 경험은 지금도 또다른 사실에 근거하여 계속 재생되고 있다. 그 연속선상에서, 이번에 처음으로 이와나미쇼뗀(岩波書店)의 호의로 『아리랑』 제2판의 원본을 살펴본 것이다. 앞서의 서투른 해석은 이에 따른 것이다. 다만 그 쓸모없는 의견을 통해 말하고자 했던 것은 님 웨일스의 서장 문구에는 아마도 누구나 쉽게 느낄, 비할 데 없는 솔직함과 함께 '진실의 탐험가'(저자 스스로는 '순례'라고 말하지만 순례라기보다는 십자군 같은 전사를, 아니 그보다는 오히려 '탐험가'를 상기시킨다) 특유의 주시력이 넘치고 있다는 점이었다. 그 힘찬 활력은 그녀의 활달한 여걸 같은 자질의 표출일 뿐만 아니라, 김산이 서술하는 '거대한 비극'과 김산의 '그날'을 향한 자세와 우직의 극치에 이른 덕성의 높이와 깊이에 마음깊이 감동받고, 그 덕성의 결실로서 어렵게 체득한 극한적인 하나의 능력 — 말할 수 없이 가혹한 경험에 대해 '철학적 객관성을 견지하면서 굳건히 살아가는' 힘 — 에 감동받은 결과 표출된 표현상의 특징임에 분명하다. 이는 독자의 한 사람으로서 의심의 여지가 없다. 김산은 '거대한 비극의 백열' 속에서 단련되었는데 그의 존재와 이야기와 풍모와 자세에 님 웨일스의 마음이 감동하고 그 결과 'shape'되고 결의를 새롭게 다질 수 있었던 것이다. 서장의 문장이 아치같이 팽팽한 것은 당연하다. 그럼으로써 비로소, 이어서 전개되는 김산의 이야기, 사실로서 엄존하고 전대미문의 규모와 중층성을 갖춘 대산문 서사시의 입구로서, 즉 서장으로서 어울리게 되었다.

1972년에 출간된 제2판에서는 그 서장의 몇몇 부분이 대폭 삭제되었다. 2차대전 후 30년의 역사가 흘렀으니 그 같은 수정이 고려되는 것은 일반적일 것이다. 개별적으로는 어떠한가? 이 책의 순서에 따르지 않고 삭제된 부분의 일례를 들어보면,*

"따라서 이 책의 장점은 역사이면서 동시에 자서전"이며 "현대사의

---

* 여기서 제2판 서장의 삭제 부분을 검토할 때 대조한 제1판은 안도오 씨가 번역한 것이다. 제1판의 원서를 구하려고 호오세이대학 도서관 사서의 도움을 받아 일본 전국 주요 도서관의 서양서적을 거의 다 망라하는 방대한 종합목록을 끈질기게 뒤져보았지만 『아리랑』 제1판의 원서는 목록을 기준으로 하는 한 일본의 유명 도서관 어디에도 없었다. 제2판 원서는 단 한 군데뿐이기는 했지만 모 대학 도서관에(토오꾜오대학은 아니다), 님 웨일스의 중국 관련 서적은 극소수이기는 했지만 두세 대학 도서관에 소장되어 있었다. 이러한 사실을 확인하고 나는 끝없는 적막감에 휩싸였다. 그 무망함 속에서 쓸쓸히 안도오 씨에 대한 경의를 새삼 느꼈던 것이다. 번역에 관해서도 여러 면에서 그의 충실함을 신뢰하게 되었다.

(보주) 이 글을 다 쓴 후에도 『아리랑』 제1판의 원서──그 저자는 '김산과 님 웨일스'로 되어 있어야 했다. 어떻게 된 건가? 님 웨일스 여사여──를 일본 국내에서 찾는 작업을 호오세이대학 도서관의 미야끼(宮城) 여사가 계속해준 결과 아시아경제연구소 자료실에 한권이 있음을 알았다(이곳에 소장된 '원판'이라는 것도 빌려본 결과 1972년판이었음을 미즈노(水野) 씨가 지적해줘서 알았다. 제1판은 지금으로서는 고 안도오 씨만 알고 있을지도 모른다. 이 무슨 타락인가!──1996년). 학술상으로는 '빗나간 아시아연구소'라는 생각이 들기도 했지만, 그러나 국립국회도서관이 전국의 주요 도서관이 소장하고 있는 서양서를 망라하여 집계한 『신수양서 종합목록(新收洋書綜合目錄)』 37권 40책(1958년부터 1982년까지) 속에 한권도 들어 있지 않다는, 일본의 전국적 개황이 보여주는 경향은 하나의 예외의 출현에 의해 한층 더 명확하게 드러났다. 망연한 적막감은 여전히 그대로 남는다.

가장 극적인 사건의 생생한 증언인 동시에" 그 사건의 한복판에서 치열한 삶을 영위했던 "동양의 혁명지도자의 생각과 심리와 경험"을 전하고 있다는 점이라고 쓴 문단과 이어지는 두 문단이 삭제되어 있었다.

이 문단들은 이 책이 당시의 세계에 대해 극동의 실정을 아는데 기여할 것으로 생각되었던 점을 기술한 부분이다. 그 점에서 볼 때 여사의 지난날의 성실성이 어쩌면 30년 이상이 지나면서 미국사와 더불어 변질되고 소멸된 것인지 아니면 이제 와서 새삼스럽게 그것들을 일일이 거론할 필요가 없다고 스스로에게 명한 것인지 나로서는 알 수 없다. 확실한 것은 전술한 문단들이 1972년판에는 삭제되어 있다는 사실뿐이다. 인용을 생략한 뒤의 두 문단에 관해서는——그것은 동양의 현대사적 사실의 해명에 관한 것인데——독자로서 납득이 간다. 그러나 '역사이면서 자서전'이며 '가장 극적인 사건의 생생한 증언'인 동시에 그 주체인 김산의 정신과 경험을 전하는 것이 이 책이라고 밝힌 앞의 문단은 솔직히 말해서 남겨두었으면 싶었다. 그것은 님 웨일스의 명예를 위해서도 그렇다. 극적 사건의 역사는 동시에 그 주인공의 전기가 된다는 것은 호메로스(Homeros) 이래로 동서양의 동서남북을 막론하고 서사시의 기본적 특징이다. 그런 점에서 우선 이 문단은 이 책이 20세기 전반 동아시아가 낳은 일대 비극서사시라는 점을 정식화하여 분명히 밝히고 있는 셈이다. 그뿐만이 아니다. 운문이라는, 하나의 나라말 가운데 미리 정해진 특정 형식과 질서에 의거한 형태로는 표현될 수 없는 성질을 이 서사시가 이미 지니고 있다는 사실도 이 문단은 앞뒤와의 관계 속에서 간접적으로 말하고 있다. 종래의 서사시가 대개 어떤 한 민족언어의 범위 내에서만 구사되며 그 장소도 주로 궁정이나 관공서 또는 마을 광장이나 극장 같은 데였다는 사실은 그것이 하나의 국어 속에서 특별한 방식으로 수렴된 제례적 질서를 가진 운문을 표현수단으로 삼고 있었다는 사실과 불가분의 관계에 있었다. 하지만 김산의 이 서사시는 그렇게 한정할 수가 없다. 운문으로 말하기에는 사태의 규모가 너무나도 크고 혼돈의 정도 역시 더할 나위가 없기 때문이다. 평면적인 규모에서만 보더라도 최소한 세개의 국경을 넘나들고 있다. 극적 긴장의 장은 몇 겹이나 겹쳐 있다. 언어는 화자(話者)에게 있어서는 외국어다. 이야기하는 장소는 공동체의 광장이 아니라 이국의 토굴이며 이야기를 나누는 대상은 동포가 아니라 한 사람의 외국인 기록자를 통한 전인류다. 그리고 화자도 기록자도 사실을 왜곡하는 것을 허용치 않는 성실한 사람들이다. 그래서 서사시는 여기서 산문시가 된다. 진실의 모든 것을 소홀히 하지 않기 위해서, 서사 내신 거대한 비극의 덩어리를 표출하기에 합당한, 긴장에 가득 찬 산문을 쓸 수밖에 없다. 그때 '아리랑'이라는 제목은 산문체와의 대조 속에서 한층 더 상징성을 가지게 된다. 그리고 실제로 이 책은 그렇게 되어 있다. 이러한 이유에서 '역사이면서 동시에 자서전'이라는 부분은 남겨놓았으면 좋았을 성싶다.

이유는 또 있다. 김산, 즉 장지락은 호메로스 이래의 서사시의 주인공들과 달리 왕후나 귀족도 아니고 기사(騎士)도 아니며 족장도 아니다. 그는 빈농의 아들로 태어났다. 그 가난한 일개 백성이 세계의 고난을 한 몸에 끌어안고 '그날'을 향해 스스로가 선택해 소속된 집단 내부의 고난까지도 떠안고, '왕된 자'가 져야 할 고뇌를 일개 백성이 짊어지고, 타국 백성이 받아야 할 고통까지도 짊어짐으로써 몇겹의 비극 덩어리 속에서 살아온 것이다. '역사이면서 동시에 자서전'이며 '현대의 가장 극적인 사건의 생생한 증언'인 이 책은 그 사람의 삶의 방식을 분명 충실히 서술했으리라. 신분이 낮은 백성이 끌어안은 거대한 비극인 만큼

'영웅서사시'의 주인공이 그려온 종래의 비극보다 훨씬 고귀하게 느껴진다. 여기서는 낮은 사회적 신분이 오히려 정신적 지위의 높이를 보장하고 세속세계의 변경에 있다는 사실이 김산으로 하여금 한층 더 성스러움의 중심에 접근케 하고 있다. 그리고 허구가 개입될 여지를 허용하지 않는 실화라는 점이 더욱더 성성(聖性)에 숨막히는 박력을 제공한다. 그 같은 이야기의 입구에 해당하는 서장인 만큼 '역사이면서 자서전'이고 '가장 극적인 사건의 생생한 증언'이라는 요약은 삭제하지 않고 계속 남겨 놓는 편이 좋을 것으로 생각된다.

제2판의 서장에서 삭제된 두번째 문단──책 순서대로 말하면 첫번째 문단이지만──은 조선인과 일본인의 얼굴을 비교하여 조선인의 모습을 칭찬한 글이다. 이 삭제 부분의 전반은 영화배우의 사례가 두셋 거론되는 등, 지금에 와서는 없어도 상관없는 부분이기도 하고 또 웨일스 여사의 마음이 기우는 방향과 공감도의 세기를 나타내고 있다는 점만 뺀다면 그 자체로서는 아무래도 좋은 내용이다. 그러나 후반 부분은 그렇지 않다. "안짱다리 일본인 관헌이 옆구리에 찬 긴 칼에 다리가 걸려 넘어질 듯하면서도 몇명의 조선인을 향하여 거만한 태도로 명령을 내리는 광경"을 "기묘한 현상"이라 기술한 부분은 일본제국의 전형적인 모습을 스냅숏처럼 선명하게 포착하고 있다. 그것은 후지 마사하루(富士正晴)가 중국 내 일본군 장교의 모습을 우스꽝스럽게 묘사한 글과도 겹치며 하세가와 시로오(長谷川四郎)가 전후 시베리아에서의 일본군 대대장의 모습을 코믹한 행동양식으로 묘사한 글과도 부합할 뿐만 아니라 우리가 경험으로 알고 있는 일본 경찰관의 특징적인 모습과도 꼭 같다. 그런 모습이 '식민지 조선'에서는, 그리고 일본 국내에서는 조선인에 대해 무반성적으로 극한까지 확대되어 제삼자가 보면 그만큼 더 우스꽝스럽기 그지없는 '기묘한 현상'으로 비치는 것이다. 일본관헌에 대한 이 조소는 정당한 것일 뿐만 아니라 예리하게 진실을 포착한 것이다. 이 야기의 서장으로서도 이 같은 풍자화의 스케치가 담겨져 있는 편이 더 바람직하다. 뒤에 이어지는 김산의 일대기가 숨막히는 성실성으로 가 득 차 있는 만큼 그것과의 대칭으로서 억압체계의 어리석은 행위의 우 스꽝스러움이 그려져 있어야 한다. 그것을 그리는 데 가장 적합한 위치 에 있는 이가 저자다. 오늘날의 일본관헌도 칼이야 벗었지만 여전히 그 코믹한 '거만함'의 잔재를 지니고 있다. 기업 전사(戰士)들도 똑같이 우 스꽝스러운 오만을 전세계에 흩뿌리고 있다. 그런데 님 웨일스 여사는 왜 이제 와서 이 부분을 삭제한 것일까.

제2판의 서장에서 약간은 마음에 걸리는 세번째 삭제 문단은 "오늘 날의 지식인은 도처에서 시련을 받고 있다"라는 부분이다. 오늘날의 혼 란 속에서 지식인은 "완전히 구겨져 있"지만 그것은 "사람들의 마음이 시험당하고 있는 시대"로서 "현대"의 하나의 양상이라고 쓴 부분인데, 이는 2차대전이 끝나고 40년이 지난 오늘날에도 그대로 적용되는 지적 이다. 형태가 다를 뿐 심도는 한층 더 깊어졌고 그 시험이 미치는 사상 범위나 정신 영역도 훨씬 확대되었다. 적어도 원시사회를 제외한 모든 문명이 시험을 당한다. 화폐문화의 노예로 화한 일본 중상주의는 논외 로 하더라도 미국 민주주의도 기독교 문명도 공산주의도 예외가 아니 다. 그것이 과잉의 인공적인 산업과 관련을 맺고 있는 한 아마도 자연과 인간의 묘혈을 파는 데 기여하고 있는 게 아닐까. 만일 김산, 즉 장지락 이 지금도 살아 있다면——정치세계의 측면을 고려하지 않고 단지 연령 면에서만 본다면 가능한 얘기다——그 비할 데 없는 성실함, 부단한 현 실직시, 끊임없는 자기극복으로 미루어 볼 때 20세기 말의 현실적 문제들 또한 간파했으리라.

그밖에도 제2판 서장에서 삭제된 문단이 두군데 더 있지만 거기에는 30년간의 커다란 변화를 거치고 나면 동일한 한권의 책도 역사를 지니게 된다는 당연한 이야기가 쓰여 있을 뿐이다. 그 대신 님 웨일스가 직접 쓴 '제2판 서문'이 추가되어 당시의 중국 사정을 다시 한번 가르쳐주고 있다. 그 기억은 상세하고 문장은 솔직하고 성실성에 가득 차 있다. 그런 장점만 감안한다면 역시 님 웨일스는 김산 전기의 가장 합당한 기록자일지도 모른다.

제2판 일본어 번역본에서는 오랜 노력을 마다않고 꼼꼼하게 정리한 '보주(補註)'가 너무나 상세하여 많은 것을 알려주고 있다. '보주'에서 볼 수 있는 그 태도와 공헌에 존경의 뜻을 보낸다. 그러나 일본어 번역 전체의 구성에 있어서는 크게 아쉬운 점이 한군데 눈에 띈다. 그것은 눈곱만큼도 현학성을 찾아볼 수 없는 신실한 동양학자 조지 토튼(George O. Totten)이 제2판 원본에 써 준 '서문'을 싣지 않았다는 점이다. 사실(史實) 고증의 결과라는 측면에서만 본다면 이 '서문'의 전문을 싣지 않은 이유를 이해할 수 있다. 그러나 같은 사실 고증이라도 그 과정, 특히 국제적 과정이라는 점에서 볼 때 토튼의 '서문'은 싣는 게 좋았다고 생각하며, 또 그보다는 아니 그 무엇보다도 김산의 생애에 관한 이야기가 지닌 의미에 대해 언급한 이 '서문'의 마지막 한 구절이 제외되는 것을 절대로 허용하지 않는 광채를 발하고 있기 때문이다. 즉 "아마도 언젠가 김산의 신원에 대한 수수께끼는 밝혀질 것이다. 그러나 어떤 측면에서는 모르는 편이 나을 수도 있다. 모른다는 것은 그 사람에게 일종의 불명성을 부여한다. 오디세우스가 서사시 『오디세이』(Odyssey)의 마지막에서 새로운 모험을 위해 서방을 향해 배를 타고 떠나듯, 김산 또한 후세에 남겨진 이야기 속에서 계속 살아 있는 것이다"라는. 김산의 죽음은 분명히 밝혀져야 한다. 그것을 불문에 부치는 것은 정신과 도덕의 소멸을 의미한다. 그러나 그 결과가 어찌 되든 김산은 이 책을 통해서 살아남아 있다. 그는 결코 오늘날 회자되는 '공산주의자'라는 고정된 분류틀 속에 가둬질 수 없다. '투철한 조선의 혼과 투쟁의 궤적'을 통해 그는 행동하는 지식인의 한 전형으로서 살아남아 있을 것이다. 인류가 살아 있는 한.

지면도 시간도 이미 다 되었고 또 재주도 없는 탓에 김산의 생애가 일깨우는 험난한 결정체의 내부까지 들어가보기는 벌써 틀렸지만 젊은 날의 님 웨일스 여사가 '진실 발견의 탐험가'로서 무수한 위험을 무릅쓰고 이 엄연한 사실의 기록으로서 대산문 서사시를 남겨준 것에 내해 인류의 한 사람으로서 동양인의 한 사람으로서 그리고 일본인의 한 사람으로서 마음속 깊이 경의와 사의를 표하면서 이만 붓을 놓는다. 마지막 장에 있던 김산의 말 한마디를 덧붙이면서. "나의 반생은 실패의 연속이었다. 내 조국의 역사도 그러했다. 나는 오직 하나의 승리를—자기 자신에 대한 승리를 얻었을 뿐이다." 이 한마디에 집약된 고난의 양, 인내의 양, 극기와 정진의 양, 직시력의 강도를 다시 음미해볼 때 그 앞에서 할 말을 잊을 뿐, 달리 무어라 할 수 있겠는가.

발터 벤야민의『보들레르』를 읽고

어떤 독서 모임의 기록

○ 주지하는 바와 같이 보들레르(Charles Baudelaire)에 관해서는 전세계의 문학자들이 쓴 수많은 평론이 있다. 위대한 사상가 발레리의 말을 빌리면, "보들레르에 의해 프랑스의 시가 비로소 국경을 넘었다"라고 하니 그것은 어쩌면 당연한 일인지도 모른다. 그러나 아마도 이들 문학적 평론은 그 어느것이나 보들레르를 특정한 시대의 정신적 상징으로 보는 측면에서는 미흡하지 않을까 싶다.

○ 벤야민[1]의『보들레르』(*Charles Baudelaire: A Lyric Poet in the Era of*

■『에디터』1977년 6월~11월(기록자: 요시타 기미히꼬吉田公彥).

1) Walter Benjamin(1892~1940): 독일의 평론가, 사상가, 번역가. 보들레르, 프루스트에 심취해 그들의 작품을 번역하고 맑스주의 연구에 몰두했다. 유럽에 파시즘이 대두되자 교조적 맑스주의에서 멀어져 아방가르드적 실험정신에 바탕을 둔 사유로 글쓰기에 몰두했다. 특히 그는 빠리를 거니는 보들레르의 삶이 곧 자본주의하에 놓일 모든 도시와 도시 사람들의 삶을 규정할 것임에 주목했다. 주요 저작으로『보들레르의 빠리』(1923),『일방통행로』(1928)와 13년간 진행해왔으나 그의 자살로 미완으로 남은

High Capitalism)는 사회학적 영역에서의 최초의 보들레르론이며 뛰어난 역사의식으로 19세기 중엽=후반=20세기의 예비학교인 유럽이라는 '시대'(즉 현대)의 정신적 상징으로서 이 시인을 멋지게 자리매김하게 했다.

○ 이 책은 1848년을 경계로 하여 고전적 도시로부터 현대적 대도시로 변화(거리의 소멸)하는 빠리의 이 질적인 변화의 순간을 산 한 인간의 가장 첨예한 감각적 반응으로서 태어난 문학적 산물을, 보들레르 속에서 보게 한다.

○ 현대 도시가 인간의 감각구조에 가져다주는 변형작용을 도시를 구성하는 물적 소재의 변천에서 분석하고, 보들레르가 살았던 빠리를 그 구성물실 하나하나의 제반 관계로서 내부로부터 파악한 현대 도시론이기도 하다. 이러한 현대 도시론은 일반 도시론에서도 찾아볼 수 없었고 지금도 그러하다.

○ 벤야민은 보들레르의 '한량(閑良)적 성격'을 이러한 사회적 근거로 이해하고, 동시에 바로 그 사회적 근거 위에서 비판하는 방법 — 이해와 비판, 긍정과 부정이라는 두가지 측면에서 대상에 접근하고 있다.

○ 20세기의 획기적인 창조적 저작을 남긴 벤야민은 최근에 이르기까지 세계에 널리 알려지지 못했다.

*

○ 벤야민이 언급했듯 인간이 '다음 시대의 이미지를 떠올리는 꿈속

『아케이드 프로젝트』(Das Passagen-Werk)가 있다.

에서는 이 다음 시대가 태고의 역사적 요소, 즉 계급 없는 사회의 제반 요소와 결합되어 있는' 것은 왜일까?

  ○ 고대는 우리 인간의 입장에서 볼 때 모든 것의 시작, 즉 시간적으로 출발점일 뿐만 아니라 인간사회의 모든 기본적인 제반 요소를 합리화를 거치지 않은 정리되지 않은 상태로 보유하고 있다. 그런 의미에서 혼란스러운 인간성 창고라 할 수 있다. 그래서일까, 인간의 역사 속에서 새로운 사상이나 새로운 사고방식 체계가 등장했을 경우에는 반드시 '인간이란 무엇인가'에 관한 새로운 정의를 검증하는 장으로서 '고대'를 거론한다. 말하자면 고대 인간사회의 혼돈에 대한 재인식을 통해서만 현재·미래를 포함하는 세계 전체의 새로운 이미지가 만들어지는 것이다. 고대로의 인식상의 회귀를 통해 새로운 출발의 토대가 생겨나는 것이 인간의 사상사나 정신사의 기본적 구조였다.

  그렇다면 새로움이란 무엇인가라는 문제 또한 대두될 것이다. 어떤 종류의 뉴스처럼 양적인 의미에서 시간적으로 1분 1초의 새로움을 다투는 새로움도 있지만, 다른 한편으로는 인간사의 재검토—즉 고대로까지 다시 회귀하는 것—를 통해서 획득하는 질적인 새로움, 낡음을 통과한 새로움, 변증법적인 노고를 거친 새로움, 우둔할 정도로 품과 시간을 들여서 도달한 새로움, 뉴스의 새로움을 구성하고 있는 속도(스피드)와는 반대로 긴 우회로를 거쳐서 도달한 출구로서의 새로움이 있으니 두가지 계열의 전혀 이질적인 '새로움'의 형태가 있다고 볼 수 있을 것이다. 벤야민이 다루었던 19세기 중엽의 전형적인 도시사회인 빠리는 바로 위의 두가지 '새로움'이 날카롭게 대립하면서 새로운 시대를 열어갔던 것이 아닐까?

  벤야민과는 별도로 말이 나온 김에 덧붙여둔다면, 그러한 질적인 새로움(유토피아까지도 포함하여)이 사라졌다는 점이 바로 현대의 '새로움'이다. 이는 인류역사상 결정적이고도 역설적인 '새로움'이다. 바꾸어 말하면 미래상의 극한적인 축소 및 제로화가 오늘날의 특징이며, 그 속에서의 우리들의 세계상은 에고이스틱한 것이 되어버려 공적인 (public) 것이 사적인(private) 것과 동일시된다. 이러한 '새로움'은 더할 수 없이 불행한 역설적인 '새로움'이다.

*

○ 벤야민의 『보들레르』는 극도로 압축된 간결함과 특이하게 얽힌 복잡함이 뒤섞인 듯한 인상을 준다. 예를 들어 방적업이나 철강재에 관한 명쾌한 기술은 그 자체로 바로 현대예술의 창세기거나 그 정신 내용의 깊고도 예리한 서술이며, '빠사주'(passage)나 '만국박람회'나 '연금생활자'에 관한 상세한 역사적 지식의 피력 또한 그 자체로 새롭고 복잡한 예술사적 전환구조의 투철한 예술내적 분석을 수반한다. 오스망 (Georges Eugène Haussmann, 빠리시장으로 빠리를 매력적인 근대도시로 탈바꿈시켰다)의 도시계획에 관한 세계 최초의 빈틈없는 분석까지도 그런 각도에서 문제를 제기하고 있다. 독자로서 여기서 감지해내야만 하는 간결함과 복잡함의 중복─따라서 마침내 복잡함의 느낌이 배가되는─을 어떻게 해석해야 할 것인가?

○ 벤야민의 글, 특히 이 책의 경우 복잡하다는 느낌이 드는 것은 지극히 당연하지만, 그 복잡함 속에서 또는 그 복잡함을 구성하는 한줄 한줄 속에서 간결하고도 명쾌한 지적을 발견하는 것─그 한줄 한줄이 각기 논문 한편을 넉넉히 쓰고도 남을 만한 양의 '사실 인식'을 포함하고

있음을 알아내는 것——은 대단히 중요한 일이다. 복잡함에 빠진 혼란이 내포하는 '어수선함'과 집약에 집약을 거듭한 결과로서의 복잡함 사이의 결정적인 차이를 간파하는 것은, 우선 읽는 방식의 문제로서도 매우 중요한 조건에 해당한다.

그 간결하고도 함축이 많은 명제로 구성된 복잡함의 느낌을 읽어내는 열쇠 중 하나는, 아마도 상품사회가 관철된 결과로 상품이 가지고 있던 사용가치와 교환가치의 연결이 단절됨으로써 교환가치가 실체화하여 혼자 걸음을 시작하고, 그런 의미에서 교환가치가 그 자체로서 '순수화'하고 '신성화'되어가는 상황에 대해 벤야민이 매우 즉물적으로—— 즉 설득력 있게——지적하고 있음을 알아차리는 데 있을 것이라 생각한다. '빠사주'는 단순한 '골목길'이 아니라, 말하자면 긴자(銀座) 거리처럼 윈도우쇼핑식으로 고급 사치품을 '구경'하며 즐기는 곳으로 도시 '한량'들의 산책길로서 생겨난 것임에 틀림없다. '만국박람회'는 어떤 시기 이후로는, 그 같은 '산책길'을 세계적인 규모로 확대하여 보여준 셈이다. 누가 박람회에서 자신의 일상생활에 없어서는 안 될 '냄비'나 '솥' 같은 걸 살 생각을 하겠는가? 박람회는 '보고 즐기기' 위한 곳이지 결코 '사용가치'를 따지는 구매를 위해서 가는 곳이 아닐 것이다.

＊

그렇다면 거기서 무엇을 '보고 즐기는' 것일까?

보기만 해도 영롱한 신제품을 보기 위해서다. '초특급 상품'의 환상적인 매력이 거기 줄지어 진열되어 있는 것을 보고 그 매력의 행렬에 취하기 위해 사람들은 '만국박람회'에 가는 것일 게다. 그것이 바로 상품에 있어서의 교환가치를 사용가치로부터 유리시켜 독립시킴으로써 실체화하는 것이고 무화(無化)이고 홀로 걷기이며, 상품의 '광고' 그 자체가—벤야민의 이른바 '허위의식의 정수(精髓)' 그 자체가—또 하나의 '상품'이 되어 유통되는 움직임의 본질을 이루는 것이다.

물질로서는 아무것도 아닌 교환가치 그 자체의 홀로 걷기, 즉 유통은 벤야민의 명쾌한 비유를 빌린다면 "거울과 거울이 서로 맞비추는 것처럼 되풀이해서 돌아오는 동일성의 빛"에 지나지 않는 것으로, 거기에는 인간생활에 유용한 즉물적인 사용가치는 전혀 포함되어 있지 않다. 말하자면 '아마떼라스 오오미까미'[2]의 '거울'처럼 자본주의적인 모든 인간을 대상으로 하는 '상품'—허영과 허식, 오로지 남에게 보이는 데 주목적이 있는 공허한 '광채'가 사고팔리는 모습—이 움직이고 있는 것에 지나지 않는다. '치레'는 물론 필요한 것이나, 인간사회의 모든 것을 지배해버릴 정도로 우월적인 지위를 차지하게 된다면 인간생활은 파탄을 면할 수 없다. 하지만 이처럼, 거울끼리 서로 맞춰서 메아리가 다시 메아리를 되돌려보내는, 실물 부재의 캐치볼과 같은, 그런 공허한 '반영운동'의 영겁회귀 속에야말로 현대 자본주의의 문화의식이 존재하고 있는 것이다. '예술을 위한 예술'도 그러한 반영의 하나로 출현했으며 광고예술의 새로움을 판별하거나 결정하는 스노비즘(snobbism)이나 댄디즘(dandyism), 그리고 생활의 '퍼포먼스화' 역시 그 영겁회귀 속에 있다. 그것들은 결국 '거울과 거울 간의 반영'인 한에 있어서는 질적으로 언제나 같은 것에 귀착할 뿐 아무런 전개력을 지니지 못한다.

그러면 그 같은 경향에 대한 단순한 반동으로서 생겨난 '실내예술파'

---

2) 天照大神: 황실의 조상신이자 해의 신으로 황실 및 국민들의 숭배의 중심을 이룬다.

는 어떨까? 벤야민은 그것을 '연금생활자'의 정신태도라고 거침없이 규정한다. 사회적 모순들에 대한 긴장 의식을 결여한, 여유있는 연금생활자는 인간의 정신적 소산이 완전히 상품화하는 것에 반대하여 예술품을 자신의 실내에 수집해놓으려 한다. 그럼으로써 자신의 사회의식을 무뎌지게 하여 안온한 에고이즘을 만들어내려 한다. 그것은 분명히 예술작품에서 상품으로서의 성질을 제거하는 일이기는 하지만 그 대신 '골동품적 가치'를 부여하게 된다. 단지 '소유'함으로써 상품성을 타파하려는 것일 뿐이다.

교환가치의 영겁회귀와 에고이즘의 골동품적 소유—사회적 사장(死藏). 이 양극 사이에 낀 바로 그 지점에 현대 자본주의의 정신적 상황의 본질이 있다. 이 점에 대한 자기인식이 과연 우리에게 충분하다고 말할 수 있을까? 벤야민의 이 책은 아무리 복잡하게 얽혀 있다고 하더라도 이 결정적인 한 점에 이목을 집중시키고 있는 게 아닐까? 재독 삼독을 권하는 이유 중의 하나가 여기에 있다.

순수하게 이론사적으로 보더라도, 상품이 지닌 사용가치와 교환가치의 이중성으로부터—다시 말해 자본론이 밝혀낸 점으로부터—백척간두에서 백보를 더 나아가서 교환가치의 실체화 현상을 밝혀 그것의 현대적 사상(事象)을 문화영역 속에서 실증해 보인 벤야민의 고전과 현대 상황에 대한 음미력과 창조성은 정말 대단하다고 볼 수밖에 없다. 더욱이 그 질적으로 거대한 작업을 장대한 논문이 아닌 짤막짤막한 문장으로 이루어낸 그 실력과 그윽함에 대해서는 경의를 표하게 된다.

*

○ '이쪽에 췄다가 저쪽에 췄다가 할' 뿐인 교환가치가 홀로 걷기를 하는 상황이 현대 도시의 특징이라고 한다면, 그 특징을 고전적으로 체현해낸 장소로 현대 도시의 특징인 중심부를 들 수 있을 것이다. 즉 현대 도시의 '현대성'을 표현하는 중심부가 빠사주이고 박람회장이고 백화점이며 네온사인 반짝이는 번화가인 것이다. 그렇다면 그러한 장소의 성질에 대응하는 도시주민의 존재형식은 도대체 무엇일까?

○ 벤야민이 역설한 '한량'과 '군집'이 바로 그것일 것이다. 지금은 남아 있지 않은 이 책의 한 부분에서 보헤미안의 역사를 개관했는데 그것도 이 현대 도시 특유의 현대적 방랑자—아니면 현대 도시형 놈팽이라 부르는 게 좋을지도 모르겠다—의 특질을 과거의 보헤미안과의 대비를 통해 확연히 드러내보이기 위해서임에 틀림없다. 공허한 교환가치의 캐치볼장 한가운데에 서서 그 공허함을 뼛속 깊이 느끼면서 현대 도시의 허허로운 공간 속에서 섬광처럼 순간적으로 나타나는 현상을 갈고 닦은 감각과 '탐정'과도 같은 눈으로 추적하는 자가 바로 한량이었던 것이다. 그 전형적인 인물이 예를 들어 포(Edgar Allan Poe)나(그의 단편소설 「군중 속의 사람」The Man of the Crowd[3]을 보라) 보들레르였다. 그러나 벤야민의 비범함은 한량을 특정한 문사(文士) 기질 등에 국한시키거나 환원시키지 않은 점에 있다—얼마나 많은 포론이나 보들레르론이 특이한 문사 기질 문제에만 한정하여 그들을 논하고 있는지를 살펴보면 알 수 있다.

한량의 정신구조와 행동양식은 결코 색다른 문사 기질에 한정된 것은 아니다. 그것은 일례로 블랑끼(Louis Auguste Blanqui)로 대표되는

---

3) 일본어로는 「군집의 사람(群集の人)」이라 번역되었다.

'혁명의 연금술사'들에게서도 전형적으로 나타난다. 이뿐만 아니라 나뽈레옹 3세와 같은 반(反)부르주아적인 벼락출세 지배자들에게서도 나타나며 더 나아가서 도시 특유의 하층민인 넝마주이나 거리의 여자들 가운데서도 그에 대한 공명구조가 존재한다. 그리고 이들 전형적인 각종 한량들을 둘러싼 인간적 환경으로서 현대 도시 고유의 '군집'이 존재하는 것이다. 이 군집은 일반시민이 일시적으로—그러나 매일같이 반복되는 일시성을 가지고— 한량적 성격을 띠고 있는 것에 다름 아니라고 봐도 좋을 것이다.

그러면 한량의 정신구조와 행동양식의 특징은 무엇일까? 한마디로 말하면, 행동과 사고에 있어서 조건의 성숙을 고려에 넣지 않는 직접성에 있다. 거기에는 '매개'가 결여되어 있다. 그 직접성이 지닌 매력과 결점은 어디에 있는 것일까? 벤야민은 그 지점까지 파고들어가 이를 내재적으로 비판하는 것이다.

*

○ 이로써 일단 벤야민의 『보들레르』가 제기한 문제를 주제로 삼은 토론모임은 끝나게 되는데, 무엇보다도 지금까지 다섯번에 걸쳐서 제시된 결과물만으로는 너무 조잡하다는 느낌도 든다. 이를 보완하는 작업은 각자의 숙제일 수밖에 없겠으나 그 단서로서 뭔가 한마디 덧붙여두지 않을 수 없다.

○ 예를 들어 앞서 말한 '한량'과 그 인간적 환경으로서의 '군집'이라는 구조만 해도, 그것은 기본골격의 큰 틀에 불과할 뿐 벤야민은 그 같은 큰 틀을 설명하려고 이 책을 쓴 게 아니었다. 한량의 정신구조를 극

복하기 위하여 그중 최고 생성물의 생성과정을 철저히 이해하려 한 것이 그의 작업 동기임은 의심의 여지가 없다. 하나의 탁월한 정신적 산물은 어떤 경우에나 갖가지 미묘함을 내포한다. 그러한 미묘한 문제를 하나하나 민감하게 받아들이지 못한다면 그 생성과정에 대한 완전한 이해란 불가능하다. 그리고 그것을 완전히 이해하지 못하는 한 정신적으로도 극복해낼 수 없다는 것이 아마도 벤야민의 생각이었을 것이다. 비평가들 중에는 벤야민의 상세한 조사와 섬세하고 복잡한 이해방식에서 그의 편집(偏執)적 기질을 찾아내려는 이도 있는 모양이다. 하지만 그러한 기질이나 체질 문제로의 환원이 백해무익하다는 것은, 예를 들어 편집 기질이 있는 이는 많지만 벤야민은 오직 한 사람밖에 없다는 사실을 새겨보기만 해도 쉽게 알 수 있다. 정밀하면서도 간결한, 더 나아가서 다방면에 걸친 논점을 일목요연하게 파악하고 있는 벤야민의 서술 속에는 편집광의 일면적 이상 집착 대신 오히려 부단한 다면적 움직임이 있고 그런 의미에서 예사롭지 않은 감각이 작용하고 있다고도 볼 수 있다.

그 다면성의 동시적 감득(感得), 거기서 비로소 '전체'로의 접근이 가능해질 텐데, 그것은 빼버리고 벤야민이 '한량' 보들레르의 박력을 어디서 느꼈으며 그 결점을 어디서 찾아냈는가 하는 식으로 일람표처럼 정리해버리는 것은 결코 생산적이지 못하다. 완전히 이해한다는, 거의 불가능한 수고에 의해서만 극복 가능한 대상이라면 그렇게 간단히 정리 카드에 구겨넣을 수는 없을 테니 말이다.

한가지만 더 덧붙이자. 사상사적으로 생산적이었던 '한량'과 행복하지만 무익한 '한량'를 구별하는 기준은 무엇이었을까? 다음에 다시 만나 토론할 때까지 그 점을 각자 생각해보기로 하자. 그 문제로부터 이야기를 풀어가면 도시사회의 사상사적 제반 문제에 대한 논의를 보다 본격적으로 해나갈 수 있지 않겠는가?

맑스주의의 대차대조표

긍정적으로든 부정적으로든 그 유산을 어떻게 이어받을 것
인가

B 이 주제를 5년 전부터 생각해왔습니다만, 지금 그 필요성은 점점
더 커진 반면 논의하기는 대단히 어려운 상황이 되어버렸습니다. 첫 발
안자인 시오사와(塩澤, 대담자) 씨가 먼저 이야기의 실마리를 풀어주시
겠습니까?

A 이건 어떤 의미에서 때늦은 사과문 같은 느낌이 듭니다. 1989년 그

■『사상의 과학』 1991년 7월호에 실린 '맑스주의의 대차대조표'라는 좌담회의 기록으
로 1996년 카게이 쇼보오(影書房)에서 출간한 『전후정신의 경험(戰後精神の經驗)』에
재수록된 바 있다. 이때 대담자를 A, 사회자를 B라 하고 후지따의 발언만을 실명으로
썼고, 좌담회 당시 후지따 한 사람의 발언량만 해도 6시간이 넘기에 일부는 삭제되었
다(본 번역은 카게이 쇼보오의 판본을 따랐다─옮긴이).

엄청난 세계사적 변환을 계기로 맑스주의에 대한 일반적 평가가 마이너스 방향으로 크게 밀리고 말았습니다. 대차대조표는 플러스·마이너스를 저울에 달아 비교한다는 의미가 있습니다만, 그 점에 있어서는 지금 사회를 보시는 쯔루미 씨의 말씀처럼 이를 의미있게 받아들이는 사람이 점점 더 줄어들고 있다는 생각이 듭니다. (웃음) 맑스주의는 이미 물 건너갔다는 게 일반적인 인식이지요. 그러나 지금에 와서 굳이 '맑스주의의 대차대조표'를 논하는 데는 딱 한가지 의미가 있습니다.

대차대조표에는 총결산의 의미도 있으니, 맑스 이래 백몇십년, 러시아혁명으로부터 칠십몇년이 지난 지금 이 시점에서 우리가 그 경험을 어떻게 평가할 것인가, 맑스의 유산을 긍정적으로든 부정적으로든 어떻게 이어받을 것인가를, 우선 맑스의 구상에 입각해서 생각해보기로 하지요.

맑스를 이해하기 위한 하나의 도식으로써 세루츠끼[1]의 설을 소개할까 합니다. 그는 맑스에게는 경제적 구상과 정치적 구상이 있다고 보았습니다. 경제적 구상이란 중앙집권적인 계획경제이고, 정치적 구상이란 '자유의 왕국'이라는 표현에서 볼 수 있듯이, 자치를 중심으로 한 사람들의 자유로운 결합입니다.

그러나 이 두가지 구상은 양립할 수 없는 모순된 성질의 것이 아닐지요. 중앙집권적인 계획경제를 실현하기 위해서는 사회의 대다수 결정을 한 사람이나 위계질서를 통해 내릴 수밖에 없습니다. 따라서 다양한 결정은 배제될 수밖에 없습니다. 하지만 맑스가 정치적 구상에서 추구하는 바는 사람들이 자유롭게 결합되어 자유롭게 결단하는 세계입

---

1) Radoslav Selucký(1930~91): 체코의 맑스주의 경제학자이다.

니다. 이처럼 양립 불가능한 두 구상 중에서, 역사적으로 경제적 구상을 통해 모순을 풀려고 했던 이는 레닌이었습니다. 중앙집권적인 계획경제, 그것에 조응하는 형태로 위계질서 및 독재력을 지닌 정당을 만들어서 세상을 지배했지요. 이를 반쪽의 구상이라 말할 수 있겠지만, 결국 1989년에 막을 내리게 됩니다. 그럼 자유를 중심으로 한 구상에 가능성이 있었던 것일까요? 오히려 맑스의 매력은 모순된 두가지 구상의 양면이 한데 붙어 있는 데 있다고 봅니다.

후지따 '구상'이라…… '구상'이란 이른바 청사진인데 '근대' 이후는 오크숏[2]이 말한 대로 모두 청사진의 시대라고 생각합니다.

1920년, 러시아혁명 후 러쎌은 러시아에서 지도자들을 만나고 농촌을 방문해 보고 들은 내용을 책으로 쓰면서 이 혁명이 근본 이념으로서는 **좋다**, 그러나 방법이 나빠서 제대로 가기 어려울 것이라고 진단했습니다. 근본 이념은 좋다고 본 까닭은 당시 유럽에는 신사들의 의회제도가 치명적인 위기를 맞았다는 인식이 널리 퍼져 있었고, 그는 이러한 의회제도와 비교해서 소비에뜨나 노농평의회를 평가했기 때문입니다. 노농평의회는 지역적으로 한정되어 있으니 그것을 토대로 삼는 것은 구상으로서 **좋다**고 본 것입니다. 하지만 그 '이행기'에 잇달아 발생한 심각한 어려움에 대처하는 방식이 방법론으로서 올바르지 못해 '진정한 공산주의자의 바람', 즉 근본 이념과는 반대의 결과를 가져올지도 모른다고 지적한 것이지요. 결국 모든 것이 국가에 수용되고 맙니다. 농민을 수용하는 데 12년이 걸렸고 스타하노프운동 같은 것에는 좀더 시간이

---

2) Michael J. Oakeshott(1901~90): 영국의 철학자, 정치이론학자. 20세기의 주요 보수주의 사상가로 알려져 있다.

걸렸습니다.

앞서 언급하신 맑스의 매력에는 여러 측면이 있겠지만 내가 대단하다고 생각하는 점은, 세계의 독자들──카와이 에이찌로오[3)]까지 포함한──이 이미 인정하듯이 「공산당선언」의 전반부에 나오는 부르주아의 획기성에 관한 서술입니다. 예언으로서도 오늘날까지 적중하고 있지요. 또 『자본론』 제1권 24장의 이른바 원시적 축적과정, 거기서의 사회사 과정에 관한 서술과 판단은 정말 놀랍기만 합니다. 일본의 경우 2차대전 전에 맑스가 베푼 가장 큰 공적은 철학 따위가 아니라 역사서술과 농업 문제에 관한 것이었습니다. 당시만 해도 인구의 6할 이상이 농민이었는데, 농업 문제 분석에 있어서는 다른 이들, 예를 들어 토오하따 세이이찌[4)] 같은 사람들은 축에도 끼지 못했거든요.

전반적으로 볼 때 농업문제 특히 지주-소작관계의 분석에서는 압도적으로 맑스주의 학자가 우세했습니다. 그러한 연구의 근원에 원시적 축적과정이나 전통적 농촌사회의 붕괴과정이 부르주아의 성립에 의해 얼마나 극적으로 이루어졌는가를 명백히 밝힌 맑스가 있습니다. 그런 현상은 지금도 계속되고 있지요. 카마따 사또시(鎌田慧)가 쓴 『죽어버린 풍경(死に絶えた風景)』이라는 명저가 있습니다. 일본 고도성장의 '원시적 축적'기에 신닛떼쯔(新日鐵)가 철강생산 분야에서 새로이 급성장했습니다. 그 시기에 카마따 씨는 예전의 나야(納屋)제도 같은 '노동 하숙' 현장을 직접 보기 위해 일개 노동 하숙인으로 잠입해 일했습니다.

---

3) 河合榮治郎(1891~1944): 교육자, 자유주의 사상가. 맑스주의를 공격했으며, 일본의 군국주의 체제를 비판해 교수직을 박탈당한 바 있다.
4) 東畑精一(1899~1983): 농업경제학자. 전후 농업관련 정책 형성에 참여하며 농업 근대화에 기여했다.

폭력조직의 위협을 받으면서 '창살 없는 감옥'을 경험한 그는 그 체험을 글로 써냈지요. 말 그대로 원시적 축적의 현대판이며, 그런 상황은 지금도 계속되고 있을 것입니다. 현실의 밑바닥에 깊이 깔린 서로 엇갈린 갖가지 제반 관계를 명백히 밝혀냈다는 점에서 카마따 씨의 책은 지금도 매력적이며 부르주아의 위력이 얼마나 대단한 것인지도 실감하게 해줍니다.

이 같은 예에서도 알 수 있듯이, 대차대조표를 생각할 때 구상에만 주목하지 않는 편이 좋을 듯합니다. 구상만 생각하면 홉스 같은 경우는 어떻게 됩니까? 국가를 구상한 홉스, 그의 구상 역시 꽤 어마어마합니다. 그는 국가란 처음부터 죽음의 그림자를 띠고 있으며 죽음의 그림자를 토대로 삼는다고 했습니다. 만인은 죽기 마련이니 죽음보다는 나을 것이라고 국가의 존재이유를 들어 만인이 죽는다는 조건이 없다면 국가가 존재할 이유가 없다고 주장했지요. 그의 주장이 절대주의 국가의 이데올로기라는 말은 거짓이며 국가를 죽음의 그림자 위에 서 있다고 한 점이 대단합니다. 아무튼 지금까지도 여전한 '국민국가', 특히 대국이 그러한데 이것의 청사진, 즉 구상을 제시한 사람이 홉스로, 그는 국가를 불길한 것이라 묘사했습니다. 하지만 지금은 홉스의 사상은 잊히고 국가 만만세라는 정서만 고조되고 있지요. 특히 일본에서요. 또 미국도 만만세의 기회를 노려서 태평양전쟁까지 벌였습니다. 홉스의 구상에서 가장 깊숙한 곳에 내재된 국가의 불길성은 잊혀서 단절되어버린 것입니다. 그렇게 볼 때 홉스의 구상은 예언으로서 적중한 면―맑스의 「공산당선언」 첫머리에 나오는 부르주아의 획기성이라는 문구가 완벽하게 들어맞듯 홉스도 적중시킨 면―과는 또다른 면을 지니고 있습니다. 즉 죽음의 그림자 위에 선 국가라는 면은 전혀 계승되지 않고 있는 것이지요. 이는 청사진의 시대가 지닌 '역사의 아이러니'입니다. 전통적인 사회에서는 설계도 따위를 만들지 않았으니 아마도 그런 건강한 부분이 전면적인 청사진의 시대와는 다른 시대를 조성했다고 봅니다.

다만 저 개인적으로는 보다 근본적이고 보편적인 문제가 새롭게 자각되지 않으면 안 될 시대가 도래했다고 생각합니다. 간단히 말하면 '고도문명' 그 자체가 지닌 원죄라고나 할까요.

문명의 원죄와 맑스주의

A 맑스는 뛰어난 사회과학자인 동시에 혁명가이기도 했습니다. 새로운 사회가 온다, 사회를 변화시키자라는 복음 같은 것을 지니고 있었지요. 그 복음이 없었더라면 맑스의 자본주의 분석이 세상에서 이토록 힘을 가질 수는 없었을 것입니다. 일본의 사회과학 역사에서도 맑스주의의 전통은 매우 깊어서, 일례로 아리사와 히로미(有澤廣巳) 씨는 정년퇴임을 맞아 자신의 동료였던 야마다 모리따로오(山田盛太郎)를 거론하며 "사회과학에서 사회를 여러모로 파고들었지만 그 암반까지 파고든 이는 야마다가 처음이었다"라고 했습니다. 일본 사회과학의 역사를 백년 정도로 볼 때 맑스주의의 분석을 그렇게 간단히 내릴 수는 없습니다. 그속에서 배우지 않는다면 다음 단계로의 발전은 불가능하니까요.

그러나 그게 여간 어려운 일이 아닙니다. 우노 코오조오(宇野弘藏) 씨의 경우, 사회과학 분야를 집요하게 파고들어 자본주의 경제분석에 있어 대단히 명쾌한 성과를 거두었습니다. 우노 씨는 스스로 자숙하여 혁명을 논하지 않고 이데올로기에 대해서도 언급하지 않았습니다. 그렇게 처신하기가 당시로서는 대단히 힘들었을 텐데도 맑스경제학을 하나

의 학문으로 정착시키는 데 크게 공헌했지요. 하지만 그 결과 우노학파
는 아카데미즘의 한 유파가 되고 맙니다.

후지따 그러니까 그런 건 감정을 수반하지 않는 전두엽적 지성이며,
로런스(D. H. Lawrence)의 말을 빌리면 '현대문명'이라는 병에 걸린 인
간적 현상입니다. 학교교육의 폐해도 그 때문인데, 전두엽을 통해 뭐든
지 주입하려 드는 건 잘못된 방식입니다. 말이 잘못된 것은 아니더라도
생명체로서의 인간이 맺는 관계 자체가 잘못되어 있다고 생각합니다.
우노 씨같이 과학으로서의 맑스주의자라는 말은 학자의 자기방어로서
는 그럴듯하지만 그래서는 의미가 없습니다.

맑스의 경우는 다릅니다. 부르주아가 사회적 권력을 획득하고 산업
화가 진전되어 거기서 사회적 불행이 생겨나는 현실이 있었잖아요. 그
사회적 불행은 엄청난 것이었습니다. 공황과 실업이 뒤따랐지요. 농촌
으로부터 뿌리뽑힌 자들이 공장이라는 수용소로 몰려들어 채찍을 맞아
가면서 노동력으로 훈련되는 감옥노동이었지요. 맑스주의는 그러한 사
회적 불행의 해결책으로 등장했습니다. 사회적 불행을 해결하려는 태
도를 부정할 생각은 없습니다. 일본인으로서 말하면, 일본에 기구화된
사회가 출현했고, 또 스스로도 그 피해를 입게 되는 불행을 해결하려는
뜻이 없는 순수학문이라는 것을 나는 믿지 않습니다. 순수학문을 걷어
내버렸다는 점이 맑스의 공적 중 하나입니다. 그 동기는 잘못된 결과와
는 별개입니다. 잘못을 저지를 권리는 모든 사람에게 있으며 만약 잘못
을 저지르지 않는 사람이 있을 수 있다면 신을 만들 필요가 없었겠지요.

정말 작은 국부적인 문제에 한정하여 '엄밀한 분석'을 하면 '과학적
진리도'는 높아지겠지만 눈앞의 사회적 불행과는 무관한 것이 되고 맙
니다. 따라서 러쎌이 행하고 말한 바와 같이, 복잡한 계산을 해본 결과

확실성은 실은 개연성일 뿐이며 결국 중요한 것은 상식이라고 생각하는 편이 우리 같은 보통 사람들에게는 더 건강한 해결책으로 보입니다.

A 올 1월 어떤 심포지엄에 생물학자들까지 포함해서 여러 사회과학자들이 모였는데 마지막에 어떤 분이 "오늘 이야기 중에는 알아들을 수 있었던 것도 있고 없었던 것도 있었지만 내가 가장 납득할 수 없는 것은 여러분들의 발언 속에 사회문제가 없다는 점이다. 사회과학은 사회문제가 있어서 생겨난 것이다"라고 지적하더군요.

후지따 나는 사회과학이라는 개념에 대해 부정적입니다. 사회연구라고 부르는 걸로 충분하지 않습니까? 사회과학이라는 개념을 만든 것도 대개는 맑스주의자들로 그들은 과학성을 특히 강조했습니다. 과학적이려 노력하는 것과 이것이 과학이다라고 단언하는 것 사이에는 상당한 차이가 있습니다. 그때야말로 자기억제의 태도가 요구되는데 사회연구라고 하면 뭐가 나쁩니까? 카마따의 『죽어버린 풍경』은 움직일 수 없는 사실의 기록이지만 그는 이를 사회과학이라고는 칭하지 않으며 자신을 그저 르뽀작가라고 말할 뿐입니다. 내가 보기에는 이쪽이 더 바람직하며 건전한 태도라고 생각됩니다. 이와는 반대로 '과학'의 독점은 불건전합니다. '과학'이 왜 값비싼 말이 되었는가, 그건 청사진의 시대에 와서 그렇게 변질된 것이라고 생각합니다.

나 역시 '근대' 역사과정의 대략적 문제를 파악하고 그 문제들의 지도 위에서 맑스는 어떤 위치에 있었던가 하는 식으로 해석해보려 합니다.

오늘날의 단계에서는 더 큰 사회적 불행이 세계적인 규모로 엄연히 존재하고 있습니다. 그것의 성립과정을 정확히 서술하고 해결하려고 노력하는 태도가 제2, 제3의 새로운 '맑스'로 나타나야 할 때입니다. 그러나 이미 개인이 그것을 해내기란 불가능한 시대이므로 그런 집단을 전세계적으로 어떻게 만들어낼 것인가, 그것이 오늘날의 과제라고 생각합니다.

떠맡는다는 것

A 지금 주신 말씀과 관련해서 여쭙고 싶은 점이 두가지 있습니다. 하나는, 저나 더 젊은 세대의 사회과학자, (웃음) 사회연구자들의 요즘 관심이 사회의 불행에 촉발되어 사회를 연구하던 때와는 이미 달라진 게 아닐지요. 일본이 후진국으로 가난했던 시대에는 후지따 씨가 말씀하신 형태의 사회과학이 성립되었고 그런 사회과학자들이 모였겠지요. 하지만 이제 일본사회가 이렇게 풍요로워졌는데 도대체 무엇을 자신들의 원점(출발점)으로 삼아야 할까요? 사람들은 어떻든 평온하게 살아가고 있는데 당신들은 실은 이렇게 불행합니다라고 쓸데없는 참견을 할 필요는 없지 않을까요? 일본사회가 실제로 상당히 살기 좋아지고 그래서 오히려 어떻게 생각해야 좋을지 모르게 되어버린 것입니다. 그렇다고 쉽게 딱 잘라 말할 만한 공식에 의존하고 싶지도 않고 말입니다.

후지따 여전히 그런 부분을 잘 모르겠습니다. (웃음) 무엇을 가지고 좋아졌다고 말하는 것인지, 나는 나빠졌다고 생각하는데 말입니다.

A 그렇습니까? 이 부분이 의견이 갈라지는 지점일지도 모르겠군요.

후지따 의견인지 사실인지가 문제지요. 다른 사람에게 불행을 떠넘기는 것이 자신에게 불행한 일인가, 아니면 자신이 불행을 떠맡고 있는 것이 스스로에게 불행한 일인가 하는 문제입니다. 따라서 여기에는 감각과 삶의 방식에 있어서 거의 결정적인 차이가 내포되어 있는 것입니다.

나는 메이지 이후의 일본인 중에서는 모리 오오가이가 가장 훌륭하다고 생각합니다만, 그가 릴케(Rainer Maria Rilke)의 희곡 「일상생활」 (Das tägliche Leben)을 번역했었지요. 잡지 『타이요오(太陽)』의 기자가 이 작품을 어떻게 번역하게 되었느냐고 묻자 오오가이는 이렇게 대답했습니다.

"이 책에 나오는 화가의 모델은 열심히 어머니께 최선을 다하지만 그 것을 효행이라고 생각해서는 안 됩니다." 오오가이는 효행이라는 일본어에서 전해지는 개념과는 전혀 다르다고, 다른 예를 들어가면서 설명합니다. 버나드 쇼(G. Bernard Shaw)의 「악마의 제자」(Devil's Disciple)라는 작품인데, 디크라는 남자가 목사 부부의 집에 들러 차를 마시면서 잡담을 하고 있습니다. 그런데 목사가 볼일 보러 나간 사이 적군 병사가 목사를 체포하러 들이닥칩니다. 그는 디크를 목사로 오인해 체포합니다. 그때 디크는 자신이 목사가 아니라고 밝히면 될 것을 한마디도 하지 않고 묵묵히 끌려가서 대신 죽습니다. 거기까지 줄거리를 이야기한 뒤 오오가이는 다음의 설명을 덧붙였습니다.

여기까지만 이야기하면 디크는 대단히 어질고 의로운 사람으로 들릴지 모르지만 그는 그저 지나가던 평범한 사람일 뿐 어질다든가 의롭다든가 하는 것과는 다른 그 무엇에 지나지 않습니다. 마치 고대 종교 속에서 여러 덕목으로 꼽히던 것들이 후에 사원의 율법이나 규칙, 계율이 되었듯 인이나 의도 그런 식으로 도그마(교의)가 된 것입니다. 그것이 좀더 형해화된 것이 오늘날 일본에서 통용되는 효나 인이나 의입니다. 그러한 것들은 모두 껍데기이며 표면상의 도구로 쓰이고 있을 뿐입니다. 그의 설명에 의하면 정작 중요한 것은 그렇지 않은 그 무엇이라는 것입니다. 이 글을 읽고 '바로 이거다!' 하고 나는 생각했습니다. 그러한 부분을 오오가이는 그 시기에 이미 꿰뚫어 본 것입니다. 20세기 초

에 말입니다. 러일전쟁 이후, 1차대전 무렵 타까야마 초규우(高山樗牛)
나 와쯔지 테쯔로오(和辻哲郎) 등이 니체나 키르케고르에 몰두하여 그
들의 저서들을 번역해 학자 장사를 하고 있을 때 오오가이는 조용히 희
곡 「일상생활」을 번역했던 것입니다. 기자에게 풀어준 설명도 기가 막
히지요.

우연히 들이닥친 어떤 불행을 떠맡는 것입니다. 사태를 알게 되는 순
간 '나는 목사가 아니다. 사람을 잘못 봤다'라고 말하면 벗어날 수 있는
것을 말하지 않겠다, 말하고 싶지 않다고 하는 감각…… 바로 그게 오늘
날에는 없어지고 말았구나 하는 생각이 듭니다.

맑스가 살았던 바로 그 무렵, 뿌리째 뽑힌 실업자들의 사회적 불행이
그의 눈앞에 널려 있었을 것입니다. 그것을 그냥 두고 보지 못하고 침묵
하며 보아넘기지 못하는 감각, 오늘날에도 지구상에는 그와 비슷한 일
들이 도미노현상을 일으키며 대규모로 벌어지고 있다고 생각합니다.

A 지난 4월 한국에 다녀왔습니다. 서울에서 맑스경제학 쪽 사람들 모
임에 참석했었지요. 한국에서는 맑스주의가 10여년 전까지만 해도 허
용되지 않았고 서울대학교에서 맑스경제학 강좌가 개설된 것도 최근입
니다. 그래서 그런지 그들의 모임은 대단한 활기를 띠고 있었습니다. 이
야기에 열기가 배어 있었습니다. 우리 한국을 어떻게든지 바꿔나가야
겠다, 이 세상을 어떻게든 바꿔나가야 한다는 강한 열망이 밑받침되고
있는 듯했습니다. 그런데 그들이 어떤 논리를 내세웠는가 하면, 예를 들
어 한 학생이 제국주의를 연구하고 있다기에 제국주의 국가는 어떤 나
라인가, 일본은 거기에 포함되는가 하고 묻자 일본은 제국주의 국가에
속하지 않는다고 했습니다. 하물며 한국은 말할 것도 없다, 일본도 한국
도 미국에 종속되어 있다는 겁니다. 그 이유로 '생산력이 다르다'라는

겁니다. 그래서 생산력의 높고 낮음을 어떻게 재는가, 노동생산성의 경우 일본 쪽이 우월한 산업이 많다고 되물었습니다. 그러자 그는 생산력은 양적으로 비교할 수 없는 질의 차이라고 했습니다. 미국의 생산력을 밑받침하고 있는 것은 우주산업, 정보산업, 바이오테크놀로지, 이 세가지이며 일본의 경우는 자동차, 가전제품, 공작기계, 이 세가지로 그 질적 수준이 다르다는 겁니다.

후지따 꽤 재미있는 지적이군요. 우주산업과 자동차산업이라는 표현이 말입니다.

A 군사 부문을 중시하는 측면에서는 미국의 기술체계가 뛰어나지만, 군사 부문에 편중되어 있기 때문에 미국경제가 일본이나 한국 등으로부터 이토록 어려움을 겪고 있는 사태는 제대로 보지 못한 것이지요. 금방 쓰러진다, 쓰러진다 하는 소리를 들으면서도 한국은 온갖 어려움을 훌륭히 극복하고 크게 성장하고 있습니다. 이러한 다이너미즘을 설명할 수 없다면, 현상에 대한 분석이라고 할 수 없지요.

후지따 아니, 나는 지금의 일본은 경제제국주의 국가라고 생각합니다. 일본은 경제적 동기에만 집착해서 다른 나라, 특히 제3세계에 대한 수탈에 의존하여 존속되고 있다는 점에 주목한다면 명백한 경제제국주의이며 자본수출도 펑펑 하고 있으니 새로운 유형의 제국주의가 아닐지요.

A 제가 말하고자 하는 바는 일본이 제국주의인가 아닌가가 아니라 그 한국인 연구자의 사고방식에 관해서입니다. 그는 하나의 도식을 세워 모든 사태를 거기에 맞추려 하고 있습니다. 그러한 도식은 다름 아닌 그의 한국 내 정치적 입장에서 유래한 것이지요. 그런 입장에서 본다면 한국은 자본주의의 약한 고리 중의 하나가 아니면 안 되기 때문이지요. 미국을 중심으로 한 세계자본주의 속 하나의 고리로서 한국이 존재

하고 따라서 한국은 먼저 미국 제국주의로부터 독립하지 않으면 안 된다는 겁니다. 그의 정치사상이 옳다면 그렇게 될 수밖에 없겠지요. 일본의 맑스주의자들도 비슷한 주장을 많이 했습니다. 일본 자본주의의 취약성이라든가 후진성 등이 지적되곤 했지요. 그러지 않으면 그들의 혁명노선이 정당화될 수 없기 때문이겠지요. 그러나 이는 인식의 측면에서 볼 때 대단한 억지이며 자신이 미리 취한 태도에 맞춰서 세상을 보는 것에 불과합니다. 이러한 태도는 일본의 맑스주의자들도 이제는 그다지 취하지 않는 방식입니다만.

후지따 그럴까요? 있어요, 그런 것이 집단적으로 몇십만 단위로 있지 않습니까. 미리 정해놓은 것에서 벗어난 것은 현실로 간주하지 않는, 그런 태도가 언제부터 맑스 제자들 중에서 생겨났는지, 이는 대단히 중요하고 재미있는 문제입니다. 아니, 이야기를 끊어서 미안합니다, 계속하십시오.

A 한국의 사태가 일본에 비하면 차이는 있지만, 지금 한국이 사회주의혁명을 해야 하는가의 문제에서 저는 필요없다고 보고 있습니다. 그럼에도 불구하고 그들은 맑스주의를 선택했고, 목표를 품게 되어 활력이 넘쳐 보입니다. 이는 앞에서 말씀하신 오오가이의 이야기와 연결되리라고는 생각하지 않습니다만, 굳이 자처해서 불행을 떠맡는 것과 흡사한 면이 있습니다. 저도 그것을 청년기의 살아가는 방식이라고 긍정하고 싶습니다. 지금 일본의 대학생은 혁명 같은 거창한 문제에는 관심이 없지요. 사회에 대해 별 불만도 없습니다. 조촐하게 정산해서 50년 뒤의 인생까지 설계하고 있지요. 이래도 괜찮은 걸까 하는 생각은 듭니다. 하지만 제가 생각에 빠지곤 하는 것은, 사회가 행복하다는 건 바로 이런 게 아닐까 하는 가능성에 관한 성찰 때문입니다. 만약 그렇다면 현

상에 대해 초조해해서는 안 된다, 사람들의 작은 행복을 비웃거나 폄하해서도 안 된다는 생각이 들기도 합니다. 혁명을 꿈꿀 수 있었던 우리들 세대보다 도리어 지금의 젊은이들에게 더 높은 철학이 필요하다는 생각이 듭니다.

한국학생들 이야기로 돌아가면, 그들이 보고 있는 것은 자신들의 불행이 아닐 것입니다. 타인의 불행을 떠메고 행동하는 건데, 나는 거기서 굳이 말하자면 일종의 교만이나 엘리뜨주의 같은 것을 느낍니다. 우리는 일본 속에 안주하고 있습니다. 이에 비하면 한국의 학생들은 훨씬 훌륭합니다. 정의감을 느끼게 해줍니다. 그러나 그 정의가 두렵다는 생각이 듭니다. 사람들을 대신하여 자신의 판단을 강요하는 것이 정의라는 이름하에 가능해지기 때문입니다. 혁명도 그렇지요. 자신의 생각을 다른 사람에게 강요하고 다른 사람을 대신하여 생각하는 것이 가능하다고 착각하게 되니까요. 맑스주의의 문제점이 바로 여기에 있습니다.

혁명이란 무엇인가

후지따 혁명이란 도대체 어떤 형태로 이루어지는 것인가, 무엇을 혁명이라고 말하는가. 예의 「공산당선언」도 지금까지의 역사상 존재했던 모든 계급이 이룬 것을 전부 다 합쳐도 부르주아가 성취한 것에는 훨씬 못 미친다고 했습니다. 그것은 혁명이지요. 혁명이 꼭 폭력적으로 정치권력을 탈취하는 일만은 아닙니다. 사회구조를 바꾸는 일일 뿐이지요. 나는 시오사와 씨 같은 분이 그야말로 이론적으로 그렇게 생각하고 앞에서 말한 학생과 상호 비판하는 것은 대단히 중요한 일이라고 생각합니다. 고도로 발달한 자본주의 국가가 정치적으로 식민지일 수 있는지 같은 문제들을 논하는 것 말입니다.

A 식민지요?

후지따 예, 식민지 아니면 종속국이라 할지요, 예를 들어 위성국이라 일컬어졌던 나라들은 식민지라고는 부르지 않는 것인지 등의 문제도 포함해서 말입니다. 고도로 발달한 자본주의 국가에서 옛날 식민지로 불리던 나라에서와 동일한 정치적 종속——명령·복종관계에 있는 것——이 있을 수 있는가. 또 있어도 괜찮은 것인가. 일본정부가 약간은 그런 것 같은, 약간이 아니라 많이 그런 것인지도 모르지만, 이러한 문제를 우리가 새롭게 제시할 필요가 있을 겁니다. 해결해야 할 여러가지 문제가 있지 않습니까? 지금 한 얘기는 내가 금방 생각해낸 하나의 예일 뿐이지만 말입니다.

말이 질문 형식을 띠고 있다고 하더라도 결코 질문이 아닌 경우가 있지요. 아이가 나뭇잎은 왜 푸르냐고 말할 때 그것은 질문이 아니라 경탄의 말입니다. 푸르다고 하는 사실을 발견한 데 대한 놀라움이므로 그에 대한 옳은 대답은 푸르니까 푸르다고 말하는 것으로 족합니다.

A 아까 후지따 씨께 여쭙고 싶은 게 두가지 있다고 한 얘기로 돌아가자면, 최초의 구상에 관한 이야기와 관련하여 사회주의 사상의 가장 핵심은 새로운 사회를 설계할 수 있다는 사고방식이잖아요. 맑스 자신은 매우 자제했지만 말입니다.

후지따 하지만 「고타강령 비판」에서처럼 다른 사람의 구상에 대한 비판은 했지요.

A 그렇지요. 그에게서 뛰어나면서도 교묘하다고 느껴지는 부분은 바로 혁명 후의 사회가 어떻게 움직여나갈 것인가에 대해 구체적으로 말하지 않은 점입니다. 「공산당선언」 같은 것을 읽어봐도 '모든 생산용구

를 국가의 손에 집결시킨다'라는 정도의 언급밖에 없거든요. 하물며 계획경제를 어떻게 운영할 것인가에 관한 말은 일체 없습니다. 공산주의에서는 계획적 생산이 이루어진다는 말뿐입니다. 그러나 이 계획이라는 것이 실은 사회 전체, 나아가서 국가 규모의 경제관련 분야 전체를 통제해버리려는 것 아닙니까. 뒤집어서 말하면 사회는 조작 가능한 것이라고 생각하는 겁니다. 국가권력을 쥐기만 하면 경제는 어떻게든 될 거라는 생각이지요. 그런데 실제로는 그렇게 되지 않았던 거지요. 이제는 계획경제 자체가 현실에 의해서 그 무력함을 지적받고 있습니다. 이는 러시아혁명 이후 70년 동안을 보더라도, 그리고 2차대전 후의 동유럽 40년만을 보더라도 자명합니다. 그렇다면 이 사회주의 또는 혁명주의, 다시 말해서 새로운 사회를 설계할 수 있다는 사상 자체에 역시 문제가 있다고 할 수밖에 없지 않겠습니까.

후지따 그 모든 문제는 '근대' 청사진의 시대에서 기인한다고 생각합니다.

보수주의의 정의와도 관련됩니다만, 나는 가장 이상적인 삶의 방식의 모델로서 데르수 우짤라(Dersu Uzala)를 꼽습니다. 아르쎄니에쁘[5]가 묘사한 데르수 우짤라를 말합니다만 그만큼 위대한 사람이 없습니다. 지금 나 같은 사람은 살아지고 있을 뿐이지 살고 있다는 느낌은 전혀 없습니다. 그렇게 볼 때 데르수 우짤라는 정말로 살고 있어서, 먹을 것을 거두면 모두와 공평하게 나누고 즐겁게 이야기를 나누며 누가 이

---

5) Владимир Клавдиевич Арсеньев(1872~1930): 러시아의 극동탐험가, 지리학자, 인류학자. 시베리아 탐사 경험을 책으로 써서 1923년 『데르수 우짤라』를 발표한다. 데르수 우짤라는 탐사대의 길안내를 맡은 원주민 사냥꾼으로, 고리끼는 그를 "우리 문명에 대한 심판자이며 예술의 본질을 일깨워준 선구자"라고 칭송했다고 한다.

곳을 지나갔는지조차 발자국으로 알아내는 지혜까지 갖추었습니다. 그의 삶의 방식과 내 삶의 방식 사이의 간극이 너무도 커서 눈이 휘둥그레질 정도입니다. 내가 생각하는 보수주의란 개인적으로는 데르수 우짤라가 연상되는, 그 같은 공동사회를 염두에 둔 것입니다. 그렇다면 설계도는 필요없지요. 지구는 한정되어 있고 생활이 가능한 지대도 한정되어 있는데, 그 삶터에 정통하고 그것을 숙지하며 그것과 깊이 교유하면서 살아가는 상태가 가장 바람직하지요. 무리하게 청사진을 제시해서 뭔가를 할 필요는 없다, 이에 가까운 자세가 바람직하다고 생각합니다. 물론 내 개인적인 의견이지만 말입니다. 하지만 현실에서는 나쁜 인간도 있고 나쁜 구조도 있어서 사회적 불행이 야기되는 이상 그냥 두고 볼 수는 없다, 어떻게 할 거냐를 묻는다면 역시 그때의 제반 조건에 정통하는 일밖에 없다고 생각합니다. 그 제반 조건을 찾아낼 수 있는 편의수첩 같은 건 없습니다. 복잡한 것이니 있을 리가 없지요. 예를 들어 아무리 분자생물학자라 할지라도 생명체 자체가 복잡해서 생명이 무엇인지도 전혀 모르면서 유전자 구조만을 바꾸려 드는 것은 잘못입니다. 이 때문에 제반 조건에 정통하려는 노력이 중요합니다. 내게는 정통한 사람이라고 말하는 사람이 도리어 엉터리로 보입니다.

　A 맑스에게는 사람들로 하여금 모든 걸 다 안다고 생각하게 만드는 그 무엇이 있다고 생각합니다. 맑스가 대단히 정확하게 사회의 불행이나 악, 그리고 구조를 파악해냈다고 하는 것의 이면에는 그 분석에서 도출된 귀결을 사람들에게 믿게 하는 마력 같은 것이 있다는 사실을 종합적으로 이해하지 않으면 안 될 것입니다. 후지따 씨가 말씀하신 자제 같은 것을 지닌 사람만을 맑스주의자라 부르고 그 나머지는 맑스주의자가 아니라 그 아류라는 식으로 갈라낼 수는 없을 것입니다.

맑스주의자와의 부분적 합작

후지따 나는 한번도 스스로를 맑스주의자라고 생각해본 적이 없습니다. (웃음) 완결적 체계에 관해서는요. 따라서 하나의 사례로 간주되어서도 곤란해요. 다만 맑스주의자와 함께 정치행위를 한 경험은 많습니다. 그때는 확실히 이 행위를 이런 형태로 함께한다고 스스로 한정하고 있었으니까요. 이는 전쟁 전이었다면 있을 수 없는 일로 전시에는 그 같은 설익은 어중간한 선택을 할 수가 없었습니다. 코자이 씨같이 몸과 마음을 다 바쳐서 파고들 수밖에 없었겠지요.

맑스주의란 무엇이었던가라는 물음에 대한 대답으로서, 어떤 형태로든 총결산을 할 필요가 있다고 한 시오사와 씨의 뜻은 잘 압니다. 새로운 단계에 와 있으니까요. 문명사적으로 완전히 새로운 단계에 진입한 것이지요. 그런데 예를 들어 소련만 하더라도, 오래전부터 그렇게 생각하면서도 정치적인 배려 때문에 말은 하지 않았지만 어째서 제국주의 반대를 외치면서 러시아제국의 영토만은 그대로 계승하는가, 이 점은 중국도 마찬가지로 이해가 되지 않습니다. 사회주의와 양립이 안 되는 겁니다.

A 소련의 국명, 정식으로는 소비에뜨사회주의공화국연방이라는 명칭 속에는 고유명사가 없습니다. 그것은 한편으로는 만국의 노동자에 대한 연대의 표명으로 혁명을 일으켜서 소비에뜨 권력을 수립하면 지구상의 어디든 소련과 연대할 수 있다는 원칙을 보여줍니다. 그러나 또 한편으로는 스딸린이 그랬듯이 소비에뜨 정권을 세우기만 하면 합병을 해도 좋다는 이야기이기도 합니다. 실제로는 후자만이 의미를 지녔습

니다. 최근 소련에서 온 아르메니아인과 이야기를 나눠보니 레닌보다 스딸린 쪽이 낫다고 합니다. 레닌은 영토를 많이 잃었지만 스딸린은 되돌려 받았기 때문에요. (웃음) 그 사람은 공산당원인데, 역시 나라는 큰 게 좋다는 식의 단순한 감정이 사람들 속에 퍼져 있는 겁니다.

　후지따 무엇보다도 '대조국(大祖國)전쟁'이라는 슬로건이 그렇습니다. 위기상황에서 살아남기 위해서는 내부로부터의 응집된 힘이 필요하기 때문이겠지요.

　A 이야기를 조금 되돌려서 맑스주의의 대차대조표를 논하는 이상 무엇을 이어받고 무엇을 거부할 것인가에 관해 생각해봐야 할 텐데 그 점에 대해 후지따 씨는 어떻게 생각하시는지요?

　후지따 맑스주의자도 한 사람 한 사람 각기 존재하는 것 아닙니까.

　A 그 각각의 사람들에게 물어봐야 한다는 말씀입니까?

　후지따 아뇨, 아뇨. 그 사람이 제반 조건에 정통하기 위해 노력하고 있느냐 아니냐를 구체적인 조건 속에서 가려보고 싶은 겁니다. 이 사람이라면 이런 일은 함께할 수 있겠구나 하는 판단을 할 수 있기를 바라는 거지요.

　A 하지만 그것은 개인의 태도고, 그 개인이 맑스주의라는 체계를 받아들여 자신의 사고를 묶어둔다면 그 묶인 상태에 대해 지금 이 시점에서의 생각이 있을 것 같은데요. 그런 '사정에 정통해 있다'라는 태도를 취하는 사람과 그렇지 않은 사람을 구분하여, 후지따 씨는 이런 표현을 쓰진 않으실지 모르지만, 이쪽은 좋은 맑스주의자, 저쪽은 나쁜 맑스주의자라고 한다 하더라도 그것은 맑스주의를 논하는 것은 아니지요.

　후지따 그런데 나는 나쁜 맑스주의자가 있다는 것은 알지만 누가 나쁜 맑스주의자인지는 잘 모르겠어요. 나쁜 쪽의 명단은 만들 수가 없습니다. (웃음) 좋은 쪽은 말할 수 있지요, 코자이 씨라든가 이시모따 쇼오 씨 같은. 이 사람들은 맑스주의의 문제점에 대해 아주 잘 알고 있었고 그러면서도 깃발을 내리지 않았습니다. 그 이유를 따져 묻지는 않았습니다. 그 사람들에게 여러가지를 배우면서 함께 행동할 수도 있었습니다. 행동의 방향은 시오사와 씨가 말한 사회적 악이나 불행을 향해서였지요.

　하지만 사회적 불행이라 하더라도 불행을 불행으로 받아들이는 쪽의 문제가 있으므로, 그것은 아까 말한 일본의 현 상황이 좋은지 나쁜지의 문제와 연관이 있습니다. 내가 불행이라 생각하는 것을 받아들이는 쪽이 좋다고 말하더라도 그건 자유니까, 그런 쪽이 훨씬 더 많으면 그것은 불행이라고밖에 할 말이 없습니다. 말이란 참 까다로운 것이죠? 이야기가 복잡해졌지만, 악을 받아들이면서도 꼭 나쁘게만 여기진 않는 사람, 다시 말해서 무관심의 공모라는 것이 있지요. 이런 말이 있습니다. '적은 최악의 경우에도 너를 죽일 뿐이다. 친구는 최악의 경우에도 너를 배신할 뿐이다. 그러나 무관심이 밑받침된다면 학살과 배신이 횡행하게 된다.' 그러므로 사회적 불행의 해결책은 노력, 그것도 모두가 함께하는 사회적 행동으로서의 노력이라고밖에는 달리 정의 내릴 수 없습니다. 그러나 해결할 수 있다고 단언하는 경향이 맑스주의 역사 속에서 강해져갔습니다. 일종의 변질이지요. 사회주의의 비정통적인 산물로서 전체주의적인 것이 등장한 것입니다. 이는 분명 일종의 돌연변이였지만 그렇다고 부모를 전혀 안 닮았느냐 하면 결코 그렇진 않습니다. 깊이 잘 들여다보면 닮았습니다. 꼴라꼽스끼[6] 같은 사람이야 폴란드에서 고생

---

6) Leszek Kołakowski(1927~2009): 폴란드의 철학자. 주요 저작으로 맑스주의 사상을 분석한 『맑시즘의 주 흐름』(1976)이 있다.

했던 사람이니까 이것이 비정통적이라는 사실을 알고 있었습니다. 어디서 어떻게 이것이 시작되었는가는 큰 문제 중의 하나입니다. 그럼 처음에는 다 좋았던가 하면 그렇지도 않습니다. 맑스 자신도 어떤 과정 속에 있었으니까요. 이 같은 역사적 총괄은 중지를 모아야만 하는 대작업이겠지요.

그런데 최근 맑스주의 쪽에서 아무튼 이대로는 더이상 갈 수 없다고 밝혔고, 솔직한 토로라고 생각합니다. 다른 한쪽인 미국도 이제는 손을 들어도 좋을 것 같습니다. 자기들도 더이상 대국 행세를 하지 않겠다고 천명해도 좋을 것입니다. 세계에 대한 영향력을 포기한다고 말해도 이상할 것 없습니다. 국내적으로도 그러한 경제적·사회적 요인이 많이 발생하고 있으니까요. 재정 적자라든가 사회에 마약이 만연하게 되는 등 말입니다. 그런 쪽의 인간적 솔직함 같은 것을 생각하다 보면 권력이란 무엇인가 하는 문제에 부딪치게 됩니다. 맑스주의의 대차대조표보다도 권력의 본성에 대한 대차대조표가 궁금해집니다. 이 점에 있어서는 맑스주의에도 잘못이 있습니다. 권력이란 잘만 쓰면 제대로 봉사하는 도구라고 생각해왔던 거지요. 시오사와 씨가 말씀하신 중앙집권제 문제와도 연관됩니다만. 자신들이 권력을 쥐기만 하면 제대로 봉사할 것이라는……

경제권력론이 경제학에 있습니까? 대기업은 명백히 경제적 제반 행위에 대해 일종의 권력을 행사하고 있지 않습니까? 예를 들어 지금까지는 백가지의 상품을 팔았던 것을 스무가지만으로 줄이기로 결정하여 광고를 내고 그외에는 도매상에 팔지 않는다든가, 여러 유형이 있을 수 있겠지요.

경제적 권력론

A 독점자본이 단기적으로 갖는 힘은 분명 매우 막강합니다. 그러나 중앙집권적인 경제와 시장을 매개로 하는 시장경제 사이에는 큰 차이가 있습니다. 시장경제에서는 아무리 독점적 지위를 가지고 있다 하더라도 구매자에게 이익이 안 되는 일을 계속하면 반드시 경쟁자가 나타나 뒤집어버립니다. 그러므로 표면상으로는 절대적 자유를 가진 듯 보이는 독점자본 경영자라도 그런 위험을 예상해 일정 한도까지밖에는 독점권을 관철시키지 않습니다. 독점자본이라 하더라도 독재자는 될 수 없는 것이지요.

후지따 아니, 내가 주목하는 일본사회의 특성이란 개인권력이 아니라, 조직체가 지닌 권력에 대단히 민감하게 편승하는 성향입니다. 그러니까 상징적인 인물을 맨 위에 두고 경영실권자는 계속 교체되면서도 그 조직의 응집력은 대단히 강합니다. 조직체의 사회적 영향력, 즉 권력 작용을 최대한도로 잘 활용하는 사회라고 보는 거지요. 아니, 독점자본이 등장하기 이전부터 이미 일본은 그런 사회적 체질을 지니고 있었던 것 같습니다. (메이지)유신 때부터 미쯔이, 미쯔비시는 정상(政商)이었고, 지금도 어떤 회사의 일개 계장이 통산성에 보고를 하러 가면 관청에서 미리 파악하고 있다가 "예, 잘 알고 있습니다"라고 화답한답니다. 다른 회사가 동일한 보고를 했더라면 뭔가 틀림없이 체크를 당했을 것입니다. 그러니까 말하자면 정상배인 거죠. 정치권력에 영향력을 미치는 권력도 상당수 있으며 사회적 영향력도 막강합니다. 그 같은 권력의 문제를 나는 염두에 두고 있는 겁니다. 그것도 고전적인 중산모자를 쓰고 뒤룩뒤룩 살이 찐 자본가 이미지가 아니라 버넘[7]의 『경영자혁명』(*The*

Managerial Revolution)에서 언급되었듯이, 보다 '활성화'된 조직력을 지닌 경제권력에 관해서요. 특히 일본에서는 사회적으로 공인된 사생활의 영역이 넓지 않으므로 그만큼 그런 경제권력의 영향력은 더 강할 수밖에 없습니다. 어느 쪽이 원인이고 어느 쪽이 결과인지는 잘 모르겠습니다만.

이 점은 정당의 경우도 비슷해서 야당조차도 그 같은 체질을 이어받고 있습니다. 나는 야당이라면 그런 체질과는 다른 사회적 행동기준을 지니고 있어야 한다고 봅니다.

A 그 말씀에 어울릴지 잘 모르겠습니다만, 틀림없이 경제는 기업에 의해 운영되고 기업 내부에는 경제권력이 있으며 기업이 사회적으로 보유한 권력도 있다고 생각합니다. 그렇지만 거기에만 초점을 맞추어서 경제권력이 나쁘다든가——후지따 씨는 그렇게는 말씀하시지 않으리라 생각하지만——하는 건 일면적입니다. 자유주의사회에는 하나의 특징이 있습니다. 경제권력과는 별도로 정치권력이 존재하며 사법부라든가 언론이라든가 학계 그리고 그밖의 권력도 존재합니다. 그런데 맑스·레닌주의가 창출해낸 것은 모든 권력이 일원화된 사회잖아요. 경제와 정치 그리고 사상이 하나가 되어버리고 만 거죠. 거기서 스딸린주의가 생겨났습니다. 이는 맑스의 사상을 근저로 삼고 있다고 봐야 할 겁니다. 맑스만은 다르다, 그는 진정한 민주주의자이고 자유주의자다라고 말하는 사람들은 맑스의 구상이 지닌 모순은 보지 않고 맑스가 말한 '자유'만을 내세워 맑스를 구해내려 합니다. 이는 20세기 인류 최대의

---

7) James Burnham(1905~87): 미국의 정치사상가, 평론가. 1941년 발표한 저서 『경영자혁명』을 통해 현대사회의 모든 조직들이 곧 경영전문가의 지배를 받게 될 것이라 주장했다.

실험인 공산주의의 경험으로부터 제대로 배우려는 자세가 아닙니다. 일본 좌익들 중에는 소련의 사회주의는 자신들이 말하는 사회주의와 다르다, 따라서 우리하고는 상관없다는 논리를 늘어놓는 이들이 많은데 과연 옳은 논리일지, 그들이 만든 사회주의는 소련의 그것과 본질적으로 다를 수 있을지 의문이 듭니다. 도리어 그 70년간의 시행착오들을 교훈 삼아서 적어도 그 같은 비극을 되풀이하지 않는 것이 급선무라고 봅니다. 그 위에서 공산주의가 지향했던 바를 반성 자료로 삼아서 다시 한번 재구성해보는 것은 가능하겠지요. 사회민주주의 같은 사회주의의 또다른 흐름도 있고 말입니다.

후지따 그럼 또 하나의 문제, 앞에서 시장은 자유로운 선택을 매개로 한다고 말씀하셨지요. 그건 말씀하신 대롭니다만, 현대의 시장이 통제된 시장임은 의심의 여지가 없습니다. 아무튼 욕망까지 창출되고 있습니다. 확실히 갖고 싶은 마음이 들도록 광고를 하지요. 사지 않을 수 없지요. 전기제품 등을 수리해서 쓰고 싶지만, 5년 주기로 새로운 것을 사게 하는 구조로 되어 있어서 부품이 없습니다. 이 지점에서 나는 시장의 역사를 생각해보았습니다. 시장은 일본의 경우 이찌(市)라 하고 범세계적으로 인류학자들은 바자(bazar)라고 합니다. 쎄르비아의 농촌 시장에 가보고는 감동을 받았었습니다. 거기서는 물건을 살 때 일일이 흥정을 합니다. 하나씩 경매를 하는 거지요. 동적이고 상호적인 수급관계란 이런 상황을 이릅니다. 결국 적당한 쪽으로 결정이 나고, 자유롭게 선택하고 결정합니다. 이런 형태의 시장은 세계 여러곳에 많이 남아 있지만 지금 일본 시장의 형식과 실질은 이와는 전혀 다릅니다. 욕망의 개발과 가격의 통제라는 점에서 말입니다. 계획경제 쪽만 철저히 통제되고 있는 게 아니라 우리들의 시장도 분명 통제되고 있습니다. 거기서 권력의 문제는 통제하는 자와 통제당하는 자의 문제라고 생각합니다.

A 아니, 저는 통제하는 자와 통제당하는 자가 그렇게 명확하게 나누어지지는 않는다고 생각합니다. 기업 측에서 보면 어떤 것이 팔릴지 확실하게 알 수 없어 실패할 경우 전혀 못 팔 수도 있지요. 살 것인지 말 것인지의 선택권은 소비자 측에 있지요. 사람의 욕망까지 지배되는 일이 절대로 없다고는 할 수 없겠지만, 거부할 수 있다는 선택권은 형식적이라 할지라도 중요합니다. 그마저도 안 되는 사회와는 다르다는 점을 확실히 해둘 필요가 있습니다. 그 점을 무시하고 자유의 왕국이라고 말해버린 데에 맑스의 문제점이 있습니다.

후지따 동의합니다. 문제점은 있지만 나는 그런 점을 말하려는 것이 아니고, 말씀하신 총괄, 20세기의 일대 실험에 대한 반성이라고 한다면 시장의 20세기적인 형태에 이르기까지의 역사도 반성하지 않으면 안될 때가 되었음을 지적한 것입니다.

나는 문명사적으로 중대한 단계에 와 있다고 생각합니다. 모든 용어의 재검토가 필요하며, 시장이라 하면 곧바로 자유와 결부시키는 통념도 반성해야 한다고 봅니다. 그러지 않으면 오늘날의 시장이 어디까지가 자유롭고 어디까지가 통제되는 부자유스러운 시장인지를 확실히 파악할 수 없습니다. 일본의 경우를 봐도, 옛날 시장과 비교해서 지금 시장은 훨씬 더 부자유스럽지 않습니까. 대규모 조작이 이루어지고 또 그만큼 조직화가 진전되고 있으니까요.

정치적 정당성이란 무엇인가

후지따 모든 것이 재검토를 필요로 하고, 나같이 일천한 사람이 그 점에 대해 말하면 이야기가 산만해지겠지만 정치적인 면에서는 '수용소 군도'의 문제가 있습니다.

꼴라꼽스끼의 말로는 폴란드의 경우 2차대전 후 몇년간은 대단히 지각 있고 건강한 공산주의자가 상당수 있어서 1960년대 이후와는 전혀 달랐다고 합니다. 그러나 그처럼 건강한 사람들도 권력을 얻게 되면 거짓말을 한답니다. 하지만 이에 대한 자각은 있어서 냉소적이었으며 허위의식만은 없었다고 합니다. '전체주의 체제 속에서 냉소하기란 엄청난 일로 대단한 용기가 필요합니다.' 허위의식이 없다는 것은 스스로를 속이지 않는다는 것입니다. 이 점이 소비에뜨 본국과는 다릅니다. 꼴라꼽스끼는 1950년에 레닌그라드의 엘루미따주 미술관에 갔었습니다. 안내를 맡은 그곳의 부관장은 "동지 여러분, 이곳 지하실에는 부패하고 타락한 프랑스 그림들이 있습니다. 예를 들면 마띠스, 쎄잔, 브라끄 등입니다. 이런 것들은 공개, 전시하지 않습니다. 스딸린 동지는 역사는 되풀이되어서는 안 된다고 가르치고 있으니까요. 하지만 언젠가는 역사는 이런 것을 허용하지 않는다는 건전한 의지의 표시로서 이들을 전시하게 되겠지요"라고 말했답니다. 그리고 1957년에 다시 그곳에 갔는데 이번에도 역시 그 부관장이 안내를 하더랍니다. 그 사람은 미술사학자로서 미술에 조예가 깊은 사람이었지요. 그때는 해빙기여서 마띠스, 쎄잔, 브라끄 등의 작품들이 전시되고 있었는데 그에 대한 설명이 이러했답니다. "동지 여러분, 일부 부르주아 신문들은 지금까지 숨겨두고 있던 작품들을 전시하게 되었다고 말하지만, 미술관에서는 복원 등 여러 작업을 위해 일시적으로 몇개 부(部)를 쉴 때가 있습니다. 이걸 두고 감췄다는 둥 어쩌고 하는데, 보시는 바와 같이 이렇게 자유롭습니다." 학자의 정치적 발언이란 게 이런 것인가 하는 생각이 들더군요. 꼴라꼽스끼가 보기에 이 인물은 지난번에도 이번에도 거짓말을 하고 있다는 자각은 없어 보였다고 합니다. 정말 그렇게 생각했다는 겁니다. 그렇다면 정치적인 정당성은 일반적인 의미에서의 정당성과는 전혀 다른 기준 위에 서 있는 셈이 됩니다. 지금에 한해 이것은 정치적으로만 정당하다, 내일은 또 새로운 정치적 정당성이 있다, 그런 얘기지요. 이것을 중앙집권적 계획경제라는 카테고리로 묶을 수 있을지, 어쩌면 묶을 수 있을지도 모르겠지만 아마도 주석을 붙이지 않으면 이러한 행동양식을 하나의 개념 속에 묶기란 상당히 어렵지 않을까요.

자본주의의 전환능력과 전가능력

A 맑스는 분명히 시장을 비판했습니다. 그러나 지금 생각해보면 시장에 관한 맑스의 판단에 한가지 오류가 있었다고 생각합니다. 자본주의의 전환능력 또는 적응력을 잘못 본 것입니다. 자본주의의 적응력은 대단했습니다. 그것은 19세기의 맑스로서는 예측할 수 없었던 것입니다. 예언자 맑스의 불행은 19세기 중엽에 이미 자본주의의 몰락을 예언해버린 데서 기인합니다. 자본주의는 19세기에 시작되었다는 주장이 통설이지요. 자본주의를 산업자본주의로 본다면 말입니다. 맑스는 시작된 지 반세기도 안 된 자본주의의 몰락을 예언했던 것입니다. 이는 대단한 예측인 동시에, 기준이 잘못된 예측이었습니다.

후지따 맞습니다. 그러나 19세기라는 그 시대에 맑스만이 두드러진 것이 무리는 아니며 특히 사회학적 역사가로서는 정말 훌륭했습니다. 눈앞에 일어나고 있는 것들을 역사로서 서술하는 그 대단함. 말씀하신 예언자라는 표현과 관련해서 생각해보면, 그는 서른살에 영국으로 망명

했습니다. 당시 그가 염두에 두고 있었던 것은 프랑스의 계급투쟁이라
든가 프랑스혁명의 연장판 같은 문제였습니다. 또 한가지는 사회분석
대상으로서의 영국이었는데, 이는 산업혁명이 가장 먼저 일어났고 사
회적 제반 문제가 출현한 국가였기 때문입니다. 그 점에 주목하여 이론
상의 선구적 작업으로서, 앞으로 파급될 것으로 예상되는 경향을 거기
서 간취했습니다. 맑스는 그러한 사회적 불행을 초래하는 이상 그 구조
는 오래가지 못할 것이라 판단했고, 그 점은 이해가 갑니다. 다만 맑스
가 그 시점에서 쓴 터라 후대의 사람들은 맑스의 생각의 연장선상에 서
면서도 그것을 현대적 과제에 비추어 재고해봐야 했습니다. 어째서 그
렇게 하지 않았던가──그것도 하나의 역사지요. 문화의 질이라는 측면
에서 보면, 현재 우리는 문명사적 위기상황에 직면해 있습니다. 그 때문
에 현실적으로 일어나고 있는 것들을 역사로 그려내는 능력, 제2, 제3의
맑스적인 능력을 발휘하지 않으면 안 된다는 거지요. 그 일환으로 시장
의 역사를 다시 검토해보면 어떨까요. 지금 존재하는 시장을 본래적 의
미의 시장이라고 인식하면 비판성, 야당성을 잃게 됩니다. 적어도 시장
화라든가 그것으로의 이행 등을 논하려면 시장의 역사를 재검토할 필
요가 있습니다. 어떤 해답이 나올지는 각자의 자유겠지만 말입니다.

　A 러시아혁명으로 사회주의가 성립됨으로써 자본주의도 전환되었습
니다. 사회주의 존재 덕분에 자본주의가 생명을 연장한 측면도 있습니
다. 20세기 자본주의의 전환을 강제한 최대 요인은 사회주의입니다. 단
저는 그 반대의 가능성도 있었다고 생각합니다. 즉 자본주의가 지금까
지 견뎌내지 못하고 전부 무너져버려 인류의 역사가 사회주의 또는 공
산주의로 빠져들어갈 수도 있었습니다. 그 경우 존재하게 되었을 사회
와 시장경제가 승리한 지금을 비교해본다면 전자가 반드시 좋다고 말

할 수 있을까요? 예를 들어 후지따 씨가 말씀하신 문명적 위기, 특히 생태 문제에 초점을 맞추어서 생각해봅시다. 예전에는 사회주의는 공해를 유발하지 않는다고들 말했습니다. 사회주의 기업은 이윤추구형이 아니라는 점을 그 이유로 들었습니다. 하지만 실제로는 자본주의 국가보다도 더 심각한 공해에 시달리고 있습니다. 자본주의 쪽은 한때 공해가 심했습니다만 이에 대한 항의가 제기되어 비교적 빨리 수정되어왔습니다. 중요한 것은 수정능력입니다. 공산주의의 경우 수정능력이 있기는 하지만 매우 오랜 시간이 걸립니다. 자본주의 쪽이 근시안적일진 모르지만 빠릅니다. 오늘날 두 체제 간의 격차는 바로 이 점에서 기인합니다.

앞으로 문명사적으로 어떻게 전개될 것인가를 묻는다면, 시장경제가 원만하게 그 문제를 해결할 거라고 보장할 수는 없습니다. 그러나 그렇다고 뭔가 다른 형태를 모색해볼 경우에 어떤 문제가 생길지도 알 수 없습니다. 히피는 과거에 자본주의 사회를 비판하면서 자신들은 그 속에 말려들지 않겠다고 섬 같은 곳에 가서 살았지요. 그런 형태를 취하는 한 다른 사람에게는 별 영향을 미치지 못합니다. 그건 그것대로 그들의 자유입니다. 단 그들이 실은 자본주의의 잉여 부분을 얻어서 생활하는 측면이 있다고 생각하지만 더는 말하지 않겠습니다. 그들은 자신들의 생활방식을 다른 사람들에게 전파하려고 했지만 현실적으로는 생각대로 되지 않았습니다. 그것은 강제적인 운동은 아니었으나 사회를 바꿀 힘은 없었습니다. 이와 상극을 이루는 또 하나의 극단적인 예로서 뜨로쯔끼주의를 들 수 있습니다. 그들은 사회주의는 세계혁명에 의해서만 성립할 수 있다고 말합니다. 그것은 인식으로서는 옳을지도 모릅니다. 그러나 현재의 사회 내부로부터 다음 사회를 창출해낸다는 문맥 속에 넣었을 때 그것은 대단히 위험한 논리가 될 수밖에 없습니다. 혁명이 전세계에서 동시에 자연발생적으로 일어날 수 없는 것이라면, 세계혁명의 제창은 결국 소수의 사람들이 전세계를 독재하는 것을 뜻하기 때문입니다. 자본주의가 강했던 이유는 다른 경제양식을 외부에 가지고 있으면서 성장할 수 있었던 데 있습니다. 지금은 거의 전세계를 차지할 정도로까지 성장하지 않았습니까? 이를 뒤집으려고 할 때 히피 방식으로 할 수 있겠습니까, 아니면 세계혁명이 필요하겠습니까? 전자는 무력하고 후자는 너무나도 부작용이 큽니다. 위험에서 구하기는커녕 문명을 파괴해버릴 위험성마저 있습니다.

후지따 자본주의가 폭삭했을 가능성도 없지 않았다고 말씀하셨는데, 대공황 때인 1930년대에는 내로라하는 세계의 인텔리들이 모두 맑스를 읽었습니다. 맑스주의자가 되는 사람도 있고 갖가지 드라마가 생겨나 그야말로 전향연구회의 주제가 되었습니다. 그때는 명백히 자본주의 쪽이 파멸적인 상황에 직면해 있었습니다. 그것이 한가지.

또 하나는 '체제'라고 말씀하셨는데, 1982년에 쓰인 외국 책들 중에서 예리한 지적이 있었던 게 생각납니다. '지금 존재하는 세계를 경제 체제로서 본다면 세계경제의 존재형태는 오직 자본주의뿐이다'라는. 저자는 거기에 반대하는 인물이었습니다. 그리고 '사회주의라 일컬어지고 있는 것은 사회주의 운동을 하는 사람이 해당 국가에서 정치권력을 쥔 것일 뿐'이라는 지적도 사태를 매우 예리하게 파악한 것이라고 생각합니다. 나도 어떤 의미에서는 그 의견에 찬성합니다. 다시 말해서 계획경제만을 말한다면 일본 군국주의도 계획경제로 물자의 배급을 결정했습니다. 고대에도 집단의 우두머리가 분배권을 가지고 있었고 거기서 중요한 것은 분배의 공평성이었습니다. 시원시원하게 분배하는 우두머리와 독점하는 우두머리 중에 전자를 덕이 있다고 보았고 이것이 후에 중국에서는 '인(仁)'으로 개념화되었습니다. 이 교의적 개념화로부터 오류가, 허위의식이 시작되는 것 아닙니까. 분배 문제는 어느 사회에서나 핵심적인 문제입니다.

분배권을 가진 사람이 특권화된 사회는 전세계적으로 보아 좋은 사회라고 말할 수는 없지만 그러한 역사가 산더미만큼이나 많이 있어왔습니다. 분배권의 특권화 말입니다. 더욱이 집단이 대규모화하면 어려움도 늘어납니다. 루쏘(J. J. Rousseau)의 『사회계약론』(Du contrat social)에서도 그런 지적이 있습니다. 규모가 커지면 안 된다고 되풀이해서 강조하고 있지요. 미국이 예전에 정치적으로 건강했던 것도 민회(townmeeting)의 전통이 있었고 주(州)의 수도가 대부분 내도시가 아니었기 때문입니다. 수도는 매우 작은 도시라도 어디서나 등거리여서 모두가 모이기 쉬운 곳에 위치했습니다. 요즘은 텔레비전을 잘 활용하면 집 안에 있으면서 민회가 가능하다는 주장이 있잖아요. 어떻게 그런 소리를 할 수 있는지. 사람 간의 접촉 없이 텔레비전을 매개로 한 것은 2차적인 모임으로, 만일 그것을 통제하려는 사람이 나타난다면 지배할 수 있게 되지요. 러쎌이나 래스키(H. J. Laski)가 말했듯이 '민주주의란 영원한 탐구과제이지 실현된 것으로 존재하는 것은 아'닙니다. 그럼 무엇이 탐구과제인가 하면 최악의 인간이 권력을 잡더라도 최소한의 피해만을 입도록 노력하는 것이라고 합니다. 민주주의란 이상적인 상태라기보다는 최소한의 목표인 것이지요.

민주주의라는 개념만 하더라도 그 역사가 시작된 지 불과 2세기 동안에 엄청나게 변해왔습니다. 시장의 경우도 마찬가지로, 말씀하신 바와 같이 자본주의가 폭삭할 가능성은 얼마든지 있었고 폭삭하는 게 더 좋다고 생각하는 편이 그 속에서 살고 있던 사람으로서는 보다 건전한 반응이었다고 할 수 있는 시대가 있었습니다. 자본주의의 입장에서 보면 다행히 미국은 케인즈 이론을 도입하여 상당한 정도까지 해냈다고 생각하지만 검증 가능성(testability)의 관점에서 보면 검증을 거치지 않고 세계대전과 더불어 군수경기로 치달았습니다. 그렇다면 뉴딜정책은 최종적으로 그것만으로 성공한 것일까, 그것을 수정능력이라고 말해도 좋은 것인가. 2차대전 후의 경우에는 자체 부담을 다른 곳으로 전가하는 형태의 수정이었으며, 그럼으로써 국내 단위에서 발생하는 사회문제는 막을 수 있었지만 대신 다른 지역이 비참한 상태에 빠지게 되었습니다. 거기서 문명사적 문제가 발생했다고 생각합니다.

A 미국이 세계 대부분의 자원을 동원해 자본주의 사회를 성립시킨 것은 사실입니다. 그러나 그 때문에 제3세계 또는 후진국이 착취당하고 모두 종속되어 버렸다고 생각하는 데도 문제가 있습니다. 맑스경제학에 종속이론이 있습니다. 후지따 씨 견해와는 다르겠지만, 그것은 요컨대 중심부와 주변부를 구분하고 중심부에 의해 주변부가 지배를 받아 발전할 수 없다는 이론입니다. 1960년대까지만 해도 개발도상국에서는 대단히 유력한 이론으로 받아들여졌었지요. 독립을 쟁취한 나라가 그 노력에도 불구하고 원하는 대로의 경제발전에 실패하자 왜 그런지를 탐색하고 있던 시기에 종속이론은 대단히 매력적일 수밖에 없었던 겁니다. 그후 현실적인 움직임을 보면, 한국·대만 등 NICs 내지 NIEs라 일컬어지는 나라들, 나아가 아세안제국(諸國)의 출현에 의해 이 이론은 절반 정도는 부정되고 말았습니다. 어떻게 해서 이런 나라들이 출현하게 되었는가를 설명하기 위해 종속이론은 다음 단계로 들어갑니다. 그런데 이 이론의 문제점 중의 하나는 제3세계 지적 지도자들의 면죄부가

된 점입니다. 즉 원인은 외부에 있으며 우리가 발전하지 못하는 것은 외부의 탓이라는 사고방식을 갖게 한 것입니다. 물론 그런 측면도 있기는 하지만, 일단 시장을 매개로 서로 합의하에 거래하고 있는 이상 그 나라 사람들에게도 절반의 책임은 있게 마련입니다. 열대우림의 마구잡이 개발만 하더라도, 나무를 자른 채 방치하면 어떻게 되는지 현지인 쪽이 더 잘 알 것입니다. 그런데도 이를 허가한다면 허가를 내주는 정부 쪽에도 상당히 문제가 있는 것입니다. 이는 맑스주의의 일면으로, 피억압자 쪽에 선다는 명분으로 사람들에게 듣기 좋은 이야기만 하는 쪽으로 타락한 경우겠지요. 이에 반해 일본의 맑스주의는 기술의 후진성을 강조하여 자본가나 기술자를 자극했다는 점에서 자본주의 발전에 공헌했습니다. 선진국을 비난함으로써 개발도상국이 안고 있는 제반 문제를 면죄해서는 안 됩니다. 후지따 씨가 말씀하신 문명사적 위기에 관해서도 사람들에게 책임이 있다 또는 우리들에게 책임이 있다는 점을 명확히 한 다음에 그것을 토대로 어떻게 할 것인가를 생각하지 않으면 안 됩니다. 책임을 묻지 않는다는 것은 사람들을 바보 취급하는 사고방식입니다.

후지따 제 경우에는 생활방식 면에서 받아들일 부분은 받아들이고 있어요. 그런데 받아들이지 않는 자기라는 것이 있지요. 왜 자신이 둘이 있으면 나쁩니까? 둘이 있는 쪽이 그래도 나은 겁니다. 그래서 우민정치니까 안 된다고 전면부정하는 것이 아니라 좀더 해악이 적은 쪽을 선택하는 겁니다. 앞서 러쎌이 해악이 좀더 적은 쪽을 민주주의라 했듯이 말입니다. 독재체제보다는 중우(衆愚)의 의견을 듣는 쪽이 그나마 나은 겁니다.

성장의 한계

후지따 시오사와 씨께 새삼스럽게 묻고 싶습니다만 성장의 한계라는 것을 믿습니까?

A 그건 알 수 없다고 생각합니다.

후지따 나는 믿습니다. 자연적인 한계란 있다고 말입니다. 다시 말해서 경제성장은 무한계일까요? 나는 발전이라는 말을 좋아하지 않습니다. 무엇보다도 데르수 우짤라를 좋아하니까요. 결코 데르수 우짤라일 수 없는, 한심한 우리의 처지를 잘 알고 있습니다만. 다만 적어도 성장의 자연적 한계는 있다, 그것을 사회적 한계로서 어디에 얼마만큼 받아들일 것인가 하는 척도의 비교가 관건입니다. 공해 문제를 보면 자기 마을 굴뚝의 연기만을 문제삼아 굴뚝을 더 높이고 한번 더 태워서 아황산가스가 나오지 않도록 한들 절대량을 생각하면 한번 더 태운 탓에 탄산가스만 더해지기 마련이지요. 이렇듯 자연적 한계는 있다고 봅니다. 반증이 없지 않느냐고 한다면, 그것을 검증 가능성, 즉 증명의 기준으로 삼는다면, 단지 믿고 있다는 말밖에는 할 수 없지만 말입니다.

B 논리학적으로 말하면 경제성장의 자연적 한계는 있을 것이다, 하지만 여기가 한계라고 판단하기는 어렵다, 그런 말씀입니까?

후지따 나의 심리학, 아니 무슨 학이 아니라 나의 심리에 따르자면 여기가 한계라고 보는 거지요. (웃음)

A 사실의 문제라는 측면에서 보면 후지따 씨의 판단은 잘못되었다고 생각합니다. 아직도 성장의 여지가 있습니다. 그것과는 별개로, 과학적이랄까요, 우리들의 지금까지의 지식을 총동원하여 성장의 한계 여부를 따진다면, 그 문제 설정방법에 따라 여러가지로 나뉠 수 있을 것입

니다. 예를 들어 태양의 수명이 앞으로 45억년이라 한다면 그 기한 내에 지구상의 생태계를 어느정도로 순환시킬 수 있을까. 그 순환을 파괴하지 않을 정도의 경제규모는 어느정도일까. 이렇게 문제를 설정해나간다면 성장의 한계는 있겠지요. 단 그 한계와 지금 우리가 도달한 상태 사이에는 커다란 격차가 있습니다. 현재는 화석연료를 사용하고 있고 앞으로 그것이 고갈되는 문제도 있지만, 한편으로는 기술진보에 의해에너지 절약 방식도 진전될 것을 고려하면 전반적으로 성장의 여지는 몇십배, 몇백배 더 있다고 봐도 좋을 것입니다. 이런 맥락에서 생태라든가 여러 이야기를 하는 사람들 중에서 통상적인 척도를 망각한 논의를하는 사람이 있다는 사실은 도무지 이해가 안 됩니다. 다시 말해서 우리가 사는 시한은 고작 백년입니다. 인류의 미래를 생각한다 하더라도 5백년 앞까지 내다보는 걸로 족합니다. 그동안에 일어날 일에 집중해야지 1억년 앞까지 생각해봐야 그것은 이미 사회과학의 문제가 아닙니다. 백년이나 2백년 정도를 기준으로 잡는다면 한계에 도달하기에는 아직도 멀었다고 생각합니다.

경험적인 얘기를 좀더 하자면, 석유는 1950년 무렵에 대충 30년분 정도밖에 안 남았다고 했었습니다. 그러나 그후 새로운 유전이 계속 발견되면서 석유시대가 실현되었고, 1974년에 석유위기가 발생했을 때도 앞으로 30년 남았다고 했는데, 그후 지금까지 16년이 지났는데도 여전히 앞으로 30년 남았다고 합니다. 석탄의 경우도 마찬가지입니다. 19세기에도 지금과 마찬가지로 앞으로 150년분 정도밖에 안 남았다고 했었습니다.

게다가 자본주의는 적응능력이 출중합니다. OPEC(석유수출국기구)이 결성되어 그토록 석유 가격이 오르자 그것을 무너뜨릴 정도로 석유소비량을 줄이지 않았습니까. 절대량은 줄지 않았지만, 그 당시 소비량의 추세로 볼 때는 훨씬 더 많은 석유를 썼을 텐데 지금 실제로는 거기까지 미치지 않고 있거든요. 이런 일은 자본주의가 존속하는 한 언제나 가능할 것입니다. 그럼 어디까지 가면 넘칠 것인가, 그건 아무도 모르는 일입니다.

후지따 시오사와 씨가 말한 '경험'은 경험과학의 경험이라는 의미로 생각됩니다만, 나는 경험과학이라는 말이 나온 이후로 경험의 개념이 역사적으로 변질되어왔다고 생각합니다. 경험 속에는 더이상 이런 상황에서 사는 것은 견딜 수 없다는 태도의 문제가 들어 있습니다. 예를 들어 건전한 생활이라고 말할 때 과학적으로 무엇을 건전하다고 하는가를 문제삼는다면, 그것은 이미 현대의학에서는 무의미한 질문입니다. 무엇이 질병인가라는 질문이라면 겨우 알아듣겠지만요. 거기서, 건전한 인간으로 살겠다고 마음먹으면 이제 더이상은 견딜 수 없다고 생각하는 사람이 늘어날까 줄어들까라는 문제는 어디까지나 '주관적으로 생각된 의미'의 것입니다. 얼핏 객관적으로 보이는 문제 속에 그 같은 측면이 포함되어 있기 때문에, 내가 한계가 있다고 하는 것은 사람의 입장에서 볼 때의 한계이며, 즉물적으로 말해서 지구의 한계가 훨씬 먼 훗날의 일이라 할지라도 역시 사람에게는 한계가 있다고 봅니다. 로런스는 1차대전 때 이미 그런 한계점에 도달했다고 지적했습니다. 자연과학자로서는 줄리언 헉슬리가 1920년에 그런 생각을 했습니다. 그런데도 이들의 독자가 끊이지 않고 있습니다. 사람으로서의 허용한계에 도달했다고 생각했던 사람들이 우리들보다 반세기 이상, 거의 1세기나 앞서 있어왔다는 사실 또한 하나의 현실인 것입니다.

요새 신인류(新人類)라는 말이 회자되는데, 사람마다 어감이 다를 수는 있겠지만 이젠 더이상 못 봐주겠다는 사람도 있으므로, 그 말은 그 것대로 설득력이 있습니다. 메도즈가 말한 '경제성장의 한계'가 아니라 사람으로서 살 만한 가치가 있는 삶인가라는 그런 의미를 포함한 것으 로서의 한계는 있을 수 있다고 생각합니다.

A 문제를 각 개인이 어떤 생활방식을 취하는가 하는 관점에서 보는 한 그렇겠지요. 그런 삶의 방식도 있지요. 다만 현실의 일상에서 그런 사람들은 다수파가 아닙니다. 98퍼센트는 다릅니다. 이 대다수의 사람 들은 '강조부호'가 붙여졌는지는 모르지만 '풍요로운' 생활을 바랍니 다. 게다가 이러한 바람의 결과물인 환경 문제의 핵심사안은 이 사회를 어디로 끌고 갈 것인가 하는 문제입니다. 백명 중 두 사람이 어떤 생활 방식을 취하든 생태에는 별 영향이 없습니다. 그럼 생태 문제에 대한 의 식이 있는 사람이 의식이 없는 98퍼센트의 사람들에게 어떤 태도를 취 할 수 있을까요? 나는 이런 방식으로 살고 있는데 당신은 배가 터지도 록 먹고 있소, 이건 의(義)에 반한다는 논리를 펴는 사람이 있잖아요. 그 사람은 그렇게 말할 권리가 있겠지만, 98퍼센트의 배 터지도록 먹는 사 람들도 그런 생활을 선택할 권리는 있는 법이지요. 그 이상 더 이래라저 래라 하기는 어렵다고 생각합니다. 생태 문제를 말하는 사람, 또 후지따 씨가 말씀하신 문명사적 위기―그게 어떤 것인지는 잘 모르겠지만― 를 말하는 그런 사람들이 98퍼센트의 사람들에게 더이상 어떤 작용을 할 수 있겠습니까?

후지따 글쎄요, 그들에게 뭔가 영향을 미칠 생각 자체가 별로 없는 거 지요. (웃음)

A 하하하…… 영향을 미치지 않겠다고 하신다면 어쩌면 문명사적 위 기는 해결하지 않아도 괜찮을지도 모르겠군요. 그런 결론에 이른다면

저와 별 다를 바가 없을 듯싶습니다. 저는 시장경제가 계속되는 한 어딘가에서는 파국에 직면할 수도 있다고 생각합니다. 반드시 그럴지는 잘 모르겠지만 얼마든지 있을 수 있다고 봅니다. 따라서 '당신들 생활방식을 바꾸시오' 그런 말은 하고 싶지 않습니다. 그런 말투를 쓰면 맑스주의의 일각이 지녔던 태도와 비슷해지니까요.

전체주의의 전체가 아니라, 전체적인 인간을 지향함

후지따 그럼 또 하나의 질문, 제3세계에서는 특권층과 비특권층 사이에 엄청난 격차가 있는데 그런 지역에서는 시오사와 씨가 너무 이른 예언이라고 말한 맑스의 예언을 포함하는 이론이 유효하지 않겠습니까?

A 저는 보통 때는 보수적인 태도라고나 할까요, 부분적으로 수정하는 쪽이 좋다고 생각하는 편입니다만, 그게 언제나 최선책인지 어떤지는 정해져 있지 않다고 봅니다.

후지따 나는 어떤 경우든 비용은 될 수 있는 한 적게 들여야 한다고 생각합니다.

A 단 문제는 예를 들어 라틴아메리카 국가들의 경우에도 혁명을 일으키면 정말 더 좋은 사회로 갈 수 있을 것인가 하는 점인데, 저는 이 점에 관해 대단히 회의적입니다.

후지따 그렇지요, 그러니까 인위적 변화의 경우에도 비용은 가능한 적게, 희생도 가능한 한 적게 하는 것이 살아 있는 자로서의 지상명제라고 생각하는 것입니다.

A 명제로서는 그것으로 좋겠지만, 현실적으로는 어떤 선택이 가장 비용이 적게 들 것인지 알아야 합니다. 동유럽을 40년 가까이 봐오고 있

는 이와따 마사유끼(岩田昌征) 씨는 이렇게 말합니다. "경제개혁은 조금씩 하는 경우에는 실패한다. 과감하게 했을 경우에만 성공한다."라틴아메리카의 경우 나라에 따라서는 수십 가족이 국토의 몇십퍼센트를 소유하는 극단적인 대토지소유제가 있어서 자본주의가 제대로 이행되지 못하는 폐단이 있습니다. 이를 어떻게든 고쳐보려 인민주의 정권이 수립되었지만 인민대중 사이에 이해충돌이 생기기도 해서 결국 군사정권으로 넘어갔습니다. 사회를 개혁한다는 것은 참으로 어려운 일입니다.

후지따 위대한 맑스주의자라는 게 있지요. 맑스는 물론 위대한 면이 있었습니다. 그외 조직화된 맑스주의자의 일원이 된 사람들 중에도 위대한 사람은 많습니다. 그런 사람들이 특히 많이 나온 시기는 대공황 전후의 한 세대입니다. 노먼(E. Herbert Norman)의 비극도 근원을 따지면 그런 데서 기인한 것입니다. 그토록 섬세한 감수성을 지닌 사람이 참여의 길을 택했던 거지요. 그것은 결의의 문제입니다. 그 시점에서 그렇게 결의하는 태도를, 잘못된 태도라 말할 수 있을 것인가? 그것은 대단히 어려운 질문입니다.

B 훌륭한 코뮤니스트의 정의에 관한 논의입니다만, 노먼의 죽음은 매스컴이 비대화된 사회에서 일어났습니다. 매스컴에 의해 일단 스캔들이 만들어지고 나면 이후 아무리 논리적으로 반론하더라도 효과가 없습니다. 노먼은 케임브리지대에 다닐 적에 공산당 조직의 일원이었습니다. 동료 교수가 한 말이니 틀림없겠지요. 하지만 이후 바뀌었습니다. 캐나다 국무성에 들어갈 때는 이미 공산당원도 공산주의자도 아니었습니다. 그러나 스캔들 저널리즘을 통해 그가 코뮤니스트였음이 알려지게 되자 바뀌었다는 말은 무용했지요. 매스컴이 피워 올린 거대한 규모의 연기로, 사람들 눈에는 큼직한 연기만 보였습니다. 노먼은 절망했을

겁니다. 친구였던 캐나다 외무장관을 비롯하여 캐나다의 국책과 자신이 맡은 외교정책을 위기에 빠뜨렸다는 생각에 자살하게 되었을 겁니다. 그 사건은 지금의 매스커뮤니케이션 사회에서는 논리가 제대로 통하지 않는다는 사실과 더불어 막대한 자본으로 매스컴을 조작하면 허무맹랑한 거짓말도 통한다는 사실을 보여줍니다. 또 하나, 역으로 보면 훌륭한 코뮤니스트란 대개 저항자가 아니었을까요. 그러니까 노먼은 스페인전쟁 때 공산당원이 되었습니다. 그후 미국에 뉴딜정책이 수립되자 그는 변했지요. 이러하니 훌륭한 코뮤니스트의 대부분은 저항자였으며 위정자 중에는 적다고 보는 견해는 어떨까요?

후지따 그러니까 아무래도 권력론이 필요불가결합니다.

B 그렇지요. 최후에 권력을 장악한 마오 쩌둥이나 호찌민(胡志明)의 경우에도 그들의 가장 위대한 활동은 저항자 때였잖아요.

후지따 다시 말하면 비판적 지성인거지요.

B 그 부분이 맑스주의 자체가 지닌 문제와 관련이 있는 겁니다.

후지따 시오사와 씨가 처음에 언급한 맑스의 예언, 복음 따위가 왜 퍼지게 되었는가 하는 문제는 그 점과 관련이 있습니다. 즉 쯔루미 씨의 표현을 빌리면 그 저항적 성향 때문에 감수성이 예민한 사람들 사이에서 널리 퍼지게 되었습니다. 지배권력의 외부에 있다는 것이 '예언자'의 하나의 조건이 아닐까 싶어요.

A 고대 중국에는 군주에게 불만을 고하는 간신(諫臣)이 있었습니다. 그의 간언(諫言)은 받아들여지는 경우도 있었지만 받아들여지지 않고 죽임을 당할 때도 있었습니다. 이를 맑스의 입장에서 본다면, 그런 제도 자체를 바꿔야 하지만 이들 간신들은 그저 제도의 틀 속에서 군주의 잘못을 충고할 뿐이라고 생각했을 것입니다. 저항자의 논리도 자꾸 파고

들어가보면 자신은 황제가 될 생각이 없고 어디까지나 간신으로 남겠다는 것일 테지요. 그 논리는 유감스럽게도 맑스 속에는 없습니다.

후지따 그래요, 없어요. 그러니까 논리의 유형으로서는 로자 룩셈부르크처럼 자연발생적으로 변혁이 일어나게 마련이라는 논리와 레닌처럼 목적의식적으로 만들지 않으면 안 된다는 논리로 양분됩니다. 말씀대로 그 부분이 포인트라고 생각합니다.

A 하지만 근대문명의 주류는 합리주의에 근거하고 있다고 생각합니다. 맑스 역시 그러한 합리주의의 영향을 받아, 정작 맑스 자신은 설계도를 제시하지 않았다 했지만 그의 후계자들은 모두 이러저러하게 사회를 고친다면서 설계도에 따라 뛰어다녔습니다. 우리는 지금 그야말로 문명적 위기에 직면해 있지만 이 다음에는 어떻게 할 것인지 설계도를 제시하지 못하고 있습니다. 이건 너무 나약한 대안일지도 모르지만, 공산주의 실험을 교훈으로 받아들인다면 그들이 주창했던 거창한 설계도 없이도 이 위기를 타개해나갈 수 있는 철학이 필요하다고 봅니다.

후지따 나도 그렇게 생각합니다. 그래서 '근대' 그 자체에 문제가 있다고 본 것입니다. 유럽을 기준으로 삼은 이른바 근대라고 하는 곳에 '가장 선명한 청사진이 있을 법하다'라는 사고방식이 있습니다. 이 같은 사고방식이 인간 전체를 움직이는 것은 과연 건전한지, 그런 의문을 제시한 사람이 20세기 초부터 있었습니다. 줄리언 헉슬리라든가 로런스 같은 이들입니다. 그들은 좀더 포괄적으로 생각하면 어떻겠느냐고 말합니다. 건전함은 호울섬니스(wholesomeness)라고 하지 토털(total)이라고는 하지 않잖습니까. 토털리태리어니즘(totalitarianism)과 호울섬니스는 서로 다릅니다. 전자는 하나의 기준으로 전부를 자르려고 하지만 후자는 여러가지 다른 것들을 내포하여 건전하게 통합되어 있기 때문에 건전함이라고 읽지요. 이것은 어떤 프로이트 학자의 설명입니다만, 언어 분별능력이 뛰어나다고 여겨집니다. 호울섬니스가 바람직하다면 전두엽 주도형의 교육은 잘못된 것입니다. 또 예를 들어 칼 뢰비트는 『근세철학의 세계개념』(Der Weltbegriff der neuzeitlichen Philosophie)이라는 책의 첫머리에서 '애초에 예수가 나타나 모든 가치를 독점하는 순간에 이 세계는 무가치한 단순한 대상이 되어버렸다. 데까르뜨적인 합리적 태도는 그런 상황에서 필연적으로 생겨나는 것일 텐데 단지 데까르뜨의 등장이 늦어졌을 뿐이다'라고 말합니다. 매우 과감하기는 하지만 경청할 만한 의견입니다. 가치의 독점자가 나타나면 그 이외의 것은 단순한 물체로 전락해버립니다. 다시 말해서 조작의 대상이 되고 마는 것입니다. 이를 철학상의 한 장면으로서가 아니라 다른 영역으로 옮겨서 생각해보면 시오사와 씨가 말한 중앙집권의 문제로 이어집니다. 이것은 단순히 경제체제상의 중앙집권의 문제가 아니라 가치독점의 문제이기 때문입니다. 발레리가 말했듯이 데까르뜨의 최대 공적은 자신을 의문의 존재로 간주하고 스스로를 도마 위에 올려놓은 것이라고 생각합니다. 자기(중심적) 절대주의가 정치체제로 확산되면 독재가 생겨날 수 있으니까요. 자기를 내쳐 도마 위에 올린 것은 획기적인 사건입니다.

A 합리주의에 대해 비판할 때도 그것을 제대로 파악한 후에 해야 합니다. 합리적으로 사물을 생각하는 것이 잘못되었다는 이야기가 아니니까요.

후지따 그렇지요.

A 모든 것을 합리라는 잣대로 딱 잘라 결론지을 수 있다는 주의에는 한계가 있다는 이야기지요. 합리주의가 거북하다고 예를 들어 낭만주의나 종교로 옮겨가는 이도 있습니다. 하지만 합리적으로 생각한다는

것은 근대의 유산으로서 우리들이 이어받아야 할 것이라고 생각합니다.

후지따 그렇지요. 지금 너무 한쪽으로 치우쳐 있으니까 합리주의가 비판받게 된 것이니까요. 감정까지도 도외시해서는 안 됩니다. 현실적으로 감정이라는 것이 존재하고 있으니까 말입니다.

A 오늘 후지따 씨의 말씀 가운데 왠지 '감정'이 많이 언급되는 것 같습니다. '법률'이라든가 '제도' 같은 말은 거의 하시지 않는 건 어떤 이유에서입니까? (웃음)

후지따 글쎄요, 그쪽은 시오사와 씨가 말씀해주시는 것으로 족하니까요.

당이나 국가를 뛰어넘는 규범이나 법을 어떻게 생각할 것인가

A 그런데 레닌은 독재란 직접적인 폭력으로서 어떤 법률에도 구속되지 않는 권력이라고 했습니다. 이는 맑스-레닌주의 전통 속에 매우 뿌리깊게 박힌 내용입니다. 지금 중국에서 팡 리즈(方勵之)와 더불어 반체제파 3인 중의 하나로 일컬어지는 류 빈옌[8]이라는 사람이 있는데,『인간과 요괴 사이(人妖之間)』의 저자이기도 합니다. 중화인민공화국 헌법이 만들어졌을 때 그는 어떻게 생각했을까요. 공산당원으로서 그는 우리에게는 헌법이 필요없다, 헌법은 서양식 국가 장식품이다라고 주장

---

8) 劉賓雁(1925~2005): 중국의 개혁파 지식인, 작가, 저널리스트. 1979년『인민일보』기자로 헤이룽장성 부패 사건을 취재해 르뽀『인간과 요괴 사이』를 발표했다. 공산당을 비판하고 부르주아적 자유주의를 옹호한 혐의로 당에서 축출되었다. 톈안먼사건 이후 1989년 미국으로 망명했다.

했다고 합니다. 사회주의로 모든 것을 설계할 수 있으며, 당이 지배할 수 있으므로 법률 같은 건 필요없다고요. 물론 그는 그후 자신의 잘못을 알게 되었습니다. 역시 당이나 국가를 뛰어넘는 규범, 법이라고 해야 할 그런 것을 인정해두지 않으면 대단히 위험합니다. 그 문제를 어떻게 우리 속에, 맑스주의의 유산 속에 넣을 수 있을 것인지를 생각해보고 싶습니다.

후지따 레닌은 독재론에 대해 고대 로마의 호민관을 예로 들고 있습니다. 호민관은 당시에 평민의 권익을 지키기 위해 만든 관직으로 회의체의 결정을 통해 한정된 기간 동안 아무런 제약없이 권력을 행사해도 좋다는 허용된 독재를 실시했습니다. 그런 제도가 어떻게 반영구화되었는지, 그것을 허용한 사회적·정치적 조건이 있을 수 있겠지요. 중국의 경우에는 연안으로 거점을 옮겼을 때 여덟가지 규칙이 있었습니다. 빌린 것은 반드시 되돌려주라, 그냥 얻어서는 안 된다 등의 단순한 8칙으로, 훌륭한 헌법인데 왜 국가권력을 탈취한 뒤에는 8칙을 계승하지 않고 조문이 엄청나게 많은 그럴듯한 헌법으로 바꾸어버렸는지. 사실 중국에서도 어떤 사람들은 이 헌법을 단지 간판으로 치부했었다는데, 정말 정직한, 가식 없는 비판이지요.

B 8칙이 있었을 때 그로 인해 팔로군(八路軍)의 맑스주의가 반전(反轉)되어갔습니다. 다시 말하면 중국 농촌에는 옛날부터의 관습이 있지 않습니까. 그것을 받아들여, 받아들일 수 있는 맑스주의로 바뀐 것입니다. 스스로를 뒤집는 능력으로, 즉 반전을 할 수 있었던 거지요.

후지따 그건 대단히 큰 사건입니다. 독재의 정의(定義)가 변질되어가는 과정에 관한.

B 맑스주의자가 맑스주의를 그대로 들여오는 것이 아니라 농촌의 관

습 속에 들어가서 그것을 움직이는 거지요.

　A 그 점에 대해서는 이론(異論)이 없습니다만, 헌법 문제에 대해 말하면 8칙을 그대로 헌법으로 계승했을 경우 그것만으로 충분했을지는 의심스럽습니다. 예를 들어 권력이 개인에게 폭력을 행사할 때 여러 경우가 있겠지만 법적 절차를 거치지 않고 행사하는 경우도 많았습니다. 그런 것에 대한 억제조치는 8칙만으로는 부족합니다. 역시 건국을 위한 입법이 필요했다고 생각합니다.

　후지따 건국이라고 할 경우, 무엇을 국가라고 생각했을까요? 국가의 개념을 새롭게 정의해도 좋지 않겠습니까. 어차피 혁명을 일으킬 바에는 국가개념의 혁명도 했더라면 좋았을 걸 싶습니다.

　A 돌아가신 쿠와하라 타께오(桑原武夫) 선생님이 생전에 이런 말씀을 하셨습니다. '20세기에는 여러 특징이 있으나 대개는 국가가 거의 모든 사람들을 옭아맨 시대였다'라고요. 국가란 그렇게 간단히 벗어던질 수 있는 게 아닙니다. 그렇기 때문에 후지따 씨가 말씀하셨듯이 국가의 해악을 최소화할 수 있는 방안을 모색해야만 하겠지요.

　후지따 권력론이나 제도론적으로 말하려면 국가론이 아무래도 필요합니다만, 이 부분은 맑스 이래로 약화되었습니다. 프롤레따리아는 조국을 갖지 않는다는 건전성을 맑스가 강조했는데 그건 그것대로 옳지만 그것과는 다른 측면에서, 말씀하신 대로 국가 건설의 측면에서 볼 때 국가론은 취약합니다. 국가론으로 모든 계급 문제, 즉 사회적 불공정의 문제를 해소할 수는 없습니다. 국가는 이사를 할 수 없기 때문입니다. 계급은 '만국의 프롤레따리아여, 단결하라!'로 국경을 뛰어넘을 수 있을지 모르지만, 국가는 그 영토에 붙어 있습니다. 아무튼 국가를 뭐라고 부르든지간에, 정치권력이 미치는 범위는 작습니다. 권력을 탈취했다고 해서 이미 성립된 기존의 질서를 전부 바꾸기는 극히 어려우며, 프로이쎈에서 자란 이는 누가 뭐라든 프로이쎈적인 전통을 고수하기 마련입니다. 만약 기존의 전통이 전부 없어진다면 그야말로 설계도 만능이겠지요. 하지만 그 또한 불건전한 현상입니다. 그렇다면 프로이쎈의 부정적인 부분을 가능한 한 최소화하려는 노력이 수반되어야 합니다. 정치적 제도의 경우에도 문화적 전통이 내재되어 있는 법이므로 전통으로부터의 탈각을 무리하게 추진하면 부작용만 심화될 따름입니다. 말하자면 뿌리없는 존재가 되기 때문이지요.

A 맑스주의 속에 권력론이나 국가론 같은 것이 빠져 있다는 인식이 있었던가요?

후지따 맑스주의에서는 요컨대 지배계급의 권력을 정의하여 '물리적 강제력을 합법적으로 독점하고 있는' 것이 국가라고 말해왔습니다. 그러나 국가란 무엇인가, 경찰과 군대다, 하는 식으로 말할 수는 없습니다. 국가는 이사를 할 수 없으니까요.

A 맑스나 레닌은 적(敵) 계급의 권력을 비판하느라 정작 자신들의 권력을 제어할 이론은 일절 갖추지 못한 채 권력을 잡고 말았습니다. 그같은 결함을 맑스주의가 자각했더라면 이런 상황까지 초래하지는 않았으리라고 생각되는 부분들이 많습니다. 맑스는 불평등의 궁극적 해법을 계급으로 일원화시켜 명쾌하게 잘라 보여주었습니다. 너무도 시원스럽게요. 그 시원스러움에 현혹된 사람들이 바로 이거라면 할 수 있겠다 하고 믿어버리게 된 것이지요. 역시 그 부분이 맑스의 문제점 아닐까요?

농지개혁에 대한 공헌, 그리고 곧 그 길에서 벗어남

후지따 이제와서 되돌아보면, 맑스주의가 일본에서 압도적으로 영향력을 발휘했던 영역은 농업 문제로, 이에 기초하여 농지개혁이 이루어졌습니다. 그 과정에서 GHQ(general headquarters)에도 맑시스트 경험자들이 많이 늘어났습니다. 농지개혁 자체는 틀림없이 좋은 것이었습니다. 러시아의 예를 보면, 러시아혁명의 사회적 공헌은 대지주 문제의 척결이었고, 고골에서 도스또옙스끼까지, 『죽은 혼』에서 『까라마조프가의 형제들』까지도 한결같이 지주문제를 다뤘었지요. 그 문제를 혁명이 해결해주자 어느 시점부터 농촌이 풍요로워졌습니다. 네쁘[9] 등을 거치면서 말입니다. 그런 호황을 무너뜨린 것이 1928년 개시된 부농추방입니다. 그 풍요로움을 지니고 있었다면 지금 러시아의 식량부족 사태 같은 건 없었을지도 모르는데. 러시아혁명의 진정한 공헌은 대지주제도라는, 1세기가 넘도록 풀 수 없었던 난제를 해결했다는 점에 있었습니다. 그러나 이후 그 궤도에서 탈선해 일로매진한 듯한 느낌이 확실히 있습니다. 전문가는 어떻게 보는지 모르겠지만요. 교의적 주의(主義)로서는 그것으로 좋았을지 모르지만, 그럼 실제로 달성한 공헌에서 멈춰버렸다면 그 주의에 반하는가 하면 그렇지도 않다고 생각합니다.

A 맑스-레닌주의 전통 속에서 네쁘는 후퇴이므로 거기서 멈추는 일은 이념상으로는 불가능했으리라 봅니다. 거기서 멈춰버리면 수정주의를 어떻게 평가할 것인가 하는 문제까지 대두되었을 테니까요.

---

9) NEP, 신경제정책. 1921~27년까지 레닌의 주도로 시행된 경제정책으로, 러시아혁명과 내전으로 저하된 경제력 회복을 위해 극단적인 중앙집권적 정책과 교조적인 사회주의에서 일시 후퇴해 자본주의적 요소를 도입했다.

후지따 그렇지요. 승리한 순간에 수정주의에 대한 관용을 회복해도 좋았을 텐데 말입니다. 레닌은 독재권력의 기한을 설정할 정도의 인물이었으니까요. 거기까지 말하면 없는 것 내놓으라고 조르는 격인지 모르지만, 없는 것 내놓으라고 조르는 것도 맑스주의에 대한 사후 총괄의 한 형태라고 간주한다면 허용될지도 모르겠습니다만.

그리고 당원으로서 조직화된 맑스주의자에게 문제가 있다고 한다면 다음과 같은 점입니다. 자신의 소속증명 쪽이 사회적 과제보다도 더 소중해져버리면, 우리가 직면한 상황에 대한 정치적 판단은 2차적인 것이 되고 맙니다. 또 맑스주의의 실험이 주는 교훈에 관해 한가지 더 말하고 싶은 건 잘못에 대해 관용을 갖자는 것입니다. 잘못할 수 있는 권리를 만인에게 인정할 것, 따라서 가치를 독점하지 말 것. 그리고 규모의 문제입니다. 대량조작을 지나치게 하면 쓸데 없는 잘못을 저지르기 쉽습니다. 주지주의적(主知主義的)인 시각에서는 대량조작도 할 수 있다고 생각하기 쉬우나 정치에 있어서는 가능한 한 소규모의, 인간과의 접촉이 가능한 범주를 지키도록 노력할 필요가 있습니다. 사람은 누구나 각기 개인적인 신뢰관계나 애정의 다이너미즘이 작용하는 관계 속에서 살고 있습니다. 그 같은 인간관계가 가능한 한 지속될 수 있도록 하는 것이 좋습니다. 이는 루쏘도 『사회계약론』에서 주장하고 있는 부분이지요.

A 맑스주의 백년의 유산으로부터 진정 교훈을 얻으려 한다면, 무엇보다도 먼저 맑스주의가 얼마나 심한 짓을 해왔는지를 명확히 직시해야 합니다. 그나마 뭔가 얻을 게 있다고 하더라도 굳이 그것을 맑스주의로부터 거둔 수확으로 받아들일 필요는 없습니다. 그저 인류의 여러 지혜 중의 하나로서 활용하면 되는 것입니다. 또 한가지는 정치에 있어서

얼굴을 마주하는 관계를 유지하는 일로 이는 확실히 중요한 사안입니다. 그러나 현재의 국가나 경제를 보면 상대방과 마주하는 관계를 유지하기 어려운 경우가 적지 않습니다. 정치적인 지혜나 법제 같은 것은 오히려 그러한 대규모 인간 집단을 다루어야 하는 것이 아닐까요. 거기서는 얼굴을 맞댄 사람들 사이의 신의와는 다른 뭔가가 필요할 것입니다.

B 두려운 것은 1945년 일본 패전 후에, 그 이전 몇년간이나 스딸린의 무분별한 숙청이 계속되었음에도 토오꾜오대학 신진까이(新人會)가 끝날 무렵에 표명된 이슈로부터 다시 한번 일본의 맑스주의를 부활시켰다는 점입니다. 그것이 어떻게 가능했는가 하면 그 전에 십여년에 걸쳐서 뛰어난 저항자로서의 맑스주의자들이 일본에 존재했고, 바로 그들의 인간관계가 확실하게 모두를 장악하고 있었기 때문입니다. 그러니까 마쯔다 미찌오[10] 역시 어떤 영웅적 인간상으로 투영되었던 것이지요. 나 같은 사람에게도 오자끼 호쯔미[11]가 사형을 당했다는 사실은 확실한 영향력을 지니니까요. 자신은 엄두도 못 낼 14년 또는 18년씩의 인고를 견뎌내는 사람에게서는 엄청난 무게감이 느껴지지요. 바로 그런 저항자로서의 빛나는 업적이 소련이나 일본에서의 맑스주의 사회과학의 실패, 사상으로서의 실패, 논리의 결핍, 이러한 문제들에 대한 비판의 눈을 흐리게 만들었던 겁니다. 이게 바로 문제입니다. 그러므로 먼저 그 같은 부실함을 인정한 다음에 훌륭한 전통 또한 인정해야 할 것입니다.

---

10) 松田道雄(1908~98): 소아과 의사, 역사가. 러시아어 사료에 근거한 러시아혁명사 연구의 개척자로『러시아혁명의 기록』을 썼다.
11) 尾崎秀實(1901~44): 저널리스트, 공산주의자. 동아협동체론을 주장했다. 일본의 정치, 군사상의 기밀을 소련에 전한 스파이 리하르트 조르게에게 협력한 혐의로 처형되었다.

그런 뛰어난 저항자들이 없었다면 쇼오와시대의 저항은 거의 없는 거나 마찬가지입니다. 그들 다음으로는 오오모또꾜오[12], 텐리(天理)혼미찌[13], 토오다이샤(燈臺社, 여호와의 증인) 정도를 들 수 있겠지요.

예측컨대 패전후와 같은 부활이 일본의 맑스주의에 다시 찾아오지는 않겠지요. 그런 기회는 적어도 우리가 살아 있는 동안에는 없으리라 생각합니다. 그렇다면 지금 살아 움직이고 있는 흐름 가운데서 어떻게 이 저항정신을 살려낼 수 있을까요. 적어도 그 저항의 자세만은 계승되어도 좋다고 생각합니다.

후지따 지금은 그것의 계승보다는 공산당 소속등록 증명에 대한 집착이 더 강할지도 모르겠습니다.

체계의 이음새에 거짓이 스며든다

후지따 또 한가지는 상품화의 문제입니다. 요즘 같은 '세상에 살고 있는' 사람들 중에는 자기 상품화의 흐름에 몸을 내맡긴 경우가 많습니다. 이 시대에는 이런 식으로 대대적으로 팔지 않으면 안 된다는 등 그 주고받는 말 자체가 벌써 상품화되어 있습니다. 상품화가 이렇게까지 관철되다니 참으로 놀라운 일입니다. 이래서는 살아 있는 자로서의 저항이 어디서 어떻게 생기겠습니까. 가능한 한 인간관계가 부활하기를 간절

---

12) 大本敎: 신도(神道) 계통 종교의 일파. 쿄오또에 본부를 두고 새로운 세상의 건설과 미륵세계의 실현을 주장했다. 1892년에 세워졌다가 1935년에 당국의 탄압으로 해산되었으나 1946년 아이젠엔(愛善苑)이라는 이름으로 다시 발족했다.

13) 1913년에 텐리꾜오 교사였던 오오니시 아이지로오가 만든 신도 계통의 신흥종교. 2차대전 전에 두번에 걸쳐 탄압을 받았으나 1946년 재건되었다.

히 바라는 마음입니다.

권력의 해악을 가능한 한 최소화 하기 위한 자기억제를 민주주의의 핵심요소라고 본다면, 맑스주의에는 그런 측면을 고려한 이론적인 통로가 확실히 부족했습니다. 가치의 독점도가 높다는 것과 표리관계에 있다고 해도 좋을 듯싶습니다.

A 맑스주의의 논의 스타일에는 일종의 특징이 있습니다. 요즘 맑스 경제학 내에서 새롭게 등장한 유파로 '조절이론'이 있습니다. 케인즈 이론 등을 도입한 새로운 형태의 이론인데, 제가 보기에는 역시 맑스의 그늘이 드리워져 있는 듯싶더군요. 도형을 만들어서 일목요연하게 전체를 설명하고 있는데, 물론 그것도 학문하는 하나의 방법이겠지만 위험할 수도 있습니다. 좀처럼 이해하기 힘든 것을 뭔가 중얼거리면서 해내지 않으면 위신이 안 선다는, 맑스주의 특유의 강박증 같은 게 느껴졌습니다.

후지따 맑스 자신도 그러한 점에 대해 『신성가족』에서 짤막하게 언급하고 있지요. 존재와 사유의 불일치 또는 그것으로부터 기인하는 의식과 생활의 차이를 소중히 생각해야 한다고 말입니다. 하지만, 모든 체계에 해당되는 말이겠지만 어떤 체계가 일단 만들어지면 그 이음새 부분에 거짓이 스며들기 마련입니다. 그 때문에 정직함에서 멀어지게 되는 겁니다.

후지따 쇼오조오의 시대와 사상

이이다 타이조오(시마네현립대학 부학장)

1.

후지따 쇼오조오는 일본열도에서 네번째로 큰 섬인 시꼬꾸(四國)의 에히메(愛媛)현 이마바리(今治)시에서 태어났다. 양친은 세또나이까이 (瀬戸內海)의 이마바리시 앞바다에 있는 오오미시마(大三島) 출신인데, 이 섬은 서일본 제일의 신사(西國一ノ宮)로 일컬어지는 오오야마즈미신사(大山祇神社)가 있는 섬이다. 그의 아버지는 소학교 임시직 교사였는데, 산파로 일하며 가계를 도왔던 어머니는 오오야마즈미신사 계통이며 중세에 세또나이까이를 지배했던 무라까미(村上) 수군(水軍)의 후예였다. 후지따는 위로 형 둘과 누나 둘을 둔 막내였는데, 누나 하나는 요절했고 두 형은 모두 태평양전쟁 말기에 전사했다.

1980년대 초 필자는 후지따와 오끼나와를 함께 여행한 적이 있다. 그때 오끼나와 본섬 남부에 있는 '전적지' 쪽으로 가보지 않겠느냐고 물었더니 후지따는 그곳은 자기가 좋아했던 큰형이 전사한 곳이라 가고 싶지 않다고 했다. 큰형은 아끼따(秋田)광산전문학교를 나온 뒤 해군에 징집되어 특공대원으로 오끼나와에 투입되었다가 전사했다. 육군유년학교의 '은시계반(성적 1위)'에 속한 수재였던 작은형 역시 육군사관학교를 나온 촉망받는 직업군인이었으나 전사했다.

이마바리에서의 소학교 시절에는 항구의 잔교 부근에 모인 '야시'(香具師, 교묘한 말재주와 구경거리를 보여주면서 조잡한 상품 따위를 파는 장사꾼) 한테서 많은 것을 배웠다고 한다. 또 이 책에 실린 「불량정신의 찬란함」은 이마바리중학교 시절의 에피소드를 그린 것이다. 중학교 졸업 후 1945년 2월부터 8월까지 전시에 증원된 육군 예과사관학교 을종 생도로 사이따마(埼玉)현 아사까(朝霞)에서 훈련을 받았는데 거기서는 구제불능의 '열등생'이었다고 한다.

패전 후 아버지가 고향인 오오미시마의 촌장으로 당선되어 후지따 가족은 오오미시마로 돌아간다. 거기서 2년 가까이 생업으로 벼농사를 짓다가 1947년 후지따가 마쯔야마(松山)고등학교 입학시험에 합격하자, 에히메 현청 소재지인 마쯔야마시로 이사한다. 마쯔야마고등학교에서는 독일어 담당인 아끼야마(秋山春水) 선생의 눈에 들어 슈티프터(Adalbert Stifter)의 단편소설집 『여러가지 돌』(Bunte Steine)을 통해 "천하를 얻는 것보다는 오히려 졸졸 흐르는 시냇물 소리"에서 가치를 찾는 세계를 배웠고, 뚜르게네프(Ива́н Серге́евич Турге́нев)의 『아버지와 아들』(Отцы и дети)에 나오는 바자로프적 니힐리즘이나 슈베르트(Franz Schubert)의 가곡 「겨울여행」(Winterreise) 중의 '라이엘만(길거리 악사)'의 매력이 어떤 것인지 알게 된다.

또한 맑스주의 역사학(예를 들어 일본장원사日本莊園史) 및 이른바

364

강단파 맑스주의의 일본자본주의 분석, 특히 농업 문제 분석으로부터 많은 것을 배웠으며 학내 역사학연구회를 결성하기도 했다. 마쯔야마 고교 2학년 때 『죠오류우(潮流)』라는 잡지에 실린 마루야마 마사오(丸山眞男)의 논문 「군국지배자의 정신형태」를 읽고는 토오꾜오대학에 진학해 '마루야마 쎄미나'에 들어가야겠다고 마음먹는다. 일본 군국주의와 파시즘의 근본을 이루는 '천황제'의 '정신구조'에 메스를 가한 마루야마의 비판적 지성에 매료되었던 것이다.

1950년 후지따는 토오꾜오대학 법학부에 입학한다. 1949년 10월에는 중화인민공화국이 수립되고 그해 6월 한국전쟁이 발발하는 등 동서 '냉전'이 긴장을 더해가는 가운데 주일 미점령군의 '민주화'정책은 종말을 고하고 '역풍'이 두드러질 무렵이었다. 연합군 최고사령관 매카서(Douglas MacArthur)는 '경찰예비대' 창설을 지령해 일본 '재군비'에 돌입하는 한편, 전해에 일어난 시모야마 사건, 미따까 사건, 마쯔까와 사건 등 노동조합운동 관련 의혹사건[1]에 대처하는 조치로 공산당 중앙위원을 공직에서 추방했고, 이어서 신문·통신 등의 언론관계자들에게도 '레드 퍼지'를 개시했다. 반면 2차대전 '전범'으로 공직에서 추방되었던 자들은 추방이 해제되었다.

---

1) 시모야마(下山) 사건은 1949년 7월 일본국철 총재 시모야마 사다노리(下山定則)가 실종되었다가 토오꾜오 교외선의 한 역 부근에서 변사체로 발견된 사건이고, 미따까(三鷹) 사건은 같은 달 미따까역 차고에서 무인전차가 폭주, 20여명의 사상자가 난 사건이며, 마쯔까와(松川) 사건은 8월에 마쯔까와역 부근에서 열차가 전복된 사건이다. 마침 국철이 대량 인원정리 방침을 발표해 노동조합이 반대투쟁을 준비하던 때여서 좌익세력에 의한 타살설이 유포되기도 했으나 시모야마 사건은 미궁에 빠진 채 수사가 종결됐고 나머지 두 사건도 국철노조의 조직적인 관련은 밝혀지지 않았다. 그럼에도 불구하고 이들 사건을 계기로 당시 일본의 노동조합운동은 큰 타격을 입었다.

후지따가 고대하던 법학부의 '마루야마 쎄미나'에는 3학년 이상만 들어갈 수 있었기 때문에 그때까지 그는 문학부 역사학연구실에 드나들면서 '토오다이레끼껜(東大歷研)' 창립에 참가하기도 하고 또 토오꾜오대학 '포포로 사건(ポポロ事件)'에 관여하면서 일본공산당에 입당하기도 했다.* 후지따는 공산당원으로서는 시종일관 '절대적 소수이견파'였다고 한다.

1952년 4월 후지따는 염원하던 마루야마 쎄미나에 들어가 만하임의 『이데올로기와 유토피아』영역판을 텍스트로 정치사상사의 방법론을 배웠다. 그리고 1953년 3월 대학 졸업과 동시에 호오세이대학 법학부 조수 공모에 응시해 채용된다. (1956년 전임강사, 1957년 조교수에 취임해 일본정치사상사를 가르쳤다.)

1953년 가을 마루야마 마사오의 결핵이 재발하여 『정치학사전』(나까무라 아끼라·마루야마 마사오·세에메에 편, 헤이본샤 1954년 2월간) 중 그가 집필을 맡았던 '천황제' 항목을 후지따가 대신 집필하게 된다. 이 책에 수록된 「천황제」가 바로 그 항목의 내용이다. 이는 마쯔야마고교 시절 후지

---

* 포포로 사건이란 1952년 2월 20일 학생극단 포포로의 토오꾜오대학 내 공연장에 사복경관이 잠입한 것을 학생들이 발견, 경찰수첩을 압수하자 이튿날 혼후지(本富士) 경찰서가 학생 2명을 '폭력행위 등 처벌에 관한 법률위반' 혐의로 체포한 사건이다. 후지따는 이때 압수된 3권의 경찰수첩으로 안도오 진베에(安東仁兵衛)를 비롯한 학생들뿐만 아니라 야마노우찌(山ノ內一郎) 등 교직원들까지 미행하고 신원조사를 하고 있음을 알게 되자 어떻게 해서든지 그 수첩을 등사해두고 싶어서 그 일을 하는 조건으로 공산당원이 될 결심을 했다고 한다. 25일 오전 후지따가 등사한 '경찰수첩의 전모'라는 전단이 배포되었고, 이 사건의 전개에 커다란 영향을 미쳤다. 3권의 수첩은 27일 오전 대학 총장실에서 각 학부장들이 배석한 가운데 학생대표가 총장에게 전달, 사진을 찍은 뒤 경시청에 돌려주었다. 그 경위를 거꾸로 말하면 후지따는 애초부터 포포로 사건이 끝나면 탈당할 생각으로 입당한 셈이 된다. 상당히 시간을 끈 재판이 거의 마무리되어 후지따가 최종적으로 탈당한 때는 1959년경이었던 모양이다.

따가 마루야마의 천황제 연구에 신선한 충격을 받은 이래 그 관심에 대한 당시 후지따 나름의 회답이었으며, 학자로서 또 사상가로서의 출발점이 된 작업이었다.

전후 후지따의 사상 형성의 기점을 이룬 문제의식은 그의 개인적인 경력에서 볼 때 아마도 다음과 같은 것일 듯하다. 즉 일본 고유의, 일종의 '어쩔 수 없는' 형태로 군국주의와 파시즘이 장악해버린 전전·전후의 천황제 국가(와 천황제 사회)의 본질을 어떻게 해서든지 저지시키고 그 전체 구조를 대상화함으로써 그것을 근저로부터 부정해나가는 논리를 발견하는 것, 바로 그것이다. 「천황제」에서는 다음의 세가지를 종합함으로써 이 문제를 해명하려 했다. 첫째, '32년 테제'와 '일본 자본주의 논쟁'을 근거로, '절대주의 천황제 성립의 역사적 특질'에 있어서 맑스주의적인 '사회경제적 기초와 그 상부구조로서의 기구'를 분석하는 것. 둘째, '천황제 지배체제에서의 지배양식의 특수성'을 '유럽 절대왕제와의 대비'를 통해 분석하는 것. 셋째, '만세일계'라는 고대 이래의 천황의 동일 혈통성과 '반동화한 서구 자본주의 이데올로기인 사회유기체설과 전통적인 유교정치론'의 혼합물인 '가족국가론'(→'충군애국'론)이 접합된 '국체론'에 대한 '마루야마학파'적 분석.

후지따에게 그것은 동시에 "국가(기구)의 몰락이 묘하게도 밝음을 내포하고 있다"라는 '전후경험'(「전후 논의의 전제」)에서 출발한 '민주화운동'에 대한 논평을 의미하기도 했다. 점령군에 의해 '위로부터' 주어진 '민주주의'(제도)가 마치 예정되기나 한 듯이 일본 고래의 '화(和)'와 어우러져버린 사태——더욱이 '고도성장'이 개시되고 '대중사회'로 변화하면서 '상징천황제'가 정착되고 만다——를 끝까지 부정해야 하며, 주권자인 인민이 진실로 '밑으로부터'의 운동으로 만들어가는 민주주의와 '인민주권'의 이념을 추구해야만 한다는 주장이다.

2

후지따는 1957년 가을 '사상의 과학 연구회'의 '전향연구회'에 입회하여, 『공동연구 전향』(전3권, 1959~62)에 「1933년을 중심으로 한 전향 상황」「어떤 맑스주의학자—카와까미 하지메」「1940년을 중심으로 한 전향 상황」「1945년, 52년을 중심으로 한 전향 상황」 등 4편의 논문을 썼다. 이 책의 「이론인의 형성」은 「1933년을 중심으로 한 전향 상황」의 1절과 2절을 발췌한 것이다.

'전향'이란 일반적으로는 방향·입장 등을 바꾼다는 의미인데 일본 근대사에서 특수하게 사용되는 역사적 용어로서는 공산주의자·사회주의자 등이 그 신념을 포기함을 뜻하며, 특히 좁은 의미로는 1933년 전후부터 당시의 '치안유지법'('국체의 변혁과 사유재산제도의 부인을 목적으로 하는' 결사활동 및 개인적 행위에 대한 처벌을 정한 법률)에 의해 투옥된 공산주의자가 만주사변 이후 강화된 천황제 파시즘의 권력적 강제 속에서 '전향상신서'를 쓰고 석방된 사태를 가리킨다. 그러나 메이지유신을 경계로 '양이(攘夷)'론에서 '개국'론으로 변화한 것이나 1945년 패전 이후 '천황폐하 만세'가 '민주주의 만세'로 바뀐 것에서 볼 수 있듯이 일본에는 '집단전향' 체질이 줄곧 있어온 듯 보인다. 1930년대부터 1950년대 언저리까지 일본에는 어떤 보편적인 원리나 이론 또는 '사상' 등에 대한 절개나 충절이 지닌 의미가 첨예하게 문제시되는 상황이 존재했던 것이다.

후지따는 이미 「천황제와 파시즘」(1957년 7월)에서 '일본 파시즘의 왜

368

소'성과 '질질 끄는 반동'성——그것은 전쟁지도자의 자각적 '결단'의식의 결여와 '무책임'성을 낳는다——을 지적한 바 있다. 그 왜소성과 반동성은 "어떠한 형태로, 어떤 상황에서 그러했던가? (…) 일본 파시즘이 형성되는 과정에서나 붕괴되는 과정에서 메이지유신 다음가는 거대한 역사적 분기점이 되었어야 할 '패전과 그것을 전후한 시기'는 정신세계에서 볼 때 도대체 어떠한 연속성을 지니는가?"라는 물음도 이 글에서 제기되었다. 또 그는 메이지 말년부터 타이쇼오기(期)에 걸쳐 천황제 '사회'가 성립되고* 집단적 또는 조직 단위의 '전향'을 통한 파시즘화의 조건이 성숙됨과 동시에, "일단 일본적 풍토를 벗어나 '이론'세계로 들어가는 행위를 거쳐 비로소 (…) 일본사회의 총체적인 비판자가 될 수 있었던" 맑스주의 '추상이론'을 배제시키면서 '향토주의' 또는 '농본주의' 같은 일본형 '생(生)철학'이 일본 파시즘의 '기동력'이 되어갔던 사정을 규명했다.

이처럼 후지따 쇼오조오의 전향론은 '정신구조로서의 천황제'——특히 마루야마가 말한 '무책임의 체계'로서의——를 해명하려는 관심과 '보편주의로서의 맑스주의'에 대한 평가·공명이 교차하는 데서 시작된다. 그것은 무엇보다 이 전향론이 그것의 전사(前史)에 해당하는 '후꾸모또주의'에 의한 '이론인의 형성'을 문제삼는 데서 출발한다는 점에서 선명히 드러난다. 요컨대 '일본의 천황제 사회의 원리' 중 하나를 이루는 '은근슬쩍 달라붙기식 상황추종주의'로부터의 '단절'을 수행하는 것으로서, 후꾸모또의 '방향전환론'에 의한 '결합하기 전에 먼저 깨끗

---

* 천황제 사회의 성립은 "각각 다른 유형과 수준의 집단이 지닌 제각각의 일체감이 깨어져 개별성이 그 속에서 분출되는 사태에 대한 공포"를 기반으로 한다.

이 분리하는' '이론투쟁'이 등장했다는 사실의 획기성이다. 앞에서 언급한 '천황제의 파시즘화'를 특징짓는 '질질 끄는 반동'성에 대항하기 위해서는 확고한 '보편자의 형성'을 매개하는 길밖에는 없었던 것이다. 그리고 그러한 '보편자의 형성'은 메이지 말기의 우찌무라 칸조오 같은 소수 기독교인의 경우를 예외로 하고 맑스주의와의 만남과 격투에 의한 것을 제외하면 근대 일본에서는 있을 수 없었다는 것이 후지따의 견해였다.

그것은 1933년경 '쇼오와대옥(大獄)' 때의 '맑스주의로부터의 전향'이 전향론의 이른바 원형에 해당한다는 것, 또 그 전제로서 지식인의 '맑스주의로의 전향'이라는 일본 정신사의 획기적인 사태가 선행한다는 점을 강조하는 것이기도 했다. 천황제 국가가 무자각적인 '집단전향' 형태로 파시즘화의 길로 질질 끌려가는 상황에서 맑스주의 지식인의 '전향'이 지닌 고유의 '예리한 의미'가 문제시되지 않으면 안 된다는 것이다.*

1956~59년은 전후 지식인들에게 커다란 전환기였다. 경제기획청은 1956년 7월 『경제백서』를 발간하며 「일본경제의 성장과 근대화」라는 글을 통해 "이제 더이상 전후가 아니다"라고 선언하고 기술혁신에 의한 경제성장의 필요성을 강조했다. 일본은 한국전쟁 특수를 지렛대로 삼아 이룩한 '부흥'의 시대를 뒤로하고 '고도성장'의 시대로 이륙하려 하고 있었다. 그해 『세까이』 8월호는 "'전후'와의 결별"을 특집으로 꾸

---

* 그 경우 '적과의 투쟁'에 있어 '비타협'이냐 '굴복'이냐 하는 관점에서 '전향·비전향·위장전향·표면적 전향·실질적 비전향 등의 제반 범주'의 '다의적 양상'을, 그중에서도 특히 '표면적 전향에서 실질적 전향으로의 이행'과 '정식 위장전향' 간의 '양극 경향의 다이너미즘'을 파고들어가볼 필요가 있을 것이라고 말한다.

미고 히다까 로꾸로오(日高六郎)의 「전쟁체험과 전후체험—세대 속의
단절과 연속」이나 야마까와 히또시(山川均)의 「국제주의의 새로운 과
제—사회주의운동의 전선통일을 위하여」를 실었다. 앞서 1955년에는
일본공산당이 제6회 전국협의회 결의를 통해 '50년 문제' 이래의 '산촌
공작대' '화염병투쟁'식 무장투쟁을 극좌모험주의, 분파주의적 분열주
의라고 자기비판하면서 철회했고, 1956년에는 폴란드와 헝가리에서 폭
동이 일어나는 등 동구권에서의 소련 지배가 동요하기 시작하는 가운
데 사회주의에 대한 '백가쟁명' 상황이 대두되고 있었다.* 지식인들은
'전후 급진주의의 좌절에 따른 전향'을 경험한데다가, 어쩔 수 없이 '전
후'의 총괄과 '전전'의 총괄을 동시적 과제로서 의식했으며, 더욱이 '근
대 일본'의 총괄적 재검토까지 강요당했다. 후지따는 바로 이 시기에 저
술활동을 시작했던 것이다.

3

1960년 1월 19일 키시 노부스께(岸信介) 수상을 비롯한 방미 전권단
은 미일 상호협력 및 안전보장조약(新安保), 시설구역 미군의 지위에 관
한 협정, 사전협의에 관한 교섭 공문 등에 조인했다. '신안보'는 10년 전
인 1951년 9월 쌘프란시스코 강화회의에서 대일강화조약(회의에 불참
한 인도·버마·중국과, 조인하지 않은 소련·체코·폴란드를 뺀 49개국

---

* 덧붙이면, 후지따가 종합잡지에 실은 최초의 시사평론이 『중앙공론』 1957년 2월호
  의 「현재 혁명사상의 약간의 문제—헝가리 문제를 둘러싼 정치학도와 편집자의 대
  화(現在革命思想における若干の問題——ハンガリ問題をめぐる政治學徒と編集者の對話)」
  였다.

과 맺은 이른바 '일면 조약'이었다)과 함께 조인된 미일안전보장조약(舊安保)을 개정한 것이다. 구안보에 대해서도 전면 강화(講和)·군사기지 반대·평화공존의 입장에서 지식인 중심의 반대 움직임이 있었는데, 이 새 조약에 대해서도 중국을 적대시하고 미국의 군사행동에 말려들 위험이 커진다는 이유로 반대운동이 점차 격화되었다. 사회당·총평(總評, 일본노동조합 총평의회)·원수협(原水協, 원수폭금지일본협의회의) 등을 중심으로 그 전해 3월에 결성된 미일안보조약 개정 저지 국민회의는 5월 14일 1350만명의 청원서명을 갖고 10만명이 참가한 국회청원 시위를 했다. 그러나 여당인 자유민주당은 5월 19일 중의원 안보특별위원회에서 질의 중단을 강행했고, 중의원 의장 키요세 이찌로오(淸瀨一郎)는 경관 500명을 동원하여 사회당 의원을 배제한 채 본회의를 열었다. 그리고 5월 20일 새안보조약은 협의 없이 자민당 단독으로 강행처리되어 가결되었다.

이 5월 19일을 기점으로 상황은 일변하여 의회정치와 민주주의를 옹호하는 운동이 '안보반대'로 연결되었고 이후 국회는 공전되고 데모대가 국회를 포위하는 사태(5월 26일에는 사상 최대 규모인 17만명이 국회에서 시위)가 연일 이어졌다. 6월 4일 안보개정 저지 제1차 실력행사에는 국철노조 등 교통부문에서 조조(早朝)파업을 결행했으며, 전국에서 총평·중립노조 소속 76개 단위노조의 460만명, 학생·민주단체·중소기업자 100만명, 합계 560만명(총평 발표)이 참가했다. 6월 10일 미 대통령의 언론 관련 비서가 방일했으나, 하네다공항에서 노동자와 전학련(全學聯, 전일본학생자치회총연합) 반주류파 학생 데모대에 차량이 포위되어 미군 헬리콥터로 탈출해 이튿날 일본을 떠났다. 6월 15일 안보개정 저지 제2차 실력행사에는 전국에서 111개 단위노조 580만명이 참가했고 안보저지국민회의·전학련 등의 데모대가 국회를 포위했다. 그때 우익 폭력단이 전학련 반주류파, 신게끼진(新劇人) 등의 그룹을 덮쳐 60명이 부상하고, 전학련 주류파가 국회 돌입을 기도해 경찰과 충돌하는 과정에서 토오꾜오대학 여학생 칸바 미찌꼬(樺美智子)가 사망하는 사태가 발생했다. 학생 약 4000명이 국회 구내에서 항의집회를 열었는데 이에 경찰은 폭행 끝에 새벽까지 학생 등 182명을 체포했고, 1000명이 넘는 부상자가 발생했다. 다음 날인 6월 16일 임시 각료회의에서는 6월 20일경으로 예정되어 있던 미국 대통령 방일의 연기를 요청하기로 결정했다.

그리고 6월 18일의 안보저지 통일행동으로 33만명의 데모대가 철야로 국회를 포위한 가운데 6월 19일 오전 0시 신안보조약과 부속협정이 자동 승인되기에 이른다. 20일 참의원은 안보관계 국내법 등을 자민당 단독처리에 의해 전격 가결했고 6월 23일 신안보조약 비준서가 교환되어 동 조약은 발효되었다. 같은 날 키시 수상은 각의에서 퇴진 의사를 표명했다.

후지따는 이런 상황에서 마루야마 등과 함께 '안보투쟁'에 적극적으로 참가했다. 다수의 호소문*을 발표하고, 보통 '시민'들이 주권자로서 의사표시를 하게 하기 위해 시라이 켄자부로오(白井健三郎), 타께우찌 요시미(竹內好) 등과 함께 무사시노(武藏野) 연선(沿線) 시민회의 개최

---

*「특권적 지식인에 대한 요청(特權的知識人への要請)」(『토오꾜오대학신문(東京大學新聞)』에 실은 토오꾜오대학 학생들에 대한 호소문), 「6·15 사건의 유혈 와중에서—내 눈으로 본 경찰권력의 폭력(六·一五事件流血の渦中から—この目で見た警察權力の暴力)」(주간 『아사히저널(朝日ジャーナル)』에 실린 박진감 넘치는 문서), 「부디 영원히 큰일을 도모하기를(綿々大事を永遠に圖らん)」(『세까이』에 실린 '귀향운동' 학생들에 대한 편지형식의 호소문) 등.

를 호소하기도 하고, 자민당을 분열시켜 안보개정 저지선을 확보하기 위해 '젊은 일본의 모임'의 에또오 준(江藤淳), 이시하라 신따로오(石原慎太郎) 등과 함께 자민당 소장의원인 후루이 요시미(古井由實), 이데 이찌따로오(井手一太郎) 등과 간담하는 등 이곳저곳에서 활발히 활동한다.

이 시기에 후지따의 주된 사상은 1960년 '5·19' 이후의 새로운 상황을, '백지' 같은 '자연상태'에서 원초적인 개인의 자유와 '자연권' 의식이 생겨났던 1945년 '8·15' 이후의 상황과 겹쳐 생각함으로써 새삼 '인민주권' 실현('민주화')의 조건(가능성)을 찾으려는 것이었다.

4

후지따는 현재 연재 중인 『세까이』에서의 대담 「전후 정신사 서설」의 제5회(1998년 5월호)분에서 이렇게 말했다.

후지따 나는 대체로 전후를 네 시기로 나누어서 생각하고 있습니다. 제1기는 1950년대까지로 이는 전에도 말한 대로 '전후 속의 전후'(좁은 의미의, 가장 '전후'적인 전후)입니다.

다음 제2기는 고도성장기. 고도성장으로 먹고살기는 좋아졌지요. (…) 1960년대에 와서 먹고살 만해지니까 예를 들어 1950년대의 맑스주의자들 가운데 많은 사람들이 구조개혁이니 뭐니 해서 조금씩 바뀌게 됩니다. 시대와 더불어 사고방식을 바꾸어갔던 겁니다.

그다음 제3기가 석유파동(1973년 10월) 후입니다. 이 시기에 일본은 엄청나게 부려먹는 회사주의, 기업사회로 변해버렸습니다. 기업에 속하지 않는 자는 일본인이 아니고 사회인이 아니며 사람이 아닌 것이 되어버린 겁니다.

　내 경우는 고도성장과 회사주의, 이 두가지 때문에 거의 절망하게 되었고, 절망을 뛰어넘으면서부터 절망에 대해 쓰기 시작했습니다. 절망을 졸업했기 때문에 절망을 설명하는 입장에 설 수 있었던 것입니다.

　오까모또 절망을 넘어선 시기는 언제부터입니까?

　후지따 저작을 기준으로 말하면 『정신사적 고찰』(1982년 간행. 1975~81년 집필)부터지요.

　이러한 시기 구분에 따르면 안보투쟁 후 1960년대의 '고도경제성장' 시대부터 후지따는 '절망'의 시대에 들어간다. 1960년 7월 키시 내각 총사퇴 후에 구성된 이께다 하야또(池田勇人) 내각은 '관용과 인내'를 내걸고 '소득배증계획'을 제시, '정치의 계절'에서 '경제의 계절'로 방향전환을 꾀했다. 이른바 '부드러운' 뉴라이트 노선의 개시다. 1964년 10월의 토오꾜오올림픽에 맞추어 건설 러시가 이루어지고 토오까이도오 신깐센(東海道新幹線)도 개통되었다.*

　본서에 수록된 후지따의 글 중 「일본의 두가지 회의」는 1960년 11월, 아직 안보의 여운이 채 가시지 않은 시기에 '집단에서의 일체감'을 전제로 한 '의논'주의가 '안전한 상호이해'에 이르지 못한 상대방을 '배제'하는 경향을 가진다는 점을 들어 그것이 가진 암살과의 내적 관련

---

* 이후 수상의 후두암으로 이께다 내각이 사퇴하고 사또오(佐藤榮作) 내각이 들어선다. 때마침 시작된 베트남전쟁과 관련해 미국이 한일국교 정상화를 촉구하는 압력을 강화하자 사또오 내각은 첫 업무로 한일기본조약을 체결한다. 그리고 '학원분규' 등을 거쳐서 전후 미군점령하에 있던 오끼나와의 '본토복귀'가 이루어진 뒤 1972년 7월 타나까(田中角榮) 내각으로 교체된다.

에 주의를 환기시키고 있다. 이는 그 직전인 10월 12일, 일본사회당 위원장 아사누마 이네지로오(淺沼稻次郎)가 히비야(日比谷)공회당에서의 입회연설 중 열일곱살 우익소년(대일본애국당원) 야마구찌 오또야(山口二矢)의 칼에 찔린 사건을 다룬 글이었다. 동시에 이 글은 그 이듬해에 일어난 시마나까 사건을 예언한 듯한 내용이기도 했다. 시마나까 사건이란 『중앙공론』 1960년 12월호에 실린 후까자와 시찌로오의 풍자소설 「풍류몽담」 중에서 황실에 대한 테러행위의 꿈("잘려나간 황태자의 머리가 쿵하고 뒹굴었다"는 표현이 들어 있다)이 묘사되어 있음에 분개한 우익소년(마찬가지로 열일곱살의 대일본애국당원) 코모리(小森一孝)가 1961년 2월 1일 중앙공론 사장 시마나까 호오지의 집을 습격, 시마나까 부인에게 중상을 입히고 가정부 마루야마 카네 씨를 찔러죽인 사건이다. 이에 대해 후지따가 단숨에 완성해 『사상의 과학』에 실은 글이 이 책에 수록된 「당사자 우위의 원리」다.

시마나까 사건에 대해 중앙공론사 시마나까 사장은 '사과문'을 발표했으며, 나아가 중앙공론사 측은 1961년 12월 당시 이 회사에서 발행되던 『사상의 과학』 '천황제 특집호'(여기에는 후지따가 카께가와 토미꼬 掛川卜ミ子와 대담한 「현단계의 천황제」도 실려 있었다)를 발매 직전에 폐기해버렸다. 이른바 '사상의 과학 사건'이다. 이에 대해서도 후지따는 「자유로부터의 도망을 비판함」이라는 글로 질타했는데, 특히 중앙공론사의 조치에 대한 사상의 과학 연구회 측의 타협적 대응을 비판했다. 이 글도 하룻밤 사이에 단숨에 썼다고 한다. 후지따는 이미 앞에서 든 「당사자 우위의 원리」 발표 후 『중앙공론』에는 글을 싣지 않았는데 이번에는 더 나아가 사상의 과학 연구회에 탈퇴서까지 제출했다.

이 무렵 후지따는 사상의 과학 연구회 편 『공동연구 전향』 하권

(1962년 4월)에 「1945년, 52년을 중심으로 한 전향상황」말고도 「광기로부터의 해방——꾸바봉쇄에 대해 생각함」(『현대의 눈(現代の眼)』 1962년 12월)*및 이 책에 수록된 「현대에서의 '이성'의 회복」을 게재했다. 「현대에서의 '이성'의 회복」에서는 이 무렵까지 후지따의 지론이었던 인민주권의 원리, 인류 보편적 규범주의, '물신숭배로부터의 해방', 보통 사람으로의 '회복'론 등이 새삼스럽게 원리적 지평에서 강령적으로 선언된다.

이 시기의 후지따는 「'프롤레따리아 민주주의'의 원형——레닌의 사상 구조」(『강좌 현대(講座現代)』 12권 「경쟁적 공존과 민주주의(競爭的共存と民主主義)」, 岩波書店 1964) 집필에 몰두해 있었다. 보편적 가치로서의 민주주의가 금세기 초두 혁명기 러시아에서 '프롤레따리아 민주주의'로서 실현된 모습을 맑스주의자 레닌의 사상구조 분석을 통해 밝힌 이 논문은 후지따 자신이 젊은 시절 맑스주의와 만난 이래의 경험과, 전쟁 직후부터 안보 시기까지 줄곧 독자적으로 키워온 '민주주의'론에 대한 '총결산' 작업으로 볼 수 있다.

그러나 이 무렵 후지따는 이른바 '안보 피로'에 시달리는 가운데 어떤 정신적 '전환'의 징조를 보이고 있었다. 1960년 안보의 패배와 그후

---

* 추측건대 이 글은 1962년 10월 22일 미국 케네디 대통령이 꾸바에 소련 미사일 기지가 건설되고 있다는 이유로 꾸바 해상봉쇄 성명을 발표한 이른바 '꾸바위기' 발생 직후, 26일부터 28일에 걸쳐서 쓰인 듯하다. (28일 흐루시쵸프는 일방적으로 꾸바기지의 철회를 통고한다.) 핵전쟁 발발 공포가 비로소 현실화한 이 사태에 대해 후지따는 '차가운 고양이'의 모습을 지닌 케네디의 '광기어린 결단'과 흐루시쵸프의 '정상적인 외교'→'정상적인 결단'을 대비시켜 논했는데 이는 결코 동서냉전의 논리 위에 서서 이데올로기적으로 '동'쪽 편을 든 것이 아니라, '인간 자연의 조리(條理)'가 '권력 규준'으로 바뀌어 '국가의 평가 기준'이 되는 '국제 정치관의 혁명적 변화'에 근거한 '새로운 인류적 기준'에 의거한 것이었다. 이러한 '보편주의'의 입장에 선 설득력있는 논리전개는 해당 글에서 확인할 수 있다.

의 고도성장이 사회의 문화와 정신에 가져온 근본적인 변용 — 예를 들어 '사생활주의'의 일방적인 고양에 따른 '공공성의 상실'(「현대에서의 '이성'의 회복」)이나 "모든 것이 양의성의 부피를 지니고 있다는 사실에 대한 자각"이라는 '전후 경험의 제2핵심'(「전후 논의의 전제」)의 상실 — 은 후지따가 '전후'에 일본사회의 재생가능성에 걸었던 '희망'을 깨뜨리고 그에게 깊은 '실망'을 안겨주었으며, 때문에 그는 새롭고 보다 근원적인 '재생'의 방도를 모색하기 시작했다.

5

1965년에 들어서면 「유신의 정신」이 『미스즈』에 연재되기 시작한다. 당시는 '메이지유신 100년'을 기해서 정부 주도의 '일본주의적 선전이 시작되었기' 때문에 그에 대항하는 유신론을 시도한 것이다. 메이지유신을 '봉건제로부터 근대로'라든가 '절대주의의 성립'이라든가 하는 식의 단순한 '진보주의' 사관에서 파악하거나 '존황론' '왕정복고'라든가 '해방론(海防論)' '양이론(攘夷論)' 같은 종래의 '일본주의'나 '내셔널리즘'으로 파악하지 아니하고, '횡의(橫議)·횡행·횡결(橫結)'과 같은 새로운 '유신의 정신'이 구체제 속에서 분출되어나온 데서 변혁의 원동력을 찾으려 했다.

같은 시기에 쓰인 「'논단'에서의 지적 퇴폐」는 중앙교육심의회의 '기대되는 인간상' 중간 초안 발표(1월 11일), 베트남전쟁*에서 미군기의 북

---

* 베트남전쟁 반대운동과 관련해서도 후지따는 「베트남 침략 반대운동에 관한 하나의 자기인식(ウェトナム侵略反對運動の一つの自己認識)」이라는 글을 남겼다. 1965년 6월 9일 베트남 침략에 반대하는 사회·공산 양당의 '1일 공동투쟁'이 실현되어 3만

폭 개시(2월 7일) 등의 사건과 관련하여, 이에 관한 '논단' 저널리즘의 변질과 지식인의 '지적 퇴폐'——권력과의 거리감 상실, 더 나아가서 '현실주의'라는 명목의 상황추종주의로의 적반하장격 퇴행——를 지적한 평론이다. 이처럼 '전후'의 종언과 '고도성장'의 진전에 따라 급속하게 이 사회의 정신적 부패가 노정되어갔던 것이다.

또 그해 8월 15일에는 정부 주최의 '전국전몰자추도식'에 대항하는 형태로 히다까 로꾸로오 등 국민문화회의 주최의 '8·15 기념 국민집회'가 쿠단(九段)회관에서 열렸는데 후지따는 거기서 자신이 초안을 작성한 '선언문'을 낭독한다. 그 선언문은 "우리 일본국민으로서는 일대 가치전환을 가져온 혁명적인 국민적 반성의 출발점이 되었던" 1945년 8월 15일, 즉 "20년 전 당시의 결심을 상기하면서" "안으로는 일본국 헌법하에서 기본적 인권과 비무장 원리를 실현하기 위해 한층 더 노력할 것"과 "국제사회 속에서 세계 제민족의 평등한 권리와 독립을 끝까지 존중하고 그것을 위협하는 일체의 무력 행사에 반대할 것"을 결의하며, 따라서 "베트남에 대한 미국의 군사개입에 항의하고 문제를 베트남 인민의 손에 넘길 것, 중국과의 국교를 조속히 회복하고 중국을 국제사회에 맞아들일 것 그리고 조선민족의 통일에 유해한 일본의 모든 정책을 그만둘 것"을 요구했다.

그해 6월 22일 사또오 내각은 한일 기본조약 및 부속협정에 조인했다. 여기서 일본은 한국을 한반도에서의 유일 합법정부로 승인하고 무상 3억 달러, 유상 2억 달러의 대한원조를 약속했으며, 이로 인해 일본

7000명이 참가하는 집회·시위가 이루어졌는데, 이는 3만 5000명이 참여한 1961년 6월의 '정치적 폭력행위방지법안' 반대시위 이래 최대 규모였다. 해당 글은 그것의 의미에 관해 『세까이』 8월호가 기획한 후지따와의 인터뷰 기록이다.

자본의 한국 진출의 계기가 마련되었다. 이 조약의 비준을 저지하기 위해 사회·공산 양당의 통일행동으로서 10월 12일 10만명의 국회청원데모가 행해지는 등 반대행동이 비등하는 가운데 10월 25일부터 중의원 일한특별위원회에서 심의가 개시되었다. 11월 6일 자유민주당은 특별위원회에서 이를 강행 처리·가결하고 더 나아가서 그달 12일 미명에 중의원 본회의에서도 전례가 없는 의장 발의에 의해 한일조약 안건이 의제로 채택되어 강행 가결되었다. 이어서 12월 4일에는 참의원 일한특별위원회에서 강행 채결되었고 12일 참의원 본회의에서는 자민당에 민주사회당(민사당)이 가담하고 사회·공산 양당은 불참한 가운데 가결됨으로써 한일 기본조약 및 부속 4개 협정이 성립되었다. 그리고 12월 18일 서울에서 비준서가 교환되어 발효되었다. 이러한 일련의 사태를 비판한 글이 이 책에 수록된 「'심의'에 대하여」다.

1966년에는 『천황제 국가의 지배원리』가 미라이샤(未來社)에서 간행되었다. 후지따의 단행 저서로서는 처녀출판이다. 같은 제목의 최초 논문이 호오세이대학 법학부 잡지 『법학지림(法學志林)』에 실린 지 꼭 10년 만의 출간이었다. "나는 자신의 저서를 내는 것을 별로 좋아하지 않는다. 인쇄된 내 이름을 광고 속에서 볼 때 낯이 화끈거릴 것을 생각하면 딱 질색이다"(이 책 「제1판 후기」)라던 후지따가 굳이 이 시기에 책을 내기로 결심한 것은, 앞서 얘기한 바와 같이 그의 정신사상 하나의 '전환'을 맞이하여 그때까지의 자신—혹은 "전후의 출발점에서의 자신"—을 이른바 물적으로 대상화하여 눈앞에 두고 새로운 길을 내딛는 탄력으로 삼으려 했기 때문인지도 모른다.

그는 그해에 본격적인 논문이라 할 만한 것은 쓰지 않았고 평론도 이 책에 수록된 「보편적 도리에 따르는 정신」만을 발표했고 그밖에 토론

380

'전후 민주주의의 위기와 지식인의 책임'(『세까이』1월호) 및 국민문화회의의 심포지엄 '일한문제와 일본의 지식인'(『현대의 눈』2월호)과 『현대의이론』11월호의 심포지엄 '자주독립이란 무엇인가'에 참가하고 『일본의 명저, 무쯔 무네미쯔(日本の名著, 陸奧宗光)』의 월보에서 하기와라 노부또시(萩原延壽)와 함께 '지배의 구조'라는 제목으로 대담을 한 정도다. 이 무렵 후지따는 일종의 슬럼프 상태에서, 다음해 봄에 쓰게 되는 미완성고 「이단론 단장(異端論斷章)」*에서 볼 수 있듯이 새로운 방향을 모색하면서 사색을 심화시켜가고 있던 듯하다.

또 「보편적 도리에 따르는 정신」은 원래 1966년 10월 21일 총평의 54개 단위조합이 베트남 반전 통일 스트라이크를 결행한 데 이어 국민문화회의 등이 쿠단회관에서 개최한 '10·21 반전스트라이크 지원 국민집회'에서 '맺음말'로 발표했던 것이다. 이 글에서는 메이지 5년(1872년)의 '마리아 루스호 사건'에서 보여줬던 당시 일본정부의 '보편적 도리에 따르는 정신'과 1960년대에 와서 나타난 이른바 '현실주의자'들의 상황 추인의 무원칙·무목표성을 대비시키면서 "인간의 기본적 인권과 제민족의 자결권이라는 대체로 인간에게 공통된 보편적인 목표"를 가진 '우리들의 운동'이 목표로 하는 보편적 가치를 사회 속에 '삼투'시키고 '육화'시킨다(사회로의 구조화)는 의미에서 '승리'를 지향하는 것임을 새삼 확인한다.

---

* 이 원고는 결국 미완으로 끝난 『근대일본사상사강좌 제2권 정통과 이단(近代日本思想史講座第二卷 正統と異端)』의 집필을 위해 마루야마 마사오, 이시다 타께시 등과 수년간 진행했던 연구회 기록과 후지따가 이듬해 5월 영국에 가기 직전에 『코오자(講座)』의 발행소였던 찌꾸마쇼보오(筑摩書房)에 남겨두었던 초고를 엮은 것이다.

6

    2년 동안의 영국유학(쉐필드대 및 옥스퍼드대)을 마친 후지따가 귀국 후 첫번째로 한 발언은 「'고도성장' 반대」(『미라이(未來)』 1969년 5월)였다. "팔꿈치로 사람들을 밀어제치면서 '앞으로 앞으로'만 나아가고 있는" 듯한 '고도성장' 사회에 대한 '반대'가 비로소 소리높이 주창되었다. 또 아끼모또 마쯔요(秋元松代)의 희곡 『히따찌보오까이손(常陸坊海尊)』에 훌륭하게 형상화된 '두가지 천황제의 모순'—'원시 천황제의 주술적 세계'로부터, 그 세계의 '합리화'와 더불어 성립되어 군림해온 '관료제 도그마'라는 '정통'에 대항하여 '이단'으로서 '백귀야행(百鬼夜行)의 주술적 세계'가 작동하기 시작한다는 천황제 고유의 내적 모순(「이단론 단장」)—에 대해 언급하면서 무릇 사태의 '원초적 조건'을 근원에서부터 원리적으로 재검토해야 하며 역사적 과거에 대해 보다 내재적으로 연구할 필요가 있음을 역설했다.

    이어서 그 다음달부터 『미스즈』에 '권두언'이 실리기 시작한다. 총 11회의 '권두언' 중 「'화'라는 이름에 대한 이야기」 「자유를 생각함」 「흉내내기에 대하여」 등 3편이 이 책에 수록되었다. 「자유를 생각함」에서는 홍수처럼 밀려드는 사람의 물결 속에서 타인을 밀어제치면서 행해지는 자기주장의 경쟁을 에너지로 삼아 매진하는 '고도성장'을 정면에서 다루고 있는데, 인권을 확보해야 할 공공제도가 부재하고 자유로운 질서를 밑으로부터 자주적으로 형성하는 능력이 전통적으로 결여된 일본의 역사적 조건에서 고도성장이 진행된 결과 일본사회는 조운 로빈슨이 말하는 '신중상주의'—그것은 결국 한정된 지구자원을 먼저 획득하려는 경쟁으로 귀착된다—의 '최첨단'을 달리게 되었음을 밝히고 있다. 전후의 '자연상태'에서 일시적으로나마 지닐 수 있었던 '인민 주권' 원리가 실현되리라는 '희망'은 이 같은 '고도성장' 과정에서 보기 좋게 부서져버렸다.

후지따가 영국유학 중이던 1968~69년에 토오꾜오대학, 니혼(日本)대학을 비롯한 전국의 100개 넘는 대학에서 '대학분쟁'이 격화되었다. 각 대학별로 계기가 되었던 쟁점은 달랐지만 빠리의 학생혁명('5월 혁명') 이나 '조반유리(造反有理)'를 내건 중국의 '문화혁명' 그리고 미국에서의 베트남전 반대와 결부된 학생반란 등의 영향을 받은 듯한 '전공투'(全學共鬪會議)라는 이름의 비분파·급진 학생집단이 종래의 '민청계(民靑系, 민주청년동맹, 공산당계)' 학생자치조직과 대립·충돌하면서 '대학해체'를 내걸고 바리케이드, 스트라이크, 대중 단체교섭 등의 수단으로 대학당국과 투쟁하게 된 것이다.

1969년 1월 18일 경시청 기동대 8500명이 토오꾜오대학 야스다(安田)강당*에 바리케이드를 치고 농성하던 전공투 학생을 끌어내고 봉쇄를 해제하기 위해 출동했다. 그러자 토오다이(東大) 투쟁을 지원하던 학생과 시민들이 오짜노미즈(御茶ノ水)역에서 칸다(神田)까지의 도로를 바리케이드로 점거하고 경찰대에 계속해서 돌을 던져, 교통이 마비되는 '칸다 카르체 라탄(神田カルチェラタン)'이 연출되었다. 다음날 19일 '야스다 보루'를 포위한 기동대는 최루탄 4000발을 투척하며 지상에서는 물을 뿌려대고 헬리콥터에서는 최루액을 산포해 결국 봉쇄를 해제하고 374명을 체포했다. 그 광경은 종일 텔레비전에 방영되었다.**

---

* 대학본부·총장실·대강당 등이 위치한 시계탑이 있는 탑 모양의 건물이었다.
** 2월 15일에는 니쩨다이(日大) 문리학부의 봉쇄 해제에 기동대가 투입되었고 이후 다른 대학에도 잇따라 기동대가 투입되었다. 6월 29일에는 신주꾸(新宿)역 서쪽 출구

토오꾜오대학에서 다음해 입학시험 중지가 발표된 뒤, 2월부터 이른바 '정상화'에 따른 '수업재개'가 이루어졌는데, 그 무렵부터 후지따의 스승 마루야마가 전공투의 입장에서 볼 때 '전후 민주주의의 허구성'을 상징하는 공격대상으로서 주목받기에 이르러 그의 수업이 '분쇄'되고 '규탄'의 표적이 되는 사태가 벌어졌다.

호오세이대학에서도 후지따가 영국으로 출발한 직후인 1967년 6월부터 분쟁이 격화되었다. 학생들 사이에 (일공日共·민청계와 이른바 한요요기反代代木·반일공反日共계 간의) 집단충돌이 벌어져 수많은 부상자가 발생했고, 대학 측에서 이 사건 관련 학생을 처벌하자 그에 반발하는 학생집단이 총장과 학부장을 불법 감금해버렸으며, 이로 인해 투입된 경찰이 총장과 학부장을 구출하고 200명이 넘는 학생을 체포하는 등 일련의 사건이 이어졌다. 후지따가 귀국한 직후인 1969년 4월 한요요기계 학생을 중심으로 '전공투'가 결성되어 대학에 대한 '투쟁'은 강도를 더해갔다. 법학부 교수회 주임에 임명된 후지따는 법학부 교수 출신의 나까무라 아끼라(中村哲) 총장의 보좌역을 수행하게 된다. 그는 학생 7000명이 참석한 나까무라 총장의 '설명집회'를 개최해 '바리케이드 봉쇄' 해제와 수업재개를 끌어내는 등 대응의 중심이 되어 활약한다. 그러나 이후에도 대학 내 '분규'는 그치지 않았다.*

지하광장에서 열린 반전 포크송 집회에 7000명이 모였는데 기동대가 가스탄으로 진압, 64명이 체포되었다.

* 여러 학생 '분파'(sect) 간의 '우찌게바'(内ゲバ, 폭력에 의한 내부항쟁)가 다발하는 가운데 1970년 8월에는 '카꾸마루하'(革マル派, 혁명적 공산주의자동맹·혁명적 맑스주의자파)에 속한 토오꾜오꾜오이꾸(東京教育)대학의 한 학생이 '중핵파'(中核派, 혁명적 공산주의자동맹·중핵파) 학생집단에 의해 호오세이대학 교사 지하실에 끌려가 집단 린치를 당해 숨지는 사건이 발생했다. 그러자 호오세이대학은 학원에서 폭

이 무렵부터 그는 호오세이대학을 그만둘 결심을 굳혔던 모양이다. 단순히 '분쟁'에 지쳐서 쓰러졌다든지 호오세이대학이라는 장에 싫증이 나서 그런 결심을 했다고는 여겨지지 않는다. 그렇다기보다는 '고도성장'하에서 지식인의 '지적 퇴폐'가 진행되는 와중에, '대학'이라는 허구의 특권적 제도 속에서 '교수'로 생활해나가기가 정신적으로 견딜 수 없게 된 듯하다.

이리하여 후지따는 1971년 3월부로 호오세이대학을 질병을 이유로 의원퇴직한 뒤 미스즈쇼보오에서 9개월간 근무하기도 하고, 전부터 절친하게 지냈던 쇼오(庄幸司郎)가 사장으로 있는 쇼오건설에서 단기간 육체노동에 종사하기도 했다. 결국 1980년 4월 호오세이대학 법학부에 복귀할 때까지의 9년 동안 후지따는 몇몇 대학에서의 단기간 시간강사**, 각종 쎄미나 강사***, 헤이본샤의 세계대백과사전 항목 선정위원 등 이른바 '임시공'적 생활에 의한 수입과 각종 잡지, 신문 등에 기고하며 원고료 수입에 의존하는 생활을 해나갔다. 그동안 기존에 발표했던 글들을 모아 몇권의 단행본을 냈는데 그것도 인세수입을 확보하기 위

력을 일소하고 사상과 언론의 자유를 보장하며 대학의 자치를 지키기 위해 ① 불법 점거의 즉시 해제, 본 대학 학생 이외의 자에 대한 시설의 전대(轉貸) 금지 ② 대학시설의 야간 사용 금지 ③ 학생 제단체 간의 사상·신조의 차이와 대립을 폭력에 의해 해결짓지 않는다는 취지의 의사표시, 이상 '세가지 원칙'의 준수를 학생들에게 요구하는 동시에 그에 대처하는 물리적인 제반 시설을 정비하고, 학내 질서를 회복할 수 있도록 모든 학생들의 합의 형성을 꾀했다. 그러한 움직임에서도 후지따는 중심적 역할을 수행했다.

** 1974~75년에는 릿꾜오(立敎)대학, 그리고 집중강의 형식의 홋까이도(北海道)대학·나고야(名古屋)대학·찌바(千葉)대학·에히메(愛媛)대학 등 1976년에는 옥스퍼드대에서 3개월간 '돈벌이' 출강.

*** 헤이본샤 쎄미나, 쇼오건설 쎄미나, 니혼에디터스쿨 쎄미나 등 모두 1기만 참여함.

해서였다. 그러나 후지따는 '팔아먹기' 위해 조잡한 글을 남발하는 일은 결코 없었다.

7

이 '유랑'의 9년간 후지따는 새로운 정신운동을 개시했고 1970년대 후반부터는 전인미답이라 할 경지에 발을 들여놓았다. 이 글의 4절에 인용된 대담에서 후지따가 말한 전후 제3기('석유파동' 후의 일본사회의 '회사주의·기업사회'화에 대해 '절망'이 깊어가던 시대)로부터 제4기('절망을 뛰어넘어 절망에 대해 쓰기 시작한' 시대)로의 전환이 그것이다. 이순애 씨가 편한 이 책에서는 이 시기에 쓰인 글들이 주요 부분을 이루고 있다. 특히 제5부 '신품문화' 및 제1부 '전체주의의 시대경험'에 수록된 글들이 그러하므로(제5부에 수록된 글들이 제1부의 글들보다 먼저 쓰였다), 후지따의 그 같은 '절망'의 내용은 독자 스스로가 확인할 수 있기를 바란다. 이순애 씨가 「재일조선인의 눈으로 본 후지따 쇼오조오」에서 말한 것처럼, 그러한 후지따의 '절망'은 "일본사회 내부에서 비롯된 엄중한 내제적 비판"의 지속과 심화를 낳았고, 그로 인해 그는 일본 지식인사회에서 '외로운 이단자'가 되어갔던 것이다.

후지따는 1970년대 후반부터 '경험'의 철학에 대해 말하기 시작한다(『경험이라는 책』). 그리고 이 책에 수록된 몇몇 뛰어난 글들(「전후 논의의 전제」「신품문화」「소나무에게 들어라」「오늘의 경험」)을 관통하는 주제는 다름 아닌 이 '경험의 상실'(이라는 '절망적' 사태의 도래)이다. 후지따에 따르면 인간의 경험이란 사물 또는 사태와의 상호교섭이다. 세계와 정신의 응답관계라고 말해도 좋다. 거기서는 이질적인 타자나 미지의 사태와

386

의 우연한 '만남'의 요소, 따라서 '관념의 모험'(화이트헤드)의 계기가 반드시 있어야 한다. 기지(旣知)의 사실, 자명성의 세계에서 스스로 걸어나가 미지의, 따라서 낯설기만 한 혼돈과 불안에 가득 찬 세계와 만나는 것을 기피하는 곳에서 경험은 성립되지 않는다. 바로 그러한 '경험'의 기회를 '신중상주의' '고도성장' 사회는 빼앗아가는 것이다.

기성품으로서 신품이 풍부하게 만들어져 쌓여 있고 편리함과 쾌적함만이 추구되는 곳, 또 '이성 없는 합리화'로서 제도화(관료제적 질서화)가 전면적으로 관철되는 곳에서, 그리고 관리되고 규격화되며 안전한 보호막으로 싸인 공간과 예정되고 기획화되어 축적과 숙성의 여지를 박탈당한 시간 속에서, 우리들은 '매끈매끈하고 반짝반짝하는 소여'의 것인 제품에 둘러싸여 자유로운 '경험'의 가능성을 결정적으로 상실해가고 있다. 그것은 후지따가 "'안락'을 향한 전체주의"라 이름붙인 사태이기도 하다. 개인이 자신의 행동과 운명에 관해 주도권을 쥔다는 의미에서의 '자유'를 결정적으로 상실한다는 점에서 그야말로 '전체주의'의 극한 형태이기도 한 것이다.

후지따에 따르면 가장 경험다운 경험——'경험 중의 경험'——이라고 할 수 있는 것은 '최초'와 '최후' 그리고 '재생'의 경험, 즉 탄생, 죽음, 부활이다. 좀더 요약해서 말하면 정신적·상징적 의미에서의 '죽음과 재생'이야말로 '근원적 경험'이라 할 수 있으며 상실과 회복 혹은 이화 (異化)·이세계(異世界)로의 추방·방황과, 거기로부터의 귀환·소생(환생=황천에서 돌아옴=사자死者의 나라로부터의 귀환)을 통한 새로운 자기획득(재획득)이야말로 '경험'의 변증법의 핵심임에 틀림없다.

'20세기 학문'을 대표하는 인류학이나 신화학(神話學)이 이니시에이션(initiation, 성년식·입사의식)의 의미를 중시하는 것도 그것이 고난과 시련의 '위기적' 일정기간을 '통과'함으로써 유년기의 '죽음'과 성인의 권리·의무를 지닌 독립된 사회성원으로서의 '탄생'을 사회적으로 확인하는 것이기 때문이며 또 그 근원적 경험이 '상징'화되는 가운데서 각 공동체의 신화적·사회적·정치적 '질서'의 원형이라 할 만한 것이 형성되기 때문이다(「어떤 상실의 경험」 1981).

그 같은 인류학적·신화학적 사고가 문명사의 '폐허' 속에서 찾아낸 파편·조각을 바탕으로 삼아 '야생의 사고'를 '태고의 원형'(벤야민)으로 복원할 때 이러한 근원적 경험의 반복이 가능해지며, 거기서 "유기(遺棄)와 추방과 방황이 영구화했다"는 느낌을 주는 '이성 없는 합리화'에 의해 '새로운 야만' 상태에 내던져져 있는 현대의 우리들에게 '경험'에서의 '상호주체성'에 의한 본래적인 '사회성'(공공성)을 재획득할 수 있는 길이 열릴지도 모른다는 것이다.

「어떤 상실의 경험」의 끝부분에서 후지따는 '패배의 경험'을 통한 '재생'의 가능성에 관해 이야기한다. "너의 부서(部署)를 버려라/승리는 쟁취되었다/패배도 쟁취되었다./너의 부서를, 당장 버려라/ 다시 한번 깊은 바닥까지, 승리자여, 잠수하라"(브레히트). "승리자가 꼭 알아야할 것은, 패배의 경험을 패배자에게만 맡기지 않아야 한다는 것이다"(벤야민). 다시 말해서 "재기불능이 될 정도로 얻어터지는" 하강과 몰락을 통해서 재생하려는 것이야말로 승리자가 선택해 걸어가야 할 방향이다. 여기서 말하는 '몰락'이란 '근원으로의 회귀'를 뜻한다(벤야민). 그런 의미에서 '몰락에의 의지'를 지니는 것이야말로 바로 근본적인 의미에서의 래디컬일 것이다. (혁명에 '승리'한 후라 해도) 그리고 질서 속에서 '공을 세우고 이름을 날리'고도 '영달'을 단연코 거절하거나 혹은 스스로 추방과 방황의 길을 선택하거나 '고난을 공유하는' 길을 선택해야만 경험의 회복이 가능한 것이 현대의 우리들이 처한 상황이다.

「전후 논의의 전제」에서 후지따는 '결핍' '혼돈' '수난'이 소용돌이치던 '전후' 상황에서는 국가의 몰락에 '이상한 밝음'이 내포되어 있었고 모든 것에 '양의성의 부피'가 존재한다고 했다. 다시 말하면 '혼돈과 유토피아의 결합, 결핍과 판타지의 결합, 비참(수난)과 신성의 결합, 그것들의 양의적 연결'이 있었다는 것이다. 그것들은 '고도성장'의 '성공'이 가져온 일의적인 '전체주의적' 질서하에서 뿌리째 뽑히고 말았다. 그러한 상황에서 후지따가 찾아낸 거의 유일한 '희망'은 그야말로 '고난을 공유하는 자'들—어둠의 세계로부터 귀환한 자들—의 '패배의 경험'으로부터의 재출발—수난과 혼돈이 신성과 유토피아를 낳은 '시작'의 장소에서의 재출발—에 있었다고 할 수 있다.

또 「오늘의 경험—저지하는 힘 가운데서」는 다음과 같이 끝맺고 있다.

오늘날의 성공과 그것이 초래하는 자기도취를 거부하고 소멸·실패의 계열에 속하는 '최후의 경험'을 고통스럽게 경험하려는 자 앞에는 의외로 드넓은 지평을 지닌 새로운 경험의 영역이 펼쳐져 있다.

그러나 이 길은 현대의 대다수 사람들의 눈에는 틀림없이 어리석은 길로밖에 보이지 않을 것이다. 하지만 그것이 인간경험의 재생을 담당했던 인류사적 응답의 방법인 한 그 길을 걷는 자들 가운데서 움직일 수 없는 사회적 존재로서의 정신적 야당이 생겨날 것임에 틀림없다. 그 같은 움직일 수 없는 작은 존재는 바깥에서 움직일 수 없는 것인 만큼 오히려 대다수를 움직이는 요인이 될 수 있는 것이다.

이처럼 세기말 아닌 '세계말' 현상을 결코 질리는 일 없이 지속적으로 응시하고 사색해온 사상가 후지따 쇼오조오는 스스로 '쾌활한 페시미스트'이고자 하면서 깨인 눈으로 시대와 인간의 작은 징후와 기미까지도 놓치지 않고 신랄하게 때로는 유머를 섞어서 신속하게 사태 전체를 비추어왔다. 그리고 이제 병고 가운데서 스스로 '수라(修羅)로 화한 바보'로서 살아간다고 말하는 이 사상가가 '고난을 공유하는 자'에게 보내는 메시지를 한국의 독자가 적확하게 받아주실 것을 간절히 바란다.

인간의 윤리와 수라(修羅)의 사상

후지따 쇼오조오의 방법과 태도

김항(연세대 국학연구원 HK교수)

보편주의와 독설, 후지따 쇼오조오라는 희귀한 지성이 평생 동안 일관되게 지켜온 방법과 태도다. 그런데 후지따의 보편주의는 고상한 일반 규범이나 이념을 개별 사안에 적용하는 기계적인 방법이 아니었고, 독설은 상대의 약점을 잡아 동원 가능한 최악의 수사로 매도하는 태도가 아니었다. 그와 정반대로 그의 보편주의는 인간이 인간이기를 포기하는 순간의 참상으로부터 인간을 포착하려는 냉철한 방법적 시도였고, 독설은 상대의 자세와 주장에서 가장 첨예한 대립점을 찾아내 그것을 미지의 가능성으로 이끌기 위한 위악적 태도였다. 인간이 더 나은 세상을 만들 수 있다고 믿기에 상상 가능한 최악의 인간상태로부터 사유를 개시하고, 상대와의 타협없는 대립이 미지의 가능성을 연다고 확신했기에 격한 어조로 차이를 극단화했던 것이다.

마츠자와 히로아키(松沢弘陽)의 경우에는 동업인 탓도 있어서 지금도 많은 가르침을 준다. 한가지 확인해두자면, 내가 가르침을 받는 것은 그들과 나 사이의 대립면임은 틀림없다. 예를 들어 뼛속 깊숙이 게으른 나는 사실 아무것도 배우지 못한 탓인지 '취미로서의 독설'을 '파칭코' 대신 오락으로 즐기는 경향이 있다. 마츠자와의 타의 추종을 불허하는 근면과 굳은 신념 앞에서면 자기비판을 하지 않을 수 없음이 명백한 까닭이다. 그러나 그 자기비판을 타인에게 표현할 때에는 '대립면에 대한 독설'을 통해 할 뿐이다. 나는 모두 잘 알듯이 보편주의자이기 때문에, 아무리 취미라 하더라도, 독설 역시 보편주의에 따를 수밖에 없기에 그렇다. 농담 반 진담 반이지만 나는 겨우 겨우 지금까지 간직해온 그와 나의 대립면을 소거하면서 쌍방의 결합을 비생산적인 타협으로 만들고 싶지 않다. 그가 만약 과도하게 겸손을 떤다면 나는 역으로 무리하게 불손하게 굴어야 한다. 참으로 힘든 일이지만 말이다. (중략) '대립이 없는 곳에 관심은 생기지 않는다'고 말한 것은 아마 헤겔이었던 것 같은데, (중략) 대립면을 통해 결합함으로써 생겨나는 '논의하는 관계'는 천황제 사회와 (중략) 대립하는 원리이다. 내가 추구해온 것 중 하나는 그것이다. 그것을 토대로 하지 않고 무엇이 탄생할 수 있느냐 말이다.(『천황제 국가의 지배 원리』(1966), 제2판 서문, 1973)

여기서 말하는 마츠자와 히로아키란 마루야마 마사오 문하에서 후지따와 동문수학한 인물이다. 패전 후 일본의 사상계에서 '천황'이라고까지 불리며 지대한 영향력을 가졌던 마루야마 마사오 문하에는 후지따나 마츠자와 등 패전 당시 15~18세였던 '군국주의 소년'들이 모여든다. 일본의 아시아주의 계보를 독특한 필체로 재구성한 하시카와 분조(橋川文三), 국제정치학 분야에서 전후 민주주의의 평화 이념이 그로테스

크한 국가 간 외교의 가장 유력한 현실적 이념임을 변증법적으로 설파한 사까모또 요시까즈(坂本義和), 메이지 이래 일본 정치사상사를 타자와의 상호주관성으로 구성되는 공공성의 이념 위에 기초 지우고자 했던 이시다 타께시 등이 바로 그들이다.

이들은 모두 서로 다른 분야에서 독자적인 활동을 했지만 그 사상적 뿌리는 마루야마 마사오의 세계관으로부터 자양분을 얻은 것이었다. 이들이 공유한 마루야마의 세계관이란 물론 천황제 군국주의 파시즘 비판과 전후 민주주의 이념에 대한 신뢰였지만, 보다 근원적으로는 '취급주의 라벨이 붙은 위험한 존재인 인간'이라는 마루야마의 정치적 인간학이라 할 수 있다. 마루야마는 홉스-슈미트의 계보를 따라 인간을 이성적이고 합리적 존재라기보다는 서로 대립하고 시기하고 공격하는 위험한 존재로 바라보면서, 칸트적 계몽이 아니라 헤겔적 대립과 부정으로부터 정치질서의 생성과 존립을 기초 지웠다. 그런 의미에서 마루야마와 문하생들은 전후 민주주의를 절대로 배반할 수 없는 금과옥조로 여겼다기보다는, 언제든 인간에 의해 해체될 수 있는 위약한 픽션에 지나지 않는다고 간주했다. 그렇기에 전후 민주주의는 법이나 규범으로 수호될 수 있는 것이 아니라 첨예한 비판의식과 논쟁적 실천으로만 존립할 수 있는 위태로운 구성물에 다름 아니었던 셈이다.

후지따의 보편주의와 독설은 이러한 마루야마의 세계관을 마루야마보다 더 급진적으로 밀고나간 결과물이라 할 수 있다. 후지따는 패전 직후 마루야마 마사오의 『군국 지배자의 정신 형태』라는 논문을 보고 '고위 공무원 양성소로서의 토오꾜오대 법학부'가 아니라 '마루야마의 쎄미나가 열리는 토오꾜오대 법학부'에 입학한다. 후지따로 하여금 평생 동안 지적 영위에 삶을 내맡길 것을 추동한 이 논문에서 마루야마는 일본 군국주의 지도자들을 나치의 주요인물들과 비교하며 그들의 정신병리학을 거침없는 톤으로 해부했다. 이 논문은 당대로부터 현재에 이르기까지 논란거리가 되어왔는데, 마루야마가 일본 지도자들의 결단력 없고 무책임한 심성을 비판하기 위해 나치 지도자들의 정신을 일종의 혁명적 아방가르드처럼 묘사했기 때문이다. 즉 전자는 관료기계 속에서 심장없는 부품으로 전락한 우등생들인 반면, 후자는 광기와 종이 한 장 차이의 악마적 약동성을 간직한 과격 혁명가로 묘사한 인상을 준 것이다.

후지따의 작업은 이런 마루야마의 과도하다시피 한 비판과 독설이야 말로 군국주의 비판, 전후 민주주의의 끊임없는 갱생, 그리고 보편적 정치-인간학을 위한 길이라 믿으면서 이루어졌다. 그의 밑바닥으로부터의 보편주의와 대립면만을 보려는 독설은 마루야마 문하의 그 누구보다도 스승의 방법과 태도를 보다 급진적으로 밀고나간 산물이었던 것이다. 그런데 이러한 후지따의 결단은 스승의 글과 말로부터의 감화만으로 이뤄진 것이 아니다. 그가 마루야마의 언술 속에 가능성을 볼 수 있었던, 아니 볼 수밖에 없었던 까닭은 패전 직후에 그의 세대가 경험한 총체적 부조리가 있었기 때문이다. 후지따보다 두살 많은 한 해군 병사의 일기는 패전 직후 천황의 부화뇌동을 보면서 그 부조리를 적나라하게 드러낸 기록이다. 후지따를 비롯한 이 세대 일본인들의 정신세계를 알기 위해서는 반드시 확인되어야만 할 정신사적 국면이기에 일기로부터 몇몇 구절을 발췌해보기로 하자.

1945년 9월 4일

"천황폐하가 처형당할지도 모른다"라는 소문이 마을에 퍼져 있다.

394

(중략) 참으로 하늘 무서운 줄 모르는 소문이다. 천황폐하라면 "신성하시여 범하여서는 아니되는" "일천만승(一天万乘)의 대군"이시며, "현인신(現人神)"이시며, 이 나라의 "원수" 아니시던가. 그 천황폐하가 소문이라 할지라도 교수형을 당하신다니, 생각만 해도 불경스러운 일이 아닐 수 없다. 물론 이렇게 큰 전쟁을 마무리 짓기 위해서는 언젠가 적으로부터 어떤 형태로든 결정적 보복을 받겠지만, 천황폐하께 누를 끼쳐드리는 일만은 무슨 일이 있어도 피해야만 한다. 그것은 무엇보다도 "신성한 옥체"를 더럽히는 일이 될 터이기에 그렇다.

1945년 9월 7일

전장에 있는 동안 나는 몰래 죽을 기회를 기다리고 있었다. 때가 되면 멋지고 훌륭하게 죽는 것, 죽어서 대의 속에 사는 것, 그것만을 생각했다고 해도 과언이 아니다. 나라를 위해, 동포를 위해, 그리고 누구보다도 천황폐하를 위해 죽는 일, 천황폐하의 자식으로서 죽음을 통해 "황은"에 보답하는 일, 그것을 병사의 "최고의 명예"라 믿고 자신의 모든 것을 걸었다.

1945년 9월 30일

천황이 매카서를 방문(9월 27일). (중략) 어떻게 이럴 수가 있는가. 이런 일이 가당키나 한가. "방문"이라 하면 듣기는 좋다. 하지만 천황이 지금까지 자기 발로 누군가를 방문한 일이 있기나 했던가. 일본인이든 외국인이든 메이지 이래 그런 일은 한번도 없었다. 알현은 언제나 "궁중알현"이었다. (중략) 그런데 이번에는 천황 쪽에서 상대를 방문했다. 게다가 방문한 상대란 우리가 얼마 전까지 목숨을 걸고 싸웠던 적의 총사령관이다. (중략) 이런 굴욕이 또 있을까? (중략) 자신이 이런 천황을 원수(元首)로 받들어 모셨던 일본인의 한 사람인 것이 참을 수 없이 부끄럽다. (중략) 나에게 "천황폐하"는 이 날로 죽었다. 그렇게라도 생각하지 않으면 이 충격은 가시질 않는다.

1945년 10월 7일

최근 신문의 변모를 보면 놀라울 따름이다. 어떻게 이렇게까지 바뀔 수 있을까? 라디오도 마찬가지지만 얼마 전까지 "성전완수"라느니 "일억 불포탄"이라느니 "신주불멸"이라느니 공언한 주제에, 항복하자마자 이번에는 "전쟁은 처음부터 군벌과 재벌과 관료가 결탁해서 시작한 것이고, 성전은커녕 정의도 없는 침략전쟁이었다"라고 쓰거나 떠들고 있다. (중략) 또 걸핏하면 미국 민주주의를 본받자고도 떠들어댄다. 일본이 평화로운 문화국가로 되돌아가기 위해서는 이제 과거의 잘못된 관계를 버리고 미국과 손을 잡아 사이좋게 지내야 한다고 말한다. 이런 고식적인 순응주의를 짓밟힌 개의 비굴한 순종이라 할 것이다. 그렇게 사이좋게 지내야 한다면 처음부터 전쟁 따위 하지 않았으면 될 것 아닌가. 무엇보다도 미국을 적이라 여겨 싸워 죽은 이들은 어떻게 되는가. 신문이나 라디오 종사자들은 이들을 한번이라도 생각한 적이 있는가?

1945년 10월 17일

아직 소학교를 졸업한 지 얼마 안 된 우리들은 모든 것이 천황을 위한 것이라는 교사의 가르침을 정직하게 믿었고, 그것을 의심할 지혜도 "천황"을 넘어서는 가치도 이 세상 속에서 찾지 못했었다. 그런데 어떤가. 죽을 고비를 넘겨 돌아와 보니 당사자는 패전의 책임을 지기는커녕 적

396

의 사령관을 방문하여 사이좋게 사진을 찍고 있다. 후안무치…… 그런데 나는 천황을 위해 전장에서 목숨을 걸었다. 그렇게 생각하니 참을 수 없는 분노로 숨이 막힐 지경이다. 감정이 복받쳐 가만히 있을 수가 없다. 나는 이제라도 달려가 궁성에 불을 지르고 싶다. 궁성을 둘러싼 소나무에 천황을 거꾸로 매달아 우리가 함선에서 당했던 것처럼 박달나무 몽둥이로 마구잡이로 두드려 패고 싶다. 아니 그것으로도 모자라다. 가능하다면 천황을 예전 해전이 벌어졌던 장소로 끌고 가 바다 밑으로 내던져 그 밑에 잠들어 있을 전우의 무참한 사체를 두 눈으로 보라고 하고 싶다. 이것이 당신 명령으로 시작한 전쟁의 결말입니다. 이렇게 몇십만명이나 되는 당신의 병사가 당신을 위해서라고 믿으면서 죽어갔던 겁니다.

이상의 인용은 15세에 해군 병사로 지원하여 패전 직후 소집해제된 와타나베 기요시(渡辺淸)의 『산산조각난 신 — 한 복원병의 수기(砕かれた神―ある復員兵の手記)』에서 발췌해온 것이다. 이 수기는 메이지유신 이래 80년 가까운 세월 동안 일본인을 장악해온 '천황제'라는 믿음의 체계가 단 한달만에 산산조각나는 과정의 극적 파노라마다. 천황을 위해 목숨을 바치는 것이 가장 가치있는 일이라 믿어 의심치 않았던 한 소년이 적의 사령관에게 찾아가 비굴하게 목숨을 구걸하는 천황을 보면서 느꼈을 모멸감이 이 수기에는 적나라하게 드러나 있다. 패전 후 일본은 천황의 이 희극적인 자기변모를 시작으로 자기기만에 다름 아닌 자기갱생에 착수했던 것이다.

후지따가 마루야마의 논문을 읽고 벅찬 마음으로 자신의 길을 결단한 것은 이런 상황에서이다. 물론 후지따를 비롯한 온 일본국민이 수기를 쓴 소년 병사처럼 느꼈던 것은 아니다. 어떤 이는 천황을 신줏단지처럼 떠받치는 의례와 언술에 지쳤을 것이고, 어떤 이는 천황제가 계급 착취를 위한 이데올로기에 지나지 않다고 믿었을 것이며, 어떤 이는 천황이 꼭두각시에 지나지 않음을 냉철한 눈으로 간파했을 것이다. 하지만 정작 중요한 것은 군복을 입은 위엄있는 대군의 통수권자에서 연미복을 차려입은 얌전한 초로의 신사로 탈바꿈한 천황을 보면서 그 안에 일본인 전체의 자기기만을 보려는 통렬한 자기성찰의 태도가 없었다는 점이다. 즉 천황의 변모를 보며 슬퍼하고 화내고 냉소를 보내는 이들은 있었지만, 그것이 패전을 종전으로 받아들인 일본인 전체의 자기기만을 은폐하는 커다란 스펙터클임은 인식의 지평에 떠오르지 않았던 것이다. 그런 의미에서 천황의 자기변모는 일본인 전체로 하여금 전쟁이 무엇이었는지 성찰하는 과제를 면제시켜준 망각의 계기에 다름 아니었다.

그래서 배신감과 분노로 가득 찬 소년 병사의 수기는 천황이 얼마나 무책임한 군통수권자이자 국가원수인지를 보여주는 적나라한 기록임과 동시에, 천황의 무책임하고 비굴한 자기변모를 격렬히 비난함으로써 자신이 처절한 피해자임을 각인하는 논리를 체현한다. 그것은 거대한 국가장치에 속아 자신의 목숨을 내걸었던 비극적 피해자라는, 패전후 일본인의 자기인식이 어떻게 창출되었는지를 보여주는 것이다. 달리 말하자면 전장에서 천황을 위해 목숨을 바쳤던 순수하고 가련한 병사들만을 기억하고, 그 병사들이 수많은 아시아의 인민들을 살해했다는 사실을 망각하는 과정을 이 수기는 보여주는 셈이다.

후지따의 보편주의와 독설은 이 이중 구속 상황에서 도출된 방법과 태도다. 한편에 전쟁 지도자의 무책임과 비굴함이 있다. 다른 한편에는

398

그 무책임과 비굴함을 욕하며 피해자 의식만을 각인한 국민이 있다. 즉 무책임과 비굴함과 피해의식으로 무장한 패전 후 일본이 그의 눈앞에 놓여 있었던 것이다. 이 안에서 어떻게 자신의 일상으로부터 타자와의 공생을 꾀하는 민주주의가 가능할 것이며, 그 민주주의를 형해화하지 않기 위해 어떻게 부단히 자기를 갱생할 것인가?

후지따의 지적 영위는 어쩔 도리가 없는 절망적 상황 속에서 이 가능성을 놓지 않으려는 안쓰러운 시도였다. 무책임과 비굴함과 피해망상의 나락으로부터 인간을 사유하려는 그의 보편주의는 패전국 일본이 눈부신 경제성장에 힘입어 국민적 자존심을 되찾게 된 1960~70년대 더욱 급진화되었다. 「전체주의의 시대경험」에 등장하는 '안락의 전체주의'는 이런 맥락에서 이해할 수 있다. 당시 일본사회는 성숙한 민주주의에 바탕하여 경제적 풍요를 성취한 것처럼 간주됐지만, 후지타가 보기에 그 안락과 풍요를 밑바닥에서 떠받치고 있는 것은 패전 직후의 발 빠른 과거 망각과 자기기만이었기 때문이다. 이런 기조저음이 패전 후 일본사회를 관통하는 한, 후지따의 글과 말은 독설의 형태를 띨 수밖에 없었을 것이다. 고상한 보편 이념이나 상대방에 대한 입에 발린 존중은 그야말로 저 무책임과 비굴함과 피해망상을 보듬어주는 위로의 말 이외에는 될 수 없었을 터이기에 그렇다. 후지따가 마루야마까지를 포함한 주류 지성계에 고집스러우리만큼 대립한 것도 그 때문이다.

이 책을 이와나미쇼텐에서 출간하게 되어 〔심한 저항감을 느낀다〕. 나는 토오꾜오대학/쿄오또대학을 중심으로 돌아가는 학예계의 양상에 정면으로 반대한다. 물론 정신경향에 관한 이야기다. 그런 입장에서 보자면 이와나미쇼텐은 지금의 학예계의 양상을 출판계에서 대표하는 출판사라 판단된다. 그 출판사에서 내 책을 내는 것은 바람직한 일이 아니다.
(『전향의 사상사적 연구—그 한 측면』 서문, 1975)

어떤 출판사에서 책을 내면서 그 출판사에서 책을 내게 되어 유감이
라고 서문에 적시하는 이 감각은 오묘한 느낌을 준다. 끝까지 내지 말았
으면 될 것 아닌가 하는 생각이 드는 것도 사실이다. 하지만 동료들에게
설득당한 끝에 내기 싫은 출판사에서 책을 내면서 자신의 생각을 가감
없이 드러내는 이 아이러니가 후지따의 본령이다. 그의 보편주의는 인
간의 부조리함이나 나약함을 보다 상위의 이념으로 끌어올려 조화로운
상태로 이끌려는 이념의 운동이 아니다. 오히려 그의 보편주의는 인간
이 보다 나은 상태로 나아가고 있다는 믿음에도 불구하고, 여전히 지금
눈앞의 세상은 인간의 부조리와 나약함으로 가득 차 있으며, 그렇기에
계속해서 사유를 하강시켜야 함을 설파하는 방법이기 때문이다. 그리
고 이 방법을 관철하기 위해 독설이라는 태도로, 자기 자신에 대해서조
차도, 일관할 수밖에 없었던 까닭이 여기에 있다.

나의 '시대'와 '인생'은 끝났기에 인간으로서가 아니라 '수라(修羅)'가
되어 '인공항문생활'의 고통으로 가득 찬 '연옥'을 견디는 버팀목으로
삼자고 결의했다.(『후지따 쇼오조오 저작집』 1권 서문, 1997)

말년의 후지따는 직장암을 얻어 고통스러운 여생을 보내야만 했다.
여생이 얼마 남지 않은 것을 안 그는 생전에 저작집 출간을 결심하면서
이같이 썼다. 자신이 역사의 뒤안길에서 생명을 부지해야 한다는 사실,
그 생명은 결코 인간의 것이 아니라는 사실, 그리고 그것이 연옥에서 싸

400

움을 일삼는 수라의 삶임을 고백한 이 문장은, 그러나, 거꾸로 읽혀야 한다. 후지따는 패전 후 일본에서 인간으로서의 '시대'와 '인생'을 산 것이 아니라, 인간의 '시대'와 '인생'을 패전 후 일본에서 찾으려고 노력했던 것이기 때문이다. 즉 그는 인간의 인간됨을 뜻하는 인간의 윤리를 위해, 하강하는 보편주의와 대립하는 독설을 일삼는 수라의 사유를 실천할 수밖에 없었던 것이다.

지금 이 땅의 삶이 형편없다고 욕하는 것은 쉽다. 하지만 세상을 연옥으로 인식하고 스스로를 그 안에 거주하게 만들어 언어와 행위를 엮어내는 것은 스피노자의 말대로 어렵고도 드문 일이다. 후지따의 평생에 걸친 수라의 삶은 그 어렵고 드문 지성의 발자취에 다름 아니었다.

전체주의의 시대경험

초판 1쇄 발행 / 1998년 12월 21일
개정판 1쇄 발행 / 2014년 7월 30일

지은이 / 후지따 쇼오조오
엮은이 / 이순애
옮긴이 / 이홍락
펴낸이 / 강일우
책임편집 / 김경은
펴낸곳 / (주)창비
등록 / 1986년 8월 5일 제85호
주소 / 413-120 경기도 파주시 회동길 184
전화 / 031-955-3333
팩시밀리 / 영업 031-955-3399 편집 031-955-3400
홈페이지 / www.changbi.com
전자우편 / human@changbi.com

한국어판 ⓒ (주)창비 2014
ISBN 978-89-364-8341-8 03100